SCHWEIZER
VERLAGSHAUS

PIETRO GARGANO / GIANNI CESARINI

Caruso

EINE BIOGRAPHIE

Mit einem Beitrag von Michael Aspinall

Aus dem Italienischen von Susanne Hurni
und Cornelia Schlegel

SCHWEIZER VERLAGSHAUS
Zürich

Die italienische Originalausgabe erschien 1990 unter dem Titel
Caruso, Vita e arte di un grande cantante
bei Longanesi & C., Mailand

Das Vorwort, die Anmerkungen, Kapitel 1, 2, 5, 6,
9, 10, 13, 14, 17, 18, 21, 22 sowie das Kapitel »Carusos Stimme«
wurden von Susanne Hurni übersetzt.
Die Übersetzung der Kapitel 3, 4, 7, 8,
11, 12, 15, 16, 19, 20, 23 und des Kapitels »Carusos Gesang«
besorgte Cornelia Schlegel.

Adaption des 3. Teils: Werner Pfister, Zürich

Die Deutsche Bibliothek – CIP-Titelaufnahme

Caruso: eine Biographie / Pietro Gargano; Gianni Cesarini.
Mit einem Beitr. von Michael Aspinall.
Aus dem Ital. von Susanne Hurni und Cornelia Schlegel. –
Zürich: Schweizer Verl.-Haus, 1991

Einheitssacht.: Caruso < dt. >
ISBN 3-7263-6648-2

NE: Gargano, Pietro; Cesarini, Gianni; Aspinall, Michael; EST

© by Longanesi & C., 1990
© der deutschsprachigen Ausgabe 1991 by
Schweizer Verlagshaus AG, Zürich

Schutzumschlag: Heinz von Arx, Zürich
Photo: Ringier Dokumentationszentrum, Zürich
Satz: Ebner Ulm
Druck und Bindung: Franz Spiegel Buch GmbH, Ulm
Printed in Germany

ISBN 3-7263-6648-2

2 4 6 5 3 1

Inhaltsverzeichnis

2. TEIL: DIE KUNST

3. TEIL: ANHANG

Vorwort

Seitdem die letzte Biographie über Enrico Caruso in Italien erschienen ist, sind mehr als vierzig Jahre vergangen. Sie wurde 1947 von Eugenio Gara verfaßt, liegt aber noch heute in den italienischen Buchhandlungen auf; ein Zeichen, daß das Interesse für den berühmtesten Sänger aller Zeiten lebendig geblieben ist. Vor allem in England und in den Vereinigten Staaten kamen immer wieder neue Bücher über den großen Tenor heraus; sie wurden jedoch nie ins Italienische und nur in wenigen Fällen ins Deutsche übersetzt.

Da es also vorwiegend angelsächsischen Autoren überlassen blieb, Nachforschungen über Carusos Leben und Kunst anzustellen, traten die Erlebnisse und Erfolge des Sängers in Übersee besonders stark in Erscheinung, während die Jahre der Ausbildung und der Schwierigkeiten von unbekümmerten Anekdotenerzählern aufgegriffen wurden; da waren vor allem die Anekdoten über den Auswanderer, der den großen Erfolg erst erlangte, nachdem er die Enge seiner Spaghettimetropole grollend und etwas wehmütig hinter sich gelassen hatte. Es sprechen also viele Gründe für ein Buch über Enrico Caruso, das in seiner Geburtsstadt Neapel geschrieben wurde, diesem geradezu privilegierten Observatorium und Schauplatz seiner ersten und letzten Schritte. Wir haben uns bemüht, ausgehend von inzwischen vergessenen Episoden aus seiner Kindheit und Jugend in Neapel, über die Jahre des Ruhms in Amerika, bis hin zu interessanten Dokumenten seiner Krankheit, die ihn allzufrüh dahinraffte, einen Überblick über die Karriere des Künstlers zu geben. Dabei haben wir außer schriftlichen Belegen alle verfügbaren mündlichen Quellen zu Rate gezogen, von den entferntesten Verwandten des Sängers bis zu den Nachfahren seiner wirklichen oder vermeintlichen Feinde.

Angesichts der vielbeschworenen »Napoletanità« Carusos, unter

7

der man sich gemeinhin so etwas wie spontane Kreativität vorstellt und nicht die Frucht unermüdlicher Arbeit, war es uns auch ein Anliegen, aufzuzeigen, daß gerade er uns beispielhaft vor Augen führt, mit welchen Mühen und Opfern der Weg zum Erfolg gepflastert ist, selbst dann, wenn er auf einem Naturtalent aufbaut.

Das zuverlässigste Buch, das bisher über Carusos Leben und seine Kunst geschrieben wurde, ist *The Great Caruso* von Michael Scott (1988). Zu unserem Glück lebt Scott in Italien, was uns erlaubte, im Gespräch Erfahrungen auszutauschen und dadurch unendlich viele Fragen zu klären. Scott hatte die Möglichkeit, die Alben mit den von Caruso eigenhändig gesammelten Zeitungsausschnitten einzusehen, die im Peabody Institute von Baltimore aufbewahrt werden, und überdies die umfangreiche, ursprünglich Francis Robinson gehörende und heute in der Vanderbilt University in Nashville, Tennessee, untergebrachte Caruso-Sammlung zu konsultieren. Scott hat auch die unzähligen Irrtümer früherer Biographen, die in der Regel keine Quellenangaben machen, korrigiert. Einige andere Fehler haben wir zu berichtigen versucht. Viele von Scott angeführte Rezensionen wurden mit seiner freundlichen Genehmigung übersetzt. Die interessierten Leserinnen und Leser werden, als Anhang zu seinem Buch, die vollständigste bisher veröffentlichte Chronologie von Carusos Auftritten finden, die Thomas G. Kaufmans unermüdlichen Nachforschungen zu verdanken ist.

Was die italienischen Quellen angeht, danken wir insbesondere Luciano Pituello von der Vereinigung »Museo Enrico Caruso« in Mailand. Obschon das Museum im Begriffe ist, eine umfassende Biographie vorzubereiten, hatte Pituello die Freundlichkeit, uns zahlreiche Artikel und Photographien leihweise zur Verfügung zu stellen. Der bekannte englische Sammler Richard Bebb erwies sich als eine Fundgrube für Informationen zur Diskographie.

Der Essay »Carusos Gesang« ist nicht der einzige wertvolle Beitrag, den Michael Aspinall zum vorliegenden Buch beigesteuert hat. Die Autoren sind ihm für Ratschläge, Hinweise, Dokumente und Abklärungen im gesamten Themenbereich zu besonderem Dank verpflichtet.

Neapel, den 20. November 1989   G. C. und P. G.

1. TEIL

DAS LEBEN

1. KAPITEL

Die verweigerte Erinnerung

Das Stadtviertel San Carlo all'Arena am nordwestlichen Stadtrand Neapels gehört zu den Gegenden, in denen die Moderne ihr häßlichstes Gesicht zeigt. An dem kleinen Balkon des Hauses, in dem Enrico Caruso geboren wurde, in der Via Santi Giovanni e Paolo Nummer 7 (die Straße hieß im Volksmund San Giovanniello agli Ottocalli), wurde im ersten und zugleich letzten Stockwerk eine Gedenktafel angebracht, ausgewaschen vom Regen und verblichen, oft auch verdeckt von der zum Trocknen aufgehängten Wäsche. Von diesem kleinen Balkon hinunter blickt man auf eine Geflügelhandlung, eine Metzgerei und den Süßwarenladen »Rita«; gleich gegenüber befindet sich ein Lottostand und weiter oben, zur Rechten, die abscheuliche Brücke der Autobahnumfahrung. Die Hausfassade wurde zwar mit den Beiträgen zur Behebung der Erdbebenschäden aufgefrischt, doch vermag ein bißchen strohgelbe Tünche allein keine Wunder zu wirken. Dann und wann kommt ein Tourist hierher und knipst ein paar Photos, sofern das Gewirr von Wäsche dies zuläßt. Der letzte, der auf dem kleinen Balkon gestanden hat, trägt den berühmten Namen Luciano Pavarotti. Der Tenor aus Modena ließ sich samt Stadtrat Antonio Cigliano und Gedenktafel photographieren, auf der es heißt:

»Für Enrico Caruso, der die altehrwürdige hohe Kunst des italienischen Belcanto mit dem neuen Ungestüm seines mediterranen Temperaments verband und dessen Name in der Welt widerhallt als leuchtendes Symbol einer mythischen Gestalt. Seine Geburtsstadt Neapel.«

Kurz nach Carusos Tod wurde die ehemalige Via Sant'Eframo vecchio, nur wenige Schritte von seinem Geburtshaus entfernt, nach ihm benannt; fünfzehn Jahre später beseitigte man jedoch das Schild und brachte das alte wieder an. Die zuständige Kommission erklärte

11

nämlich, es gelte, den ursprünglichen Ortsnamen wiedereinzusetzen, da er »Teil unserer Kultur und Tradition« sei. Doch wenn es darum geht, Unrecht wiedergutzumachen, stehen der Bürokratie tausend Wege offen. So wurde nach dem Zweiten Weltkrieg eine kurze Querstraße des Vomero nach Caruso benannt. Erst 1989 erhielt auf Ciglianos Initiative hin die Straße, in der Caruso zur Welt gekommen war, endlich dessen Namen. Eigentlich hätte man die Piazza Ottocalli nach ihm benennen wollen, aber da war nichts zu machen, denn ein Professor der Kommission stellte unmißverständlich fest: »Caruso hat Neapel gar nicht geliebt«, und schließlich wurde das unumstößliche Urteil gefällt, »Ottocalli« sei eine historische Bezeichnung und dürfe keinesfalls ausgelöscht werden. Der Name kommt von *otto calli*, acht Kupfermünzen, das Weggeld, das die Bauern zu entrichten hatten, wenn sie mit ihren Obst- und Gemüsekarren in die Stadt hineinfuhren. Das war noch die gute alte Zeit, als nur der Staat ein Schutzgeld forderte . . .

Um dem Andenken Carusos wieder zu gebührender Würdigung zu verhelfen, sammelten die Bewohner seines Stadtviertels fünftausend Unterschriften. Daraufhin stellte die Region Campania eine Milliarde Lire bereit, eine der fünfzig, die anläßlich der Fußballweltmeisterschaft von 1990 zur Auffrischung des Stadtbildes vorgesehen waren. Der Betrag sollte für die Einrichtung eines Caruso-Museums verwendet werden. Weitere Finanzierungshilfen werden heute aus dem Ausland erwartet, sogar von der Coca-Cola, die an dem Projekt Interesse zeigt. So wird es möglicherweise wieder einmal Amerika sein, das die Probleme rund um Caruso löst. Mitten auf der Piazza Ottocalli ragt eine einsame Palme über schmucklosen Beeten auf. Der Verkäufer von kleinen Spielzeugautos, vier zu fünftausend Lire, blickt nachdenklich auf das kahle Gärtchen und findet: »Hier sollte eigentlich ein Denkmal für Caruso stehen . . .« Vielleicht wird es eines schönen Tages wirklich so sein, doch bisher haben die einfachen Leute Carusos Andenken besser bewahrt als die Stadtbehörden.

Im Foyer des Teatro San Carlo steht die von Filippo Cifariello gemeißelte Büste des Sängers. Sein Grab liegt auf dem hellen Friedhof von Santa Maria del Piano, an einer Biegung nahe bei Salita della Doganella, neben der ehrwürdigen Kongregation von Santa Maria dell'Umiltà. Ein kleiner Tempel aus weißem Marmor; über dem Namen Enrico Caruso prangt ein Relief mit dem Antlitz Christi. Das Dach war am Zerfallen, doch vor kurzem hat die Stadt ein paar Millionen für die Restaurierung ausgegeben. Der Riegel am Tor ist verrostet. Eines schönen Morgens hat jemand eine Nelke und einen Mimosenzweig in den Metallring gesteckt; auf den Stufen liegt ein kleiner Strauß Orchideen, die im Cellophanpapier verwelken. Im Innern des Tempels der schneeweiße Sarg, eine gerahmte Photographie des Sängers und eine lateinische Inschrift, die in der Übersetzung lautet: »Er ist gestorben, doch die Erinnerung an seine herrliche Stimme stirbt nicht.« Die Blumen in der Kapelle sind verdorrt. Etwas weiter vorn ruht ein anderer großer Neapolitaner, Principe Antonio de Curtis, mit Künstlernamen Totò. Ein seltsamer Gegensatz: Sein Grabmal liegt stets in einem Meer duftender Rosen und Kränze.

Bis in die dreißiger Jahre war Carusos einbalsamierter Körper in einem Jugendstilsarg aus Kristall und Silber ausgestellt. Später wurde er dann mit Holz umkleidet, als nämlich Gloria, die in Hollywood lebende Tochter des Künstlers, auf einer Erinnerungsreise nach Neapel pilgerte, packte sie das bare Entsetzen beim Anblick der Schlange stehenden Schaulustigen, die den einbalsamierten Körper ihres Vaters neugierig betrachteten. Das in Leder gebundene Buch mit den Namen der Besucher, unter denen auch der Winston Churchills zu finden ist, wird im Stadtarchiv aufbewahrt. Solange Caruso von den Neapolitanern verehrt wurde, rankten sich zahlreiche Legenden und abergläubische Vorstellungen um seine Person. So erzählt man sich, der Tenor Tito Schipa habe ihm mit einem Kreis von Freunden – achtundvierzig an der Zahl, genauso viele wie die Lebensjahre des Sängers – alle paar Jahre an seinem Geburtstag neue Kleider angezogen. Nichts als Hirngespinste.

In den frühen Morgenstunden des ersten Juli 1978 wurde das Tor aufgebrochen und der Sargdeckel geöffnet. Doch die herannahenden Schritte des Wächters schlugen den Grabschänder in die Flucht. Wer es war, hat man nie erfahren, ob ein geistesgestörter Schwärmer, ein ungeschickter Dieb, der nach Gott weiß welchen Schätzen suchte, oder gar ein skrupelloser Räuber, der von den Erben oder der Stadtbevölkerung ein Lösegeld für den Leichnam erpressen wollte und nicht wußte, wie wenige sich überhaupt noch an Caruso erinnern. Eine Ecke des Glassarges war mit einem Brecheisen aufgestemmt worden. Als Don Eduardo Cerrone, der Friedhofswächter, die Grabschändung entdeckte, näherte er sich zitternd dem durchsichtigen Sarg. Carusos Antlitz war unverändert, ins Nichts gemeißelt durch die Ferne des Todes. Der Frack saß tadellos, die Krawatte perfekt, nur der linke Arm war heruntergerutscht, lag wie festgeschraubt in einer unnatürlichen Stellung. Der beginnende Zerfall? Niemand weiß es. Der Sarg wurde von neuem versiegelt. Unbekannte haben auch die gegenüberliegende Grabstätte von Errico Mario Scognamillo, einem Freund und Reisegefährten Carusos, geschändet, die in ihrer Machart derjenigen des Künstlers entspricht. Zwei Marmorschildkröten, auf denen das Grabmal ruhte, waren weggeschafft, den beiden andern war der Kopf abgeschlagen worden.

Eine Gedenktafel, eine Büste, eine Straße, ein Grab mit vereinzelten Blumen, an dem kaum mehr ein Gebet gesprochen wird: So erinnert sich Neapel an Caruso, im Warten auf ein Museum und in der seligen Unwissenheit, daß es in Mailand bereits ein Caruso-Museum gibt. Die dahinfließende Zeit scheint trotz dem verspäteten Aufflackern der Erinnerung den Groll zu rechtfertigen, den der Sänger zeitlebens gegen seine Vaterstadt hegte. Eines Tages soll er die fein säuberlich ausgeschnittenen Verrisse der neapolitanischen Kritiker in seine Aktenmappe gepackt und sich geschworen haben, nur seiner heißgeliebten Vermicelli wegen nach Neapel zurückzukehren. Doch dieser Groll und dieser Schmerz sollten ihm zu seinem Glück gereichen.

2. KAPITEL

Abschied von Neapel

Fern von Neapel hatte sich Enrico Caruso gegen Ende des Jahres 1901 bereits einen Namen gemacht und glaubte sich gegen Enttäuschungen und Rückschläge gewappnet; dies war allerdings eine Illusion.

Quälend waren die Anfänge auf den Bühnen seiner Heimat gewesen, schmerzlich, aber unvermeidbar das Fortgehen und die Auftritte an den Theatern in der Fremde, umstritten sein Debüt an der Scala; doch schließlich hatte er gesiegt. Jetzt erst wurde er gebeten, in dem mit Stuckwerk und Samt ausgestatteten Teatro San Carlo zu singen: welch ein Glück und welche Ehre! Mailand, Sankt Petersburg, Buenos Aires, Warschau, alle Städte, in denen er bisher stürmischen Beifall geerntet hatte, waren nur Etappen gewesen. Das Ziel lag hier, unter den steinernen Bogengängen gegenüber der Galleria. Die mit den Impresarios des Teatro Massimo in Neapel ausgehandelte Gage von dreitausend Lire pro Aufführung war ein erstes Zeichen der Anerkennung und des Begehrtseins; der stets generöse Caruso wußte, daß sich der Wert eines Menschen auch an den Nullen auf einem Scheck ablesen läßt. Er war nun achtundzwanzig Jahre alt und kleidete sich äußerst vornehm. Die Anstrengungen für ein paar Lire pro Abend auf den knarrenden Brettern der Vorstadttheater lagen weit hinter ihm und waren doch so nah.

Es bereitete ihm auch keinerlei Sorgen, als man ihm für die Aufführung im San Carlo *L'Elisir d'amore* von Gaetano Donizetti vorschlug, obgleich er wußte, wie ratlos Kritiker und Zuhörer dieser Oper gegenüberstanden. Dies hatte er am 17. Februar desselben Jahres in der Scala am eigenen Leibe erfahren: zahlreich die leeren Sessel, ein übelgelaunter Toscanini am Dirigentenpult, schon bei den ersten Tönen ein kühler Empfang für Regina Pinkert, den Bassisten Federico Carbonetti, für Antonio Magini-Coletti und ihn selbst.

Bereits im ersten Duett aber war die Skepsis einer lauen Zustimmung gewichen, und zu guter Letzt hatte das chronisch gelangweilte Mailänder Publikum seine Vorurteile vergessen und sich mitreißen lassen. *Una furtiva lagrima* ging zweimal in tosendem Beifall unter. Nach diesem durchschlagenden Erfolg umarmte Toscanini Caruso und prophezeite dem Impresario Gatti-Casazza: »Wenn dieser Neapolitaner so weitermacht, wird noch die ganze Welt von ihm reden.« Die Kritiker Pozza und Tedeschi lobten ihn in überschwenglichen Worten. »Diese Anmut, Zartheit, diese unvergleichliche Leichtigkeit der Stimme, ein Meister der italienischen Belcantoschule.«

Nun aber wollte er auch unter den Bürgern seiner Heimatstadt Meister sein. Verpflichtungen in Bologna und Treviso, reine Routineangelegenheiten, brachte er schnell hinter sich. Kaum am Bahnhof von Neapel auf der Piazza Garibaldi angekommen, stieg er in eine Droschke und ließ sich auf den Hügel von San Martino zu einem kleinen gußeisernen Brunnen fahren. »Den habe ich vor vielen Jahren eigenhändig gemacht«, klärte er mit geschwellter Brust den Kutscher auf. Der kleine Caruso, der Metallarbeiter, der Junge, der bei der Arbeit aus voller Kehle sang, um den Lärm der Hammerschläge auf dem glühenden Eisen zu übertönen, war erwachsen geworden, hatte das Werkzeug gewechselt.

Vom wohlhabenden Neapel, das sich im Teatro San Carlo einfand, hatte Caruso nur eine verschwommene Vorstellung; es war so weit entfernt von der stickigen Vergangenheit, den schlotenden Kaminen, den verlassenen Friedhöfen von San Giovanniello agli Ottocalli. Es kümmerte ihn wenig, was in einem der gefürchtetsten Theater der Welt Sitte und Brauch war. Diese Haltung widerspiegelte sein argloses Vertrauen und gleichzeitig das Wissen um den eigenen Wert; Naivität und Arroganz zugleich.

Im San Carlo hatten sich Leute eingenistet, die Cavalier Mormone, der Musikkritiker der *Roma*, »Sykophanten« nannte; so nämlich hießen die Spitzel und Verleumder, die in den griechischen Städten einen jeden denunzierten, der gegen das Gesetz verstieß. Sie waren blaublütige Müßiggänger, sachverständig in allem und in nichts, leidenschaftliche Opernliebhaber, Richter über jeden Ton.

Ständiger Sitz des Tribunals im San Carlo war die erste Sesselreihe im Parkett rechts. Steif und kerzengerade saßen sie alle da: Baron Savelli, Cavalier Alfredo Monaco, genannt Munaciello, Marchese

Cocozza und Principe Adolfo di Castagneto, der nicht gewählte, aber einstimmig anerkannte Präsident des Hofes. Hochgewachsen, mit graumeliertem, äußerst gepflegtem Bart, war der Principe außerhalb der Oper ein herzensguter Mensch, sehr chic und auch ein bißchen lächerlich. Doch innerhalb der Mauern des Musiktempels verwandelte er sich und warf, das Monokel ins linke Auge geklemmt, boshafte Blicke um sich. Er befleißigte sich einer höchst persönlichen Ausdrucksweise, um die Meinung der Nebenrichter an seiner Seite zu beeinflussen. Eine Äußerung wie: »Heute abend debütiert eine unbekannte Größe«, oder auch: »Wir werden streng sein, aber gerecht«, kam einer Kriegserklärung gleich.

Und doch war das Tribunal des San Carlo für Schmeicheleien nicht unempfänglich. Eine Visitenkarte des Tenors, ein paar ehrerbietige Zeilen am Vortag der Aufführung oder beim Hochgehen des Vorhangs, ein kaum angedeuteter Gruß in die richtige Richtung hätten genügt, den Principe und seine Gefolgschaft milde zu stimmen. Caruso aber machte keine Zugeständnisse, nicht etwa, weil er nicht gewußt hätte, daß dies so üblich war, sondern wohl eher, weil er es nicht wollte. Er kannte auch die Kritiker der Tageszeitungen nicht; seine Arbeit hatte auf der Bühne zu beginnen und auf der Bühne zu enden.

War das San Carlo am Abend des 30. Dezember 1901 wirklich dieses »vom Sturm gepeitschte Meer«, als das es der Impresario Nicola Daspuro beschreibt und das von vielen Biographen in düsteren Farben heraufbeschworen wird? Edoardo Mascheroni leitete das Orchester, Caruso und Regina Pinkert, das im *Elisir* an der Scala »geweihte« Paar, lächelte siegesgewiß. Von der Galerie herab, auf die sich all jene zurückgezogen hatten, die in Caruso einen der Ihren erkannten, allerdings einen vom Glück begünstigten, erschallte zur Begrüßung ein lang anhaltendes Beifallklatschen. Und prompt der Ruf aus der ersten Reihe rechts: »Genug, genug, warten wir's doch erst mal ab!« Darauf versuchte Caruso vielleicht, des Guten zuviel zu tun, galt es doch, gegen einen unsichtbaren Feind anzukämpfen: den Vergleich mit Fernando De Lucia, dem großen Tenor von Neapels Gnaden. In der Pause verbreiteten die Sykophanten ihr vernichtendes Urteil: »Er glaubt wohl, den *Othello* zu singen«, oder »Wo bleibt da Donizettis Idylle?« Dennoch dürfte die Aufführung alles in allem nicht so katastrophal negativ aufgenommen worden sein, wenn die damaligen Zeitungen meldeten, das Eis des ersten Abends sei schon bei der Wiederholung einem allgemeinen Wohlwollen gewichen. Selbst die Kritik, die für Carusos Abkehr von Neapel verantwortlich gemacht wird, war sich weder geschlossen einig noch besonders gehässig. So kann man im *Corriere di Napoli* vom 1. Januar 1902 lesen: »Gestern abend überzeugten die außergewöhnlichen Fähigkeiten von Tenor Caruso noch mehr als in der ersten Vorstellung. Obschon an das Publikum der bedeutendsten Bühnen der Welt gewöhnt und mit Lorbeeren bekränzt wie nur die Diven ruhmreicher Zeiten, bewies der begabte Jungsänger vor dem Publikum des San Carlo neue Gemütsbewegungen und verströmte gestern abend im vollen Bewußtsein seines hervorragenden Könnens den ganzen Reichtum seiner warmen, leidenschaftlichen, bald weichen, bald zärtlichen, wundervollen Stimme. Caruso besitzt eine echte Tenorstimme, das steht außer Frage.«

Lag die Schuld also allein beim allseits gefürchteten Baron Procida, der im *Pungolo* mit »p.c. dario« zu zeichnen pflegte? Hier nun der fast vollständige Wortlaut seines umstrittenen Artikels, erschienen unter dem Datum des 31. Dezember 1901/1. Januar 1902: »Sagen wir doch die lautere Wahrheit, wollen wir dem Erfolg am Schluß des gestrigen Abends nicht die Glaubwürdigkeit absprechen. Um so mehr, als diese Wahrheit Caruso selbst zum Vorteil gereicht. Der junge ›begnadete Künstler‹ schien mir gestern abend im ersten Akt über seinen eigenen Ruhm erschrocken, was sogar das gute Metall seiner Stimme beeinträchtigte. Darunter litten gewiß auch die Reinheit des Gesangs und die Komik der Handlung, die Caruso leicht übertrieb. Im übrigen frage ich mich, ob es nicht im Interesse aller läge, von diesen verfrühten Verherrlichungen Abstand zu nehmen. Käme es nicht der Genauigkeit des Sprachgebrauchs zugute, der Ausgewogenheit des Urteils, die auch der Respekt gegenüber den großen Interpreten gebietet, den lebenden wie den toten, die viele Jahre und ein langes Studium dafür hergaben, als ›begnadete Künstler‹ bezeichnet zu werden? Der liebenswürdige Beifall in den weiteren Akten löste den Künstler zusehends, und nachdem im ersten Akt eine Wiederholung des Schlußduetts erklatscht worden war und die herzlichen Beifallskundgebungen zum Proszenium den Sänger der Gunst des Publikums versicherten, konnten wir uns ein gerechtes Urteil bilden. Mein freimütiger Eindruck ist dieser: Carusos Stimme ist geprägt von einem starken Baritontimbre und verfügt über ein schönes, ausgeglichenes, recht umfangreiches Volumen; in bestimmten Lagen ist sie außerordentlich kraftvoll mit Klängen von einzigartiger Wirkung, worauf wohl das Geheimnis seines Theatererfolgs beruht. Sein hohes B zeichnet sich durch ungetrübte Reinheit und ein volles, silberhelles Tremolando aus. Ich glaube jedoch nicht, daß Caruso im Besitz eines technischen Könnens ist, das den natürlichen Eigenschaften seines hervorragenden Organs entspricht und das seine spontane Begabung lenkt, die Stimme weicher, die Klangfolge ausgewogener, die *agilità* eines *canto leggero e fiorito*, wie sie das *Elisir* verlangt, geschmeidiger, die *passaggi* fließender und die Intonation präziser macht, die gestern – und ich möchte wünschen, nur der Erregtheit im ersten Auftritt wegen – zuweilen unsicher war. Kurzum: Ich kann in Caruso noch nicht den Künstler auf dem Höhepunkt seines Könnens sehen, das seinem Ruf und seinem von der Natur mit einzigartigen Gaben ausgestatteten Organ entspräche. Mehr noch: Ich weiß nicht, warum Caruso sich darauf versteift, eine tragikomische Rolle wie im *Elisir* zu singen. Allerdings bin ich mir sehr wohl bewußt, daß er an der Mailänder Scala gerade mit dieser frivolen und beschwingten Oper des großen Bergamasken einen rauschenden Erfolg feierte. Doch was gilt das schon? Ein Künstler sollte seine Möglichkeiten kennen und sich nicht aufgrund eines möglicherweise irrigen Publikumsurteils überschätzen. Caruso legt zwar Farbe und Feuer in seine noch ungeschliffene und ungezähmte Stimme, verleiht ihr einen tiefgründigen, ungestümen Ausdruck von erstaunlicher Leidenschaft; einen Ausdruck, der ihm gestern abend erst am Schluß der Oper, nämlich nach dem hochberühmten *Furtiva lagrima*, die Caruso auf die rasenden Begeisterungsstürme des Publikums hin wiederholte, großen Erfolg bescherte. Aber glaubt er etwa, mit dieser Leidenschaftlichkeit, diesem so ausgesprochen dramatischen Temperament auch ein Genre kultivieren zu können, das seiner Stimme eine geduldige, unerbittliche, geradezu eiserne Disziplin abverlangt? Wie kann man gleichzeitig die chromatische Tonleiter des *Barbiere* und die heftigen Schmähreden in der *Tosca* einstudieren, ohne dadurch die Reinheit der Virtuosität im typischen *canto italiano* durch die hyperbolische Vibration der modernen Operndramaturgen zu beeinträchtigen? Man müßte schon die Meisterschaft eines Roberto Stagno besitzen, seine Kehle zu solcher Elastizität erzogen, so geschmeidig gemacht haben, um die Tücken des zweifachen Repertoires nicht fürchten zu müssen. Caruso aber – meine freundschaftliche Offenheit möge ihn nicht kränken – ist weit von dieser erstaunlichen Kunst entfernt, die uns ein Duprez, ein Tiberini, Gayarre und ein Stagno schenkte; vorläufig muß er sich für das eine oder das andere Genre entscheiden. Vom Virtuosentum rate ich ihm entschieden ab. Mir scheint, es fehle ihm der angemessene Stil, er habe kein Gefühl für diese Art des Phrasierens, so daß Nemorino manchmal die Gebärden, die dröhnende Stimme und den heroischen Ausdruck eines Raoul oder Enzo Grimaldi annimmt. Ich denke, Caruso sollte sich auf eine dramatische Gattung festlegen, die, ohne sich zum Heroischen aufzuschwingen, in der Glut der modernen Leidenschaft aufgeht. Der warme Ausdruck, das intensive Vibrato, der gewaltige Klang machen den großen Reichtum seiner Stimme aus. So war denn gestern in der Romanze der Ausdruck des Schmerzes so warm, so echt und fügte sich so wohl in gewisse schwierige *passaggi* ein, daß kein Zweifel mehr bestand, welchem Ziel Caruso zustreben sollte.«

Das ausführlich zitierte Urteil Procidas wie auch der vorangehende Auszug aus dem *Corriere di Napoli* sind geeignet, die apokalyptischen Töne abzuschwächen, in denen Carusos Debüt im San Carlo bisher geschildert wurde. Meinungsverschiedenheiten gab es zwar, jedoch nur vereinzelte, und bald überwogen Beifallsstürme und Dacapo-Rufe. Selbst Procidas Verriß ist mit reinem Lob durchsetzt und erfaßt das Moderne in Carusos Gesang, da er gerade jene Eigenschaften rühmend hervorhebt, die ihn zum Begründer des Verismo machen sollten. In einer im Anschluß daran am 3./4. Januar im *Pungolo* veröffentlichten Anmerkung versuchte Procida sogar, die Polemik zu dämpfen: ». . . Sieht man von persönlichen Wertschätzungen und Diskussionen einmal ab, die für Sänger, die Berühmtheit erlangt haben, stets ein Beweis der Hochachtung und Anerkennung sind, so steht außer Zweifel, daß ein Künstlerpaar wie Regina Pinkert und Enrico Caruso das Publikum anziehen wird, wo immer ihre Stimmen rein und kraftvoll erklingen. Caruso bestärkte die Zuhörerschaft in der Überzeugung, daß seine Stimme eine der klangvollsten, frischesten und geschmeidigsten ist, die je zu hören waren, und ihm durch die Vervollkommnung und Verfeinerung ihres kostbaren Materials den ersten Rang und Millionen eintragen wird.« Procida sprach von

Ovationen und Wiederholungen und verwendete, die erstaunliche Wirkung der Tonfülle, Ausdruckskraft und Klangfarbe beschreibend, Attribute wie »wundervoll« und »siegreich«.

Seine anfänglich geäußerten Bemerkungen ließen jedoch auf der Seite von Carusos Anhängern einige Verstimmung zurück. Die satirische Zeitschrift *Monsignor Perelli*, die sich häufig über die Unerbittlichkeit des kritischen Barons lustig machte, veröffentlichte in jenen Tagen zwei Glossen über den Bariton Mario Ancona: Dieser, ebenfalls ein Opfer der Giftpfeile der Kritik, sei gesehen worden, wie er lästigen Stechmücken mit Räucherkerzen den Garaus zu machen versuchte und nach dem tiefsten Punkt der Meeresküste Ausschau hielt, an dem er Procida zu versenken trachtete. Anscheinend machte Don Saverio die Freunde Carusos für diese Spötteleien verantwortlich, denn nach der Vorstellung von *Manon* am 16. Januar, als die Sykophanten sich beruhigt hatten, wurde er wirklich grob: »Zweifellos eine schöne Stimme mit mächtiger Klangfülle und großem Umfang, doch der Tonansatz ist alles andere als gut. Eine schöne Stimme allein, so warm und ausgewogen sie auch sein mag, genügt nun aber nicht. Was ihm fehlt, ist der Charme eines Sängers, das Feingefühl eines Künstlers, die Eleganz eines Schauspielers und nicht zuletzt eine gepflegte Diktion, die sich einzig und allein aus dem Studium des eigenen Organs, einer sorgfältig berechneten Klanggebung und einem klugen Stimmansatz entwickeln. Vorläufig legt er die Stimme zu sehr in die Kehle anstatt in den Kopf. Allzuoft geht er in den *passaggi* von einem *forte* zur *mezza voce* über, ohne zu nuancieren und auszufeilen, so daß das Ohr von unerwartet rauhen Tönen überrascht wird, die zwischen einem H und einem A allerdings die reinsten sind, die ich je vernommen habe ... Entweder donnert er mit gewaltigen Tönen in der Art eines Tamagno, oder er verfällt in manierierte Künstelei ... Abschließend muß gesagt werden, daß Carusos Begabung sich hier zwar sehr wohl bestätigt hat, sogar noch mehr als im *Elisir*, daß aber mit ebensolcher Deutlichkeit auch die Mängel hervortreten. Diese kraftvolle Stimme könnte einen großen Sänger hervorbringen, vielleicht gar einen Künstler, denn sie drückt Wärme und Leidenschaft aus, doch muß sie erst gezähmt, ausgebildet, vervollkommnet werden. Hat Caruso diese heilsamen Wahrheiten je so unumwunden zu hören bekommen? Ich glaube nicht. Da ich nun aber in ihm eine echte künstlerische Kraft, ein wahrhaft kost-

bares Instrument sehe, will ich diesen Akt theatralischer Don-
quichotterie vollbringen, auf die Gefahr hin, ihn mir nun womöglich
zum Feind zu machen.«

Zu Procidas »Wahrheiten« gesellte sich die Ironie des *Monsignor
Perelli*, der nach der Aufführung der *Manon*, auf die mageren Einnahmen anspielend, all jenen, welche die drei Lire für den Eintritt nicht
aufbringen konnten, den Rat gab, sich an Carusos Freunde zu wenden, die »ganze Stöße von Eintrittskarten zu verteilen haben«. Des
weiteren brachte die Zeitschrift eine Zeichnung der kurvenreichen
Bühnenpartnerin des Tenors und schrieb dazu: »Signorina Rina Giachetti hat beschlossen, ihren Ausschnitt tiefer zu tragen als je zuvor,
um Caruso vor Augen zu führen, welche Horizonte sich seiner
Kunst eröffnen.« Kaum waren am 21. Januar die Applause verebbt,
gelobte Caruso sich aufs neue: »Hier werde ich nie wieder singen!«
Von einer eigensinnigen, fast kindlichen Rachsucht getrieben, erklärte er sich zunächst zu einem Versöhnungstreffen mit den Sykophanten bereit, reiste aber dann eine Stunde vor der Verabredung
mit schlechtem Gewissen aus Neapel ab.

Als er seiner geliebten Vermicelli wegen zu einem seiner letzten
Besuche nach Neapel kam, bat ihn der Hauptberichterstatter von *Il
Mattino*, Toni Procida, um ein Interview. Caruso erkundigte sich in
barschem Tonfall, ob er verwandt sei mit . . .? »Aber nicht im entferntesten«, beeilte sich der undankbare Sohn Saverios zu entgeg-
nen. Nichts war vergessen. Der Baron hatte Caruso wirklich zutiefst
enttäuscht, hatte dieser doch von seiner Heimatstadt Neapel vorbe-
haltlose Anerkennung erwartet. Eigensinnig, wie er war, fühlte er
sich durch die Kritiken, auch die berechtigten, in seinem Innersten
verletzt. Ein vielsagender und bezeichnender Ausspruch wird ihm
zugeschrieben: »O presebbio è bello, ma 'e pasture so'malamente«,
was soviel heißt wie: »Die Szenerie ist wunderschön, bös sind nur
die Leute.« War das eine Verallgemeinerung, oder ahnte er, daß
»Neapel alles verzeiht außer Talent«?

Die Geschichte hat eine Vorliebe für Sieger und Symbole, während die Behörden Gedenkfeiern über alles lieben. Zu Carusos hundertstem Geburtstag fand im San Carlo eine Feier zur Wiederaussöh-
nung der Nachkommen statt: Am 24. April 1973 nahmen in der
ersten Logenreihe Enrico Caruso junior und Roberto Procida Platz,
Enkel des Tenors und des Kritikers. Auf freundliches Geheiß

umarmten sich die beiden im Scheinwerferlicht. Auf der Bühne wurden zehn Romanzen und fünf Lieder gesungen, abwechslungsweise von Mario del Monaco, Ferruccio Tagliavini, Luciano Pavarotti, dem Franzosen Alain Vanzo sowie dem Russen Wladimir Atlantow. Der Mailänder Luciano Pituello, der seit einem Vierteljahrhundert Erinnerungsstücke, Dichtung und Wahrheit über Caruso sammelt, trug mit zur Ehrung des Sängers bei. Pituello wollte als erster das Haus in der Via Santi Giovanni e Paolo erwerben, um ein Museum daraus zu machen. Bald gab er den Plan aber wieder auf und fand in Mailand den geeigneten Standort für das Museum. Seinen Entschluß begründete er mit den Worten: »In Neapel ist es mit der vielzitierten Liebe zu Caruso nicht weit her.« Bürgermeister De Michele versprach bei der Jahrhundertfeier, man werde im Stadtpark, dem Meer zugewandt, ein Denkmal für Caruso errichten. Dies ist weder geschehen, noch steht es auf der Liste der neuen Wiedergutmachungsversprechungen.

Gewiß trugen auch andere Gründe dazu bei, daß Caruso Neapel fernblieb. Im Bewußtsein, »im Sternbild der Armen« geboren zu sein, und stolz darauf, hätte er ohnehin den Ruhm in den Hallen der Metropolitan Opera und des Royal Opera House Covent Garden gesucht. Doch die Hauptantriebsfeder seines Emigrantenschicksals war die Enttäuschung. So reiste er denn ab und schwor sich, nie wieder zurückzukehren. Es war nicht das erste und nicht das letzte Mal.

3. KAPITEL

Die ersten Spitzentöne

»Und *das* ist Caruso?« Giovannina D'Agnese, eine der fünf Töchter des Marchese-Bürgermeisters von Piedimonte, hatte halblaut gesprochen, doch der abfällige Kommentar stieg die Wände der engen Schloßkapelle empor, schwoll an und erreichte den Altar, wo er mit der letzten Note des *Tantum ergo*, gesungen vom jungen Tenor, zusammenfiel. Es war das Fest der heiligen Cosima und Damiano im Jahr 1899. Enrico Caruso schreckte zusammen, doch sogleich umringten ihn händereckend die Honoratioren des Matese, Freunde aus den Sommern seiner Kindheit, Bauern in ihrem Sonntagsstaat, die auf ihren Maultieren hinaufgeritten waren, um den Sohn von Marcellino und Annarella zu hören, der eine Berühmtheit geworden war. Enrico dankte finster und zerstreut, ihm schwirrte der bittere Satz durch den Kopf: »Und *das* ist Caruso?«

Anschließend wurde Quellwasser vom Sorano ausgeschenkt und Wein, vom guten, der auf den festlich gedeckten Tischen dunkle Flecken ohne Hof hinterläßt, und die Finger trieften vom saftigen Lammfleisch. Im Chor mit den anderen Festgästen stimmte Caruso ein matesisches Volkslied an: *Vurria addiventa' nu verdespina...* Man sprach von diesem und jenem, von Werwölfen und Impresarios, von Fuhrwerken und Dampfern, von der Vergangenheit und der strahlenden Gegenwart. Am Ende des Abends ging Enrico noch einmal Giovanninas unverhohlene Enttäuschung durch den Kopf, und er schwor sich, nie wieder im Dorf seiner Eltern zu singen. Man mag daran ermessen, wie empfindlich dieser Mann war. Ins Matese kehrte Caruso zwar zurück, ebenso wie nach Neapel, der anderen Wurzel seiner Enttäuschung, jedoch in aller Stille. An gewissen schwülen Sommernachmittagen pilgerten dann Anverwandte und Bedürftige zum Haus seiner Vorfahren an der Via Sorgente 10 in Piedimonte, wo er ihnen, im Hausrock auf dem Bett liegend, beim Gruß

Geldscheine in die feuchten Hände drückte. Dann brach der Krieg aus, und man sah ihn nicht wieder. Nicht einmal, als das neue Dorftheater nach ihm benannt wurde, das inzwischen zu einem baufälligen Lagerschuppen verkommen ist.

Als Marcellino Caruso am 21. August 1866 in der Chiesa dell'Ave Gratia Plena mit Anna Baldini den Bund der Ehe einging, zählte Piedimonte D'Alife siebentausend Einwohner, einundsiebzig Prozent davon Analphabeten. Das Dorf begann sich bald einmal zu entvölkern, der Kreislauf des Elends hatte eingesetzt. Auch die Eheleute Caruso beschlossen, die herrlichen, kahlen und zerklüfteten Berge zu verlassen. Doch sie kamen nicht weit und ließen sich in Neapels Arbeiterviertel San Giovanniello nieder. Marcellino fand eine Anstellung als Mechaniker in den Werkstätten Meuricoffre, deren Besitzer freundliche Schweizer waren. Er arbeitete und trank viel, in stiller Verzweiflung. Den Carusos fehlte es weder an Brot noch an Kleidung, doch viel mehr besaßen sie nicht. Annarella mit ihrem sanftmütigen Wesen und rabenschwarzen Haar verzehrte sich vor Sehnsucht nach einem Kind.

Enrico, laut Einwohneramt vielmehr Errico, wurde am 25. Februar 1873 geboren. Es heißt, er habe, sehnlichst erwartet, nach siebzehn totgeborenen Geschwistern das Licht der Welt erblickt. Das gehört ins Reich der Legenden, denn siebzehn unerfüllte Mutterschaften in sieben Ehejahren wären nun wirklich zuviel. (Es folgten 1876 Giovanni und 1882 Assunta, beide wie Enrico von der Hebamme Donna Sabella entbunden.) Aus Dankbarkeit über die zuteil gewordene Gnade übernahm Papa Marcellino an Weihnachten in der *Cantata dei pastori* den Part des Teufels, den keiner wollte, weil vom Parkett Orangen und Walnüsse gegen den Leibhaftigen flogen. In die handgeflochtene Wiege wurden nach matesischem Brauch offene Scheren gelegt, um die Fäden des bösen Blickes zu durchtrennen. Doch die leibhaftigen und unübersehbaren Feinde im Neapel jener Zeit waren die Cholera, die erschreckenden Lebensbedingungen der Armen. Als vor lauter Kummer und Sorgen Annarellas Milch versiegte, wurde Enrico von einer Wohltäterin gestillt. Das Schicksal wendete sich: Für einmal sollte nicht eine Frau aus dem Volk dem Kind einer hochgeborenen Dame die Brust geben, sondern umgekehrt. Caruso, der abergläubisch war, führte sein Anderssein später auf diese ersten Schlucke eingesaugten Wohlstands zurück.

Er war ein mageres und lebhaftes Kind mit klaren Augen. Annarella wollte, daß er etwas lerne, während der Vater sich auch damit begnügt hätte, ihm sein Mechanikerhandwerk zu vererben; der Betroffene selber träumte hingegen von einer Zukunft zur See. Es kam zu einem Kompromiß: Enrico, inzwischen zehn Jahre alt geworden, sollte eine Lehre in Salvatore De Lucas Gießerei in der Arenaccia absolvieren und am Abend Padre Giuseppe Bronzettis Schule mit angrenzendem Oratorium an der Via Postica Maddalena Nr. 33 besuchen. Die Familie hatte ihr Haus an den Ottocalli verlassen und war in die Gegend von Sant'Anna alle Paludi gezogen, einen anderen Ort Neapels, an dem maßloses Unrecht herrschte, wo der Wind aber vom Salzgeruch des Meeres erfüllt war. Dort hatte er in den ersten Schuljahren Giovanni Gatti zum Lehrer, an den er sich zeitlebens voller Zuneigung und Wehmut erinnerte.

Die weiteren Schulstunden, nun also am Abend, brachten Enrico genügend Kenntnisse in Geographie, um seine Reiselust wenigstens in der Phantasie zu stillen, die Bestätigung einer zeichnerischen Begabung und eine schöne und klare Schrift, die er sogleich dazu gebrauchte, gegen Bezahlung die Rezepte des Quartierapothekers ins reine zu schreiben. Beim Abschreiben lernte er, sich die Dinge zu merken, eine Methode, die ihm in seiner ganzen Karriere von Nutzen sein sollte, die gespickt war mit kleinen Heften, in die er Opernpartien und Partituren eintrug.

Fruchtbarer war seine musikalische Ausbildung. Beim Schmieden des glühenden Eisens sang Caruso in der Werkstatt, was seine Kollegen dazu bewog, mitten in der Arbeit innezuhalten und ihm zu lauschen; seine Spitzentöne, beinah die einer Altistin, beherrschten auch den Kirchenchor. Der Pianist Ernesto Schirardi und der Musiker Raffaele De Lutio zeigten ihm, wie er Opernstücke und Romanzen angehen könne. Von den ersten Meistern, die an jenen instinktiven Fähigkeiten feilten, war ihm Federico Albin der liebste, dessen Haus in einem Hafengäßchen hinter der »Pietra del pesce« stand. Albin, ein Schüler Mercadantes und Sohn eines in Neapel zu Erfolg gekommenen Schweizer Antiquars, war Pianist, Kapellmeister, Komponist und hatte ein Instrument mit nur einer Tastatur entwickelt, das sogenannte »Harmonichord«, das die Töne von Klavier, Harmonium und Sistrum in sich vereinte. Er brachte Caruso wahrscheinlich auch einige von ihm in Musik gesetzte neapolitanische

Volkslieder bei, deren berühmteste *Vide Napule... e po' muore, 'A ciurara, Napule antica* sind.

Mit elf sprach der selbstbewußte Arbeiter bei seinen Meistern vor und verlangte eine Lohnerhöhung. Als ihm diese verweigert wurde, wechselte er zu Giuseppe Palmieri, wo er Brunnen herstellte, und später zu Meuricoffre und Godono. Er lernte früh, Verantwortung zu übernehmen, nahm sein Leben in die Hand. Für wenige Lire war er mit dem Kirchenchor unterwegs, um Totenmessen zu singen, oder brachte unter den Balkonen der Schönen ein Ständchen dar. Emilia Niola, die Schwester des Arztes, der seine Mutter behandelte, schloß ihn ins Herz und lehrte ihn, sich mehr mit Worten als in beredten Gebärden auszudrücken. Auf diesen Schnellkurs kam Caruso selbst in einem Brief zu sprechen, den er am 1. Januar 1920 an den betagten Arzt sandte: ». . . Ich bin mir sicher, daß Sie Don Raffaele sind, der Bruder der Donna Emilia, die mich während eines Monats in Musik und Literatur unterrichtete, sowie der Nennella und noch einer Schwester, deren Name mir entfallen ist. Zur Zeit, als ich in Ihrem Hause verkehrte, stand dieses, wenn man vom Dom her kam, etwas vor der Piazza San Gaetano, in einer rechts ansteigenden Seitengasse . . . Ich kann mich bestens erinnern, wie wir einmal mit einer Lungenentzündung im Bett lagen, ich und mein Vater, und Sie uns behandelten und wir dank Ihrer Fürsorge mit dem Leben davonkamen . . .«

»Mein Herr, ich erzähle Ihnen dies, um Ihnen zu beweisen, daß ich nichts von alledem vergessen habe. [Caruso schreibt in weichstem Neapolitanisch *dimendicato* anstelle von *dimenticato*.] Die verehrte Donna Emilia fragte mich nach einem Monat Unterricht, währenddessen ich immer Italienisch sprechen mußte und nicht Neapolitanisch, das ich nach wie vor meisterhaft beherrsche, obschon ich inmitten von Menschen aller Art lebe, . . . sie fragte mich also eines Abends, was ich gegessen hätte, worauf ich ihr im breitesten aller Akzente antwortete: ›Aggiu magnato pasta e . . .‹, doch ehe der Satz zu Ende war, traf mich eine Ohrfeige, mit der sie mich zur Ordnung und zur italienischen Sprache rief und die ich noch heute auf meiner linken Wange spüre. Ich weinte, fuhr mit der Stunde fort und ging, als diese zu Ende war, todunglücklich nach Hause. Ich war damals vierzehn und verstand die Wohltat jener segensreichen Hand nicht; daher täuschte ich meine Mutter und meinen Vater, indem ich so tat, als

würde ich jeden Abend zum Unterricht gehen; statt dessen trieb ich
mich mit Gassenjungen herum und zerriß mir die Hose an den Gitter-
zäunen rings um den Hauptbahnhof. Nach dieser langen Abwesenheit erkundigte sich Donna Emilia über ihre Verwandte Lucrezia, ob
ich krank sei; als nun mein Vater erfuhr, daß ich ihn einen Monat lang
an der Nase herumgeführt hatte und er Anstalten traf, mich wieder zu
Donna Emilia zu bringen, wollte ich nichts davon wissen, denn die
Ohrfeige brannte noch immer auf meiner Wange . . .
    Donna Emilia beabsichtigte, mich auf das Klavierspiel vorzuberei-
ten, um mich später im Collegium vorzustellen und damit ich nach
dem Stimmbruch mit dem Gesangsstudium beginnen könnte, und
noch heute, wenn mein Begleiter am Klavier nicht hört, was ich höre,
sage ich mir immer wieder: ›Ach, hätte ich doch damals meine Lehre
aus der Ohrfeige gezogen, so wär' ich heute Pianist . . .‹« Eine Episode aus den armen neapolitanischen Jahren des Tenors, ein schönes
Beispiel der Erinnerung und Dankbarkeit.
    Zur Zeit der Ohrfeigen debütierte der heranwachsende Caruso im
Theater in einer kleinen Oper, *I briganti nel giardino di don Raffaele*, die
Alessandro Fasanaro, der Leiter von Padre Bronzettis Chor, in Zusammenarbeit mit Alfredo Campanelli geschrieben hatte. Er spielte
die Rolle eines Pedells namens Tommaso und gab geistreiche Be-
merkungen von sich; an seiner Seite trat, als Frau verkleidet, Pep-
pino Villani auf, der später ein berühmter Komiker wurde.
    Am 31. Mai 1888 hatte Caruso zum Feste des Corpus Domini die
Solostimme im Chor der Chiesa di San Severino zu singen. Mamma
Annarella lag im Sterben, ein feuchter roter Husten drang aus ihren
Lungen, doch sie selbst bestand darauf, daß Enrico seiner Pflicht
nachkomme. Mitten in der Messe verstummte der Gesang seines
Nachbarn, der ihm voller Anteilnahme zuflüsterte, der Mutter gehe
es schlecht. Mit einem Kloß im Hals die wenigen Meter nach Hause
eilend, fand Enrico sie auf dem Totenbett. Dieser schwere Schlag be-
schleunigte seine menschliche und stimmliche Reifung. Die knapp
sechs Monate später stattfindende plötzliche Heirat des Vaters mit
Maria Castaldi, einer Witwe mit klarem Blick, erfüllte ihn mit Eifersucht und Enttäuschung, doch später sollte er feststellen, daß Maria
eine gute Stiefmutter war. Eine Teillähmung des Vaters im Jahre
1890 verstärkte sein Verantwortungsgefühl und seine Sehnsucht, es
im Leben zu etwas zu bringen. Er machte sich daran, eine Zukunft

ganz aus Musik zu entwerfen, zum Vergnügen und als Einkommensquelle. Der Vater glaubte nie daran, und noch 1905 in Ostende vertraute der verbitterte Caruso einem Journalisten an, sein Vater habe sich, auch nachdem er mehreren triumphalen Auftritten beigewohnt hatte, nicht eines Besseren belehren lassen.

Der Sturm und Drang seines Alters, verbunden mit der materiellen Not und seiner Lernbegierde, führten ihn überall hin, wo eine Note vibrierte. Und im Neapel von damals fehlte es wahrlich nicht an Gelegenheiten: *Funiculì, funiculà* hatte die goldene Zeit des Kunstliedes eingeläutet, und Taufen, Geburtstage, Hochzeiten, Begräbnisse, jeder Lebensabschnitt hatte seinen musikalischen Hintergrund. Der Erfolg der Straßenmusikanten, die umherziehend zu Gitarren- und Mandolinenklängen geseufzte Melodien verbreiteten, hatte, von Seßhaften nachgeahmt, zur Entstehung der Konzertcafés geführt: dem *Vermouth di Torino* in Santa Lucia, der luxuriösen *Birreria Monaco*, dem *Strasburgo* an der Piazza Municipio, dem *Caffè del Commercio* am Hafen, in dem ein gewisser Pietro Mascagni auf dem Klavier klimperte, dem *Caffè dei Mannesi* an der Ecke zur Via Duomo. In den von Anekdoten überquellenden Schriften neapolitanischer Zeitgenossen taucht Enrico Caruso überall auf. Er singt an den *periodiche*, den Gesangsveranstaltungen in den Salons der guten Gesellschaft. Er singt *Occhi di fata* vor den Gavotte tanzenden Gästen des *Mannesi*, nicht ohne zuvor zu warnen: »Es wird euch noch leid tun, ich bin ein Dilettant«, was ihm vier Dacapos einträgt, und Don Ciccillo Marzano, der große Improvisator, reimt ihm aus dem Stegreif eine gloriose Zukunft. Er singt, sich beinah hinter dem Klavier versteckend, unter den Augen von Adolfo Narciso, einem wortgewaltigen Komiker und Schriftsteller, der ihn als »bleichen, mageren Burschen mit nachdenklichen Augen und stets melancholischer Miene« in Erinnerung hat. Er singt am *Teatro Nuovo* zwischen den Akten von Prosastücken unsterbliche oder kurzlebige Lieder wie *'O purginella* von D'Alfonso/ Riccardi und *'A sfugliatella* von Alfredo Falconi-Fieni. Er singt an Festen und für Gesellschaften, die sich unter Gelächter bei einem Vers und einem tüchtigen Schluck in den Trattorien bildeten und wieder auflösten. Er singt mit den berühmtesten Straßensängern seiner Zeit, mit Gennarino Olandese, genannt *'o 'nfermiere,* der Krankenpfleger, mit Totonno *'o naso 'e cane,* der Hundeschnauze, mit Aniello Bracale, Totonno Bova, Gennaro Cesarano, Carlo Fanti. Er singt auf den Meeresterrassen der Bäder, die die Via Caracciolo säumten, im chinesischen Pavillon und im *Risorgimento*, während die *chetta*, der kleine Münzenteller, die Runde macht.

In der Sommerhitze von 1891 wurde auf der Meeresterrasse des *Risorgimento* ein neapolitanischer Bariton namens Eduardo Missiano auf Enrico aufmerksam, der auf den Bühnen zwar noch keinen Erfolg gehabt hatte, aber vielversprechend und reich genug war, sich Gesangsunterricht bei Maestro Guglielmo Vergine leisten zu können, einem der besten in der Stadt. Von Missiano überredet, setzte Caruso alles daran, die Stufen zu erklimmen, die zu Vergine in den Vico Sargento führten.

In einem Brief aus London vom 10. Juni 1906 erzählt Caruso dem Kollegen Oreste Noto von seinen Studienjahren: »Mit zehn habe ich zu singen begonnen . . . in den Kirchen. Ich war die Wonne der ganzen Gemeinde; das glaube ich zumindest, da ich nie ein Zeichen der Mißbilligung erhielt. Außerdem hatten von den Einnahmen aus meinen liturgischen Gesängen zwei Familien zu leben, die mich denn auch unentwegt zum Singen anhielten. Mit neunzehn entschloß ich mich, bei einem Meister Unterricht zu nehmen, den ich nach elf Lektionen verließ, weil mir schien, auch er könne die Frage, die mich quälte, ob ich nun ein Tenor oder ein Bariton war, nicht lösen.

Vielleicht aber eignete ich mich damals wenig fürs Studium. Missiano brachte mich kurze Zeit später zu seinem Meister, Signor Vergine, der zunächst fand, ich sei zu jung, und dann, ich hätte zuwenig Stimme. Nach zweimaligem Vorsingen entschloß er sich, mir auf der Grundlage eines ordentlichen Vertrags Unterricht zu geben. Damals war meine Stimme in der Tat so dünn, daß mich meine Mitschüler ›den Wind‹ nannten, ›den Wind, der durch das Fenster pfeift‹.«

Nach dem ersten Vorsingen bei Vergine hatte Missiano Enrico mit zu sich nach Hause genommen und ihn zwei Arien aus *Les Pêcheurs de perles* und der *Cavalleria rusticana* gelehrt. Beim zweiten Anlauf akzeptierte Vergine den Schüler, überredete ihn jedoch angesichts seiner offenkundigen Zahlungsunfähigkeit, einen halsabschneiderischen Vertrag zu unterzeichnen, mit welchem er sich verpflichtete, in den ersten fünf Jahren seiner effektiven Karriere ein Viertel aller Einnahmen an seinen Lehrer zu zahlen. Um die Aufhebung dieser Klausel zu erreichen, war Caruso später gezwungen, vor Gericht zu gehen, wo man sich auf eine Abfindung von zwanzigtausend Lire einigte.

Enrico hatte unterdessen Beziehungen zu Don Rafiluccio Domineck angeknüpft, einem Beamten des Aushebungsrates, der den Künstlern bei der Erledigung militärischer Angelegenheiten zur Hand ging und sie dafür gratis für *periodiche* im Hause an der Maddalena rekrutierte, die mehr einbrachten als sein Gehalt. Dort folgten sich Romanzen, Lieder, Quadrillen und Buffogelächter bis zur befreienden Aufforderung: »Leute, setzt euch an den Tisch, ich mach' euch was zu essen.« Caruso, Michelangelo De Biase und Gavino Mele, drei angehende Tenöre, nahmen die Einladung dankbar an und fielen über die Schüsseln voller Ziegenbraten und Kartoffeln her. Doch Don Rafiluccios Gunst reichte nicht aus, um das Aufgebot abzuwenden, das Caruso als Schicksalsschlag empfand, als Abbruch einer Arbeit auf halbem Wege. Wohlhabend war er nicht, ganz und gar nicht, auch wenn seine Großzügigkeit sprichwörtlich geworden war und zerknitterte Bühnenveteranen um die Wette versuchten, seinen Weg zu kreuzen und den Trost von ein paar Lire einzustekken. Im Februar 1894 brach Enrico mit einem Gepäck voller Bitterkeit zum XIII. Feldartilleriebataillon nach Rieti auf. Er fürchtete, die Zeit, die er in einem entscheidenden Moment seiner Sängerlaufbahn in der Uniform verlor, nie wieder aufholen zu können.

Der Soldat Caruso war ein Fiasko. Undiszipliniert und von Heimweh geplagt, wurde er schließlich zum Fensterputzen und Bohnern der Fußböden in den Schlafsälen verknurrt, eine Arbeit, die er natürlich singend verrichtete. Bei dieser Gelegenheit hörte ihn Major Nagliati, ein Musikliebhaber, der ihn nach der ordnungsgemäßen Standpauke zu Baron Costa, dem musikalischen Stolz des Ortes, schickte. In weniger als einer Woche bewältigte Enrico die Vokalisen Concones, erlernte die ganze *Cavalleria* und überzeugte Nagliati, daß es seine Pflicht sei, dem Vaterland einen Soldaten vorzuenthalten, um ihm im Gegenzug einen kraftvollen Tenor zu schenken. Eine Gesetzesumgehung im familiären Italien der damaligen Zeit machte es möglich, daß der Rekrut durch seinen Bruder Giovanni ersetzt wurde, der später, als Enrico reich und berühmt geworden war, keine Gelegenheit versäumte, ihn an den geleisteten Dienst zu erinnern, und dafür allmonatlich mit einem ansehnlichen Scheck entschädigt wurde.

Die Rückkehr nach Neapel erfolgte am sonnigen Ostersonntag, nach fünfunddreißig Diensttagen. Caruso stieg die Treppen zu einem herzlicheren Vergine hoch und bekam Pasquale Jovino, genannt *'o piattaro*, der Tellerverkäufer, zum Studienkollegen, der zwar den Sprung in die Opernhäuser nie schaffte, jedoch in die Geschichte einging, weil er Königin Margherita mit dem unwiderstehlichen *'A risa* von Cantalamessa bezaubert hatte. Ende des Jahres, nach einem Auftritt als Dilettant in der Rolle des Turiddu, stand Enrico das erste wichtige Vorsingen seiner Karriere bevor.

4. KAPITEL

Der Rausch von Trapani

Maestro Vergine legte Nicola Daspuro, einem Journalisten und Vertreter des Musikverlages Sonzogno in Neapel, nachdrücklich Carusos Talente ans Herz. Im ungleichen Kampf mit Ricordi hatte Daspuro Francesco Tamagno und Angelo Masini ans Teatro Mercadante gebracht; er hatte keine große Lust, mit Unbekannten ein Risiko einzugehen, vertraute Caruso aber dennoch Kapellmeister Giovanni Zuccani an. Die Prüfung verlief positiv: Die Stimme war unbestimmt rauh, schwang sich nicht in die höchsten Höhen, doch sie hatte Schmelz, Persönlichkeit und einen tiefen Zauber, weshalb Zuccani beschloß, Enrico den Part des Wilhelm Meister in Thomas' *Mignon,* einer ruhigen Oper, spielen zu lassen. In der entscheidenden Probe kam Nervosität auf: Caruso sang falsch, brachte Text und Noten durcheinander, rieb sich andauernd den Schweiß von der Stirn. Vergeblich versuchte Zuccani, ihn zu beruhigen. Schließlich forderte er Vergine auf: »Mach du es ihm klar, in dieser Verfassung kann er nicht auf die Bühne!« Daspuro schrieb von Carusos Tränen.

Von einem anderen jugendlichen Mißgeschick berichtete Caruso selbst 1914 Matteo Incagliati: »Gewiß, in den ersten Jahren war meine Stimme *nichts.* In der Schule des armen Maestro Vergine in Neapel nannte man mich ›den Wind‹. Ich war damals achtzehn. Nie werde ich vergessen, was mir einmal im San Carlo widerfuhr. Ich hätte im *Faust* für einen erkrankten Tenor einspringen sollen. Kaum hatte ich zum *Salve dimora* angesetzt, überfiel mich eine derartige Angst, daß ich nicht bis zum Ende durchhielt. Der Direktor, Maestro Scalisi, meinte darauf zu Vergine gewandt: ›Der bleibt mir noch in der Schule, soviel steht fest.‹ Und soviel stand noch eine ganze Weile fest. Damals begann ich, mich selbst auszubilden, meine Mängel zu korrigieren, mir ein Repertoire zu erarbeiten, es immer und immer wieder zu versuchen, mir die Töne so in die Kehle zu setzen, wie ich es wollte. Denn glauben Sie mir, die Lehrmeister können viel erreichen, das ist unbestritten, doch der Sänger, der Künstler selbst muß sich formen. Alles, was ich bin, verdanke ich mir selbst, meinem Studium und meiner Willenskraft, dieser Kraft, die es mir erlaubt hat, langsam und stetig vom ersten Engagement für achtzig Lire in vierzehn Tagen zu den derzeitigen Gagen zu kommen. Und dabei hatte der gute Meister Vergine, als ich ihm vorgestellt wurde, irritiert ausgerufen: ›Was wollt ihr denn? Das ist eine Stimme und weiter nichts!‹ Und jetzt, sieh an, bin ich auch . . . Bassist.«

Nicht im geringsten niedergeschmettert von diesen ersten Mißerfolgen sang er am 2. Januar 1895 in der Kathedrale von Caserta das *Tantum ergo* für die achtzig Lire, die ihm Domenico Morelli bot, ein Komponist, der die Sänger aus der eigenen Tasche bezahlte, wenn sie nur bereit waren, seine nicht eben unvergeßlichen Werke aufzuführen. So gelangte im Teatro Nuovo in Neapel am 15. März 1895 *L'amico Francesco* zur Aufführung, in welchem Morelli, von Vaterlandsliebe und Trägheit inspiriert, die musikalische Grundlage der *Africanella* verwendete, eines Liedes von Carlo Clausetti nach Versen von Roberto Bracco. Caruso spielte die recht unwahrscheinliche Rolle des Adoptivvaters von Bariton Ciabò, der die Sechzig schon seit geraumer Zeit überschritten hatte. Der Erfolg war nicht gerade triumphal, und die vorgesehenen vier Aufführungen wurden angesichts der gähnenden Leere an der Theaterkasse auf zwei zusammengestrichen. Die Zeitungen meldeten dennoch in wenigen Zeilen »ein zufriedenstellendes Ergebnis«. Nur gerade eine, der *Pungolo parlamentare*, erwähnt Caruso in einem Atemzug mit Bariton Ciabò und der Sopranistin Belvetti. Impresario Carlo Ferrara und Theateragent Ciccio Zucchi notierten sich den Namen Enrico Caruso. Ein Berufstenor war geboren.

Die Wiederholung wurde am 28. März im Teatro Cimarosa in Caserta gegeben. Für elf Lire den Abend trat Caruso in Charles Gounods *Faust* auf, in der *Cavalleria rusticana*, der einzigen Oper, die er Note für Note kannte, und im unveröffentlichten und bald vergessenen *Camoëns* von Pietro Musone. An seiner Seite standen die Sopranistin Ferrara-Moscati, Bariton Enrico Pignataro und der Bassist Sternaiolo. Caruso gab sich alle Mühe, verhaspelte sich, sang falsch. Nach einem Monat kehrte er nach Neapel zurück, mittellos wie zuvor, aber mit einem Bewunderer mehr: Pignataro, obschon in den unglückseligen Frühling von Caserta verwickelt, empfahl ihn als Ersatz für den Ersten Tenor des Teatro Bellini, den die Zugluft auf der Bühne ins Bett gezwungen hatte. Sympathie und Glück sind denn auch die Begleiter des frühen Caruso. Auf dem Spielplan standen *Faust, Rigoletto* und *La Traviata*: Im Sommer floß der Beifall reichlich, und die Abendgage war auf fünfundzwanzig Lire erhöht worden. Die neapolitanische Tageszeitung *Il Mattino* wagte eine erste Prognose: »Er hat eine schöne Stimme. Wenn er sie beharrlich entwickelt, wird er noch großen Gewinn aus ihr ziehen.« Etwas gehässig bemängelte Ettore Iovinelli im *Cosmorama* »die geringe künstlerische Intelligenz und Schüchternheit«. Ein glücklicher Umstand wollte es, daß der Cellist Adolfo Bracale im Parkett saß, ein glühender Verehrer Afrikas mit Impresariohabitus: Er schätzte Carusos Phrasierung und Timbre und engagierte ihn, zusammen mit Elena Bianchini-Cappelli und Bariton Vittorio Ferraguti, für eine Tournee nach Ägypten: sechshundert Lire pro Monat, die persönliche Bestleistung.

Im Oktober, auf dem Dampfer Richtung Pyramiden, gab's nichts als Konzerte und Unannehmlichkeiten. Caruso war gezwungen, vor einem Trupp betrunkener Briten zu singen, was ihm einen Hut voller Pfundnoten einbrachte; er flirtete mit den Damen, litt unter der Hitze. Im Theater an den Ezbekeyagärten in Kairo, das von Impresario Santini geleitet wurde, bereitete ihm die *Cavalleria* Sorgen, weil er am Vorabend allzu tief ins Glas geschaut und der Alkohol seine Spitzentöne umwölkt hatte. Das aufgebrachte Publikum verließ den Saal und riß die Plakate, auf denen die bevorstehenden Aufführungen von *Rigoletto* und *La Gioconda* angekündigt wurden, in Fetzen. Doch in den weiteren Rollen war der unerschütterliche Caruso perfekt und kehrte auf den Schultern seiner Bewunderer ins Hotel zurück. Die Schlußvorstellung der *Manon* wurde in weniger als einer Woche vorbereitet, wobei sich Caruso, nach Aussagen früherer Biographen, über eine Gedächtnisschwäche hinwegrettete, indem er der Bianchini-Cappelli kurzerhand einen Zettel mit Stichworten ans Kostüm heftete, selbstverständlich auf der dem Publikum abgewandten Seite.

Sein Repertoire erweiterte sich ständig. Caruso konnte es sich nicht erlauben, wählerisch zu sein, und arbeitete bis zur Erschöpfung, ein Gefangener der Notwendigkeit, bereits Sklave seiner Arbeit. Eines Tages sollte er von sich sagen: »Ich bin nichts weiter als ein Markenzeichen, ausgebeutet von einem Impresario.« Er unterzeichnete einen Vertrag über fünfzig Auftritte in drei Monaten am Mercadante: fünfzehnmal die *Traviata*, fünfzehnmal *I Capuleti e i Montecchi* von Bellini, zehnmal den *Rigoletto* und zehnmal den *Faust*. Die Kritiker erwärmten sich. In einer Rezension der *Traviata* mit der amerikanischen Sopranistin Kate Bensberg an Carusos Seite weissagte ihm die *Gazzetta dei Teatri* den glanzvollsten, strahlendsten Erfolg. *Il Mattino* meldete »ständige Verbesserungen«, setzte jedoch hinzu, die Stimme bedürfe »zur vollkommenen Beherrschung eines intensiven Studiums«. Emma Calvé sprach von einem Wunder. Ende Januar 1896 kam die Legitimation der Stadt mit einer Ehrenvorstellung im Mercadante; gegeben wurde *Faust*, der dunkle Anzug war Pflicht. Ein weiterer *Faust* in Caserta wurde allerdings ein Reinfall. Einige im Saal anwesende herausgeputzte Leute vom Lande empörten sich in ihrem Aberglauben weniger über den Tenor als über die Figur, die das Böse verkörperte. Die Oper wurde im zweiten Akt abgebrochen.

Später zog Giovanni, Enricos Bruder, der an seiner Stelle Militärdienst geleistet hatte, ins kriegerische Abenteuer Afrika. Caruso wurde von immer heftigeren Gewissensbissen heimgesucht und versprach sich Ablenkung von einer Tournee durch Sizilien. Am 15. Februar genehmigte er sich im Teatro Garibaldi in Trapani vor seinem Auftritt in der *Lucia di Lammermoor* ein paar Gläschen Wein, nicht mehr. An den leichten Asprino gewöhnt, unterschätzte er jedoch die Stärke des fruchtigen Sizilianers; ein Herzmittel, das ihn wieder hätte auf die Beine bringen sollen, förderte seine Lethargie. Zu spät und benommen trat er auf die Bühne, das Parkett war in Aufruhr. Die Anstrengungen des Souffleurs erwiesen sich als vergeblich, gleich im Rezitativ des ersten Aktes verwechselte Caruso die »sorti della Scozia«, Schottlands Los, mit den »volpi della Scozia«, Schottlands Füchsen. Unter den Pfiffen, Witzeleien und ironischen Zwischenrufen des Publikums wurde er von den Organisatoren fristlos entlassen. Impresario Peppino Cavallaro versuchte, ihn zu rechtfertigen, indem er in die Welt setzte, sein Schützling »habe sich bei der Überfahrt die Seekrankheit zugezogen«. Anderntags wünschte sich eine Lokalzeitung, »daß der Tenor nicht mehr zu Wasser reise«. Sein Ersatz, ein gewisser Oddo, erlitt ein noch schlimmeres Schicksal und ging in den wüstesten Beschimpfungen unter. Caruso wurde also wieder ans Theater gerufen und erntete mit der *Cavalleria*, der *Malia* von Frontini und *La Sonnambula* Händeklatschen und Lacher. Für die Trapanesen war er »der Fuchs von Schottland« geworden, ein Original.

Nach dem bis Marsala ausgedehnten sizilianischen Intermezzo kehrte Caruso im Mai nach Neapel zurück, wo er im Teatro Bellini in *Rigoletto*, in der *Traviata*, im *Faust* und in der vergessenen *Mariedda* von Gianni Bucceri sang. Der Beifall kam nun auch aus der Ferne: Im Juni 1896 schrieb der Kritiker Acuto in der Mailänder *Gazzetta Musicale*: »Tenor Caruso . . . brillierte mit einer wohltonierten Stimme von schönem und ansprechendem Metall und bewies, daß er das Zeug zu einem guten Künstler hat.«

In seiner Bedürftigkeit nahm Caruso weiterhin Angebote zu verschiedensten Anlässen, einschließlich Hochzeitsfesten, an. Ab und zu sang er aus Freundschaft. Zum Beispiel als ihn Adolfo Narciso darum bat, sein Gefährte in den Diskussionen im Café an der Via dei Tribunali, die sich bis ins Morgengrauen hinzogen, manchmal auch bloß im Warten darauf, daß die Pforten des Hauses sich wieder öffneten: Denn keiner besaß die halbe Lire für die »campagna«, das Trinkgeld, das dem Portier für nächtliche Dienste zustand. Narciso hatte sich unsterblich in Elvira verliebt, die Enkelin von Don Cesare Billé, bei dem er zweimal wöchentlich an den periodischen Gesangsabenden zu Gast war. Durch ein im Zylinder verstecktes Billetdoux entdeckt und aus dem Hause Billé gejagt, wollte er nun unter dem Fenster seiner Angebeteten ein Ständchen bringen. Zu Mandolinengetriller erhoben sich die Stimmen von Narciso, Trombetta und Caruso, der *Amor ti chiedo* intonierte, und gleich darauf diejenige Don Cesares, der kreischend forderte: »Nehmt sie fest! Nehmt sie fest!« Die drei wurden ins Polizeikommissariat an der Via Carbonara gebracht; bleiben mußte nur Narciso, der mit einem Verweis davonkam. Das Abenteuer belustigte Caruso, hatte es ihm doch Gelegenheit geboten, sich bei Narciso zu revanchieren, der Freuden, Illusionen, Bohnen und Stockfisch mit ihm geteilt und ihn einmal, nach einer feuchtfröhlichen Nacht, gar im Bett seines Vaters beherbergt hatte, der anderntags völlig entgeistert erwacht war.

Die mondäneren Auftritte trugen ihm einige zusätzliche Zeilen der Anerkennung in der Presse ein. Am 26. August sang er in einem Konzert sakraler Musik anläßlich der Vermählung Di Marzo–Capozzi, zusammen mit dem gleichaltrigen Giorgio Schottler, dem Sohn des deutschen Gärtners der Villa Floridiana, einem Bariton und Ziseleur neapolitanischer Volkslieder. *Il Mattino* meldete dazu: ». . . danach das *Crucifix* von Faure [sic], in welchem die frischen harmonischen Stimmen Carusos und Schottlers zu einer überirdischen Einheit verschmolzen. Im Salon wurden Caruso und Schottler außerordentliche Ovationen zuteil; sie mußten nacheinander zahlreiche Stücke singen, die ihren Höhepunkt im Duett aus *La Forza del destino* erreichten, das Begeisterung auslöste und unter einem wahren Beifallssturm wiederholt wurde.«

Das Hochzeitskonzert wurde von Vincenzo Lombardi geleitet, Eminenz am Theater in Salerno und Lehrer Fernando De Lucias. Wenig später – war es die Folge davon oder reiner Zufall? – wurde Caruso auf der Schwelle des Jahres 1896/97 für die lange und entscheidende Stagione in Salerno engagiert. Anfängliche Abendgage 15 Lire, darüber hinaus großzügige Geschenke und Einladungen zum Essen. Zweiter musikalischer Herr und Meister in Salerno war Don Peppino Grassi, Impresario und Journalist, mit einigen Gerichtsgeplänkeln hinter sich – er war unter anderem des Diebstahls eines Schafes bezichtigt worden – und einer angehenden Sopranistin namens Giuseppina zur Tochter, die sich regiegemäß in Caruso verliebte. Im Municipale stellte Enrico seine stimmlichen und darstellerischen Fortschritte unter Beweis und meisterte seine Aufgabe in den *Puritani*, die dem Tenor unwegsame Spitzentöne abverlangen. Danach die *Cavalleria*, *Traviata*, *Favorita*, das erste Duell auf Distanz mit De Lucia in der *Carmen*, *I pagliacci*, der Triumph in *A San Francisco*, den Sebastiani nach dem Libretto Salvatore Di Giacomos vertont hatte. De Lucia – der seiner ständigen Transponierungen wegen Gondrand genannt wurde, wie der berühmte Spediteur – brach seinen Urlaub in Cava dei Tirreni ab, um sich den angekündigten Rivalen anzuhören. Nach der Aufführung suchte er diesen in der Garderobe auf, doch niemand hat je erfahren, worüber die beiden sprachen.

Die Stagione in Salerno wurde zwischen dem 16. Dezember und dem 6. März 1897 durch eine anspruchsvolle Arbeit am Teatro Mercadante in Neapel unterbrochen, wo Caruso in der *Traviata*, *Favorita* und *Gioconda* sang, in dem inzwischen der Vergessenheit anheimgefallenen *Un dramma di vendemmia* von Vincenzo Fornari und in *Celeste* von Lamonica und Biondi. Gleich danach Rückkehr nach Salerno, wo er den Verpflichtungen in der *Traviata, Favorita,* in *Manon Lescaut, Il profeta velato* von Napoletano und der *Gioconda* nachkam.

Auf erneute Bitte Vergines hörte sich Nicola Daspuro Caruso noch einmal an. Um den Tenor nicht aufzuregen, verbarg sich Daspuro in einer der letzten Reihen. Es war der 11. März 1897, aufgeführt wurde Ponchiellis *Gioconda.* Caruso, seit kurzem umjubelt, stand im Mittelpunkt glücklicher Umstände. Die Truppe war populär, mit von der Partie waren die Zucchi-Ferrigno (von der Zeitung *Irno* als »Amazone guter Schule mit außerordentlicher Bühnenpräsenz« beschrieben) und Freund Pignataro. Als aus Anlaß der von Seiner Majestät abgewendeten Gefahr – Umberto I. war für einmal knapp einem Attentat entgangen – der *Inno reale* gespielt wurde, raste das Publikum vor Begeisterung. Daspuro schätzte die Interpretation, was Caruso sein erstes Engagement in Mailand eintrug: die Herbststagione im Lirico Internazionale bei einer Monatsgage von fünfhundert Lire. Nach einem Gastspiel am Teatro Massimo von Palermo erwartete ihn – auf dem Weg nach Mailand – in Livorno eine schicksalhafte Begegnung.

5. KAPITEL

Eine schicksalhafte Mimì

Signorina Giuseppina Grassi, die Tochter des Impresarios von Salerno, ist die erste von den Biographen überlieferte Liebe Carusos. Sie war ein blühendes, leidenschaftliches Mädchen mit einer guten Stimme. Nicola Daspuro versichert, die Hochzeit sei – welche Ironie des Schicksals – auf einen Karnevalstag des Jahres 1897 angesetzt worden. Wie es der Brauch war, wurden in der Person von Maestro Vincenzo Lombardi und Commendator De Leo, dem Bürgermeister von Salerno, zwei galante Herren entsandt, um um Giuseppinas zarte Hand anzuhalten. Der zukünftige Schwiegervater, Don Peppino, hatte nun nichts Eiligeres zu tun, als einen Teil vom ohnehin schon mageren Lohn des Tenors einzubehalten, um damit die Kosten der Aussteuer zu decken; die Heirat kam jedoch nicht zustande. Der empfindsame und abergläubische Caruso war überzeugt, daß Don Peppino unheilbringende Eigenschaften besaß, denn er hatte gesehen, wie dieser, sich zitternd an den Bühnenvorhang klammernd, auf den Spitzenton im *Te riveder Carmen* wartete, der dann auch prompt mißglückte. Der wahre Grund für die Auflösung des Verlöbnisses war jedoch höchstwahrscheinlich eine der zwölf Tänzerinnen in der *Gioconda*, die sowohl von Enrico als auch von dem großen Dirigenten Leopoldo Mugnone umworben wurde und großherzig ihre Gunst wechselweise verteilte.

Sein Nebenbuhler Mugnone, ein echter Gentleman, empfahl Caruso dem Impresario Lisciarelli für das Sommerprogramm des Goldoni-Theaters in Livorno. Das Debüt fand am 7. Juli 1897 in der *Traviata* statt; weitere Hauptdarsteller waren die Sopranistin Ada Giachetti und der Bariton Antonio Pini-Corsi. Mit warmen Worten sprach die *Gazetta livornese* von Carusos hervorragender Stimme und Gesangstechnik, seinem meisterhaften Bühnenspiel und der überaus zarten Intonation (»von bitterer Süße«) in diesem so tiefbewegenden Stück und beeilte sich, nach der dritten Wiederholung hinzuzusetzen: »Caruso ruft die berühmtesten Interpreten dieser göttlichen Partitur in Erinnerung; ich denke nur an einen Boucardé, an einen Stagno!«

In Livorno, wo Pietro Mascagnis Wiege stand, waren nach Verdis Opern auch jene des aus Lucca stammenden Giacomo Puccini ins Repertoire aufgenommen worden: ein außerordentlich zündendes musikalisches Ereignis. Am 14. August stand *La Bohème* auf dem Spielplan, in der gleichen Besetzung, außerdem Amalia Campagnoli und Kapellmeister Cavalier Vittorio Podesti. Puccini, verblüfft über diesen ehrgeizigen jungen Mann aus Neapel, begann vorsichtshalber, Erkundigungen über ihn einzuholen. Dies kam Caruso zu Ohren. Nicht lange zögernd, da er mit Impresario Arturo Lisciarelli eine Wette über tausend Lire abgeschlossen hatte, welche er dann allerdings aus Stolz oder aus Berechnung nie einforderte, klopfte er in Torre del Lago an die Tür des Maestro. »Ihr wolltet etwas über mich wissen? Nun denn, hier bin ich.« Er bat um ein Glas Milch, knöpfte sich den steifen Kragen auf und sang unter einem Bildnis von Verdi *Che gelida manina*. Damit hatte er Puccini sofort erobert. Es gibt hundert verschiedene Versionen davon, was Puccini zu ihm sagte, die pathetischste und zugleich unwahrscheinlichste lautete jedenfalls: »Wer hat dich zu mir geschickt? Gott?« Caruso vertraute seine Gefühle einem Brief an Vergine an: »Ich bin in Puccinis Haus gewesen. Ich habe mit ihm zu Tisch gesessen und bin von ihm wie ein Bruder behandelt worden.« Er gestand Puccini ein, daß er nicht bis zum gefährlichen hohen C hinaufkomme, worauf die Arie unverzüglich um einen halben Ton heruntergesetzt wurde. Dieses Eingeständnis verriet Mut und professionelles Verantwortungsbewußtsein, während die sofortige Abhilfe einem Kompliment gleichkam.

Die Livorneser Premiere der *Bohème* war ein Triumph. Das Lokalblatt *Gazzetta* würdigte Caruso als Sänger und als Schauspieler und sagte ihm eine glänzende Zukunft voraus. Die *Gazzetta musicale* von Mailand, der Stadt, die ihm zunehmend Aufmerksamkeit schenkte, schrieb, er übertreffe alle Erwartungen – und bezeichnete Ada Giachetti als »eine Mimì voller Anziehungskraft, Liebreiz und Leidenschaft«. Dieser Meinung war auch Caruso. In nur wenigen Tagen hatte er sich in sie verliebt.

Ada stammte aus Castello bei Florenz, war etwas älter als Enrico, dunkelhaarig, eine eindrucksvolle Erscheinung von einer etwas schwermütigen Ruhelosigkeit. Sie war die unglückliche Gattin des Geschäftsmanns Gino Botti, von dem sie getrennt lebte, und besaß alle Qualitäten, die zu einer echten Künstlerin gehören: Entschlossenheit, Durchsetzungsvermögen, Musikverständnis. Mit wahrer Meisterschaft spielte sie Klavier, rezitierte mit großem Feingefühl, ohne darauf zu verzichten, Zugeständnisse an den Publikumsgeschmack zu machen; nur eines fehlte ihr: die Stimme. Obschon von Verdi hochgeschätzt, war Ada dennoch nur eine mittelmäßige Sopranistin. Enrico hingegen besaß eine außergewöhnliche Stimme, mußte jedoch alles übrige noch vervollkommnen. Ada, Meisterin in der Beherrschung gewisser Raffinessen, von denen Caruso nichts wußte, beschloß, sich auf Kosten ihrer eigenen Karriere ganz dem Gefährten zu widmen. Sie spürte, daß Enrico zu Größerem berufen war. In dieser so heftig entbrannten und eifersüchtigen Liebe läßt sich nur schwer zwischen Gefühl und Vernunft, zwischen Privatperson und Bühnenstar unterscheiden. Jeder hatte auf seine Weise den Wunsch, zu geben und zu empfangen. Der Sommer in Livorno endete mit einer Soiree zu Ehren Puccinis im Lichtschein von hundert Fackeln, welche die Bühne in Rauch einhüllten. Tenor und Sopran hatten bereits beschlossen, zusammenzuleben.

Caruso war nun so gut wie berühmt und immer noch so gut wie mittellos. Dem ungeduldigen Vergine, der auf die Zahlung eines nicht vorhandenen Vermögens drängte, antwortete er am 28. August: ». . . Nachts kann ich nicht schlafen. Nicht allein Sie sind der Leidtragende, auch meine bedürftige Familie leidet. Wenn ich nach Neapel zurückkomme, habe ich kaum genug Geld in der Tasche, um an Land zu gehen . . .« Ada als Primadonna kannte sich in der Theaterwelt aus und brachte Enrico bei, wie man mit den gerissenen Impresarios fertig wurde, riet ihm zu geschickten Schachzügen und Kunstgriffen. Elf Jahre teilten sie miteinander, die ersten voller Leidenschaft, die letzten von Untreue überschattet. Ada schenkte ihm zwei Söhne und half ihm, künstlerisch zu reifen.

Anfänglich gab es in Carusos Laufbahn hie und da einen Ausrutscher. Seine Biographen geben sich alle Mühe, die Zwischenfälle und Zusammenstöße zu rechtfertigen, und haben für alles eine Entschuldigung bei der Hand: seine Empfindsamkeit, ein paar Gläschen über den Durst, ein ungebildetes Publikum, die Inkompetenz eines angeblichen Sachverständigen. Beispielhaft dafür ist der Fauxpas Camillo Bonettis, Sekretär der berühmten südamerikanischen Theaterunternehmerin Ferrari, der Caruso 1896 im Mercadante gehört und als »drittklassigen Tenor« bezeichnet hatte. Gewiß kam es anfänglich zu aufsehenerregenden Fehlurteilen. Carusos außergewöhnliche Kunst, die so einzigartig, so natürlich und menschlich war, wurde in einer Zeit, in der sich der oft über jedes musikalische Maß hinwegsetzende gekünstelte Gesang größter Beliebtheit erfreute, nicht sogleich von allen verstanden. Anderseits muß gesagt werden, daß Carusos Aufstieg stufenweise erfolgte und er für seine Lehrjahre teuer bezahlte. Obschon er ein unabhängiges und eigenwilliges Naturell hatte, wußte er sich jeden guten Ratschlag zunutze zu machen; sogar der Unterricht bei schlechten Lehrern war ihm eine ausgezeichnete Schule. Einmal sagte er: »Ich habe viel gelernt, weil ich das Gegenteil von dem getan habe, was man mir beibrachte.« Er liebte die Vorstellung, daß er sein Talent von der Familie geerbt habe. »Meine Mutter hatte eine schöne Sopranstimme, hoch und hell wie eine Flöte, mein Vater hatte einen dunklen Baß, den sicheren Tonansatz aber, den habe ich selbst entwickelt.« Enrico unterschätzte nie, wie wertvoll der Unterricht bei Guglielmo Vergine war, seinem Lehrer mit dem großen hochgezwirbelten Schnurrbart, der sechs Stunden täglich mit ihm übte, in denen Worte des Tadels und der knapp angedeuteten Billigung sich die Waage hielten. »Er war es, der das Bedürfnis zu singen in mir immer stärker werden ließ«, wiederholte Caruso bei mehr als einer Gelegenheit. Vergine kam noch ein weiteres erhebliches Verdienst zu: Er forcierte die Stimme nie, die anfänglich für einen Tenor zu beschränkt und für einen Bariton zu umfangreich war. Tenor oder Bariton, eine Ungewißheit, die Caruso lange Zeit bedrückte. Nicola Daspuro berichtet von einem Brief, den er am Tag vor Carusos Mailänder Debüt von Edoardo Sonzogno erhielt: »Caro Daspuro, ich danke Ihnen für die Umstände, die Sie mir durch das Engagement dieses Caruso bereitet haben: Sie haben mir da einen Bariton anstelle eines Tenors engagiert!« Darauf postwendend die Antwort: »Carissimo Signor Edoardo, ehe Sie urteilen, sehen und hören Sie selbst. Im übrigen, wenn Caruso ein Bariton ist, dann ist De Lucia, den ich ebenfalls für Sie engagiert habe, ein tiefer Baß! Warten Sie ab! Unterdessen bitte ich Sie, nicht irgendeinem Neider Gehör zu schenken oder gar einem Eifersüchtigen.«

Von großer Bedeutung war die Begegnung mit Vincenzo Lombardi in Salerno, der ihn lehrte, den Atem besser zu verteilen und die Töne länger auszuhalten, indem er ihn besondere Körperübungen machen ließ; so mußte er, gegen die Wand gelehnt, stillstehen, wie in Achtungstellung, und den Kopf beim Ausstoßen der Töne hoch aufgerichtet halten. Auf diese Weise kam er bis zum hohen C hinauf und verstand es, seine Fortschritte zu festigen. Und dennoch, als Sonzogno ihm die *Bohème* von Leoncavallo vorschlug, lehnte er mit freundlicher Bestimmtheit ab: »Zu hoch für meine Stimme.« Wie man sieht, beherzigte er auch die Lektionen des Lebens.

Mit seiner Neugier auf alles und jedes, seiner Fähigkeit, das Beobachtete und Gelernte in sich aufzunehmen, und seiner Selbstdisziplin bleibt Caruso ein Beispiel dafür, was man dank wilder Entschlossenheit zu erreichen vermag, vor allem, wenn man sich selber hilft; also genau das Gegenteil der immer wieder geäußerten Meinung, sein großer Erfolg beruhe einzig auf Improvisationskunst und nicht etwa auf Disziplin und Anstrengung. Durch fortwährende, beharrliche Arbeit vergrößerte er die an sich schon beträchtliche laterale Ausdehnung des Kehlkopfs und vervollkommnete die ebenfalls angeborene einzigartige Ausgeglichenheit seiner Stimmorgane. Langsam und beschwerlich war der Weg bis zur Beherrschung der Spitzentöne. Nachdem er sich ein vollendetes Timbre und eine gute Intonation erarbeitet hatte, verfeinerte er seine Atemtechnik: Jeder Atemzug wurde zur Note, und doch fehlte es ihm nie an Atemreserve. Mit unerbittlicher Selbstkontrolle schliff er sein natürliches Kristall, bis jede Unreinheit gewichen war. Vor allem dank Adas Hilfe verbesserte er allmählich auch seine Bühnenpräsenz, indem er sich von der Natürlichkeit des Verismo inspirieren ließ. Während die anderen Sänger in ihren Rollen chargierten, Betroffenheit zu quälender Angst, ein Lächeln zu einem Grinsen, Schmerz zu einem hemmungslosen Geschluchze verzerrten, versuchte Caruso möglichst nüchtern und natürlich zu bleiben und sich getreu an Text und Noten zu halten.

Auf dem Weg zur Reife kommt der ersten Erfahrung in Mailand im Spätherbst 1897 grundlegende Bedeutung zu. Verliebt und glücklich stieg Caruso in der Pension »Gasparini« ab, wo er fünf Lire pro Tag bezahlte und doch bei Wucherern Schulden machen mußte, ehe er den Vorschuß von Sonzogno erhielt. Später bezog er eine Wohnung an der Via Valesca Nr. 1. Sein Debüt fand am 3. November im Teatro Lirico Internazionale in der *Navarraise* von Jules Massenet statt. Weil das Werk kurzfristig angesetzt worden war, lernte Caruso seine Rolle in weniger als einer Woche. Ferrari dirigierte, weitere Mitwirkende waren die enttäuschende De Nuovina (die verlangt haben soll, Caruso sei durch einen anderen Tenor zu ersetzen, da er zu Beginn der Proben nicht den Hut vor ihr gezogen habe), ferner Wigley, Dufriche, Giordani und Aristi. Der gestrenge Nappi kommentierte in der *Perseveranza*: »Der einzige aufrichtige Beifall gebührt nicht der Oper, sondern Tenor Caruso mit seiner ausgewogenen Stimme, seiner vollen, spontanen Klanggebung.«

Zu jener Zeit war die Scala geschlossen, weil der Stadtrat deren Räumlichkeiten für die Schulspeisung nutzte. An der Tür hing ein mit Trauerflor umrahmtes Plakat: »Wegen Todesfalls geschlossen. Kunstsinn, bürgerliche Würde und der gesunde Menschenverstand wurden zu Grabe getragen.« Nun richtete die Kritik ihre Aufmerksamkeit ganz auf die Vorstellung am Teatro Lirico, was Carusos Popularität noch erhöhte. *Il Voto*, die gekürzte und versüßlichte Fassung der heiklen *Mala vita* von Umberto Giordano, die am 10. November zur Aufführung gelangte, fand zwar keinen Anklang, doch wurde Carusos Duett mit der glänzenden Rosina Storchio ein zweites Mal verlangt. Der Berichterstatter der *Frusta teatrale* sprach von einer Stimme voller Faszination und großer Intensität. Danach erneut die *Navarraise* sowie die in Mailand noch unbekannte *Cavalleria* und schließlich, am 27., anläßlich der Premiere der *Arlesiana* von Francesco Cilea, der Triumph: flehentliche Da-capo-Rufe und zwanzig Vorhänge. Welch eine Genugtuung: Am Dirigentenpult stand derselbe Zuccani, der auch während der unseligen Probe im Teatro Mercadante in Neapel dirigiert hatte. Auf Cileas Wunsch sollte Caruso mit diesem persönlich die delikatesten Pianissimostellen einstudieren. Nappi bestätigte das positive Urteil. Obwohl Annibale Ponchielli in *La Sera* die Wiederholung des Trinkliedes, »das an sich gar nichts Besonderes ist«, nicht für gerechtfertigt hielt, lobte er doch »Carusos glanzvolle Stimme und seine starke Bühnenpräsenz«. Der offenherzige Francesco Tamagno äußerte gegenüber dem Herausgeber des *Secolo* die prophetische Bemerkung: »Er wird der Größte von uns allen sein.« Mit *Pagliacci*, unter Mitwirkung der Cassandro, Lelio Casinis und Aristis, ging das glückliche Jahr 1897 in Mailand zu Ende.

Von Sonzogno bedrängt, der sich unterdessen eines Besseren besonnen hatte, nahm Caruso schließlich die Herausforderung an, es mit der hindernisreichen *Bohème* von Leoncavallo aufzunehmen. Gemeinsam mit der Polin Regina Pinkert, mit Rosina Storchio und seinem Freund, Bariton Giuseppe De Luca, erhielt er im Teatro Carlo Felice in Genua großen Beifall. Dort wagte er sich zum ersten Mal an Bizets *Pêcheurs de perles* heran. Die bisher höchste Gage betrug fünftausend Lire für drei Monate. Das Abendessen pflegten die Künstler bei »Peppo« in der Galleria einzunehmen; es herrschte ausgelassene Fröhlichkeit, man rannte um die Wette vom Theater zum Restaurant, wobei der letzte dann jeweils den Kaffee bezahlte. Der letzte war immer Caruso, der unübersehbar an Gewicht zulegte.

Am 8. März 1898 die Rückkehr nach Mailand, Erfolg bei der Wiederholung der *Bohème* sowie Nappis gewohnheitsmäßige Feststellung: »Wenn er arbeitet, wird er in kurzer Zeit ein hervorragender Tenor werden . . .« Stufenweiser Aufstieg und weitere Fortschritte. Am 16. März *Carmen* mit der Monti-Baldini, am 2. April die *Hedda* von Le Borne, vom Komponisten selbst dirigiert und doch beinahe ein Fehlschlag. Dann Aufführungen in Fiume und Trento, *Mefistofele* von Arrigo Boito und *Sapho* von Massenet, Opern also, die für Caruso neu waren. Am 7. Juli dann das Glück über die Geburt des ersten Sohnes, der zu Ehren des Poeten in der *Bohème* Rodolfo getauft, aber mit Kosenamen Fofò gerufen wurde. Der frischgebackene Vater fuhr für einen weiteren Sommer nach Livorno, der erneut von entscheidender Bedeutung war, diesmal aber für seine Karriere.

Umberto Giordano hatte die Niederschrift der *Fedora* abgeschlossen, die Roberto Stagno, dem reifen Kunst- und Lebensgefährten Gemma Bellincionis, auf den Leib geschrieben war. Doch im April verstarb Stagno völlig unerwartet. Gemma schloß sich, von tiefem Schmerz erfüllt, in ihre Villa in Livorno ein, nicht weit vom Politeama entfernt, wo Caruso in *Pagliacci* sang. Ein Brief Giordanos riß sie aus ihrer Einsamkeit; er empfahl ihr dringend, sich im Politeama Caruso anzuhören. Sie raffte sich auf, sah und hörte sich ihn an, und seine Stimme wie auch sein dramatisches Temperament fanden ihre Anerkennung. Caruso studierte seine Partie peinlich genau und konzentrierte sich voll darauf, die Tessituraprobleme in den extrem hohen Lagen zu überwinden, in denen seine Stimme zuweilen noch brüchig klang. Man erzählt sich, wenn es ihm während der Proben

46

gelungen sei, in den *passaggi* zu »binden«, sei er vor Freude aufge-
sprungen und habe gerufen: »Aggio truvato! Ich hab's!« An der Uraufführung der *Fedora* im Teatro Lirico in Mailand sangen Gemma
Bellincioni und Caruso am 17. November erneut zusammen, im Parkett Arturo Toscanini, am Dirigentenpult ein in Angst und Sorge
schwebender Giordano, der von Carusos stimmlicher Stabilität noch
nicht restlos überzeugt war. Viele Jahre später sollte er dann einge-
stehen: »Ich hatte damals überhaupt noch nicht begriffen, daß Caruso ein Gott war. Der Rolle des Loris hatte ich auch keine besondere Bedeutung beigemessen. Ich setzte voll auf Fedora, denn die
Bellincioni hatte die Stimme eines Engels, der auf die Erde herabge-
stiegen war, und rezitierte wie Eleonora Duse. In den Proben begeisterte mich der Tenor nicht, er hatte einen schönen, warmen Ausdruck, weiter nichts. Zu Hause mit meiner Frau sprach ich immer nur
von Gemma Bellincioni. Und als sie mich nach diesem so gut wie
unbekannten Neapolitaner fragte, erwiderte ich nur: ›Nicht übel, gar
nicht übel.‹ Bei der Premiere aber verwandelte sich Caruso: ›Sein Gesang war der eines Cellos.‹« In der Tat ist Carusos Stimme mit vielen
Instrumenten verglichen worden: einmal mit einem Cello, dann mit
einer Orgel, dann wieder mit einer Trompete, Oboe, Klarinette, mit
einem ganzen Orchester.

Der erste Akt ließ das Publikum kalt. 1921 erinnerte sich der Kritiker Giovanni Borelli jedoch an den Stimmungsumschwung während
des zweiten Aktes: »... In der Luft lag die geladene Spannung, die
einem Ausbruch tosenden Beifalls vorausgeht – damals, vor über
zwanzig Jahren, just in jenem Augenblick, der im Gehirn und in der
Seele eines jeden haftete, der dabei war, zuhörte und vor Begeisterung losbrüllte: Es war eine so neue und helle Freude, daß sie dank
der Großartigkeit des wunderbaren Tenors aus Neapel, gleichsam
zum Schmerz, zur Bedrückung gerann, das Blut erstarren ließ, als
man zum ersten Mal Loris' Worte an Fedora vernahm: ›Amor ti vieta...‹, denn in diesen Worten breitete sich der ganze Reichtum
einer Stimme aus, wie sie auf der zeitgenössischen Opernbühne niemals reiner, vollkommener und bezaubernder zu hören war.« Die
Arie mußte dreimal wiederholt werden. Beifall auch von Leporello in
der *Illustrazione Italiana* mit dem einzigen Vorbehalt: »Ein mäßiger
Schauspieler...«, dem Nappi jedoch widersprach: »Auch auf der
Bühne ein vollendeter Künstler.« In dem Augenblick, als *Vedi, io*

piango ertönte, entstand die Legende von der »Träne« in der Stimme Carusos.

Das Echo seines Ruhms drang bis nach Amerika. Der *Musical Courier* schrieb, diese aus dem Süden Europas kommende Stimme sei das Schönste, was in den letzten Jahren zu hören gewesen sei. Von da an – dies waren Carusos eigene Worte – »prasselten Verträge auf mich herunter wie dichter Regen«. Der erste, über sechstausend Lire im Monat, brachte ihn vor das anspruchsvolle und blasierte Publikum von Sankt Petersburg; an seiner Seite standen Mattia Battistini, Vittorio Arimondi sowie Luisa Tetrazzini, die in ihren Erinnerungen ihrem Erstaunen über die außerordentlichen Fortschritte des Tenors Ausdruck gab.

In Rußland lernte Caruso echten Prunk und wahren Großmut kennen. Er empfand, wie er sagte, »ein Gefühl der Dankbarkeit«. Nach einem Extrakonzert zu Ehren von Zar Nikolaus II., den er als einen »kleinen Mann von fast unscheinbarem Äußeren und mit lebhaftem Gesicht« beschrieb, erhielt er ein zweihundertfünfzigteiliges silbernes Tafelservice zum Geschenk, dazu ein Paar goldene, mit Diamanten besetzte Manschettenknöpfe sowie die Glückwünsche und den persönlichen Dank des Zaren, verbunden mit der Bitte, das unsterbliche *Funiculì, funiculà* zu singen.

Im März 1899 kehrte er nach Mailand zurück und erntete mit der *Fedora* abermals großen Erfolg. Bereits hatte er das Angebot der Ferrari, die endlich geruht hatte, ihre Meinung über die Qualitäten des Tenors zu ändern, angenommen, für zwölftausend Lire im Monat eine Gastspielreise in Übersee zu machen. Mit rasender Geschwindigkeit war er im Kurs gestiegen, und man riet ihm, der Impresaria neue Bedingungen zu stellen; dies lehnte er jedoch ab: »Lieber will ich sterben, als vertragsbrüchig zu werden.« Er besaß ein starkes, tief verwurzeltes Gefühl für Ehre und Anstand. An Bord der *Santissima Margherita* kam er auf den Tag genau am 7. Mai in Buenos Aires an und trat am 14. mit Gemma Bellincioni in der *Fedora* auf. Wieder war der Erfolg durchschlagend und die anfängliche Verwechslung mit dem fast gleichnamigen Kollegen Caruson, einem eher mittelmäßigen argentinischen Bariton, gab viel zu lachen. Das einzige Fiasko war die Oper *Yupanqui* von Berruti, die, wie die meisten jener Spielzeit, von Eduardo Mascheroni dirigiert wurde.

Zur Erholung fuhr Caruso nach Neapel zu seinen Freunden, die

die Entbehrungen und Sehnsüchte der ersten Jahre mit ihm geteilt hatten. Im Unterschied zu damals trug er jetzt feingestreifte Anzüge und funkelnde Ringe an den Fingern, konnte sich überall blicken lassen; und er wurde sogar von einem Sekretär begleitet, dem Salernitaner Enrico Lorello. In einem für das Teatro de la Opera von Buenos Aires abgefaßten autobiographischen Brief rühmt sich Caruso, nach Saisonschluß werde er sich nach Rom begeben, um am Teatro Costanzi die Rolle des Cavaradossi in der von Puccini vertonten *Tosca* von Sardou zu gestalten, für die ihn der Maestro persönlich auserwählt hatte . . . Doch eine bittere Enttäuschung erwartete ihn, denn nicht er sollte den fatalen Part des Mario Cavaradossi übernehmen, sondern der ehemalige Bersagliere Emilio De Marchi, Liebhaber der Hariclea Darclée, auf die Puccini setzte und die als erste die Tosca verkörpern sollte. Indessen erntete Caruso in der Hauptstadt nach der Aufführung des *Mefistofele* großes Lob von Boito, und in der *Iris* am Teatro Costanzi schien sich seine Stimme, wie um seinen Rivalen herauszufordern, mit doppelter Macht zu entfalten.

Um sich selbst sein Können zu beweisen, trat er zum ersten Mal in der *Aida* auf, die am 3. Januar 1900 am Großen Theater des Konservatoriums in Sankt Petersburg zur Aufführung gelangte. Weitere Darsteller waren Salomé Krusceniski, der Bariton Mattia Battistini sowie der Baß Vittorio Arimondi, der viele Jahre später erzählte, Caruso habe in dieser Oper zum ersten Mal das hohe B sicher und genau getroffen. Sehnsüchtig erwartete er seine Ada, die ihm bei jedem entscheidenden Auftritt zur Seite stand. Ihr Zug hatte Verspätung. Bei dreißig Grad unter Null ging Enrico voll Ungeduld auf dem verschneiten Bahnsteig auf und ab und holte sich dabei eine Lungenentzündung. Daraus zog er die Lehre, daß ein Künstler auch sich selbst gegenüber Verpflichtungen hat. Trotz seiner geschwächten Stimme wurde er in Moskau nach seiner Genesung zum »Zaren der Tenöre« gekrönt. Ungeachtet seiner Heiserkeit reiste der Sänger nach Argentinien. Doch am 10. Mai 1900 war das Publikum über diesen rauhtönenden Faust so verärgert, daß Caruso sogar mit dem Gedanken spielte, die Tournee zu unterbrechen; der tosende Applaus anläßlich der folgenden Aufführung des *Mefistofele* versöhnte ihn jedoch wieder und brachte ihn von seinem Vorhaben ab.

Im November fand in Bologna ein Treffen junger Tenöre statt. Für dieselbe Stagione wurden außer dem damals siebenundzwanzigjährigen Enrico auch der selbstbewußte, neunundzwanzig Lenze zählende Giuseppe Borgatti aus Cento engagiert, der eine etwas hämmernde Aussprache hatte, sowie auch der hübsche dreißigjährige Alessandro Bonci aus Cesena. Also nicht ganz die gleichen Voraussetzungen für die Große Investitur, denn für Caruso war es immerhin ein »Auswärtsspiel«. Dennoch siegte er mit Abstand. Gerade in der *Tosca*, die man ihm in Rom noch vorenthalten hatte, überzeugte seine hervorragende Leistung. Puccini gab seinen Irrtum offen zu. »In dieser Rolle ist er weitaus der Beste.« Es war die erste *Tosca*-Aufführung in Bologna. »Kaum war *Recondita armonia* verklungen, brach ein orkanartiger Beifall los; er galt Enrico Caruso, der sich als ausgezeichneter, unwiderstehlicher Sänger erwies. Puccini erschien vor der Rampe und dankte dem Publikum, worauf die Arie wiederholt wurde.« Obschon die veristischen Opern modern und dramatisch waren und Toscanini an der Scala diesbezüglich strenge Vorschriften erlassen hatte, zeigte sich, daß Puccini jede Gelegenheit wahrnahm, auf die Bühne zu treten, um dem Publikum bei jedem Applaus, den er sichtlich genoß, zuzuwinken; auch er hörte sich die Wiederholungen allzu gerne an.

Nun war Enrico reif für die Scala, fünfzigtausend Lire betrug der Lohn pro Trimester, sein Gönner war Arrigo Boito. Die Ehre, in der Eröffnungsvorstellung von *Tristan und Isolde* zu singen, war eigentlich Borgatti zugedacht, doch der Tenor aus der Romagna erkrankte plötzlich, weshalb Puccinis *Bohème* mit Caruso und Emma Carelli zuoberst aufs Programm gesetzt wurde, auf den 26. Dezember, der, wie sich zeigen sollte, in allzu großer Nähe lag.

Der gestrenge Revolutionär Arturo Toscanini, Hausherr der Scala, hatte neue Sitten und Bräuche eingeführt. Die Partituren durften nicht mehr willkürlich zusammengestrichen werden; den Komponisten gebührte höchster Respekt; Wiederholungen waren verpönt – »Tingeltangelmanier« nannte er das –, und trotzdem mußte er sie gezwungenermaßen oftmals zulassen, wenn das Publikum sie allzu stürmisch von Caruso verlangte. Aber auch die hohen Hüte der Damen waren verpönt; und im Zuschauerraum hatte es dunkel zu sein, damit nichts von der Musik ablenkte. In der Theorie kamen die unumstößlichen Vorschriften des Maestro Carusos eigener strenger Pflichtauffassung voll und ganz entgegen, und doch gab es Zusammenstöße, daß die Funken flogen. Als Enrico bei der ersten Probe in

Che gelida manina das hohe C zu singen hatte, glitt seine Stimme ins Falsett über. »Mir schien es überflüssig, vor der Aufführung etwas zu riskieren«, rechtfertigte er sich, mußte aber dennoch eine Zurechtweisung einstecken. In der dritten Probe schließlich setzte Toscanini die Arie einen halben Ton tiefer, doch selbst das H klang farblos. Daraufhin wurde er bis zur Erschöpfung einer Generalprobe unterzogen, bei der er die ganze Oper *in voce* zu singen hatte. Als er dann aber nur wenige Stunden später zu einer zweiten Generalprobe beordert wurde, packte ihn die Wut. Ob vor Zorn oder Müdigkeit, jedenfalls holte er nicht das Letzte aus seiner Stimme heraus; der Dirigent klopfte ab und forderte ihn mit eisigen Worten auf, sich doch endlich anzustrengen. Enrico suchte sich abermals zu rechtfertigen – da zog Toscanini sich zurück. Zwar setzten Gatti-Casazza und der Duca Visconti di Modrone sich für Caruso ein und verhinderten seine Entlassung, doch konnte die *Bohème* unter solchen Voraussetzungen schließlich nur eine Enttäuschung werden. Alle waren davon betroffen. Emma Carelli erinnerte sich, daß »nach jedem Akt der Bühnenvorhang in tödlichem Schweigen herunterging«. Auch in der Presse einhellige Verurteilung. So waren in der *Alba* Giovanni Borellis Worte zu lesen: »Caruso war entweder nicht im Vollbesitz seiner stimmlichen Möglichkeiten oder aber von panischer Angst gelähmt.« Und im *Corriere della Sera* fragte sich Giovanni Pozza: »Wie kommt es bloß, daß es gestern nichts zu hören gab?«, und solcherlei mehr. Puccini war höchst bekümmert darüber und schrieb einen tief betrübten Brief an Toscanini.

Bei den neun Wiederholungen wurde immerhin ein gewisser Fortschritt konstatiert, und Caruso war etliche Male gezwungen, selbst *Quest'è Mimì* zu wiederholen, wenngleich es heute niemandem mehr einfiele, dieses Stück aus dem zweiten Akt als Zugabe zu erklatschen. Obwohl Caruso bei der Premiere von Pietro Mascagnis *Le Maschere* am 17. Januar 1901 einen persönlichen Triumph feierte, fand die Oper keinen Anklang. Mascagni hatte einen Presserummel inszeniert und in sechs verschiedenen Städten sechs Premieren seiner Oper auf denselben Abend angesagt. Eine gute Aufnahme fand sie jedoch nur in Rom, wo er selbst dirigierte. Infolge dieses Fiaskos mußten sich Toscanini und Gatti-Casazza nach einem Ersatzwerk umsehen und setzten eilends *L'Elisir d'amore* aufs Programm. Die Abonnenten waren empört: eine Oper fürs Provinztheater!

Am 27. Januar starb Giuseppe Verdi im Zimmer Nr. 108 des »Grand Hôtel« in der Via Manzoni. Anläßlich der Gedenkfeier in der Scala am 1. Februar hielt Giuseppe Giacosa die Ansprache, Toscanini dirigierte; es sangen die großen Diven Amelia Pinto, Emma Carelli, Linda Brambilla, Edwige Ghibaudo, Borgatti, Tamagno, Magini-Coletti, Alessandro Arcangeli. Enrico Caruso sang mit überwältigendem Erfolg im Quartett: *Bella figlia dell'Amore* aus dem *Rigoletto*.

Elisir d'amore wurde am 17. Februar vor einem kühlen und gekränkten Publikum gegeben, das weder Regina Pinkert noch Antonio Magini-Coletti Beifall spendete; als aber Caruso im Duett mit den Worten *Chiedi all'aura lusinghiera* einsetzte, schmolz das Eis. Beifallklatschen und Zurufe hielten an, bis er das Stück ein zweites Mal sang. Dieser für Enrico so triumphale Abend erreichte natürlich in weiteren Wiederholungen seinen Höhepunkt: »Das ganze, so zarte, kristallklare Rezitativ in Donizettis Meisterwerk schimmerte in Carusos Stimme wie eine Perlenschnur. Doch die himmlische Romanze *Una furtiva lagrima* hörte sich wahrhaftig an, als weinte ein wundervolles neues Instrument ein unsäglich trauriges Lied. Jahre hindurch hatte Angelo Masini diese Romanze geschluchzt und der Welt ein Musterbeispiel des italienischen Belcanto alter Schule vorgeführt, vielleicht aber lag bei ihm *die Träne* weniger in der Stimme als vielmehr in seiner Virtuosität, während Carusos Stimme ein einziges, von Zartheit beseeltes Weinen ausdrückte, dem keiner zu widerstehen vermochte.«

Natürlich sprachen auch die andern Kritiker von einem Triumph und unterstrichen, daß der widerstrebende Toscanini den fordernden Da-capo-Rufen für einmal nachgeben mußte. Nach dem *Mefistofele* vom 16. März kam es, bis auf wenige Vorbehalte, zu Huldigungen für Caruso und seinen gleichaltrigen Kollegen Fjodor Schaljapin.

Am 18. Mai trat Enrico seine dritte Spielzeit in Buenos Aires an, wo er endlich gemeinsam mit den beiden ursprünglichen Darstellern, Giraldoni und der Darclée, in der *Tosca* sang. Noch in sieben weiteren Opern stand er auf der Bühne, die alle Toscanini dirigierte; übrigens das einzige Mal in seiner ganzen Karriere, daß er auch eine Rolle in einer Wagner-Oper übernahm: drei Aufführungen des *Lohengrin*, und zwar auf italienisch, wie es der Veranstalter wollte. In einem Interview am 3. August 1905 in Ostende erklärte Caruso, warum er keine Wagner-Oper mehr singen wollte: Im *Tristan* zum Beispiel splittere die Stimme, da sie viel zu lange im mittleren Register bleibe, so daß sich die hohen und tiefen Töne verlören.

Nachdem Enrico den Monat Oktober am Wielki-Theater in Warschau zugebracht hatte, kehrte er nach Bologna zurück, um am 30. November in der Premiere des *Rigoletto* am Teatro Comunale zu singen, wo diese Oper seit gut achtunddreißig Jahren nicht mehr aufgeführt worden war. *Avvenire* stellte Fortschritte fest: »Er ist mit einer kraftvolleren, eindringlicheren und schöneren Stimme, einem noch wärmeren Ausdruck und einer bewundernswerten Sicherheit zurückgekehrt. Caruso ist zweifellos der erste Tenor seines Fachs, seitdem Masini, Marconi und Tamagno nur noch selten auf der Bühne zu hören sind. Sein begnadetes Organ ist von makelloser Schönheit.« Und der Berichterstatter des *Enzo* fügte dem hinzu: ».. . Seine Spitzentöne sind erstaunlich, und gestern abend kam er im Duett mit dem Sopran gar bis zum Des hinauf, doch verfügt er auch in den tiefen Lagen über einen so weitgespannten und sonoren Umfang wie ein Bariton.«

Von Bologna aus reiste er nach Triest, um dort in zwei Wohltätigkeitsvorstellungen im *Elisir d'amore* aufzutreten. Am Jahresende war er dann wieder in Neapel, wo er seinen letzten Kummer erleben sollte. Bekanntlich machte Caruso sein Glück in der Fremde.

6. KAPITEL

Ruhm auf 78 Touren

Im aufgewühlten, von Streiks, Attentaten und Revolutionen heimgesuchten Europa des anbrechenden Jahrhunderts glich Monte Carlo einer frühlingshaften Oase; blonde, brünette, rot- und schwarzhaarige Schönheiten, Adlige, Generäle, Prunk und operettenhafte Uniformen, alles war hier vertreten. Die »Salle Garnier« des Fürstentums Monaco war ein winziges Theater mit knapp sechshundert Plätzen; feierte man hier aber einen Erfolg, so erfuhr die ganze Welt davon. Dies war mit ein Grund, weshalb Caruso auf die Vorschläge von Impresario Raoul Gunsbourg einging und sich nichts daraus machte, daß seine Gage nur dreitausend Franc pro Auftritt betrug, während Nellie Melba, die »australische Nachtigall«, achttausendvierhundert erhielt. Monaco war eine Etappe auf dem Weg nach London; New York konnte warten. Der Frankorumäne Gunsbourg war eine derart imponierende Persönlichkeit, daß er sogar Sänger wie Schaljapin dazu überreden konnte, seine dilettantisch komponierten Opern zu singen. Als einer der bedeutendsten Impresarios der Geschichte lenkte er von 1893 bis 1951 – von der Patti bis zur Crespin – mit glücklicher Hand die Geschicke des Theaters von Monaco und brachte als einziger Caruso und Jean de Reszke in derselben Spielzeit auf die Bühne.

Am ersten Februar 1902 fand das Debüt mit Puccinis *Bohème* statt; Arturo Vigna stand am Dirigentenpult. Für Enrico eine harte Prüfung, hatte doch die Melba bisher Sänger wie Bonci oder den göttlichen Fernando De Lucia in der Rolle des Rodolfo zum Partner gehabt. Die Stimmung war gespannt; Puccini lehnte freundlich dankend die Einladung von Fürst Alberto ab und zog einen Parkettplatz der königlichen Loge vor. An jenem Abend fand ein Paar zusammen, das bald Berühmtheit erlangen sollte. Nellie berichtete später von der Ergriffenheit, die sie befiel, als ihre beiden Stimmen zu einer einzigen verschmolzen. Sie war es, die Carusos Stimme mit einer Orgel verglich. Die einundvierzigjährige Sopranistin trieb einen geradezu andächtigen Kult mit ihrer Person, doch ließ der junge Mann aus Neapel sich dadurch nicht einschüchtern. Für Caruso waren es damals aufreibende und zugleich wunderbare Jahre, Jahre der Liebe und des Frohmuts. Einmal, in Monte Carlo, nachdem die Anspannung der Premieren nachgelassen hatte, vernahm die todkranke, wehmütige Mimì auf ihre flehentliche Frage: »Son bella ancora?« ein höchst sonderbares »Krrrkrr . . .« dicht an ihrem Ohr, gefolgt von der Antwort: »Bella come l'aurora.« Der stets zu allerlei Schabernack aufgelegte Enrico hatte ein kleines Aufziehspielzeug in der Hand, das er zwischen einem Ton und dem nächsten plötzlich losschnarren ließ. Ein kindlicher Scherz, bezeichnend für seinen einfachen und erfrischenden Humor. Als er in einer späteren Aufführung den eindringlichen Da-capo-Rufen nachgegeben hatte, ließ er just in dem Augenblick, als seine Stimme zu *Che gelida manina* ansetzte, verstohlen eine heiße Wurst in Nellies Hände gleiten. Das erlauchte Publikum applaudierte in gerührter Ahnungslosigkeit.

Nach einer geglückten *Rigoletto*-Aufführung verließ Enrico das Fürstentum und kehrte am 11. März aus einem mondän-musikalischen Anlaß ein letztes Mal an die Scala zurück: Gegeben wurde *Germania*, nach dem Libretto von Luigi Illica und der Musik des ebenso vermögenden wie umschwärmten Barone Alberto Franchetti. Unter Toscaninis Taktstock und der Mitwirkung von Amelia Pinto, Mario Sammarco, Jane Bathori und Cesare Gravina wurde die Oper vierzehnmal aufgeführt, obwohl sie, außer der großartigen Interpretation von *Studenti, udite,* keine sonderliche Begeisterung auslöste. Enricos Leistung hinterließ jedoch einen so nachhaltigen Eindruck, daß Giovanni Borelli sich noch neunzehn Jahre später in einem langen Gedenkartikel in der Zeitschrift *Musica* daran erinnerte: »Carusos Stimmvolumen war reich und weitgespannt, der *tessitura* und Verantwortlichkeit gegenüber dem dramatischen Repertoire angemessen. Was dem Ganzen aber die wundervolle Farbigkeit verlieh, war der Samt in dieser Stimme, die über einem Klangkörper schwebte, in dem die Unisoni von Holzbläsern und Streichern, vornehmlich Bratschen und Violoncelli, maßlos übertrieben sind, lästerliche Zugeständnisse an den erbärmlichen Massengeschmack. Das Metall seines Timbres war ein wenig gedämpft, und er hob die

Worte nicht so plastisch hervor, wie es ihm sonst im Rezitativ gelungen war. Dennoch ... welch eine Klangfülle, welche Reinheit im Portamento, welch schwingendes, expansives Phrasieren, welch hinreißende Leidenschaft!«

Eben zu dieser Zeit des etwas lauen Ruhms erhielt Enricos Karriere neuen Auftrieb, und zwar »auf 78 Touren«. In Mailand waren die Brüder Fred und Will Gaisberg abgestiegen, amerikanische Mitarbeiter der 1898 gegründeten englischen Gramophone Company. Als Pioniere der Schallplattenindustrie befanden sie sich auf dem Weg nach Rom, wo sie die Stimme von Papst Leo XIII. aufnehmen wollten; den Aufenthalt in Mailand benutzten sie dazu, sich einige Opern anzuhören.

Für die Premiere der *Germania* bekamen sie zwar keine Karten mehr, hatten jedoch später Gelegenheit, zusammen mit Alfred Michaelis, dem Mailänder Vertreter ihrer Firma, einer Wiederholung beizuwohnen. Noch vierzig Jahre danach war Fred die Erregung jenes Abends lebhaft in Erinnerung: »Ist es verwunderlich, daß ich den Kopf verlor? Ich sagte zu Michaelis: ›Erkundige dich mal, wieviel er für eine Aufnahme mit zehn Liedern verlangen würde!‹ Am folgenden Tag kam Maestro Cottone, unser Meister am Klavier, mit der Antwort zurück: Für hundert Pfund Sterling wäre Caruso bereit, an einem einzigen Nachmittag zehn Lieder zu singen. Der vielbeschäftigte Tenor konnte nämlich während der ganzen Spielzeit nur diese wenigen Stunden für uns erübrigen. Damals war für uns ein solches Honorar wirklich verblüffend hoch. Trotzdem kabelte ich nach London, um die erforderliche Vollmacht zu bekommen, verbunden mit der dringenden Empfehlung, auf jeden Fall zu akzeptieren. Daß es unmöglich war, Carusos einzigartige Kunst im Telegrammstil zu beschreiben, bekümmerte mich sehr. Die Antwort kam umgehend: ›Honorar überrissen. Verbieten Aufnahme.‹

Ich fühlte mich gedemütigt und war überzeugt, daß Diskussionen nichts nützen würden, weil man nur hier, an Ort und Stelle, ermessen konnte, wie dringend die Angelegenheit war. Also ermächtigte ich Michaelis zu handeln, denn schlimmstenfalls brauchten wir auf jede der zweitausend Schallplatten lediglich den Gewinn von einem Schilling herauszuschlagen, um das Honorar zu decken. Die Würfel waren gefallen.

An einem sonnigen Nachmittag ging Caruso unbekümmert, etwas

geckenhaft gekleidet und den Spazierstock schwingend, die Via Manzoni hinunter und trat, zum Entzücken der Kellner, die ja Tenöre seit eh und je vergöttern, ins Grand Hôtel ein, wo wir ihn erwarteten. Wir nötigten sein Gefolge, draußen vor dem Zimmer zu bleiben . . . Caruso wollte die Sache schnell hinter sich bringen, sich seine hundert Pfund verdienen und zum Mittagessen gehen, doch kaum hatte er sich an die Arbeit gemacht, war alles andere vergessen.

Zur Erinnerung an diesen denkwürdigen Anlaß fertigte Caruso, schon damals ein geübter Karikaturist, eine Zeichnung von Will neben dem Aufnahmeapparat an . . . Ich konnte nicht voraussehen, daß Caruso aufgrund dieses ersten Vertrags in den folgenden zwanzig Jahren fünf Millionen Dollar und unsere Grammophongesellschaft das Doppelte verdienen würde.«

Diese ersten Schallplatten, so primitiv sie auch sein mochten, geben doch die jugendliche Stimme Carusos vorzüglich wieder, obgleich er selber ein Jahr später den New Yorker Journalisten stolz versicherte: »So scheppernd, wie sie aus dem Apparat tönt, ist meine Stimme nicht.« Dessen ungeachtet kursierte in Amerika bald einmal der Ausspruch, Caruso habe die Schallplatte und die Schallplatte ihn geschaffen.

Im März 1980 verkündete die sowjetische Presseagentur TASS in einer Art und Weise, als ginge es um eine großartige archäologische Entdeckung, in Rußland sei die älteste Aufnahme von Carusos Stimme gefunden worden, eine Arie aus Meyerbeers *Les Huguenots* auf einer Edison-Walze, die 1898 für die Pathé Frères in Paris hergestellt worden sei. Diese Walze soll schließlich im estländischen Tallin gelandet und zu Beginn des 20. Jahrhunderts auf Schallplatten überspielt worden sein. Eine höchst unglaubwürdige Geschichte, weil nämlich Edison im Jahre 1898 keine einzige Walze hergestellt hat. Bei der in Rußland aufgetauchten handelt es sich mit Sicherheit um eine der vielen Kopien, die von der 1903 von AICC angefertigten Matrize 84006 existieren und von Pathé auch als Schallplatten herausgebracht wurden (siehe Diskographie).

Die historischen Aufnahmen im »Grand Hôtel« gelangten genau in dem Augenblick in den Verkauf, als Enrico sich an der Royal Opera Covent Garden vorstellte, an die er von Harry V. Higgins auf Empfehlung von Bariton Antonio Scotti, einem Idol der Londoner, engagiert worden war. Scotti war es denn auch, der ihn dazu überredete, sich mit einer Gage von hundertsechzig Pfund Sterling pro Auftritt zufriedenzugeben, indem er ihm versicherte, allein die Tatsache, sich bei einem englischsprachigen Publikum der Beliebtheit zu erfreuen, sei schon eine ausgezeichnete Investition. Im *Rigoletto* vom 14. Mai fanden Caruso, Nellie Melba und der elegante französische Bariton Maurice Renaud begeisterte Zustimmung. Beifallklatschen sowohl aus der Königsloge als auch von seiten der Kritiker, die von »überschäumender Ausdruckskraft« *(Illustrated London News)* und einer »vollen, runden Stimme« *(The Telegraph)* schwärmten. Percy Bett sprach im *Daily News* von einer geradezu vom Himmel gesandten Kostbarkeit und setzte hinzu: »Caruso verfügt über eine bezaubernde *mezza voce* und hat nicht diesen nasalen, etwas jammernden Ton wie so viele seiner Landsleute. Sein zartes, samtenes Timbre wird die älteren Opernliebhaber gewiß an Giuseppe Fancelli und die noch älteren an Giuglini erinnern, obgleich der Sänger seinem weichen Timbre, wann immer er es beabsichtigt, sehr wohl eine so mächtige Klangfülle zu verleihen vermag, wie Tamagno sie in seiner besten Zeit besaß.« Solche und ähnliche Urteile waren nach allen nun folgenden Aufführungen zu hören: der *Bohème* mit der Melba am 24. Mai; *Lucia di Lammermoor,* von der Portugiesin Regina Pacini interpretiert, am 4. Juni; *Aida* mit der Amerikanerin Lillian Nordica am 6.; dem *Elisir d'amore* am 14.; der *Cavalleria rusticana* mit Emma Calvé am 28. Juni und nach der *Traviata* am 4. Juli.

Auf seinem Weg zum Erfolg lernte Enrico, wichtige Beziehungen anzuknüpfen. In London freundete er sich mit Francesco Paolo Tosti an, dem »Schubert der Abruzzen«, dem Verfasser so berühmter Lieder wie *Marechiare* und *A'vucchella,* der sich die Ernennung zum Baronet verdiente, indem er der königlichen Familie Musikunterricht erteilte. Caruso pflegte das italienische Restaurant von Pagani in der Great Portland Street zu besuchen, dessen Wände mit Photographien samt Autogramm von Opernstars tapeziert waren. Außerdem verkehrte er im aristokratischen Salon der Sybil Seligman, die wenig später eine leidenschaftliche, jedoch unerfüllte Liebesbeziehung mit Giacomo Puccini einging. Enrico sang, wann immer er darum gebeten wurde, und die Passanten blieben an jenen schwülen Londoner Sommerabenden unter den Balkonen der Upper Grosvenor Street stehen, um ihm zu lauschen.

Im Zusammenhang mit diesen ersten Erfahrungen an der Covent Garden Opera muß auch an Carusos großartige Interpretation des Don Ottavio in Mozarts *Don Giovanni* erinnert werden, die am 19. Juli unter Mitwirkung von Maurice Renaud, Antonio Pini-Corsi, Marcel Journet, Fritzi Scheff, Félia Litvinne und Suzanne Adams zur Aufführung gelangte. Hier konnte er beweisen, daß er selbst in dem seiner Begabung offensichtlich wenig entgegenkommenden Mozart-Repertoire Hervorragendes zu leisten verstand. In ihren Memoiren erwähnt Félia Litvinne dieses Opernerlebnis mit den Worten: »Carusos Stimme floß dahin wie ein goldener Strom.« Es gilt als so gut wie sicher, daß er seinen Don-Ottavio-Part erst in London einstudierte, wo sich damals viele, in traditionellen Mozart-Interpretationen erfahrene Maestri aufhielten. Einhellige Begeisterung in der Presse, mit Ausnahme – wie üblich – von George Bernard Shaw, der sich in einem Brief an die Londoner *Times* über die vom neapolitanischen Tenor hinzugefügten und in der Partitur nicht vorgesehenen Verzierungen beklagte. Leider wurden die beiden Arien seines Don Ottavio nicht auf Platten aufgenommen, so daß wir nie erfahren werden, wie weit diese Verzierungen tatsächlich gingen. Der unverhoffte Erfolg in der Mozart-Oper in Covent Garden wiederholte sich in den Jahren 1905 und 1906. »Um den Ottavio singen zu können, muß man schon ein ganz großer Tenor sein. Nur selten wird, abgesehen von den schönen Anfangstakten, aus *Il mio tesoro* etwas Interessantes gemacht. Caruso hat gezeigt, wie man diese Arie singen muß; sein Erfolg war überwältigend.« Die Saison ging am 28. Juli mit der Wiederholung des *Rigoletto* zu Ende; auf der Galerie eine überbordende Menschenmenge, in den Logen Herzoginnen und Maharadschas, im Parterre lärmende Australier und Neuseeländer.

Den Rest des Sommers verbrachte Enrico im Schoße seiner Familie in Mailand. Im Herbst galt es dann, eine Ehrenschuld einzulösen: Auf dem Spielplan des *Lirico* war die Uraufführung von Francesco Cileas *Adriana Lecouvreur* vorgesehen. Cilea und Sonzogno standen unsägliche Ängste aus, die Rechnungen wollten und wollten nicht aufgehen. Caruso erklärte sich nun bereit, sich gratis zur Verfügung zu stellen, denn schließlich waren die beiden es gewesen, die ihm fünf Jahre zuvor die Chance geboten hatten, in der *Arlesiana* zu singen. Das Angebot wurde zwar in aller Würde abgelehnt, jedoch in einen Freundschaftsvertrag umgewandelt: Dreitausend Lire für sechs Vorstellungen, aus denen dann allerdings dreizehn wurden. Zudem wollte Caruso die Bühnenkostüme, die ihn mindestens sechstausend Lire kosteten, unbedingt aus der eigenen Tasche berappen. In der Rolle des Moritz von Sachsen am 6. November waren seine Spitzentöne hervorragend. Die Kritiker machten aus dem Samt seiner Stimme »pures Gold«. Auch mit dem Dirigenten Cleofonte Campanini, mit Angelica Pandolfini, Giuseppe De Luca und der Ghibaudo verfuhr die Presse gnädig. In den Pausen zwischen den Auftritten nahm Caruso für die Grammophongesellschaft zehn weitere Opernarien und Salonromanzen auf.

In Triest dann abermals zwei *Rigoletto*-Aufführungen, bevor die Stagione am Costanzi in Rom begann. Während der Generalprobe der *Manon Lescaut* kam es zu einem vielsagenden Zwischenfall: Carusos Des Grieux war so überwältigend in seinem dramatischen Versuch, der Geliebten in die Verbannung zu folgen, daß Agironi, der zweite Hauptdarsteller, kaum hatte er die prophetischen Worte »A popolar le Americhe, giovinotto, desiate?« herausgewürgt, in Tränen ausbrach. Enrico reiste indessen nach Lissabon, wo er einen Monat blieb und unter anderem erstmals die Partie des Gennaro in Donizettis *Lucrezia Borgia* sang.

Erneute Rückkehr ins beschauliche Monte Carlo und dann der Aufbruch zu einer weiteren Südamerikatournee. Auf dem Überseedampfer schifften sich am 15. April 1903 außer Caruso auch Arturo Toscanini, De Luca, die Krusceniski, die Darcleé und Eugenio Giraldoni ein. Überaus warmer Empfang in Montevideo und Buenos Aires; voller Gegensätze wiederum die Erlebnisse in Rio de Janeiro: bald stürmisches Verlangen nach Wiederholungen (ein einziges Stück bis zu fünfmal), bald nur laues Beifallklatschen. Eines Abends, als das Theater, vielleicht aus Protest gegen eine langweilige einheimische Sopranistin, halb leer blieb, sprang Enrico ein und stellte sich, natürlich außer Programm, unentgeltlich zur Verfügung – die Vorstellung war ausverkauft. So war er nun einmal: nur nie aufgeben! Befriedigt kehrte er nach Italien zurück. Das nächste Schiff, das er bestieg, sollte ihn nach Amerika bringen.

7. KAPITEL

Amerika

Das Tor zur Neuen Welt war die schroffe Felsküste von Ellis Island, eine Überfahrt mit der Fähre von den Molen New Yorks entfernt. Dort wurden die Neuankömmlinge in Gruppen von dreißig Personen eingeteilt. Jede Gruppe wurde den Ärzten vorgeführt, die Identität auf ein Schildchen angebracht, ein Name, ein Buchstabe, eine Nummer. Die Ärzte hantierten mit Stethoskopen, Thermometern und einer kleinen Gipsschablone, mit deren Hilfe das weitere Schicksal in eine Abkürzung gebracht wurde: ein H stand für Herzfehler, ein T für Trachom . . . Wer eine dieser Abkürzungen auf den schäbigen Kleidern trug, wurde, die Erinnerung an eine amerikanische Pierlinie mit sich nehmend, mit dem nächsten Dampfer wieder abgeschoben. Die zurückgeschafften Kranken machten 15 % aller Einwanderer aus; von den Italienern, die in der Emigration einen Ausweg suchten – zwischen 1901 und 1913 waren es 626000 pro Jahr –, hatte im Durchschnitt jeder eine Summe von umgerechnet 17 Dollar in der Tasche. Die Gesunden wurden zur Befragung zugelassen, in deren Verlauf sie die verfängliche Frage Nummer einundzwanzig erwartete: »Hast du Arbeit?« Wer dies bejahte, hatte gegen das Gesetz zur Bekämpfung der illegalen Beschäftigung verstoßen. Die »Legalen« hatten Anspruch auf eine pauschal verächtliche Anrede wie etwa Itaker, Makkaroni und Spaghettifresser, einen im Schweiße ihres Angesichts erarbeiteten Lohn und ein dunkles Loch zum Schlafen. Ein zeitgenössischer Berichterstatter zählte in einem Häuserblock mit 132 Abteilen, durch nichts weiter als an Drähten herabhängenden Decken voneinander getrennt, 1324 Italiener. Die Statistiker pflegten diese streunenden Söhne Italiens nach Berufsgruppen einzuteilen: Landwirte 34 %, Tagelöhner 30 %, Arbeiter, Gepäckträger, Kellner 12 %, Maurer 11 %, Kaufleute 1 %, Vertreter anderer Berufe 0,4 % . . . darunter auch ein großer Tenor.

Enrico Caruso reiste auf der *Sardegna* inmitten eines Knäuels von Menschen, Läusen und Gepäckstücken. Um Gunst zu betteln brauchte er nicht. Er war willkommen, auf ihn warteten fünfundzwanzig Auftritte in der Metropolitan Opera zu einer Gage von je tausend Dollar. Als er am 11. November 1903 mit Ada an Land ging, wurden die beiden nach Erledigung der Zollformalitäten von einer Limousine ins Hotel »Majestic« in die 72. Straße, Central Park West, gefahren. Bis zum Debüt blieben noch zwölf Tage, und die Manager der Metropolitan wachten über seine Konzentration, indem sie Besuche in seinem Apartment zu verhindern wußten, mit Ausnahme der nützlichen Interviews. Die New Yorker Zeitungen ergingen sich in sarkastischen Bemerkungen über die schwellenden Körperformen des Künstlers (»Er vertilgt ungeniert drei Mahlzeiten täglich plus einen Imbiß zur Schlafenszeit«, entsetzte sich der *Telegraph*), erlagen aber der unmittelbaren Menschlichkeit seiner Person. Einige an der Pressekonferenz anwesende Reporter kehrten mit einer Karikatur in die Redaktion zurück, die der umgängliche Caruso in Windeseile von ihnen gezeichnet hatte.

Noch am Abend seiner Ankunft war er vom neuen Direktor der Metropolitan, dem Wiener Heinrich Conried, einem ehemaligen Schauspieler und Mann von eiserner Disziplin, zum Abendessen eingeladen worden; gedolmetscht von Pasquale Simonelli, dem Präsidenten der New Yorker *Banca di Risparmio*, tauschten die beiden Eindrücke und Verbindlichkeiten aus. Conried versuchte seinerzeit, Carusos Engagement als sein alleiniges Verdienst hinzustellen, obschon die Verhandlungen zwischen dem Neapolitaner und der Metropolitan viel früher begonnen hatten. Bereits 1899 hatte Maestro Vincenzo Bevignani, ein Mann der Metropolitan, in Mailand Kontakt mit Caruso aufgenommen, sich dann aber zurückgezogen, weil ihm dessen Forderungen überrissen schienen. Später hatte Bariton Scotti einen Versuch unternommen, worauf der stolze Tenor seine Forderung sogar noch erhöhte. In London hatten sich Maurice Grau, der damalige Direktor des New Yorker Theaters, und nach ihm eine Reihe von geschäftstüchtigen Mittelsmännern eingeschaltet, denen Enrico zu Recht mißtraute. Grau hatte dann jedenfalls 1902 in einem ersten Vertragsentwurf eine Einigung erzielt, die sein Nachfolger Conried zwar respektierte, jedoch die Zahl der Aufführungen von vierzig auf zwanzig herabsetzte. In Paris hörte Conried dann eine der ersten Plattenaufnahmen Carusos und bereute bitter, nicht alle vierzig Aufführungen bestätigt zu haben; nun war es zu spät, diesen Schritt wieder rückgängig zu machen, denn der gewiefte Gunsbourg hatte den Tenor bereits für Monte Carlo verpflichtet.

Im Umgang mit der Neuen Welt, beim Entschlüsseln von Artikeln wie im Verkehr mit den Herren vom Opernmarkt, sammelte Caruso manch wertvolle Erfahrung. Die erste: Die Partie wird nicht allein mit Singen gewonnen. Als Vorbild diente ihm ein Star, der Pole Jean de Reszke, der, ebenfalls vom Etikett des Baritons verfolgt, mit vierunddreißig Jahren endlich offiziell als Tenor anerkannt wurde. Der vornehme, feinsinnige und unwiderstehliche de Reszke hatte das Parkett, insbesondere das weibliche, mit seinem Portamento, seiner vollkommenen Diktion, der Harmonie seiner fülligen Töne und fließenden Bewegungen hingerissen. Caruso begriff, daß es diese Waffen zu schärfen galt und er nicht allein auf das Instrument der Stimme setzen konnte, wenn er es mit dem Polen aufnehmen wollte, der, trotz zweijähriger Abwesenheit von der Met, immer noch deren Mythos war. Und die zweite Erkenntnis: Conrieds Theater war ein Ort der Strenge, an dem weder Launenhaftigkeit noch Verspätungen oder gar Starallüren geduldet wurden.

Er war schon ein seltsamer Emigrant, abgekapselt in seiner Suite im »Majestic«, von vorzeitiger Wehmut erfüllt, lebte er ganz in der Erinnerung an die verstorbene Mutter, an Mandolinenklänge und weit zurückliegende, allzu süße Serenaden, überquellende Spaghettifreuden; gequält von Zukunftsängsten, in ständiger Furcht vor dem Elend, dem Unglück, bar jeder Lyrik: das ganze, hinlänglich bekannte neapolitanische Repertoire, zuweilen echt und zuweilen auch ein bißchen abgedroschen. Doch da war noch etwas: seine Ernsthaftigkeit, sein Wissensdurst, das Bedürfnis, es mit allem, was neu war, aufzunehmen, ohne diesem Gerinnsel von Gefühlen und Bezügen abzuschwören, das manche Seele nennen. Dieses Vereinen von Vergangenem und Gegenwärtigem, von Kontinuität und Veränderung ist das Geheimnis Carusos und vielleicht auch des Gemeinplatzes einer Geschichte genannt Neapel.

Er war und blieb ein Italiener; einer, der stapelweise Eintrittskarten aufkaufte, um sie gratis an seine Landsleute zu verteilen, obschon er wußte, daß sie auf dem Schwarzmarkt wieder verkauft würden: seine Art zu geben, ohne zu verletzen. Einer, der bereit war, während des Long-Island-Festes für wohltätige Zwecke Porträts zu zeichnen, zehn Dollar das Stück, und sich beim Anblick des mit Spaghettistreifen dekorierten Verkaufsstandes entrüstete: »Was soll denn das, Spaghetti gehören in die Küche!« Der sich für den mittellosen Straßensänger, der er einmal war, in den Salons der amerikanischen Magnaten schadlos hielt, wo er neapolitanische Melodien sang und dafür bündelweise Dollars bekam; der eine ganze Nacht lang gratis in einem Park auftrat, in dem sich die Emigranten dicht aneinanderdrängten. Einer, der es mit der von seinen Kollegen gefürchteten Zeitmaschine aufnahm, dem Phonographen, und als erster dessen Möglichkeiten und Suggestionskraft voll ausnutzte und als der Verismo ausbrach, zum Meister der Veristen wurde. Einer, der die Intelligenz und das Glück hatte, Objekte und Moden der anbrechenden Zeit zu nutzen, deren Kraft intuitiv zu erfassen; der die Natur mit der Technik verfeinerte. Altmodisch und zugleich überaus modern.

Caruso wurde nichts geschenkt. Die ersten Spitzentöne in Amerika waren, wie alle seine Anfänge, nicht leicht. Außer dem Vergleich mit dem Aristokraten de Reszke standen ihm noch andere Widrigkeiten bevor. Der Met hatten es vor allem die Sopranistinnen angetan, und im Ensemble figurierten Primadonnen mit Monopol auf die Applause: die Polin Marcella Sembrich, Emma Calvé, Olive Fremstad und die Deutsche Johanna Gadski. Außerdem hatte es nach den Triumphen Italo Campaninis für italienische Tenöre während zwanzig Jahren nur lauen Beifall gegeben. Tamagno war vom Kritiker Gustav Kobbé als »Schreihals« bezeichnet worden, De Lucia hatte eine einzige Saison gesungen.

Für die Eröffnungsvorstellung des *Rigoletto* am 23. November wollte Conried ein prunkvolles Bühnenbild. Die Bühne war vergrößert und das von Arturo Vigna dirigierte Orchester war versenkt worden, um von jedem Sitzplatz aus optimale Sicht auf die Künstler zu gewährleisten. In den Parkettreihen saß alles, was in der Geldaristokratie Rang und Namen hatte: die Morgans, Astors, Vanderbilts und Roosevelts . . . Ein illustres Publikum, an tiefen Dekolletés und Diamanten mehr interessiert als am Vibrieren der Klänge. Caruso war seiner Rolle sicher, kannte jedes Geheimnis von Verdis Herzog, doch die höfliche Gleichgültigkeit der Zuschauer brachte seine Gefühle einmal mehr in Wallung. Bei einer ungeschickten Bewegung zerriß er der Sopranistin Helen Mapleson den Fächer, intonierte *Questa o quella*, ohne zu bezaubern, und ließ den Jubel um Marcella Sembrich, der Diva des Abends, wie auch den deutlichen Beifall für Bariton Scotti an sich vorbeiziehen. Das Dacapo von *La donna è mobile* war mehr Ritual als eine Würdigung seiner Person. Nichts Denkwürdiges, eine Premiere wie viele andere.

Die Kritik war weniger kühl als das Publikum, wenngleich die Superlative der Sembrich galten. Kein Zweifel an der Qualität von Carusos Stimme, Komplimente gar für seine Kraft und Phrasierung. »Er hat eine reine Tenorstimme ohne dieses typisch italienische Gejammer. Carusos Emission ist natürlich und schwingend-sanft, seine Stimme erreicht mühelos die hintersten Reihen. Er phrasiert mit Geschmack und zeigt bemerkenswerte stilistische Feinheiten. Seine reinen, wohltimbrierten Spitzentöne versetzen die Zuhörer in rasende Begeisterung, während die Experten des Belcantos in seiner *mezza voce* und dem virilen Akzent eine noch größere Verheißung für den Rest der Saison erblicken«, schrieb W. J. Henderson in der *Sun*. Daneben mehrere Kritiken wegen exzessiver Finalschnörkel (die *Post*), einiger »blanchierter« Noten und etlicher irritierender stimmlicher Manierismen (Henry Krehbiel von der *Tribune*); eher nichtssagende Lobesworte (»Gut, aber kein zweiter Campanini«) vom gefürchteten Kobbé im *Morning Telegraph*. Der einflußreiche Richard Aldrich schrieb in der *New York Times*, er halte Caruso für »in Gesang und Vortrag mit Intelligenz und Leidenschaft begabt«, setzte jedoch hinzu, seine Stimme neige, obschon »mit einer hohen *tessitura* und großer Kraft ausgestattet ... dazu, in den Höhen zu verblassen, wenn er aus voller Kehle singt«. Ein Erfolg also, wenn auch ein mäßiger. Hart hingegen die Kritiken an seiner Figur mit de Reszkes Eleganz auf der anderen Waagschale. Carusos Umfang sei zu groß, maß der *Herald*; er habe keinen Hals, meldete der *Commercial Advertiser*; er sei korpulent und schwerfällig in seinen Bewegungen, notierte der *Musical Courier*; den Frauen werde er nicht gefallen, prophezeite das *Journal*. Eine Ausnahme machte einzig die *Sun*, die sein Äußeres als »gefällig« beurteilte.

Caruso, der gelernt hatte, unnütze Feindschaften zu vermeiden, erklärte sich glücklich über den Empfang und bezeichnete diesen als superb, phantastisch, überwältigend. Trotz einer Erkältung erntete sein Radames in der *Aida* vom 30. November nicht nur von Landsleuten donnernden Applaus und begeisterte Bravorufe. Der Beifall wurde registriert, wenn auch ohne Begeisterung. Aldrich schrieb: »Obschon offenbar noch nicht ganz von der Krankheit genesen, die seine Karriere hier nach dem Debüt jäh unterbrochen hat, bestätigte, ja verstärkte sich der gute Eindruck, den er hinterlassen hatte. Wie unschwer festzustellen war, hat er sich vor allem in den ersten Akten zurückgehalten, doch vermögen selbst die unseligsten Einflüsse seinem Können nichts anzuhaben.« Krehbiel, der sich teilweise eines Besseren besonnen hatte, bemerkte: »Die Bravour, mit der er die Hindernisse einer jüngst überstandenen Krankheit zu nehmen wußte, hat uns gelehrt, seine Kenntnis der Gesangskunst höher einzuschätzen, und dabei größte Bewunderung für die herrliche Schönheit seiner Stimme hervorgerufen. Dieser Gesang bereitet einen so erlesenen Genuß, daß gewissen Zweifeln an seinen Grenzen wenig Raum mehr bleibt. Man hat ihn dankbar zu nehmen, so wie er ist.« Mittlerweile hatten die Amerikaner an dem Dreißigjährigen mit dem dunklen Teint Gefallen gefunden, auch wenn die Kritik fortfuhr, Beifall und Vorbehalte, die oft auf seine Darstellung gemünzt waren, zu mischen. Die Begeisterung der Zuhörer für die *Tosca* vom 2. Dezember, mit der hinreißenden Milka Ternina und Scotti, wurde nicht von allen geteilt; einige bemängelten vielmehr das Fehlen von »aristokratischem Geschmack und Distinguiertheit«, konstatierten »*Voix-blanche*-Sünden« und Konzessionen an den Publikumsgeschmack: *Sun* und *Times* gebrauchten dieselben Worte: »Ein bürgerlicher Cavaradossi.« Zehn Jahre früher hätte der Metallarbeiter Caruso dieses Attribut noch als Kompliment aufgefaßt.

Auch Kritiker zeigen bisweilen Reue. Der 5. Dezember brachte die Anerkennung mit einem Vorfall, der sich ereignete, als nach der *Bohème* zum letzten Mal der Vorhang hochging: Marcella Sembrich hob von der blumenübersäten Bühne eine Blume auf und legte sie in Carusos Hand. Die Zeitungen kaschierten ihren Sinneswandel, indem sie überraschte Töne anschlugen: Erstmals hat Mr. Caruso die überwältigende Schönheit seiner Stimme offenbart, sich selbst übertroffen, hinreißend gesungen – ein elektrisierendes Novum! Am 10. Dezember erklärte der mächtige Henry T. Finck in seiner Rezension der *Pagliacci* in der *Evening Post* Caruso zum besten italienischen Tenor, der seit Campaninis Abgang in New York aufgetreten sei. Bald sollte er der Beste aller Zeiten werden.

Das Gespann Enrico Caruso–Marcella Sembrich erntete weitere Applause in der *Traviata* (23. Dezember), in der *Lucia di Lammermoor* (8. Januar 1904) und besonders in dem einst im San Carlo verhängnisvollen *Elisir* (23. Januar), diesmal jedoch mit spektakulären Dacapos. Lediglich am 8. Februar, bei einer Wiederholung des *Elisir*, brach Carusos Stimme für einen Augenblick, was diesmal niemand zu bemerken schien.

Der kleine Zwischenfall im *Elisir* war ein Zeichen von Müdigkeit; die Spielzeit in Amerika war voll mit Verpflichtungen – neben den Auftritten in den Theatern die Privatkonzerte, die Conried als Agent des Tenors direkt zugute kamen –, fremden Gesichtern und Avenuen. Enrico und Ada wohnten unterdessen nicht mehr im Hotel, sondern hatten eine Wohnung in Murray Hill gemietet, in der unablässig neue Freunde und Bewunderer ein und aus gingen und die angeblich vom Wohlgeruch der unvermeidlichen Vermicelli samt obligatem Sugo geschwängert war. Mehr noch als die Kritiker hatte Caruso das Publikum mit seiner Spontaneität, seiner ungekünstelten, volkstümlichen Wesensart gewonnen; er selbst durfte von sich behaupten, daß er besser geworden war, mit jedem Tag Fortschritte machte. Die *Lucia* vom 10. Februar beschloß den Reigen von neunundzwanzig Aufführungen an der Metropolitan. Weitere Verträge galt es in Europa zu erfüllen. Am 14. Februar wurde Caruso von einer Menschenmenge zum Hafen geleitet. Er wußte, daß er bald wieder ins »geliebte und großzügige Amerika« zurückkehren würde, von dem er sich allerdings mit einem liebenswürdigen Seitenhieb verabschiedete: »Die Kritiker waren freundlich, solange es nicht um meinen Umfang und meine Kleidung ging. Ich werde also abnehmen und Rock wie Hose ganz nach ihrem Gusto tragen.«

In New York wurde ihm vollkommen bewußt, daß der Schein mindestens soviel zählte wie das Sein. Dies war einer der emotionsträchtigen Gründe, die ihn dazu bewogen, die Villa »Le Panche« in Sesto Fiorentino zu erstehen, wo seine Gefährtin Ada ihre Kindheit verbracht hatte – das erste augenfällige Zeichen seines wachsenden Erfolges. Am 10. März feierte er in Monte Carlo einen besonderen Triumph in der *Bohème*, mit der zweiundzwanzigjährigen Amerikanerin Geraldine Farrar, einer späteren Leinwandschönheit, die er am Ende des dritten Aktes unter Beifallsstürmen auf den Armen trug. Der April in Paris stand ganz im Zeichen der Begegnung mit Lina

Cavalieri, »der schönsten Frau der Welt«. Die dreißigjährige Lina aus Viterbo, einst Blumenverkäuferin und Zeitungsfalzerin, hatte als Mädchen in den Konzert-Cafés im umbertinischen Rom gesungen; zur Oper war sie auf Empfehlung des älteren Tenors Francesco Marconi gekommen und hatte 1900 im San Carlo in der *Bohème* ihr Debüt gegeben. Sie besaß eine kleine, aber ungemein vibrierende Stimme, einen lyrischen Sopran, und vor allem zwei Augen voller Zauber, gepaart mit einer intensiven, unbefangenen Sinnlichkeit. Caruso und die Cavalieri eroberten die Pariser im Theater Sarah Bernhardt, das trotz der exorbitanten Preise ausverkauft war; es sollte nicht ihr letzter gemeinsamer Auftritt sein. Carusos Debüt in Paris war, wie später weitere Auftritte, von Gunsbourg arrangiert worden: Gräfin Greffulhe, eine proustsche Figur, hatte Gunsbourgh schriftlich darum gebeten, eine Wohltätigkeitsveranstaltung zugunsten der russischen Verwundeten des Russisch-Japanischen Krieges zu organisieren.

Zur einzigen Enttäuschung jenes Jahres kam es in Barcelona, wo die Impresarios bei jeder *Rigoletto*-Aufführung siebentausend Peseten in Caruso investierten und mit dem verbleibenden Kleingeld zweitklassige Darsteller engagierten. Mit diesem lahmen Ensemble und einem Publikum, das mit Julián Gayarre, dem Stolz der Nation, einen Kult betrieb, fiel Caruso durch. Nach Scotts Recherchen verlief, entgegen der oft blindlings übernommenen Meinung, beim ersten Auftritt alles ohne unliebsame Zwischenfälle, und er wiederholte *Questa o quella* und zweimal *La donna è mobile*. Beim zweiten Auftritt hingegen wurde das Duett *È il sol dell'anima* ausgepfiffen, wobei die Meinungen darüber auseinandergehen, ob die Sopranistin Esperanza Clasenti daran schuld war oder Caruso, der sich, zutiefst irritiert, weigerte, *La donna è mobile* zu wiederholen, was ihm das Publikum nicht verzieh. Einmal mehr reiste er wutentbrannt mit dem Versprechen ab, in Spanien, nach Neapel und Piedimonte dritter »Ort des Verrats«, nie wieder zu singen.

Entschädigt wurde er im Mai durch den Jubel in Prag, Dresden und London. Die Saison in Covent Garden, am 17. wie gewohnt mit dem *Rigoletto* eröffnet, welcher ein Wiedersehen mit Nellie Melba brachte, zog sich hin bis zur *Traviata* vom 25. Juli, mit besonderer Anerkennung für *Un ballo in maschera*, Dacapos in *I pagliacci* und einer denkwürdigen *Aida*, verkörpert von Giannina Russ. Der überarbeitete Caruso gönnte sich zwei Monate Urlaub in Italien. Ada erwartete ihren zweiten Sohn, der am 7. September 1904 zur Welt kam und auf dem Einwohneramt als Enrico jun. registriert, in der Familie zärtlich Mimmi gerufen wurde. Caruso erstand für die angewachsene Familie von Baron Pucci die vierhundertjährige Villa Lastra in Signa, die ihrer atemberaubenden Aussicht auf den Arno wegen in »Bellosguardo« umgetauft wurde.

Im Herbst folgte ihm Ada nach Berlin, ließ Fofò im Collegium der Badia in Fiesole und den neugeborenen Mimmi in der Obhut seiner Amme. Am 5. Oktober trat Caruso im Theater des Westens als Herzog im *Rigoletto* auf. Mehrere Zeitungen schrieben damals von einem unglaublichen Publikumsansturm; die Sopranistin Frieda Hempel hingegen berichtete von einem halbleeren Theater und las, gleichsam in die Zukunft blickend, Traurigkeit auf dem Gesicht der im Zuschauerraum sitzenden Ada. Caruso, vollauf damit beschäftigt, die Stufen des Erfolgs zu erklimmen, bemerkte nichts. Am 17. sang er trotz einer heftigen Erkältung mit dem Ensemble des San Carlo in Covent Garden in der *Manon Lescaut*. Er war der Liebling des Abends, geradezu eine Genugtuung für die weit zurückliegenden neapolitanischen Kritiken. Worte der Anerkennung erhielt auch Rina Giachetti, seine Partnerin und Schwägerin. Caruso fühlte sich bereit für die zweite Erfahrung an der Met.

Der Radames in der *Aida* mit Emma Eames vom 21. November war siegreich. Das Repertoire erweiterte sich (zwölf Rollen in jener Saison), und die neu für die Victor aufgenommenen Schallplatten trugen die Popularität des Tenors in immer weitere Publikumskreise.

Nicht allein New York zollte ihm Beifall. Im Frühling 1905 reiste er mit dem Ensemble der Met von einer Küste zur andern quer durch Amerika, sehr zur Freude der Schwarzhändler. Die *Chicago Tribune* vom 21. März 1905 rühmte die Natürlichkeit seiner Stimme und hob hervor, daß »Carusos Edgardo fast das ungeteilte Interesse galt«; wenn man bedenkt, daß die Lucia dieselbe Marcella Sembrich war, die bei Carusos Debüt in Amerika das Monopol auf Parkett und Kritik besessen hatte, war dies doch eine beachtliche Revanche. In der *Cavalleria* sprang der Neapolitaner, ohne dies öffentlich anzukündigen, für den indisponierten deutschen Tenor Andreas Dippel ein und verschaffte diesem unverhofften Beifall; als er nach der *Lucia* am

18. April Los Angeles verließ, erinnerten sich die Kritiker des sagenumwobenen de Reszke einzig, um darauf hinzuweisen, daß er in diesem Neapolitaner einen wahrhaft würdigen Nachfolger gefunden habe.

Entgegenkommend und dankbar wie immer verzichtete Caruso auf eine kurze Atempause und nahm die Einladung Sonzognos für die Pariser Erstaufführung der *Fedora* am 13. Mai an. Vor einem Parkett, in dem Ravel, Debussy, Saint-Saëns und Massenet saßen, begegnete er Lina Cavalieri wieder und sang erstmals mit dem großen Titta Ruffo. Am 22. traf er in London ein; am 8. Juni war er in einem von Rosenduft erfüllten, ins Gelb-Rot der spanischen Nationalfarben getauchten Covent Garden Protagonist einer prunkvollen Galavorstellung zu Ehren König Alfons'. Die britische Königsfamilie lud ihn ins Buckingham Palace, um ihm eine mit Diamanten und Rubinen besetzte Krawattennadel zu überreichen; an Ehrenbezeugungen gekrönter Häupter war er mittlerweile gewöhnt. Am 3. August weihte er im belgischen Ostende das Königliche Theater ein. Und endlich kam es zu der wohlverdienten Ruhepause auf seinem Landsitz in der Toskana.

8. KAPITEL

Zigaretten und Amulette

Aus einem primitiven Bau des Cinquecento hervorgegangen, lag die Villa Bellosguardo inmitten von vierzig Hektar Land und Gärten, gestaltet vom Architekten der Medici, Niccolò Pericoli, genannt Il Tribolo; schon damals war auf einem Grünstreifen ein Tennisplatz angelegt worden. Mit seinem etwas schwülstigen Geschmack häufte Caruso, tatkräftig unterstützt von Ada, die keine Kosten scheute, in seiner Residenz nach und nach Renaissancetruhen, Barockschränke, Goldspiegel, eine Weihnachtskrippe mit Pappmachéfiguren aus dem Settecento, einen neapolitanischen Hausaltar, bemalt von Giacinto Diana, Gemälde von Salvatore Rosa, Cecco del Caravaggio, Marco Ricci an; desgleichen Wandbehänge, kostbare Nippsachen, Teppiche. Er kaufte, was immer ihm gefiel. Die entsprechenden Geschmacksverirrungen wurden von den Amerikanern genüßlich und mit einigen Ungenauigkeiten ausgebreitet. So liest man in einem Abschnitt der *Passing Show*, verfaßt von Henry Russell, dem Direktor der Bostoner Oper: »Leider beweisen die italienischen Sänger beim Einrichten und Ausschmücken ihres Heimes oft einen außerordentlichen Mangel an Geschmack [...] Ein eindrucksvolles Beispiel hierfür bot die Villa Carusos. Von außen ein gräßlicher moderner Bau, gab sie im Innern ein Bild ab, das jeder Filmausstattung Ehre gemacht hätte. Modernste Möbel, bezogen mit feuerrotem Samt aller Art, Kordeln und Fransen, vergoldete Gerätschaften, Porzellansouvenirs, wahllos zusammengewürfelt. Besonders stolz schien Caruso auf einen eben erst fertiggestellten Ballsaal, an dessen Decke sein Konterfei in den Kostümen verschiedenster Rollen prangte: entsetzliche Elaborate, wenn auch handwerklich gut. Es war seltsam, daß ein Mann mit solchem Sinn für Humor nicht sah, wie absurd diese Fresken waren.«

In Bellosguardo fehlte es auch nicht an einem Familienwappen, einem Kahlkopf unter drei Sternen auf ovalem Feld, für teures Geld von einem Institut für Heraldik ersonnen. Die Sachverständigen beschworen bei Gott und allen Heiligen die noble Abstammung der Carusos von einem gewissen Pier Fortugno, einem Ritter von Friedrich II. von Hohenstaufen, dem es gelungen war, verkleidet und mit kahlgeschorenem Schädel des Nachts ins heidnische Nocera de' Pagani einzudringen, bei dessen Erstürmung er allerdings sein Leben gelassen hatte. In Neapel gilt *caruso* noch heute als ironisches Synonym für Kahlköpfigkeit. (Die Ausstattung dieses wuchtigen Vittoriale der Oper kam übrigens vom 21. bis 29. September 1979 unter den Hammer: 2056 Objekte, geschätzt auf zwei Milliarden Lire und für weniger als die Hälfte verkauft.)

Unter den Schätzen von Bellosguardo geisterte die ruhelose Langeweile Adas umher. Die Jahre, die sie darauf verwendet hatte, ihren Gefährten zum Erfolg zu führen, waren glanzvoll und aufregend gewesen. Nun aber war der Ruhm mit seiner ganzen Last gekommen, und die Befriedigung, die es ihr verschaffte, im puritanischen New York stolz als »Mrs. Caruso« vorgestellt zu werden, genügte nicht mehr. Dieser amerikanische Traum wuchs sich langsam zu einem Alptraum aus, war seinerseits ausschließend, trennend. Immer öfter fand sich Ada in der Rolle des Kindermädchens für ihre Söhne wieder. Früher hatten fünfzehn Postkarten täglich, von den Tourneeorten an »Frau Ada Giachetti Caruso« gesandt, die Distanzen noch zu verringern vermocht; nun, da Caruso sich in die Mechanismen der Berühmtheit verschloß, wurde selbst bei seiner Anwesenheit die Distanz unüberbrückbar. In Ada stieg Bitterkeit auf über die eigene verlorene Karriere und eine uneingestandene Eifersucht auf die immer raumfüllenderen Triumphe Enricos. Es war der Auftakt zu einer Krise, die lange schwelte, ohne daß der Tenor die Wahrheit geahnt hätte.

Enrico war nunmehr ein von der Kunst absorbierter *divo*, außerordentlich selbstsicher und zugleich voller Ängste und Zweifel. Er schrieb später: »Als ich noch ein Unbekannter war, sang ich, ohne unbescheiden sein zu wollen, wie eine Nachtigall, einfach so, aus Lust am Singen, sorglos, mit ruhigen Nerven und unbeschwertem Kopf. Nun aber, gequält vom Alptraum eines Rufes, der größer nicht mehr werden, den aber die geringste stimmliche Unzulänglichkeit gefährden kann, singe ich sozusagen mit den Nerven. Oft glaube ich, zum ersten Ton ansetzend, in Ohnmacht zu fallen, und am Ende bin ich jeweils erschöpft. Die Zuhörer, so gewogen sie mir auch sein mögen, sind gezwungen, derart überrissene Preise zu bezahlen, daß sie mich für ein Phänomen halten, ein überirdisches Wesen, das man mit offenem Mund bestaunt und beneidet. So kommt es, daß ich oft der unglücklichste Mensch bin.«

Verschiedene Ängste verdichteten sich in ihm, deren eine ihn von jeher begleitet hatte: Das Elend ist für den, der es erlebt hat, ein reales Gespenst, eine ständige Erinnerung an schmerzliche Szenerien, über denen kein Vorhang fällt. Er erzählte oft von seiner Kindheit in Neapel: »Meine Mutter ging barfuß, damit ich singen lernen konnte.« Eine weitere Sorge, die ihn wie viele andere Tenöre plagte, galt seiner Stimme: Wie lange würde der Schmelz keine Risse zeigen? Wie lange würden sich die kräftigen Spitzentöne bewahren lassen? Diese quälenden Gedanken waren bei einem Sänger wie ihm, der zu Beginn seiner Karriere als Bariton bezeichnet worden war und der, angstvoll die Zeichen jeder Veränderung ergründend, im Laufe der Jahre mehrmals die Klangfarbe seiner Stimme gewechselt hatte, besonders ausgeprägt: »Jedesmal empfinde ich dieselbe Verwirrung. Jedesmal frage ich mich: Und wenn ich nun plötzlich meine stimmlichen Mittel verliere?«

Die zermürbende Ritualhaftigkeit seines Lebens, Aberglaube für viele, vielleicht mit ein Grund, daß seine Beziehung zu Ada langsam abbröckelte, trat am deutlichsten bei der schon fast zur Manie ausartenden Pflege seines Stimminstrumentes zutage. Anhand der amerikanischen Quellen von Greenfeld und Scott und anderer, europäischer, läßt sich ein typischer Arbeitstag des Tenors rekonstruieren, der wie folgt aussah: aufstehen um acht, gestärkt von einer Tasse schwarzen Kaffees. Bad in Duftwasser, das erste von zwei bis dreien täglich, denn Hygiene war für Caruso mehr als eine Pflicht. Er betrachtete üble Gerüche als permanente Bedrohung und pflegte, einen Zerstäuber mit seinem Lieblingsparfüm Caron wedelnd, durch die Zimmer zu gehen. Einmal, als ihm auf der Bühne ein eigenartiger Übelgeruch entgegenstieg, glaubte er, dessen unerfreulichen Ursprung im Atem eines Zuhörers auszumachen, der freundlichst aufgefordert wurde, Zahnbürste und Zahnpasta zu benutzen.

Mund und Hals waren selbstverständlich die wichtigsten Körperteile. Vor dem morgendlichen Gurgeln sprühte er sich eine von den

Leibärzten präparierte Substanz aufs Halszäpfchen. Im Schlafrock aus erlesener Seide las er Zeitungen, erledigte die Korrespondenz (im Durchschnitt dreißig Briefe pro Tag, fünfundzwanzig davon Bettelbriefe), ließ sich rasieren. Zum Frühstück, das immer leicht war und meistens aus Toastbrot und Kaffee bestand, erschien er vollständig angekleidet. Für die Auswahl seiner Anzüge, die der amerikanischen Eleganz jener Zeit entsprechend recht auffällig waren, sorgte ein Kammerdiener (der bekannteste, Mario Fantini, war der Sohn eines Florentiner Schmiedes). Ein kurzer Blick auf die Uhr, und falls noch Zeit blieb, wurde ein Besucher vorgelassen, fast immer ein bedürftiger Bewunderer; um zehn begann dann unwiderruflich die Arbeit, zu Hause mit Vokalisen oder dem Einstudieren neuer Partien, im Theater mit Proben.

Weitere herangereifte Konstanten waren seine Pünktlichkeit und sein Respekt vor den Rollen. Er kam nicht eine Minute zu spät und beugte sich diszipliniert den Bedürfnissen von Kapell- und Bühnenmeister; er hatte aus seinen jugendlichen Streitereien mit Toscanini viel gelernt. Um halb eins Unterbruch fürs Mittagessen in italienischen Restaurants mit einfachem Essen: hartgekochte Eier, Minestrone, Fisch oder Hühnchen mit Spinat, Lammkarbonade oder ein Kotelett. Und die vielzitierten Spaghetti? Natürlich aß er die gern, doch die Geschichten vom unersättlichen Pastaesser und unverdrossenen Koch sind blanke Übertreibungen, Karikaturen eines Emigrantenlebens. In ständigem Kampf mit der Waage – er wog über achtzig Kilo bei einer Größe von einem Meter fünfundsechzig – nahm der »amerikanische« Caruso nur bei seltener Gelegenheit oder während einer längeren Verschnaufpause schwere Speisen aus der Heimat zu sich. Sein tausendfach zum besten gegebener Rausch von damals, in Trapani, mahnte ihn, zwischen Unmengen von Mineralwasser kaum mehr als ein Gläschen Wein zu trinken.

Wenn er nicht aufzutreten hatte, kehrte er am Nachmittag nach Hause oder ins Hotel zurück, gönnte sich ein Nickerchen, empfing Freunde, zeichnete, schnitt Zeitungsartikel aus oder vergnügte sich mit seinen kostbaren Sammlungen von Goldmünzen und Briefmarken bis zum Abendessen; dieses bestand oft aus einem winzigen Steak, Gemüse und Eis. Vor einem Auftritt wurde das Zeremoniell strenger. Beim Mittagessen vermied er tunlichst Speisen, die er nie zuvor gegessen hatte; danach fuhr er Stunden zu früh ins Theater, dunkel gekleidet, wenn die Sonne schien, hell, wenn Wolken am Himmel standen, in seinem Gefolge zwei schweigsame Diener mit einem Koffer, der sämtliche Objekte des Rituals enthielt. Diese wurden im Ankleideraum auf einer langen, von zwei Spirituslampen erhellten Konsole aufgereiht, worauf die Diener ihm eines nach dem anderen reichten. Den Anfang machte die Zahnbürste. Dieser vom Berichterstatter der *Evening Post* mit der Stoppuhr verfolgte Vorgang dauerte drei Minuten. Danach tiefes Inhalieren und Gurgeln mit lauwarmem Wasser, in dem zuvor kastanienbraune Salzkristalle aufgelöst worden waren oder zehn Tropfen Anis und fünf Tropfen Orangensaft: vier Minuten. Weitere acht Minuten beanspruchte das langsame Einatmen einer Lösung aus Natriumbikarbonat und Glyzerin. Darauf erneutes Gurgeln mit sterilisiertem Kaltwasser und eine Reihe von Salzspritzern in die Nase, sechs pro Seite. Rhythmische, klare Hustentöne zeigten schließlich die erfolgte Reinigung an. »Ihr habt ja keine Ahnung, wieviel Schmutz tagtäglich in den Hals und die Nase gelangt«, pflegte Caruso seine Umsicht zu rechtfertigen.

Doch damit war es nicht zu Ende. Nun reichte ihm einer der Diener mehrere mit Menthol und Vaseline bestrichene Wattestäbchen, mit denen sich Caruso sanft, beinahe zärtlich über die Halswände strich. Er hatte einen großen Mund und eine ausgedehnte »Resonanzkammer«, wie der in einem Saal des Neuenglischen Konservatoriums in Boston aufbewahrte Abdruck zeigt, den der während Jahrzehnten am Bostoner Opernhaus tätige Dr. Frank Marshall angefertigt hatte.

War die Halsreinigungszeremonie einmal beendet, genehmigte sich der Tenor eine Zigarette, der nach dem Schminkzeremoniell eine weitere folgte: Giftkringel nach der Purifikation; Caruso war ein Mann voller Widersprüche. Professor Giuseppe De Luca, ein emigrierter Neapolitaner, ehrenamtlicher Laryngologe am Colón in Buenos Aires und Namensvetter des berühmten Baritons, hat vom Raucher Caruso Zeugnis abgelegt: fünfzehn halbe Zigaretten pro Tag, in eine lange Zigarettenspitze gesteckt, wahrscheinliche Ursache einer chronischen katarrhalischen Tracheitis.

Nach dem Kostümanziehen flogen die Vokalisen, zwischen denen er nervös im Korridor auf und ab ging, eine weitere Zigarette rauchte oder, selten, einen mit Soda verdünnten Whisky trank. Sein letzter

Barbier, Vincenzo Casieri aus Apulien, berichtete, daß Caruso vor jedem Auftritt vor dem gerahmten Photo seiner Mutter niederkniete und leise ein Gebet sprach: »Mamma, hilf mir, heute abend arbeite ich, mach, daß meine Arbeit gutgeht.« Wer weiß, ob dem so war, zu viele Anekdoten über berühmte Persönlichkeiten sind durch das Heranziehen unwahrer Erinnerungen entstanden. Andere Gewährsleute versichern, Caruso habe versucht, seinem Lampenfieber mit einer Reihe von Glücksbringern beizukommen, mit Hufeisen, Hufeisennägeln, Stoffpuppen, Korallenhörnchen, Madonnenfigürchen, selbst einer hölzernen Zulu-Statuette. »Ich bin nicht abergläubisch«, lautete das unwahrscheinliche Dementi des Tenors, der im »Plaza« angeblich immer im 13. Stock zu wohnen begehrte.

Zwischen den einzelnen Akten nahm Caruso ein Viertel eines Apfels zu sich. Nach Ende der Vorstellung aß er sich, von der Anspannung mitgenommen, wieder ein Teil der eineinhalb Kilo an, die er durchschnittlich bei jedem Auftritt verlor. Klare Suppe, kaltes Fleisch, geröstetes Brot . . . Zur Ruhe legen durfte er sich schließlich auf drei Matratzen hohen Betten, verschanzt hinter vierzehn Kissen, die eine Barriere gegen Luftzüge bildeten. Zugluft fürchtete er wie den Teufel; einmal, bei einem Abendessen, soll er, von Panik geschüttelt, unter dem Tisch Zuflucht gesucht haben, wo er angeblich blieb, bis die Türe des Lokals hermetisch verschlossen wurde.

So also lebte Caruso nach Aussagen von Zeitzeugen und Journalisten, die einen Blick hinter die Kulissen geworfen hatten oder direkt in seine Gefolgschaft aufgenommen wurden. Wahrscheinlich ist die eine oder andere Eigenart aufgebauscht worden, möglicherweise sind verschiedene, sich mit den Jahren folgende Gewohnheiten zusammengefaßt worden, doch das Bild eines Perfektionisten, eines freiwilligen Sklaven seiner Arbeit, ist durchaus glaubwürdig. Zu seiner Entlastung muß gesagt werden, daß Amerika es war, das die Werbung erfunden hat, moderne Gottheiten schuf und Eigenheiten derselben ins Licht rückte, die die Sympathie und Neugierde der Leute zu wecken vermochten. Caruso als vollkommener Professional hat sich dem in gewisser Weise angepaßt. Dieser außergewöhnliche Künstler, der in auflagefördernden Seiten häppchenweise dem Publikum vorgesetzt wurde, opferte dafür seine ganze Zeit, auch die, die nötig gewesen wäre, seinen Bund mit Ada wieder zu festigen.

9. KAPITEL

Zwischenfall im Zoo

Im Frühherbst des Jahres 1905 kehrte Caruso nach New York zurück, bereit für seine dritte Spielzeit an der Met. Die Eröffnungsvorstellung der *Gioconda* am 20. November war ein Triumph. Mehr noch als der tosende Applaus habe ihn, wie er sagte, der diamantenfunkelnde Saal bewegt. Er war zum Idol geworden, jedes Wort von ihm wurde sogleich gedruckt, die Kommentare allerdings fielen nicht immer zu seinen Gunsten aus.

Besonders streng ging W. J. Henderson in der *Sun* mit ihm ins Gericht: »Was nützt es, wenn die Leute bravo schreien und sich die Hände wundklatschen? Eine allzuoft angewandte *voce bianca* ist keine Zierde des Gesanges mehr, und kehlige Töne sind auch nicht gerade wünschenswert. Caruso muß sich den Vorwurf gefallen lassen, recht häufig *voix blanche* und gelegentlich auch mit verschluckter Stimme zu singen. Anderseits hat sein Stil so unendlich viele Vorzüge und seine Stimme einen so schimmernden Glanz, daß ein ihn abgöttisch verehrendes Publikum ihm seine Untugenden nachsieht; die Kritiker wiederum lassen sie ihm durchgehen, weil sie ihn seines Könnens und nicht seiner Unzulänglichkeiten wegen lieben.« Nebenbei bemerkt: Derselbe Henderson schrieb unmittelbar nach Carusos Tod im obligaten Nachruf, seine Interpretation von *Cielo e mar*, einer Arie aus eben dieser *Gioconda*, sei »einer der sublimsten Höhenflüge seines lyrischen Genies, der Gipfel seiner Vokalkunst und ein erhabenes Vorbild für den Gesang unserer Zeit«.

Richard Aldrich von der *New York Times*, der ebenfalls dem exklusiven »Club der Gestrengen« angehörte, behauptete anläßlich der am 15. Dezember aufgeführten *Sonnambula*: »Es läßt sich nicht bestreiten, daß Caruso in letzter Zeit vieles gemacht hat, was seine Anhänger befremdet. Manchmal ist sein Ton gepreßt und nasal, manchmal findet sich eine Spur von jenem Gejammer darin, das für den italienischen Tenor von einst charakteristisch war. Im Bestreben, eine übersteigerte Wirkung von Pathos und Passion zu erzielen, hat er häufig auf jegliches Bemühen um Schönheit des Timbres, um Geschmeidigkeit, jene Reinheit und Durchsichtigkeit verzichtet, die doch gerade die Vorzüge seiner wundervollen Stimme ausmachen.« Man sollte aber bedenken, daß die großen amerikanischen Kritiker, in der minuziösen Beschreibung der Stimmtechnik damals die besten der Welt, womöglich etwas verärgert waren über die uneingeschränkte Begeisterung des breiten Publikums. Wie man sieht, zögerten sie nicht, Carusos Mängel aufzuzählen, und waren doch wiederum die ersten, die mit lobenden Worten auf seine Fortschritte hinwiesen. Enrico Caruso war zu einem lebenden Mythos geworden; Schwärme von Bewunderern belagerten ständig seine Wohnung. Einer der berühmtesten Kritiker, der ehemalige Pianist James Gibbons Huneker, pflegte mit einem Anflug von chauvinistischem Snobismus zu bemerken: »Es gibt Leute, die lieber Caruso wären als der Präsident der Vereinigten Staaten.«

Es kam das Jahr 1906, von den Astrologen schon im voraus als ein schwarzes Jahr angekündigt. Für Caruso traf dies sicherlich zu, schon vom 3. Januar an, als Gounods *Faust* zur Aufführung gelangte, in dem er sich mit einem französischen Libretto herumschlagen mußte. Obschon der Chor der Met streikte, bestand der hartnäckige Conried darauf, die Vorstellung nicht zu verschieben; sie wurde ein Fehlschlag für alle, kaum gemildert durch die Anerkennung für den Mut der Künstler, die unter wahrhaft schwierigen Umständen gesungen hatten. Der *Telegram* fand weder an der komischen safrangelben Perücke noch an den Handschuhen Gefallen, die Caruso trug. Eine weitere Aufführung in französischer Sprache, Bizets *Carmen*, wurde am 5. März vom Publikum mit gemischten Gefühlen aufgenommen. Das *Journal* machte sich über Carusos Don José lustig, den es mit einem kalabresischen Straßenräuber verglich.

Wenn die Kritik auch bisweilen noch etwas zu bemängeln fand und damit die anfängliche Überheblichkeit der amerikanischen *middle class* gegenüber diesem *émigré doré* allzu lange unterstützte, stellte sich die breite Masse geschlossen hinter ihn; die Leute ahmten seine Jacken mit den applizierten Taschen und seinen Haarschopf nach. Menschenschlangen drängten sich vor der Theaterkasse. Die Menge, angezogen vom schlichten, geheimnisvollen

Charme dieses berühmtesten Tenors des Jahrhunderts, dieses Träumers und Veristen, hatte recht behalten. Er war so sehr Verist, daß er sich, in seinem dramatischen Elan die Flasche mit dem Liebestrank zerbrechend, einen Kratzer an der Schläfe zufügte. Ebenfalls verbürgt, wenn auch nirgends registriert, ist die Geschichte von dem Kuß, den er der höchst verlegenen Tosca – in Gestalt von Emma Eames – in der Met auf offener Bühne raubte. Der Reporter des *American* schwor, die Stoppuhr in der Hand, ihre Lippen hätten sich eine halbe Minute lang nicht voneinander gelöst. Der *Telegram* fragte sich allen Ernstes, ob Caruso zum Abendessen Spaghetti mit oder ohne Knoblauch gegessen habe, um abzuschätzen, wie tief das Entzükken der Miss Eames wohl gewesen sein mochte. Zu einer weiteren Kußszene kam es im Dezember 1907 in der *Fedora*, provoziert von Lina Cavalieri, die einen ausgesprochenen Sinn für publikumswirksame Momente hatte: Als Enrico, vor Leidenschaft trunken, in ein »Fedora, t'amo« ausbrach, führte die hemmungslose Lina das unverzügliche Herunterfallen des Vorhangs herbei, indem sie »einen echten, leidenschaftlichen Kuß auf die kostbaren Lippen drückte«. Doch damit nicht genug, sie beteuerte auch noch: »Es hat mir Spaß gemacht.« Fortan wurde sie nur noch »the kissing primadonna« genannt. Moralisten und Permissivisten waren geteilter Ansicht. Den an die Hekatomben des Melodramas gewöhnten Zuschauern, die sonst nichts als erdolchte, erdrosselte, vergiftete, von Schwindsucht oder Durst hinweggeraffte unglückselige Heldinnen zu sehen bekamen, für die sie vor Mitleid vergingen, flößte dieser Kuß neues Leben ein.

Ada folgte Caruso mit umwölktem Blick in die neue Residenz in der 57. Straße, zeigte sich elegant und selbstbewußt weiterhin an seiner Seite in der Rolle der liebevollen Gefährtin. Unterdessen registrierten die Plattenaufnahmen für Victor die fortschreitende Entwicklung von Enricos Stimme. Das Jahr 1906 war für ihn auch in künstlerischer Hinsicht entscheidend. Bisher waren da, wie Rodolfo Celletti vermerkte, »immer noch vereinzelte Spitzentöne im gestützten *falsetto* zu hören gewesen, etwa im *Rigoletto* oder im *Faust*; in anderen Opern hatten in der Kombination von Kopf- und Brusttönen die ersteren noch überwogen«. Der bekannte Schallplattensammler Hurst, der Caruso in jenem Jahr mehrmals hörte, stellte eine Festigung sowie eine bessere Koordination der natürlichen Anlagen fest.

Die Stimme gewann nicht allein an Klangfülle, sondern zunehmend auch an Sinnlichkeit und Leuchtkraft.

Im März brach Enrico, wie gewohnt, zu einer Gastspielreise durch den amerikanischen Kontinent auf. Am 19. war er in Baltimore in Flotows *Martha* zu hören, vor dreitausend Besuchern, die dicht an dicht in einem Theater mit zweitausenddreihundert Plätzen saßen . . . In Washington erhielt er eine Einladung ins Weiße Haus, wo ihm Theodore Roosevelt sein Photo mit Widmung schenkte. Am 3. April verdiente er sich im *Faust* das besondere Lob der *Chicago Tribune*: »Raffinement, Sinn für Details, erstaunliche Lockerheit; selbst das hohe C im Finale war ein meisterhaft ausgeführter Falsettoton.« Nach vierzehn Aufführungen in fünfundzwanzig Tagen kam er Mitte April nach San Francisco; dort sang er am Abend des 17. in der *Carmen*. Er war müde, und die aus Neapel eintreffenden Nachrichten versetzten ihn in Aufregung. Am 4. April war der Vesuv ausgebrochen, hatte Boscotrecase zerstört, Torre Annunziata bedroht, Feuer und Asche über die ganze Gegend gespien.

Am 18. April, genau um 5 Uhr, 12 Minuten und 37 Sekunden, wurde San Francisco von einem entsetzlichen Erdbeben erschüttert. Die Stadt brannte lichterloh. Fünfhundert Tote, Tausende von Verletzten, hunderttausend Obdachlose waren die traurige Bilanz. Unter den achtundzwanzigtausend zerstörten Gebäuden befand sich auch die Oper. Den Telegraph Hill retteten die siebenundzwanzigtausend damals in San Francisco lebenden Italiener, indem sie Dächer und Wände ihrer Häuser mit in Wein getränkten Leintüchern und Säcken abdeckten und so die Feuersbrunst eindämmten. Enrico stürzte aus seiner luxuriösen Suite des »Palace-Hotels«, das, wie er sich erinnerte, »schwankte wie ein Schiff auf hoher See«. Bei der Schilderung seiner panischen Flucht ließen die Zeitungen ihrer Phantasie freien Lauf. Die einen erhoben ihn zum unerschütterlichen Helden, der sich selbst in den raucherfüllten, zusammenstürzenden Hotelkorridoren nicht davon abhalten ließ, das hohe C zu üben; andere wollten gesehen haben, wie er sich in seinem über den Pyjama geworfenen Pelzmantel, den Nachttopf in der Hand, schluchzend und halb von Sinnen Hertz, dem künstlerischen Direktor, an die Brust warf. Er selbst meinte dazu: »Natürlich hatte ich Angst, wie alle andern auch, aber ich habe nicht den Kopf verloren.« Sicher ist, daß er die Photographie mit Roosevelts Autogramm als

Identitätsausweis und Freipaß benutzte, um durch die Polizeisperren bis zum Haus seines Freundes Arthur Backman zu kommen, wo er dann vorsichtshalber unter freiem Himmel schlief. Es heißt, er habe das Unglück mit den Worten kommentiert: »Verglichen damit ist mir der Vesuv noch lieber . . .« Das ganze Ensemble fand in Oakland eine Zuflucht. Bühnenausstattung und Kostüme für zwanzigtausend Dollar waren ein Raub der Flammen geworden. Es mag ein Zufall sein, doch nach San Francisco kehrte er nie wieder zurück.

Noch einmal mit dem Schrecken davongekommen, schiffte er sich am 26. April nach Europa ein und trat Mitte Mai in der Covent Garden Opera im *Rigoletto* auf. Während der ganzen, am 26. Juli zu Ende gehenden Spielzeit hob die Kritik seine Fortschritte und seine starke Ausstrahlungskraft auf der Bühne lobend hervor. Denkwürdig die Notiz von Thomas Burke: »Wer ist er? Nicht einfach ein Sänger, nicht einfach eine Stimme: Er ist ein Wunder. In den nächsten zwei, drei Jahrhunderten wird es keinen zweiten Caruso mehr geben, vielleicht gar nie mehr. Wir waren zu sehr an die unechten, gekünstelten Stimmen von Sängern wie de Reszke, Tamagno und Maurel gewöhnt, daß wir uns schwertaten, das Unverfälschte zu erkennen, als es sich uns darbot. Hier ist etwas, was es mehr zu lieben gilt als alles je Gehörte, vor dem jede Kritik verstummt, so unorthodox auch manches sein mag. Hier wurde mit der Tradition gebrochen, das Gesetz übertreten, der Norm abgeschworen. Jean de Reszke mußte noch beben und sich winden, bis das Publikum mit ihm litt, eine Wirkung, die dieser neue Sänger aus Süditalien allein schon dadurch erzielt, indem er, die Hände in den Hosentaschen, auf der Bühne auf und ab geht.«

Nach einem Monat Konzerte im Kursaal von Ostende gönnte sich Enrico eine Ruhepause auf Bellosguardo, wo er sich auf das bevorstehende Wiener Debüt vorbereitete. In Österreich gab es wegen der überrissenen Eintrittspreise böses Blut. Dies war allerdings nichts Neues. Gatti-Casazza meinte einst dazu: »So teuer man Caruso auch bezahlen mußte, er war doch der Künstler, der die Impresarios am wenigsten kostete.« Jede seiner Vorstellungen bot die Gewähr für sichere Einnahmen. Keiner der dreitausend Wiener bereute es, am 6. Oktober seine Schillinge für die *Rigoletto*-Aufführung mit Caruso und Titta Ruffo ausgegeben zu haben. Ähnliche Begeisterungsszenen mit fünfzehn Vorhängen auch am 9. in Berlin und am 16. in

Hamburg; dort zogen seine Bewunderer bis zum Morgengrauen durch die Straßen und defilierten an seinem Hotel vorbei; in dieser einen Nacht wurden 263 Geldstrafen wegen Störung der öffentlichen Ruhe verhängt, der frühere Rekord hatte noch bei 83 gelegen. Kaiser Wilhelm verlieh ihm den Titel eines Kaiserlichen Kammersängers, in Paris wurde er am 25. in die Ehrenlegion aufgenommen, nachdem er auf Vorschlag von Minister Prinetti bereits 1903 zum Commendatore des italienischen Kronenordens ernannt worden war.

Nach seinem Siegeszug durch Europa kehrte Enrico nach Amerika zurück. Im New Yorker Central Park, gegenüber dem »Savoy Hotel«, in dem er damals wohnte, pflegte er sich seinen Gedanken zu überlassen; besonders gern verweilte er vor dem großen Käfig mit den Affen, an denen er eine kindliche Freude hatte. Just hier ereignete sich jener delikate, geheimnisumwitterte Zwischenfall, der in seinem Leben tiefe Spuren hinterließ. Es war der Nachmittag des 17. November 1906, eine Handbreit neben ihm schrie plötzlich eine Frau: »Hilfe, Hilfe, haltet ihn!«, worauf eilends ein Polizist herbeigerannt kam. Enrico landete, des »disorderly conduct« bezichtigt, im Arrestlokal der Polizeiwache in der 67. Straße.

Die Frau stellte sich als Hannah K. Graham vor und beteuerte, mehrmals belästigt und an einem Körperteil berührt worden zu sein, den die Journalisten schamhaft als »Hüfte« bezeichneten. Der Polizist hieß James J. Kane und war, mit Gummiknüppel bewaffnet, ein eifriger Hüter der weiblichen Tugend. Er rühmte sich, in dreizehn ehrenvollen Dienstjahren mindestens zwanzig »Lustmolche« pro Monat verhaftet zu haben, darunter auch, wie er vermeldete, viele Schauspieler und Financiers von der Wallstreet. Sein Revier war der Zoo des Central Park. »Dieser Caruso ist ein notorischer Lüstling«, sagte er, »schon im vergangenen Winter hatte ich ihn gewarnt . . .« Bestürzt und schreckensbleich beschränkte sich Enrico darauf, stammelnd seine Unschuld zu beteuern. Mit einer Kaution von fünfhundert Dollar holte ihn Conried aus der Zelle. »Caruso ist ein Ehrenmann«, erklärte er vor den Presseleuten, »diese Geschichte ist einfach lächerlich. Überlegen Sie doch mal, so berühmt, wie Caruso ist, könnte er Frauen haben, soviel er will, warum sollte er da ausgerechnet im Zoo einer Unbekannten nachstellen?« Die Journalisten suchten Mrs. Graham an der von ihr angegebenen Adresse in der

Bronx, konnten jedoch weder sie noch sonst jemanden dieses Namens ausfindig machen. Natürlich wurde der Fall in den Zeitungen ausgeschlachtet; die Vermutung lag jedoch nahe, daß die angebliche Mrs. Graham die Frau eines Baseballspielers war, eines alten Freundes jenes »unbestechlichen« Polizeimannes Kane. Was aber haben nun die Affen gesehen? Ist er ihr zu nahe gekommen, hat er sie am Ende gar betätschelt? Sein Biograph Ybarra vertritt diese These und führt an, Caruso habe die galanten Bräuche möglicherweise aus Argentinien mitgebracht, wo weibliche Rundungen bekanntlich nicht nur mit Blicken gewürdigt werden. Die zahlreichen Ungereimtheiten des Falles legen aber die Vermutung nahe, es habe sich um eine mißverstandene Geste oder die Verleumdung einer geltungssüchtigen Person gehandelt oder sogar um eine kaltblütige Verschwörung. Gerade in jenen Monaten hatte nämlich die Met, deren Stütze Caruso war, Feinde in großer Zahl.

Das »Opfer« blieb der ersten Gerichtsverhandlung fern. Enrico schickte ein ärztliches Zeugnis, das ihm attestierte, er leide an Ischias, und verkroch sich in seinem Hotel mit der ganzen Last der Beschuldigungen, die er als ungeheuerliches, von einer Verrückten, einer Erpresserin angezetteltes Unrecht empfand.

In einem Land mit unerbittlicher Moral, das mit grausamer Geschwindigkeit Mythen aufbaute und wieder zerstörte, mußte er Rückschläge für seine Popularität befürchten. Am 21. November kam es zur zweiten Verhandlung. Im überfüllten Gerichtssaal von Yorkville saßen viele Italoamerikaner, die gekommen waren, ihm Mut zuzusprechen; es fehlte nur die Graham. Der Prozeß war eine Farce, ein beispielloser Schauprozeß. Zeugen, die unmöglich etwas gesehen haben konnten, wurden vernommen und verwickelten sich in Widersprüche; die Klägerin war spurlos verschwunden; der ehemalige Polizeichef stellte sich auf den Standpunkt, die Festnahme sei beleidigend, es liege nicht der geringste Beweis vor. Trotzdem wurde Caruso schuldig gesprochen und verurteilt, wenn auch nur zu der gesetzlich festgelegten Mindeststrafe von zehn Dollar. Höchstwahrscheinlich wurde aber das Urteil durch das Auftreten einer blondhaarigen Dame beeinflußt, die sich mitten im Publikum erhob und, ihre keusche Verschleierung lüftend, theatralisch rief: »Erkennen Sie mich wieder?« Dem Richter wußte sie zu erzählen, Caruso habe sich am 4. Februar 1904 während einer *Parsifal*-Aufführung neben sie gesetzt und sie pausenlos betastet. Auch in diesem Fall gab ein kein einziges Indiz, nur leere, vage Worte. Höchst sonderbar auch, daß die feine Dame fast drei Jahre lang geschwiegen hatte. All dies verstärkt den Eindruck, daß es sich hier um ein Lügengebäude, eine von langer Hand geplante Verschwörung handelte, zumal bald darauf der Abgeordnete Malcott zurücktrat, der als Staatsanwalt aufgetreten war und beim Verhör versucht hatte, die mangelhaften Englischkenntnisse des Tenors zu seinen Gunsten auszunutzen. Gegen Kane wurde eine Ermittlung wegen falscher Zeugenaussage eingeleitet. Plötzlich war auch die Dame vom Affenkäfig wiederaufgetaucht, um ihren richtigen Namen, nämlich Hope, preiszugeben und ebenso plötzlich wieder zu entschwinden. Trotz allem verzichtete der verbitterte Caruso darauf, Berufung einzulegen, da sie ihm wohl doch nichts weiter als negative Publicity gebracht hätte.

Bei all diesen Verleumdungen und Unterstellungen war ihm die Solidarität vieler berühmter und auch einfacher Menschen ein Trost. Puccini schrieb ihm; die Kollegen de Reszke, Emma Eames und zahllose andere standen ihm bei. In der Presse allerdings – das ließ sich nicht vermeiden – erschienen entrüstete, überaus abschätzige Leserbriefe. So wurde die *Bohème* am 28. November zu einer heiklen, von fast unerträglicher Anspannung begleiteten Prüfung; auf dem Schwarzmarkt war der Preis der Eintrittskarten um das Vierfache gestiegen. An jenem Abend wurde das Publikum von Ordnungsleuten, die die Anweisung hatten, jeglichem Zwischenfall zuvorzukommen, eingehendst überprüft, und der Bühnenvorhang ging in peinlicher Stille hoch. Caruso stand mit dem Rücken zum Publikum, doch als er sich endlich umwandte, brachen die stürmischsten Ovationen los, die in den Chroniken des Melodramas je verzeichnet worden waren und die die vereinzelten Pfiffe lautstark übertönten: Dies war der eigentliche Urteilsspruch. Von der ihm entgegenbrandenden Sympathie getragen, gab Enrico sein Bestes. Marcella Sembrich, voller Feingefühl, versuchte vergeblich, in den Hintergrund zu treten, um Caruso, als der Jubel die höchsten Wellen schlug, die Bühne allein zu überlassen. Nach dem Verklingen der letzten Töne schloß Enrico unter Lachen und Weinen, wie in Trance, alle in die Arme. Tags darauf gab er ein Fest im »Savoy«.

Doch der Zwischenfall im Zoo hatte viel Staub aufgewirbelt. Die Boulevardblätter unterstellten ihm, er habe blutjunge Mädchen

»verführt und im Stich gelassen«. Vergeblich suchten seine italienischen Freunde zu verhindern, daß die Nachricht bis zu Ada drang, die in der ländlichen Villa Bellosguardo ausharrte. Gigi Guidalotti, einer der Verwalter, schrieb an Caruso: »Caro Ghigo, ich habe mein Möglichstes getan, um Dein Mißgeschick vor Ada zu verbergen, bis sie neulich einige Briefe Deiner Freunde erhielt, in denen diese ihrem Bedauern über das Dir Widerfahrene Ausdruck gaben. Darauf fühlte sie sich vorgestern sehr unwohl und geriet trotz all meines guten Zuredens so sehr in Rage, daß sie sich mit Fieber zu Bett legte.« Welch harter Schlag für eine ohnehin schon zerrüttete Beziehung!

Im fernen New York spielte Caruso unter Beifallklatschen die bittere Saison zu Ende, einzig und allein auf seine Kunst konzentriert; ihr wengistens konnte der Skandal nichts anhaben. Im Januar 1907 kam Giacomo Puccini und überhäufte ihn mit Komplimenten. Ende März begann die Amerikatournee: einen Monat lang fast allabendlich Vorstellungen. Am 15. Mai Rückkehr an die Covent Garden Opera, wo Enrico als erstes in der *Bohème* aufzutreten hatte. Zwei Tage später, als er in *Madame Butterfly* auf der Bühne stand, wurde beobachtet, wie er einer Blondine eine Kußhand zuwarf. Die Chronisten, die den Kuß mit britischer Trockenheit registrierten, bemerkten leider nicht, daß neben dieser blonden Dame namens Miss Louise Saer, von Beruf Gouvernante, Enricos jüngerer Sohn Mimmi saß. Die Engländer empfingen den großen Tenor wie einen alten Freund, was ihn aufzuheitern, ja sogar fröhlich zu stimmen schien. So erlaubte er sich denn einige seiner berüchtigten Späße: Mit Tosti schickte er um die Wette Grimassen von der Bühne in den Zuschauerraum hinunter und trieb auch sonst allerlei Schabernack. So mußte der neapolitanische Bariton Pasquale Amato, als er eben in die Jacke schlüpfen wollte, um für die ermattete Mimì Arznei zu holen, voller Schrecken feststellen, daß die Ärmel zugenäht waren! Ein andermal wieder war der Zylinder, den der Bassist Arimondi aufzusetzen hatte, voller Wasser! Nach drei Monaten erfolgte dann endlich die Heimkehr nach Italien in Begleitung von Mimmi und dessen Gouvernante. Am Bahnhof in Mailand wartete Ada. Ein angeblicher Augenzeuge berichtete, Enrico habe sich, vom fahrenden Zug abspringend, der Gefährtin in die Arme geworfen. Und doch läßt alles darauf schließen, daß er, durch einen anonymen, in Florenz abgestempelten Brief gewarnt, damals schon ahnte, daß die Aufmerksamkeiten, mit denen Chauffeur Romati Ada bedachte, nicht rein beruflicher Natur waren. Frances Alda, die später geschiedene Ehefrau Gatti-Casazzas, der Enrico sein Herz ausschüttete, erzählte, er habe unter Flehen und Drohen versucht, die auseinanderbrechende Familie wieder zu kitten. Die Versöhnung im Sommer, den die Familie auf Bellosguardo und in einem am Strand von Viareggio gemieteten Haus verbrachte, sollte nur ein kurzer Lichtblick sein. Nach Budapest jedenfalls reiste Caruso allein.

Er schleppte eine schwere Sorgenlast mit sich herum. Ein kleiner operativer Eingriff, dem er sich in Mailand zwecks Entfernung einiger Knötchen in der Rachenhöhle unterziehen mußte, brachte außer der Sorge um seine Zukunft mit Ada eine weitere Ungewißheit in sein Leben.

Die *Aida* am 2. Oktober in Budapest, das er später ebenfalls auf die Liste der verschmähten Städte setzte, war ein völliger Fehlschlag. Caruso weigerte sich, auf die Bühne zu kommen, um wenigstens den aus reiner Höflichkeit gespendeten Beifall entgegenzunehmen. Er zog über die unerfahrene Sopranistin her wie über die Organisatoren, die exorbitante Preise verlangt hatten. Doch wie gewohnt genügte bereits eine kurze Erholungspause, damit er seine Verpflichtung an der Wiener Hofoper glänzend erfüllen konnte. Erfolge auch in Leipzig, Hamburg und Frankfurt. In Berlin mußten beinahe dreißigtausend Einlaß begehrende Menschen abgewiesen werden. Am 13. November 1907 sah Caruso vom Deck der *Oceanic* die Freiheitsstatue wieder. Von Scharen getreuer Anhänger und Bewunderer begleitet, zog er sich mit seiner Einsamkeit in die Zimmer 1123, 1125, 1127 und 1129 des »Plaza-Hotels« zurück.

10. KAPITEL

Der Verrat

Im Herbst 1907 folgte Enrico Caruso mit einiger Verspätung der von
King Gillette diktierten Mode und rasierte sich den Schnurrbart ab;
zur gleichen Zeit erhöhte die Met seine Gage. Auf zweitausend Dollar pro Aufführung lautete der neue Vertrag; ein Zeichen der Hochachtung vor der Berühmtheit und Bravour des Interpreten, zugleich
aber auch ein unumgänglicher Schachzug, um der wachsenden Konkurrenz die Stirn zu bieten. Selbstsicher und verächtlich hatte Heinrich Conried zu Beginn die Bedrohung durch die von Oscar Hammerstein gegründete Manhattan Opera Company unterschätzt.
Dabei war Hammerstein, mit der unvermeidlichen schwarzen Zigarre zwischen den Lippen, ein durchaus ernstzunehmender Rivale:
Er verstand etwas von Musik und besaß einen ungemein ausgeprägten Sinn für Publicity und Geschäfte, hatte er es doch durch die Erfindung einer besonderen Maschine zur Zigarrenherstellung zu erheblichem Reichtum gebracht. Bereits in der vorangegangenen
Spielzeit, der allerersten, hatte sich gezeigt, daß die Belegschaft der
Manhattan, mit Cleofonte Campanini am Dirigentenpult, dem ambitiösen Alessandro Bonci, dem französischen Bariton Renaud, mit
Nellie Melba und Emma Calvé auf der Bühne, stärker war als ursprünglich angenommen. Außerdem hatte sich Hammerstein die
Dienste eines skrupellosen Pressemannes namens Billy Guard gesichert, der für Bonci warb, indem er ihn als »einen neuen, besseren
Caruso« präsentierte. In seiner Toscanini-Biographie stellt Joseph
Horowitz die Behauptung auf, mehr als einer habe den Verdacht geäußert, Carusos gerichtliches Mißgeschick, verursacht durch die undurchsichtige Affäre vor dem Affenkäfig, sei von Billy Guard inszeniert worden. Da sich mit Herausforderungen und Kampfansagen
nun einmal die Auflagen erhöhen lassen, verfiel die New Yorker
Presse auf die Idee einer erbitterter Rivalität zwischen Bonci und Ca-

ruso. Obgleich Enrico das Spiel schon viele Jahre zuvor in Bologna gewonnen hatte, verstimmte ihn die in epischer Breite ausgemalte Gegenüberstellung. Eine Tageszeitung unterstellte Bonci Äußerungen wie: Wenn ich in der U-Bahn sitze, hüte ich mich, den Mädchen allzu tief in die Augen zu blicken, sonst könnte es mir am Ende ergehen wie Caruso. Die *Tribune* attestierte dem Sänger aus der Romagna gar eine gewisse Überlegenheit in der Phrasierung und Diktion. Und in der *New York Times* behauptete Richard Aldrich: »Was den klanglichen Reichtum und die Farbenfülle betrifft, kann Boncis Stimme gewiß nicht mit jener Carusos verglichen werden; sie kommt in keiner Weise an den sinnlichen Zauber jenes wundervollen Organs heran, weder in der *mezza voce* noch in der herrlich vollen Kraft des *fortissimo*. Demgegenüber erscheint es unwahrscheinlich, daß Bonci je in diese verwerflichen Geschmacks- und Gefühlsverirrungen abgleiten könnte, die selbst Carusos verständnisvollste Bewunderer so sehr bedauern; unwahrscheinlich auch, daß er den Klang über sein prachtvolles Volumen hinaus forcieren, in dieses übertriebene Phrasieren, diese aspirierten Ansätze verfallen und den Tränen alle Schleusen öffnen würde.« Der alarmierte Conried glaubte, die Gefahr dadurch zu bannen, daß er Bonci – offensichtlich mit Carusos Zustimmung – für die Met engagierte. Henry Krehbiel, der andere Kritikerpapst, urteilte: »Es dürfte schwierig werden, den nun schon arg in Mitleidenschaft gezogenen Caruso-Kult aufrechtzuerhalten.«

Selbst mit geschrumpftem Ensemble war die Manhattan Company zu Beginn der Saison 1907/1908 immer noch eine ernstzunehmende Konkurrentin. Es blieben ihr Renaud, die Calvé, die Melba; Verstärkung kam mit der berühmten, von den Amerikanern adoptierten schottischen Sopranistin Mary Garden, mit Luisa Tetrazzini, dem gefeierten Giovanni Zenatello und mit Charles Dalmorès. Hammerstein setzte überdies auf das französische Repertoire und nahm Werke von Debussy, Massenet und Charpentier in den Spielplan auf.

Von den untergehenden Sternen Sembrich und Eames verlassen, antwortete die Met mit Caruso, Bonci, Geraldine Farrar, dem Bassisten Fjodor Schaljapin und dem neu hinzugekommenen Richard Martin sowie fürs Orchester mit Gustav Mahler und Alfred Hertz. Wie immer entschied das Publikum sich für Caruso, der in Mascagnis *Iris* den Osaka, im *Trovatore* den Manrico gestaltete und besonders in den hochdramatischen Partien Meisterleistungen bot.

Conrieds Herrschaft neigte sich dem Ende zu. Von Kreislaufstörungen geschwächt und gehbehindert, sah er sich im Februar 1908 gezwungen, seinen Rücktritt bekanntzugeben. Die neuen Herren der Met kamen von der Scala: Giulio Gatti-Casazza wurde zum Direktor und Arturo Toscanini zum Orchesterleiter ernannt. Die früheren Unstimmigkeiten zwischen Caruso und Toscanini aus der Mailänder Zeit lebten unweigerlich wieder auf. Und als der Tenor in Hammersteins Begleitung in einer Loge des Konkurrenztheaters gesichtet wurde, hieß es in der Presse: »Schlacht um Caruso« oder »Verläßt Caruso die Metropolitan Opera?« Dementis, Beteuerungen, erneute Dementis folgten sich Schlag auf Schlag. In dieser gespannten Atmosphäre ging die Spielzeit zu Ende. Caruso wurde mit Beifall und Rosen überschüttet; mit kindlicher Unbefangenheit sog er an dem Finger, in den ihn ein Dorn gestochen hatte. Er würde der Met treu bleiben bis ans Ende seiner Tage!

Die in den letzten Frühjahrsmonaten unternommene künstlerische Pilgerfahrt durch Amerika und Kanada brachte die Neuerung eines weniger mit Opernarien als mit Romanzen und Volksliedern bestückten Tourneeprogramms sowie einen im Abendanzug leicht unbeholfen wirkenden Caruso. Ein Kritiker aus Ohio konnte sich der ironischen Bemerkung nicht enthalten, Caruso habe einen zu kleinen Kopf und Spinnenbeine. Dieser aber tröstete sich mit dem Gedanken, daß jede Note, die er an diesen Konzerten sang, zweieinhalb Dollar wert war. Am 21. Mai schiffte er sich mit Tullio Voghera, seinem neuen Begleiter am Klavier, und Joseph Tonello, einem befreundeten Priester, der den Papst sehen wollte, nach Europa ein. Auf Enricos Terminkalender standen Wohltätigkeitsveranstaltungen in London und Paris, ein Besuch in Neapel bei seinem Vater Marcellino, dem es, von Rheuma geplagt, täglich schlechter ging, sowie die Aussprache mit Ada auf Bellosguardo. Doch nicht allen Verpflichtungen vermochte er nachzukommen.

Auf hoher See dechiffrierte der Bordfunker der *Queen Victoria* eine Morsebotschaft, die die Nachricht vom Tode Marcellino Carusos enthielt. Obschon sich Vater und Sohn in den vergangenen Jahren nur sporadisch gesehen hatten und ihre Beziehung eher förmlich gewesen war, erlitt Enrico einen Zusammenbruch, sein Schmerz war herzzerreißend. Was konnte er anderes tun, als seiner Stiefmutter ein tiefbetrübtes Telegramm zu senden? Er versuchte zwar, die Verabredung in London abzusagen, doch Trosti brachte ihn davon ab. So sang er in der Albert Hall mit Nellie Melba, der Thornton und Mario Sammarco. In Paris trat er in der von einem raffiniert gekleideten Publikum überfüllten Opéra im *Rigoletto* auf, dirigiert vom damals noch am Anfang seiner ungemein langen Karriere stehenden Tullio Serafin. Trauernd und bis ins Innerste aufgewühlt, zeigte Enrico wenig Verständnis für die üblichen Bühnenspäße, so harmlos sie auch sein mochten. Serafin erzählte, im Duett *È il sol dell'anima*, im zweiten Akt, habe Nellie Melba sich so ostentativ in den Vordergrund gespielt und dem Publikum die Sicht auf den Tenor verstellt, daß dieser in der Pause protestierte: »He, Maestro, hast du diese . . . [hier folgte ein neapolitanisches Schimpfwort] gesehen? Na, die soll aber was zu hören kriegen in der Romanze . . .!« Und tatsächlich sang er *Parmi veder le lagrime* mit einer solchen Intensität, daß das Publikum sich erhob und in Bewunderungsrufe ausbrach.

Der Sommer brachte Caruso die zweite Nachricht, die er gefürchtet hatte: Ada war mit dem gutaussehenden Chauffeur durchgebrannt. Wer an die Übereinstimmung zwischen Leben und Theater glaubte, verband Enricos persönliche Tragödie mit jenem *Ridi Pagliaccio*, das er vibrierend wie kein anderer anzustimmen wußte. In der Folge bemühte er sich, jede Identifizierung mit Canio, dem der Phantasie Leoncavallos entsprungenen betrogenen Liebhaber, abzustreiten. »Meine Lieblingsrolle ist das nicht, ich habe nie eine gehabt«, pflegte er zu sagen, »sie gehört nun einmal zu meinem Beruf, und es bereitet mir nicht mehr Vergnügen, mich singen zu hören, als einem Konditor, seine Kuchen zu essen.«

Rasender Schmerz wühlte in seiner Brust. Die Hotels, in denen er die Treulosen vermutete, bestürmte er mit Telegrammen; auf ihren Spuren reiste er durch Italien und Frankreich. Am 28. Juli sandte er einen Brief an seinen amerikanischen Freund, Marziale Sisca, den Direktor der Zeitschrift *La Follia*: ». . . Nach vierzehn schicksalsschweren Tagen kehre ich nach London zurück. Ich hatte geglaubt, nach all der harten Arbeit in Amerika sei es mir vergönnt, mich hier im alten Europa mit der von mir gegründeten Familie zu erholen und auf andere Gedanken zu kommen; leider habe ich mich getäuscht. Doch es würde zu lange dauern, wollte ich Dir erzählen, was zwischen dem 10. und dem 25. dieses Monats geschehen ist. Schon genug, wenn ich Dir sage, daß es auf dieser Welt niemanden gibt, der

Zuneigung für mich empfindet. Mir bleiben allein zwei arme kleine Geschöpfe, denen ich mich mit Leib und Seele widmen muß. Wenn nicht diese beiden unschuldigen Wesen mich zurückhielten, hätte ich zu dieser Stunde meinem Leben bereits ein Ende gemacht. Das Herz ist mir gebrochen, als mein Leben am schönsten war! Wie viele Tränen habe ich vergossen, vergebens! Die Zeit wird, so hoffe ich, mein tief verwundetes Herz von seinen Schmerzen heilen und wieder Licht in mein Leben bringen. Du wirst schon begriffen haben, worauf ich anspiele, alles Weitere folgt mündlich . . .« Diese so pathetische und hilflose Verzweiflung kehrte sich in dumpfe Niedergeschlagenheit; sorgenvoll wachte der treue Diener Martino Ceccanti über seine schlaflosen Nächte. Von nun an beschäftigte ihn häufig der Gedanke an den Tod. »Meine größte Hoffnung ist es, nicht alt zu werden. Im allgemeinen ist der Tod dem Leben vorzuziehen«, soll er einst zu einer Journalistin in Montevideo gesagt haben.

Außerhalb des vertrauten Freundeskreises versuchte er, seinen Kummer herunterzuspielen. Dem Londoner Korrespondenten der *New York Times* gegenüber ließ er die Bemerkung fallen, seine Verbindung mit Ada sei ohnehin unhaltbar geworden, so habe sie sich eben mit einem ihresgleichen davongemacht, was ihn nicht weiter kümmere. Der *Daily Telegraph* vom 22. August behauptete unter dem Titel »Troubles of a Tenor«, Unglück eines Tenors, Ada habe sich mit einem Juwelenschatz im Wert von zweiunddreißigtausend Pfund Sterling aus dem Staub gemacht, worauf der Künstler sogar ihren ehemaligen Gatten, den toskanischen Geschäftsmann Gino Botti, um Rat gefragt haben soll, der ihm, wenn man dem üblichen Geschwätz Glauben schenken will, die lapidare Antwort gegeben habe: »Machen Sie es so wie ich: Vergessen Sie sie.«

Den erfolgsgewohnten Caruso trafen die Treulosigkeiten des Lebens wie aus heiterem Himmel. Seinen Liebeskummer suchte er mit Scherzen zu bemänteln. So reiste er in arabischem Gewand nach Tunis und kehrte im September mit einem Turban auf dem Kopf nach Neapel zurück. Dort fand er viele verlorengeglaubte Freunde wieder, ging auf der Meerespromenade spazieren und bemühte sich, wenn er unter fremden Menschen war, unbekümmert zu erscheinen. In dieser Zeit suchte er wohl auch gelegentlich sentimentale Zerstreuungen. In Luciano Pituellos Sammlung befindet sich eine vom 17. Oktober 1908 in Leipzig datierte Photographie mit Widmung an eine gewisse Laurence Guental: »mon petit Brebis Chéri«, meinem lieben Schäfchen. Auf der Rückseite erinnerte Caruso in ungelenkem Französisch an eine schlaflos zugebrachte Nacht und unterschrieb, auf seine grenzenlose Begierde anspielend, mit »son loup«. Leipzig war eine der Stationen auf Enricos Deutschlandtournee, die seine Rückkehr auf die Bühne einleiteten. Am 24. Oktober ging die Reise in Berlin zu Ende, wo er einer Einladung Kaiser Wilhelms zum Diner unter der Bedingung folgte, daß er bei Tisch von seinem eigenen Diener, dem treusorgenden Martino, bedient würde, zu dem der Kaiser dann die vielzitierten Worte gesprochen haben soll: »Wäre ich nicht Kaiser von Deutschland, ich würde gern Martino sein.«

Um die Erinnerungen auszulöschen, wechselte Enrico seine Wohnung und zog am 3. November in New York ins »Hotel Knickerbokker«. Er konzentrierte sich auf die unmittelbar bevorstehende Spielzeit an der Met, die nun unter der Leitung von Gatti-Casazza, Toscanini und Otto Kahn, der grauen Eminenz des Theaters, stand. Mit unbändigem Elan warf er sich in die Arbeit. In sechs der sieben ersten Opern, die auf dem Spielplan standen, war er die Hauptattraktion. Am 16. November rauschendes Beifallklatschen anläßlich der Galavorstellung der *Aida* mit Emmy Destinn, ein Triumph für Caruso und Toscanini, der sein Debüt als Orchesterleiter der Met feierte. Versteht man es, zwischen den Zeilen der damaligen Kommentare zu lesen, so war dies für den Tenor wohl kein leichtes Unterfangen, da Toscanini, den Orchesterton aufs äußerste forcierend, die Sänger zwang, dasselbe mit ihren Stimmen zu tun, wollten sie nicht von den Instrumenten übertönt werden. Der unvermeidliche Aldrich vermerkte in der *New York Times*, Caruso habe nie zuvor den Radames mit solch volltönendem Volumen interpretiert, die Spitzentöne noch nie so lange ausgehalten, alle seine Fähigkeiten ausgeschöpft. Bei einer derartigen Überanstrengung konnten Rückschläge nicht ausbleiben. So mußten nach dem Auftritt vom 17. Dezember zwei Wiederholungen der *Cavalleria* gestrichen werden. Doktor Holbrook Curtis suchte die alarmierenden Gerüchte zum Schweigen zu bringen, indem er eine starke Erkältung diagnostizierte, die auf die Stimmbänder übergegriffen hatte. Neun Tage später strafte der Erfolg der *Pagliacci* die Schwarzmaler Lügen, die schon eine ganze Karriere in Gefahr gesehen hatten.

Ende Januar 1909 ein überraschendes Ereignis: Ohne vorherige Anmeldung tauchte plötzlich Ada Giachetti in Carusos Hotel auf, als er – wie konnte es auch anders sein! – gerade ein Bad nahm. Schreie, Beschimpfungen, Weinen und Schluchzen überstürzten sich und drangen durch die Tür. Ada wurde fortgejagt, doch am folgenden Tag fand eine etwas weniger dramatische Begegnung statt, bei der Ada darum bat, ihre Söhne öfter sehen zu dürfen, und mit größter Unumwundenheit einen Teil des Vermögens forderte. Ob Caruso einen Scheck ausstellte, ist nicht bekannt, sicher ist lediglich, daß die einstige Gefährtin am 28. jenes Monats ruhiger fortging und vor den Journalisten erklärte, die Diskussion werde in Italien weitergeführt.

Statt dessen kam es zu einem betrüblichen Papierkrieg, der mit amtlichen Schriftstücken ausgefochten wurde und schließlich in einem Prozeß gipfelte. Durch das Sprachrohr der Presse schleuderte Ada giftige Anschuldigungen gegen den einstigen Geliebten. »Nie habe ich ihn betrogen«, beteuerte sie, »mein Verhältnis mit dem Chauffeur hat erst nach dem Scheitern unserer Beziehung angefangen. Caruso hat mir Schmuck und Kleider entwendet und die Dienstboten bestochen, damit sie meine Briefe abfingen; auf diese Weise ist auch der Vertrag für mein Engagement an der Manhattan Opera verschwunden.« Gerade dies war eine unerhörte Lüge.

Der Mailänder Prozeß im Oktober 1912 dauerte vier Tage und war für Caruso, der erschüttert daran teilnahm, außerordentlich grausam. Aus nahezu hundert Zeugenaussagen wurden ebenso peinliche wie pikante und alberne Einzelheiten ans Licht gezerrt: Adas Einsamkeit, der Aufenthalt in Nizza mit dem unverfrorenen Romati, wo auch der verhängnisvolle Funke übersprang, alles wurde ausgepackt. Ungeheuerlich die Behauptung eines Zeugen, er wisse es ganz genau, Ada habe Enrico Caruso nie geliebt. Die Aussage des Chauffeurs wurde vom Reporter des *Corriere della Sera* folgendermaßen wiedergegeben: »Romati setzt seine Darstellung fort, indem er in boccacciohafter Manier beschreibt, wie er mit der Giachetti just zu einem Zeitpunkt intime Beziehungen einging, als diese, von Caruso überstürzt verlassen, mit nichts weiter als einem Hund und einem Affen (Gelächter) in der Villa in Nizza zurückblieb. Der Giachetti blieb nur ein einziges Hemd, das sie am Abend auswaschen mußte, um es am nächsten Morgen wieder anzuziehen. Diese mißlichen Umstände waren es, die Carusos Geliebte und den Chauffeur zusammenführten und aus Sympathie Liebe werden ließen. Zu jener Zeit nahm die Giachetti mit Hilfe ihres neuen Liebhabers – wie dieser weiter ausführte – das Gesangsstudium wieder auf, um erneut zur Bühne zu gehen und sich ihren Lebensunterhalt zu verdienen. In der Folge kam es zu einer Szene zwischen Caruso und der Giachetti, in deren Verlauf er sie unsanft angefaßt haben soll. Schließlich erfolgte wenigstens eine Aussöhnung in finanzieller Hinsicht, insoweit, als Caruso sich verpflichtete, seiner früheren Geliebten monatlich 500 Lire zukommen zu lassen und darüber hinaus für die beiden während ihres Zusammenlebens geborenen Söhne zu sorgen, was er ohnehin immer schon getan hatte.«

Carusos Anwälte widerlegten das Lügengebäude mit Beweisen, aus denen hervorging, daß Enrico mit an Selbstquälerei grenzender Geduld und Großzügigkeit bis zuletzt auf eine Versöhnung gehofft hatte. Cesare Romati wurde als Schmarotzer abgetan. Der Gerichtshof hatte leichte Arbeit: Ada und der Chauffeur wurden wegen Verleumdung, Falschaussage und Zeugenbeeinflussung zu einem Jahr Gefängnis verurteilt. Ada entzog sich der Verbüßung der Strafe, indem sie sich vorsorglich nach Südamerika absetzte, wo sie unter noch heute ungeklärten Umständen ums Leben gekommen ist.

Caruso hatte zwar gesiegt, dabei aber auch Angst und Kummer bloßgelegt. Fofò und Mimmi sahen ihre Mutter nicht wieder; einzig ihr Porträt blieb im Belvedere, einem Aussichtspavillon auf Bellosguardo. Angeblich soll Fofò die Widmung unter ihrer Photographie durchgestrichen haben. Wie vereinbart, erhielt sie ihren monatlichen Scheck. Die südamerikanischen Impresarios hatten mit Caruso Kontakt aufgenommen und ihn für eine lange Gastspielreise durch Argentinien, Uruguay und Brasilien verpflichten können; sie hatten sich von seinen schwindelerregenden Honorarforderungen nicht abschrecken lassen, sondern sich vielmehr in einem kurzen Telegramm mit allem einverstanden erklärt. In Buenos Aires ließ es sich nicht vermeiden, daß Ada und Enrico mehrmals aufeinandertrafen. Die Zeit hatte den Groll gemildert, das Wiedersehen verlief entspannt, wenn auch nicht ohne leise Trauer. Im Juni 1917 sahen sich Ada und Enrico ein letztes Mal.

Zwischen Ada und Dorothy, den beiden Frauen, die sein Leben bestimmten, stürzte sich Caruso in eine Reihe eher glückloser Abenteuer; zumindest die, von denen man weiß, standen unter keinem guten Stern. Von tiefem moralischem Empfinden geprägt, schien er die Frau vor allem als gute Mutter zu begreifen. 1909, ein Jahr nachdem Ada Giachetti ihn verlassen hatte, soll er sich, wie gemunkelt wurde, mit einer jungen Sizilianerin, einem neunzehnjährigen, drallen Bauernmädchen, in die ländliche Idylle zurückgezogen haben. Mit leidenschaftlichen Worten soll er Mildred Meffert, eine schwerreiche Amerikanerin, bedacht haben. Die glänzende amerikanische Schauspielerin Billie Burke wiederum, die er 1910 kennenlernte, brachte in ihren Memoiren ihre Meinung über ihn auf die einfache Formel, er habe sich der Liebe mit der gleichen unbefangenen Virtuosität hingegeben wie dem Spaghettiessen.

Im Oktober desselben Jahres beherbergte er in Berlin zehn Tage lang ein blühendes junges Mädchen namens Elsa Gannelli, eine Verkäuferin aus Mailand, die, wie es sich geziemte, von ihrem Vater Pasquale, einem Gemeindeangestellten, begleitet wurde. Bei einem Krawattenkauf hatte er sie kennengelernt und bald darauf wenigen intimen Freunden mit scherzhaften Worten als seine Verlobte vorgestellt: »Ich sah sie, und schon spürte ich den Knoten an der Kehle.« Die Gannellis, von Kopf bis Fuß neu eingekleidet und eingeschüchtert unter soviel Prominenz, logierten in einer Suite des »Bristol« und wurden, ganz wie es sich gehört, in Begleitung durch die Stadt geführt. Den Triumphen des Verlobten wohnten sie voller Bewunderung bei und kehrten bald darauf glückstrahlend heim nach Italien. Ein paar Tage später allerdings erreichte sie ein Telegramm aus Bremen: »Heirat unmöglich. Dauernde Reisen zwingen mich, Verlobung aufzulösen. Vergessen wir alles Vorgefallene.« Doch sie vergaßen gar nichts. Mit einer unverschämten Schadenersatzforderung wurde Caruso vor Gericht gebracht. Dieser suchte sich mit einer reichlich unglaubwürdigen Version zu verteidigen: Er habe dem Mädchen anfänglich eine Stelle in London verschaffen wollen, darauf sei es zu einem Briefwechsel gekommen, und schließlich habe er sie auf seine Kosten, aber in Begleitung ihres Vaters nach Deutschland eingeladen, weiter nichts. Er erklärte sich zu einem freundschaftlichen Kompromiß bereit, mit andern Worten: zur Zahlung einer gewissen Summe, doch die Drohung, sechzig Liebesbriefe der Öffentlichkeit preiszugeben, brachte ihn dermaßen auf, daß er es vorzog, verurteilt und nicht erpreßt zu werden. Mit einem Verweis – dem Vorwurf moralisch verwerflicher Handlungen – und der Auferlegung der Gerichtskosten kam er glimpflich davon; der Richter hatte die Auffassung bestätigt, daß ein Versprechen noch lange keine Verpflichtung sei.

Auch das Jahr 1911 war reich an gebrochenen Herzen und peinlichen Widerrufen. Lillian Grenville trat auf den Plan, eine aus Kanada stammende, ruhmsüchtige Partnerin von der Chicago Opera, eher auffallend als begabt. Sie hatten sich in Europa kennengelernt, und Lillian versicherte, Caruso sei ihr lieber als der König von England – was immer das auch heißen mag. Enrico stritt jegliche Verbindung mit ihr ab. Auch als in diversen Zeitungen eine in Salsomaggiore aufgenommene Photographie von ihm an der Seite einer jungen argentinischen Millionenerbin erschien, wehrte er sich gegen aufkommende Gerüchte. Die Presse aber verlangte eine Nachfolgerin für Ada und glaubte, sie in der Sopranistin Emma Trentini gefunden zu haben, die offenbar am Tag vor einer Gastspielreise die Nachricht von ihrer Verlobung in Umlauf setzte. Übelste Beschimpfungen flogen hin und her: »Sie sieht aus wie eine Erdnuß, ist viel zu klein und sicher keine gute Stiefmutter für meine Söhne.« Und aus der Gegenrichtung: »Er ist ein Lügner, ein Schwein, ein Säufer.« Von allen angeblichen oder tatsächlichen Verlobten Carusos aber stellte Emma Trentini, wie es so schön heißt, als einzige etwas dar: Sie war die Königin der amerikanischen Operette. Hauptgesprächsthema der Zeitungen blieb weiterhin Caruso, der trotz aller Klatschgeschichten seine Karriere nie vernachlässigte.

11. KAPITEL

Bonci oder Caruso?

Die Verflechtungen zwischen Kunst und Leben sind kompliziert: So willkürlich es sein mag, ihre Momente miteinander zu verbinden, so schwierig ist es, sie voneinander zu trennen. Tatsache ist jedoch, daß die deutlichsten Veränderungen in Carusos Stimme, wie mehrere Plattenaufnahmen beweisen, ins späte 1906 fallen, das Jahr des Skandals im Zoo und der Vorboten von Adas Untreue, in jenen Lebensabschnitt, als er sich seiner Einsamkeit schmerzlich bewußt wurde. Hinzu kommen natürlich verschiedene andere Faktoren wie etwa die Halsoperationen. Caruso stürzte sich in die Arbeit wie nie zuvor, rieb sich geradezu auf. Geschont hatte er sich noch nie (»Wie stellen es die andern bloß an, zu singen, ohne hart zu arbeiten?« soll er seinem Herzen bei Bariton Luigi Montesanto Luft gemacht haben); in dieser Lebensphase aber überschätzte er eindeutig seine Kräfte. Den Söhnen, die ihn nach dem Grund seiner häufigen Abwesenheit fragten, gab er arglos zur Antwort: »Ich arbeite, damit am Mittag und am Abend etwas auf den Tisch kommt«, worauf der Kleinere bei derartigen Gelegenheiten im Brustton der Überzeugung verkündete: »Papa besorgt uns was zu essen!«

Die Rivalität mit Bonci war, obschon sie nun beide unter der Flagge der Met segelten, mit ein Grund, daß er wie ein Besessener arbeitete. Waren seine Befürchtungen gerechtfertigt? Bonci war hervorragend, zweifellos. Rhythmisch disziplinierter als De Lucia und Anselmi, besaß er eine ausgeklügelte Technik, erkletterte mit größter Selbstverständlichkeit die Spitzentöne, nuancierte und band in allen Höhenlagen, erschloß eine breite Palette dynamischer Abstufungen. Nicht zufällig legte Jean de Reszke seinen Schülern während des Gesangsunterrichts eine Schallplatte von Boncis Interpretation von *Che gelida manina* auf. Boncis Timbre jedoch war für die veristische Oper nicht das geeignetste. Er fiel in die typischen Untugenden der alten Schule zurück, verhängte beispielsweise manchmal die Spitzentöne mit einer *acciaccatura*, die das Ausströmen des Atems erleichterte, befleißigte sich einer etwas gekünstelten Diktion; alles in allem erinnerte seine Stimme an eine Oboe mit leicht tremolierender, mechanischer Modulation. (Allerdings ist zu bedenken, daß dieses Vibrato in den »elektrischen« Aufnahmen Boncis weniger störend wirkt; alle Stimmen, die ein beträchtliches Vibrato aufweisen, werden vom Mikrophon etwas benachteiligt, auch die einer Supervia, ja selbst die eines Pavarotti.) Musikalisch ist er außergewöhnlich, stickt jede Note mit feiner Nadel; darstellerisch bleibt er im Vergleich mit Caruso deutlich zurück. Als zu großzügig erscheint daher Gatti-Casazzas Versuch, Boncis Niederlage mit der ungeheuren Popularität seines Rivalen und Freundes Caruso zu begründen: »Lieber Bonci«, meinte er, »Sie sind wahrhaftig ein Meister, aber dieser Bursche füllt mir das Theater bei jedem seiner Auftritte bis auf den letzten Platz. Er wird nicht nur bewundert, das Publikum betet ihn an, kurz und gut, es liebt ihn!«

Das Moderne an Caruso, das keiner seiner Nachahmer hervorzubringen vermochte, lag auch in der Vollkommenheit seiner Diktion; obschon er sich auf die klassische italienische Technik der alten Schule abstützte, war er fähig, jedes Wort klar und auch mit Vehemenz auszusprechen, in jeder *tessitura*, ohne offensichtlich die Kompromisse einer manierierten Diktion einzugehen wie gewisse Künstler der vorherigen Generation. Das *Giornale del Commercio* von Rio de Janeiro schrieb dazu: ». . . Caruso singt, als spräche er . . . Bemerkenswert die minuziöse Genauigkeit, mit der er die stimmlichen Inflektionen dem Ausdruck der Worte, der Bedeutung des Satzes unterordnet: Caruso gilt es aufmerksam zuzuhören, als einem Vorbild, würdig, studiert und nachgeahmt zu werden von all jenen, denen die Natur eine vielversprechende Begabung und die stimmlichen Mittel geschenkt hat.« Man empfand ihn als menschlich: Er war es auch. Die Menschen waren ergriffen, weil sie seine Ergriffenheit zutiefst spürten. Und dieses Sich-Annähern an die Menge, von dem eine magnetische Wirkung ausging, dieses Einbeziehen des Publikums erweiterte den Horizont des Melodramas weit über die goldenen Lichter und schwindelerregenden Aufmachungen hinaus: Es war eine künstlerische Form der Demokratie. Überdies entwickelte sich seine Stimme zu einem Wunder an Sinnlichkeit in einer Zeit, in der, wie Puccini-Biograph Mosco Carner schrieb, die Oper von Verdis blitzendem Schlachtgetöne abrückte, um »eine Einladung zum Beischlaf« zu werden.

Beim komplexen Phänomen Caruso spielt auch dessen joviales und generöses Auftreten eine Rolle. Großzügig war er von Natur aus, doch hinter seiner Freigebigkeit steckte auch eine Art Identifikation mit den romantischen und heroischen Figuren, die er auf der Bühne verkörperte: das Theater als Leben. Zu Beginn des Jahres 1909 zog er durch die Straßen New Yorks, um für eine Spendenaktion zugunsten der Erdbebengeschädigten von Messina und Reggio Calabria zu werben, die er persönlich mit einem Beitrag von achttausend Dollar eröffnet hatte; weitere Gelder sammelte er, indem er Autogramme gab und auf einer Versammlung im »Waldorf Astoria« Porträts zeichnete.

Die Sorge um seinen Hals hatte sich gelegt, er schonte sich in keiner Weise. In der ersten Woche der Spielzeit 1908/09 war er innerhalb von acht Tagen sechsmal aufgetreten, und dies in verschiedenen Opern; im Dezember waren es zwölf Vorstellungen, danach aber nahm die Zahl seiner Auftritte allmählich ab. Etwas war nicht in Ordnung. Zu der stimmlichen Ermüdung kam die unerfreuliche psychische Wirkung von Adas unerwartetem Auftauchen Ende Januar. Am 3. Februar 1909 dominierte er dennoch die Reprise von Massenets *Manon* in der Met; am 5. teilte er sich mit dem jungen Violinisten Mischa Elman die Ehrungen eines Festes im »Plaza«; am 6. fehlte er nicht an der Abschiedsgala von Marcella Sembrich, die nach einem Vierteljahrhundert die Met verließ. (Caruso sang den Part des Alfredo im ersten Akt der *Traviata*; die Farrar, die Destinn, Scotti und weitere Sterne am Opernhimmel erschienen zu Ehren der scheidenden Diva als Komparsen gekleidet an Violettas Fest.) Er war ins »Savoy« umgezogen und versuchte, eine Ruhe zur Schau zu tragen, die ihm kaum merklich zur Langeweile zerrann.

Er verzichtete auf mehrere Engagements; die Met ließ verlauten, er brauche einen Monat Ruhe. Er tat, als amüsierten ihn die in der Presse aufgeworfenen bangen Fragen nach dem Ende seiner Karriere, und war doch tief beunruhigt. In einer Aufwallung jener Religiosität, die die Italoamerikaner miteinander verband, schrieb er an viele, auch an seinen Bruder Giovanni, mit der Bitte, für ihn zu beten. Als er in der *Cavalleria* auf die Bühne zurückkehrte, empfing ihn ein tosender Applaus, der stärker war als jedes Dementi; die Kritiker bezeichneten ihn als »hinreißend«. Doch er hatte forciert. Am 7. April, in der letzten *Aida* der Spielzeit, klang seine Stimme schwer, gleichsam bedrückt. Er sagte das vorgesehene Gastspiel in Chicago ab und bestieg am 14. die *Mauretania* mit Kurs auf Europa. »Nie mehr singen? Das ist doch lächerlich. Ich bin bloß müde, brauche etwas Ruhe.« Von überall her erreichten ihn warme Worte der Anteilnahme. Eugenio Gara gibt einen Brief wieder, den ihm der berühmte französische Schauspieler Coquelin hatte zukommen lassen und aus dem sich die wahre Gemütsverfassung des Tenors in jenen Tagen herauslesen läßt: »Ich habe von einem gemeinsamen Freund erfahren, daß Sie in Sorge sind und Ihren bezaubernden Frohsinn verloren haben, die Heiterkeit dessen, der sich verdienterweise des Lebens freut, daß Sie schwermütig sind. Mein lieber Caruso, Sie haben kein Recht dazu: Niemand auf der Welt ist dem Wunder Ihrer Stimme gewachsen, geschweige denn Ihrem Genius. Möge Sie dies über die kleinen, im allgemeinen höchst ungerechten Widrigkeiten des Lebens hinwegtrösten.«

Während eines kurzen Aufenthaltes in Liverpool beklagte sich der Tenor über die Aufdringlichkeit der amerikanischen Presse und beschuldigte sie, ihm Krankheiten angedichtet zu haben; er sollte sich irren. Ende Mai stellte Professor Della Vedova in Mailand eine durch die Überanstrengung verursachte »hypertrophe Laryngitis mit Stimmbandknötchen« fest und hielt, obschon er sich optimistisch zeigte, eine Operation für unumgänglich. Am linken Stimmband wurden Knötchen entfernt, an sich kein besonders schwieriger oder risikoreicher Eingriff; der rechten Halsseite hatten sich schon die Chirurgen in Amerika angenommen. Caruso hoffte, daß die Operation, die ihn sechzigtausend Lire kostete, nicht bekannt würde. Doch die italienischen Journalisten verfolgten die Wechselfälle seines Lebens mit der gleichen lauernden Aufmerksamkeit wie ihre Berufskollegen in Übersee. Durch die zigste Meldung eines Mißgeschicks fühlte der Tenor sich so bitter geschädigt, daß er ernstliche Nachteile für seine Zukunft befürchtete. Als wahre Menschenkenner erwiesen sich in dieser Situation die Intendanten der Met, die ihm mitteilten, sein Vertrag sei um ein Jahr verlängert worden; ein Vertrauensbeweis und zugleich eine Investition, die der erleichterte Tenor mit den Worten dankte: »Ich liebe New York wie meine Arbeit.«

Zur Erholung blieb er in Italien. Adas Weggang hatte seine Beziehung zu den beiden Söhnen inniger werden lassen; sie wuchsen zu lebhaften Jungen heran, die immer heftigeren Groll gegen ihre Mutter hegten. Zwischen seinen Aufenthalten in der Ruhe von Villa Bellosguardo, in welcher sich die üppigen Gegenstände von zweifelhaftem Geschmack ständig mehrten, legte Caruso Kuraufenthalte in den Heilbädern von Montecatini und Salsomaggiore ein. Der lange und unzerreißbare Faden, der ihn mit der Vergangenheit verband, veranlaßte ihn dazu, mit nachdrücklicher Freundlichkeit darauf zu drängen, daß Adas Schwester, die Sopranistin Rina Giachetti, sich vermehrt um Fofò und Mimmi kümmere. Den vergehenden Lichtstrahlen einer ehrenvollen Karriere entsagend, opferte Rina ihre Zeit für die beiden Jungen und war ihm eine große Hilfe. Von ihrer intensiven und schwierigen Beziehung zu Caruso hat sie zum Teil widersprüchliche Zeugnisse abgelegt; in einem bezeichnete sie ihn, ohne böse Absicht, als besitzergreifend bis an die Grenzen der Eifersucht.

Ängstlich darauf bedacht, es mit der Zukunft aufzunehmen und Besorgte wie Skeptiker zum Schweigen zu bringen, kürzte der Tenor seinen Urlaub ab und gab Anfang August vor zehntausend Zuhörern das erste von drei Konzerten im Kursaal von Ostende. Charles Henry Meltzer von der *New York American* betonte, jeder Anflug einer Baritonstimme habe sich verloren, dieses Phänomen sei ein reiner Tenor. Und doch war seine Stimme fortan von einem dunklen, tiefgründigen Metall, von wehmütigem Zauber beseelt.

Mitunter zeigte er Anwandlungen von Heiterkeit wie in früheren Zeiten. So trug er während einer Tournee durch Schottland, Irland und England einen Kilt, unter dem seine behaarten Beine hervorsahen. Am 18. September trat er in der Londoner Royal Albert Hall, mit Beecham am Dirigentenpult, vor fünfzehntausend Menschen auf. In der Freizeit studierte er wie immer, wenn auch mit einer Verbissenheit, die schon beinah der verzweifelte Versuch war, sich Mut zu machen, neue Partien ein, welche er nach einem persönlichen System in seine Notizhefte eintrug: Er notierte sich die Tempi und zeichnete Abschnitte von Pentagrammen; war das Libretto in Französisch, schrieb er sich den Originaltext ab und setzte in winziger Schrift dessen exakte phonetische Übersetzung darunter, in der ein »Dieu Saint« zum »dié sèn« wurde. Er bestritt es, Vorlieben zu haben: »Mein Herz gehört immer dem Werk, das ich gerade singe.«

Nachdem er die schwierige Prüfung der Konzertaufführungen überstanden hatte, fühlte Caruso sich erneut für die Oper gerüstet; dies war in Deutschland der Fall, wo an den Theaterkassen Schlägereien ausbrachen. Um den Don José in der *Carmen* zu hören, wand sich eine wartende Menschenschlange zweimal um das Berliner Theater. Als er am 19. Oktober sang, wurde selbst der Kaiser vom »Caruso-Fieber« angesteckt. Ein Fieber anderer Art, langsam und tödlich, schwelte in Europa und sollte im Gemetzel des »Großen Krieges« seinen Höhepunkt finden. Der ahnungslose Caruso aber kehrte um ein paar perlgraue Gamaschen aus London reicher und mit gestärktem Selbstvertrauen nach Amerika zurück. Am 6. November 1909 nahm er in den Studios der Victor zum ersten Mal ein neapolitanisches Volkslied auf.

12. KAPITEL

Back to the roots

»Carusié, sing uns *Funiculì, funiculà*!« Die Bitte der Arbeitskollegen in der glühenden Hitze der Gießereien lag in weiter Ferne. Weit zurück auch die mageren Gagen für die samstäglichen Gesangsveranstaltungen, bevölkert von jungen Damen im heiratsfähigen Alter, die Serenaden unter den blütenumrankten Balkonen der Schönen, weit zurück die auf den hölzernen Strandterrassen gefühlvoll vorgetragenen Reime von Herz und Schmerz.

Für Enrico Caruso, den ehemaligen Straßensänger, der Amerika erobert hatte, blieb das neapolitanische Volkslied während langer Zeit eine beinah private Übung, ein Stück Heimat, das er freigebig mit den Emigranten teilte oder für teures Geld den Millionären gewährte, die ihn als kostspielige menschliche Jukebox für die exklusiven Salons mieteten. Möglicherweise sah er das Volkslied, verglichen mit der Erhabenheit der Oper, auch als minderwertiges Genre an: Es heißt, er sei gar gekränkt gewesen, als ihn am Berliner Hof ein Kämmerling Kaiser Wilhelms in dessen Namen bat, ein neapolitanisches Lied vorzutragen. Später kamen die Liederabende, Höhepunkt einer jeden Künstlerlaufbahn, da sie ein rasches Hinüberwechseln von einem Repertoire ins andere verlangen: Opernarien, Romanzen, Lieder, sprunghafte Stimmwechsel also, »kaltblütige« Präsenz, blitzschnelles Eintauchen in verschiedene Atmosphären.

Jetzt erst wurde auch das neapolitanische Lied für Caruso zu einer öffentlich-künstlerischen Angelegenheit. Im Herbst 1909, wenige Monate nach seiner Halsoperation, nahm der Tenor erstmals eine neapolitanische Melodie mit dem Titel *Mamma mia che vò sapè* von Ferdinando Russo und Emanuele Nutile auf Schallplatte auf. Der operative Eingriff war, wie gesagt, bestens gelungen, und Caruso dachte, voller Zuversicht, nicht im mindesten daran, der Maschine ein sentimentales Testament anzuvertrauen. Es mag dennoch sein,

daß über die beruflichen Anforderungen und Marktzwänge hinaus
sich damals von neuem schmerzliche Erinnerungen in sein Leben
drängten. Das für sein Debüt gewählte Lied ist voller Melancholie
und trägt, vielleicht unbewußt, autobiographische Züge:

Mamma mia, 'sta vicchiarella
che me guarda pe' gulio
e andivina 'o core mio
tale e quale comme a te

mamma mia me vene appriesso
cu 'na faccia 'e cera fina
e me guarda e n'adduvina
chesta freva mia ched'è...

(Meine Mutter, dies alte Weiblein,
das mich ansieht voll Verlangen
und dabei mein Herz errät,
was sonst nur du vermagst,

meine Mutter, die mir nachgeht
mit ihrem feinen Wachsgesicht
und mich ansieht, nicht erratend
dieses Fieber, was es ist.)

Dem Komponisten dieses mütterlichen Motivs blieb der Tenor auf
seltsame Weise verbunden. Bei einem seiner Ferienaufenthalte in
Neapel trat er durch das unscheinbare Tor der Via Sant'Antonio
Abate Nr. 15, stieg über schmutzige Treppen hoch und schloß den
verarmten, vom Rest der Welt vergessenen Nutile in die Arme. »Ihr
Lied feiert in Amerika Triumphe«, eröffnete er dem gerührten
Mann, dem er beim Weggehen ein Bündel Banknoten zusteckte,
nicht weniger als fünftausend Lire.

Carusos diskographische Begegnung mit dem Lied fällt in die
Zeit, als seine Stimme sich am deutlichsten veränderte, als das sam-
tig Weiche im Timbre seiner Anfänge, obschon von baritonalen
Schatten durchzogen, in prononcierte, dramatische Töne überging,
die Stimme im mittleren Bereich dunkler wurde und im oberen an
Fülle gewann. Hätte Caruso schon früher, in der »gnadenvollen«

Zeit, Einzug in die Aufnahmestudios gehalten, so besäßen wir auch von den elegischsten Stücken des neapolitanischen Volksliedes, das nicht bloß aus dramatischer Leidenschaft besteht, unvergeßliche Zeugnisse.

Insgesamt nahm Caruso bis 1920 zweiundzwanzig neapolitanische Lieder auf, wenn man auch *La danza* von Rossini, *Santa Lucia* (1848) von Teodoro Cottrau und *Addio a Napoli* von Guglielmo Cottrau dazurechnen will, deren Verse in italienischer Sprache abgefaßt sind, die musikalisch jedoch in der parthenopäischen Tradition stehen. Ihr Mythos war schon vor ihm von Straßenmusikanten und anderen Opernsängern in die ganze Welt getragen worden, sein Beitrag aber war unvergleichlich. Es ist nicht nur eine Frage immanenter Größe: Das klassische neapolitanische Lied, groß geworden über zwei Jahrhunderte, ist ein überaus heterogenes Phänomen, eine Verbindung von volkstümlichen Klängen und konservatoriumswürdigen Pentagrammen, von Improvisation und wahrer Poesie, von Spontaneität und Kultur, Ladentisch und Lehrstuhl. Enrico Caruso mit seinem »Gassenblut«, der instinkthafte Proletarier von San Giovanniello, der seine Stimme einer strengen Schulung unterzogen hatte, diese Mischung aus Natürlichkeit und Studium, war sein idealer Interpret.

Auf Schallplatten ist nur ein winziger Teil der neapolitanischen Lieder verewigt, die der Tenor gesungen hat. Er nahm zum Beispiel nie *Santa Lucia luntana* von E. A. Mario auf (»Partono 'e bastimente / pe' terre assaje luntane... / Cantano a buordo: / so' napulitane...«), die er doch hundertmal vor tiefbewegten Reihen von Emigranten ziseliert hatte.

Caruso unterhielt einen regen Briefwechsel mit parthenopäischen Dichtern und insbesondere Komponisten. Eduardo Di Capua widmete er 1910 eine neckische Karikatur von sich, den Schlapphut ins Gesicht gezogen, den Spazierstock unterm Arm, »für den ausgezeichneten Einfall, mir Ihr ansprechendes Lied mit dem Titel *'A furestera* zu widmen«. Auf den sommerlichen Reisen in seine Heimatstadt kaufte er in den Läden von San Sebastiano und San Pietro a Majella Partituren und Liederblätter und lauschte in den Restaurants, besonders im Miranapoli auf dem Hügel von San Martino, dem Mandolinenspiel. Wenigstens einmal wollte er auch an der Piedigrotta teilnehmen, weshalb er sich eine zweispännige Droschke mietete, mit der er, kräftig in eine Kartontrompete blasend, die Via Toledo und die Riviera di Chiaia hinunterfuhr.

Auch in New York besuchte er Menschen und Lokale »voller Neapel«. So freundete er sich mit Vincenzo De Crescenzo an, dem »Tosti Amerikas«, der zu Beginn des Jahrhunderts ausgewandert war und dessen *Tarantella sincera* nach den Versen Migliaccios er 1912 aufnahm. Er war Stammgast in den italienischen Trattorien an der Mulberry Street, in denen Girolamo Speciale mit seiner Cousine und Gattin Alfonsina, genannt *'A sicilianella,* sang. Als er Jahre später an den Fuß des Vesuvs zurückkehrte, ließ er sich in der Kutsche durch die Gassen bis zur ärmlichen Behausung der Speciale fahren, wo man bei Rotwein und goldgelben Omeletten in Erinnerungen an die längst zurückliegende Begegnung in New York schwelgte.

Carusos Verhältnis zu Neapel war eine Mischung aus Sehnsucht und Mißtrauen, Zuneigung und Groll. Was ganz auf Gegenseitigkeit beruhte: Auch in der einstigen Hauptstadt hegten viele Ressentiments gegen den Landsmann, der in der Ferne Erfolge feierte. Dies belegt eine ironische Trouvaille des Satireblattes *Monsignor Perrelli*, das in der Neujahrsausgabe zur Piedigrotta von 1910 die frei erfundenen *Unveröffentlichten Memoiren von Enrico Caruso* herausbrachte, eine »Neuheit, so wertvoll und mit klingendem Gold durchwirkt wie die Stimmbänder unseres großen Mitbürgers«. Aufhänger war natürlich der Dollarhunger des Tenors: »Wie könnte ich Euch auch nur einen Auszug, ein Fragment, einen Splitter meiner ›Memoiren‹ gewähren, wenn ich dies, wie Ihr wohl gelesen habt, den tonangebenden englischen und amerikanischen Blättern verwehrt habe? Keine zwei Monate ist es her, daß der *Globe* von Northampton (Massachusetts) erneut seinem Wunsch Ausdruck gab, sie zu veröffentlichen, und mir dafür zwei Dollar pro Zeile oder Schriftgrad acht anbot, was ich abgelehnt habe. Vorgestern noch wollte der *Daily Herald* von Nashville (Tennessee) mir telegraphisch zweitausend Pfund Sterling für erste Anschaffungen wie Papier, Tinte, Schreibfedern usw. usf. anweisen, was ich ebenfalls abgelehnt habe.« (Darunter eine Zeichnung des »erlauchten Commendator Enrico Caruso, der den Vorschuß indigniert zurückweist«.) »Darf ich nun aber die Bitte meines geliebten Neapel, dieses geweihten Bodens, ausschlagen?« Danach die Memoiren: »Was ist unser schönes Italien verglichen mit der unermeßlichen Weite der Vereinigten Staaten? Was ist Neapel im Vergleich zu New York? Ein Wurm, ein Atom. Wo aber, Welt der Dynastien, wo finden sich Genies wie bei uns? Seht her, ich trete zur Seite, tut ganz, als gäbe es mich einfach nicht . . .«

Enrico Caruso sang. In seinem Drang, den eigenen Gefühlen emphatisch Ausdruck zu verleihen, sang er mit der verzehrenden Sehnsucht und Haßliebe dessen, der in weiter Ferne ist; mit der Spontaneität und Farbigkeit des ehemaligen Straßensängers, der, seinen Stolz niederzwingend, mit unbezahlten musikalischen Autodidakten das leichte Metall vom Spendenteller geteilt und dem ein Sardellenbrot als Lohn für eine Serenade genügt hatte. Er tat es, indem er alle Register seiner wachsenden Stimme zog und die Instrumente der Technik nach bestem Wissen einsetzte.

Voller Sehnsucht nach der Vergangenheit und doch ein Mann seiner Zeit, nahm er deren Stimmungen und Tragödien stark in sich auf. Bis 1914 war der neapolitanische Caruso, zumindest der auf Plattenrillen der Nachwelt überlieferte, gut, sogar sehr gut, aber nicht überragend. *Mamma mia che vò sapè,* das legendäre *Fenesta ca lucive* und selbst *Core 'ngrato,* 1911 von Salvatore Cardillo und Riccardo Cordiferro, zwei nach New York ausgewanderten Neapolitanern, nach dem Maß seines Weltschmerzes geschrieben, sind Werke, die einige Emphase verraten, überaus strahlende Spitzentöne und ein Minimum an Äußerlichkeit. Von 1914 an, als der Krieg Menschen und Häuser niederwalzte, umschließt eine gewisse Härte seine Stimme, die in ihrem Kern zugleich heller, weicher wird, sich verjüngt.

Manella mia, nach den Versen von Ferdinando Russo und der Musik des Kalabro-Neapolitaners Vincenzo Valente, ist ein weiteres Meisterstück leidender Innerlichkeit:

> *Mana che m'accarezza e me cunzola,*
> *uh, quanta smanie t' 'e pigliate 'e me.*
> *Dint' 'a 'sta vita abbandunata e sola*
> *sempe m' è parzo 'nzuonno 'e te vedé...*

> *(Hand, die mich liebkost und Trost mir spendet,*
> *oh, welch Sehnen hat ergriffen dich nach mir,*
> *in diesem Leben sich mein Leiden wendet,*
> *wenn du dich offenbarst im Traume mir.)*

Ein Jahr später, im Januar 1915 aufgenommen, vereint das weniger bekannte *Pecché* von Pennino und De Flaviis Präzision der Tempi mit unerreichbaren Klangfarben. Auch es fließt über von verzehrendem Verlangen, und ewige Protagonistinnen sind eine edle Mutter und eine verlorene Geliebte:

> *Canta l'auciello dint'a casa antica*
> *addò, primme, cantave pure tu...*
> *E sento pur' a voce 'e n'ata amica*
> *ca me cunziglia 'e nun te penzà cchiù!*
> *Carmè,*
> *si aggio lassat'a mamma mia pe te,*
> *si t'e pigliat'a primma giuventù,*
> *pecché*
> *nun tuorn'a me?*

> *(Es singt der Vogel im alten Haus,*
> *wo einst dein Lied erklang . . .*
> *nun tönt eine andere Stimme heraus,*
> *heißt mich vergessen, macht mir bang!*
> *Carmela,*
> *meine Mutter hab' verlassen ich für dich,*
> *die früheste Jugend geschenkt dir,*
> *weshalb nur*
> *kehrst du nicht zurück zu mir?)*

Die berühmteste Interpretation Carusos ist, wie könnte es anders sein, *'O sole mio*, diese aufgrund einer seltsamen geographischen Verwirrung auf einer Rußlandreise von Eduardo Di Capua in Musik gesetzte Hymne der *napoletanità*. Das Motiv wird mit transparenter Diktion wiedergegeben, bricht im Refrain hervor, ist melancholisch, ohne ins Sentimentale abzugleiten. Das 1919 aufgenommene *'A vucchella*, eine Hommage an Freund Tosti, der die von D'Annunzio einer Wette wegen verfaßten Reime in Noten kleidete, ist ein Glanzstück von Carusos überaus sinnlichem und virilem Gesang. Das um die gleiche Zeit entstandene *Tu ca nun chiagne* von Libero Bovio und Ernesto De Curtis wiederum ist mitreißend, wenn auch fast schon an der Grenze zur Platitüde:

Comm'è bella 'a muntagna stanotte:
bella accussì nun l'aggio vista maie!
N'anema pare rassignata e stanca
sott' 'a cuperta 'e chesta luna janca...
Tu ca nun chiagne e chiagnere me faie
tu, stanotte, addò staje?
Voglio 'a tte!
Voglio 'a tte!
Chist'uocchie te vonno
n'ata vota vedè!

(Wie schön der Berg ist heute nacht:
So schön war er noch nie!
Nur eines Menschen Seele
scheint hoffnungslos und müd
unter der Decke dieses weißen Mondes . . .
Du, die du nicht weinest
und mich weinen machst,
wo bist du heut' nacht?
Dich nur suche ich!
Dich nur suche ich!
Laß diese Augen noch einmal dich sehn!)

Im selben Jahr nahm der Tenor ein weiteres, von De Curtis nach Versen Barbieris vertontes Lied auf, das ebenfalls von einer schmerzlich verlorenen Liebe handelt: *Senza nisciuno*. Mit erstaunlichen Anklängen an die frühen baritonalen Tiefen singt Caruso:

Tramonta 'o sole.
Vintiquattore... e sona Ave Maria
senza parole,
me faccio 'a croce
e penzo a mamma mia.
Che mala sciorta, ahimmé!
Sulo... senza nisciuno...
E tu,
tu morta si' pe' me!

(Die Sonne versinkt,
herein bricht die Nacht,
es ertönt das Ave Maria,
und ohne ein Wort
bekreuzig' ich mich,
denk an dich, o Mamma mia!
Welch bitteres Los, o weh!
Allein . . . ohne dich,
die du
bist gestorben für mich!)

Und schließlich als letztes *I' m'arricordo 'e Napule* von Gioé, aufgenommen am 14. September 1920, reich an Rhythmen, ausdrucksstark: das Lied eines Straßensängers, gleichsam der Abschluß einer Reise zurück zu den Wurzeln.

13. KAPITEL

Die Schwarze Hand

Am Freitag, dem 12. März 1909, wurde in den Garibaldi-Gärten an der Piazza Marina in Palermo der neunundvierzigjährige Italoamerikaner Giuseppe »Joe« Petrosino aus Padula durch Pistolenschüsse ins Gesicht, in die Brust und in den Hals von zwei Killern umgebracht. Petrosino, der Sohn eines Schneiders, ein ehemaliger Schuhputzer und Straßenkehrer, war der Feind Nummer eins des organisierten Verbrechens in New York. Seit 1905 führte er ein Sonderkommando der Polizei gegen die Schwarze Hand, die von der berüchtigten Hochburg von Little Italy aus – mit Verbindungen nach Sizilien – die New Yorker Schiebergeschäfte steuerte. Mit einer an Haß grenzenden Verbissenheit führte Joe, die gemeinsame Herkunft und seine Milieukenntnis nutzend, einen unerbittlichen Kampf gegen die Verbrecherbanden, die mit Recht als nicht unerheblicher Grund für die Diskriminierung der Italiener in der Metropole galten. Von Präsident Roosevelt wurde er hoch geschätzt, von der Mafia in einem Maße gehaßt, daß sie seinen Tod beschloß. Das in Amerika unterzeichnete und auf einer Mission in Italien vollstreckte Todesurteil stellte einen Wendepunkt in den Methoden und der Organisation des Verbrechertums dar.

Ein Opfer dieser Entwicklung wurde in gewisser Weise auch Enrico Caruso. Am 1. März 1910 präsentierten die Mafiosi ihm die Rechnung: »Fünfzehntausend Dollar, oder Du wirst umgelegt.« Eine Unverfrorenheit! Die Verbrecher hatten den berühmtesten Emigranten, die Symbolfigur, ins Visier genommen. Schon zu jener Zeit wurden viele Erpressungsversuche stillschweigend hingenommen. Caruso hingegen benachrichtigte den amerikanischen Nachfolger Petrosinos, Eliot Ness. Gemäß den Anweisungen sollte er den Betrag einem Mann aushändigen, der in der 42. Straße seinen Weg kreuzen würde. Also ließ sich Enrico von zwei Leibwächtern begleiten – und nichts geschah. Achtundvierzig Stunden später kam allerdings ein zweiter Brief, der in schnoddrigem Ton die Aufforderung enthielt, das Geld in einer Aktentasche vor einer kleinen Fabrik in Brooklyn zu deponieren. Damals wie heute herrschte die *omertà*, ein dumpfes Solidaritätsgefühl unter Landsleuten, das den Menschen den Mund verschloß und der Angst ein Alibi verschaffte. Caruso beugte sich jedoch auch diesmal nicht. Mit Martino, der nicht von seiner Seite wich, begab er sich an den angegebenen Ort. Im Gewirr der Gassen untergetaucht, gab ihm eine Schar von Polizisten Geleitschutz und schlug beim Auftauchen der Erpresser erfolgreich zu. Einer der Gangster entkam, die beiden andern, ein gewisser Cincotta und ein Misiani, wurden festgenommen. Caruso schrieb an Angelo Arachite, seinen alten Waffengefährten: ».. . Die Sache mit der Schwarzen Hand ist wahr; es scheint aber, man habe die Urheber dingfest gemacht. Indessen, die Unannehmlichkeiten bleiben nicht aus, da ich als Hauptzeuge gegen diese Herren aufzutreten habe. Eine Menge Leute haben sich in den Kopf gesetzt, mich auf jede erdenkliche Art zu belästigen. Ich kann es kaum erwarten, bis ich dieses Hundeleben hier hinter mir lassen und mich in einen von aller Welt abgeschiedenen Winkel zurückziehen kann.« Dann aber bewies er einen mustergültigen Mut, indem er bestätigte, er erkenne die beiden Verhafteten wieder. Als er wenig später erfuhr, welche elenden Verhältnisse dieses Verbrechen hervorgebracht hatten, bat er um Gnade für die beiden. Womöglich handelte es sich bloß um zwei auf die schiefe Bahn geratene Dummköpfe, für die in den neuen Mafiastrukturen kein Platz mehr war.

Die Sache hatte allerdings ein Nachspiel in der Saison an der Met, die am 15. November 1909 mit einer großartigen *Gioconda* eröffnet wurde, in der auch Pasquale Amato, Emmy Destinn und Louise Homer mitwirkten. Es kam zu weiteren anonymen Drohungen: »Du Verräter, wir werden Dir die Visage ein für allemal mit Schwefelsäure entstellen«, und ähnliches mehr. Bei der *Gioconda*-Aufführung in Brooklyn, in den ersten Märztagen 1910, wurden mehr Polizisten als Zuschauer gezählt. Der künstlerische Erfolg war dennoch höchst schmeichelhaft: Trotz Bonci blieb Caruso der Star der Met. Durch Erfahrung klüger geworden, forcierte er seine Stimme nicht und beschränkte sich auf achtundzwanzig Auftritte in neun Rollen sowie eine kurze Gastspielreise in die anderen Musikstädte der Vereinigten Staaten. Die einzige Neuheit für die Amerikaner war die *Germania* von Franchetti. Einmal mehr schrieben die Kritiker von Carusos hervorragender Stimme und seinen Fortschritten.

Im Jahr 1910 nahm Hammersteins Traum ein jähes Ende. Nicht nur unüberlegte Bauspekulationen hatten ihn geschwächt (mit unerhörtem Größenwahn hatte er in Philadelphia ein neues Operntheater gebaut und plante ein weiteres in Chicago), sondern vor allem eine verfehlte Politik, die Breitenwirkung anstrebte, indem sie die Abonnenten der oberen Zehntausend fernzuhalten trachtete: So gab es keine Logen in der Manhattan Opera. Nachdem er vergeblich einen Zusammenschluß vorgeschlagen hatte, sah der Gründer der Manhattan sich gezwungen, einen Vertrag zu unterschreiben, durch den er sich der Konkurrenz gegenüber verpflichtete, für einen Zeitraum von zehn Jahren keine Opern mehr in New York aufzuführen. Daraufhin reiste er nach London, wo er, um Covent Garden die Besucher abspenstig zu machen, ein luxuriöses neues Theater erbaute, was erneut mit einem Bankrott endete. Die Met hatte ihre uneingeschränkte Vormachtstellung zurückerobert: Sie war Carusos Theater. Dieser unterzeichnete darüber hinaus einen Vertrag, der seine feste Bindung an die Schallplattenfirma Victor auf fünfundzwanzig Jahre verlängerte.

Im Mai wurde das gesamte legendäre Met-Ensemble mit Caruso, Toscanini, der einundzwanzigjährigen Lucrezia Bori und anderen nach Paris exportiert. Der Veranstalter Gabriel Astruc erzielte an zehn Abenden Einnahmen von 594 978 Franc, obschon Toscanini den Chauvinismus der Besucher dadurch aufreizte, daß er keinen einzigen französischen Sänger zugelassen hatte, was ihm mit einigen Pfiffen gelohnt wurde. Astruc hatte eine Schwierigkeit zu bewältigen, die eigentlich vorauszusehen gewesen wäre: Trotz der sehr hohen Eintrittspreise ausverkaufte Vorstellungen, wenn Caruso sang, ein eher flauer Vorverkauf bei den Opern, in denen er nicht auftrat. Also wandte Astruc die Taktik an, daß ein jeder, der Caruso hören wollte, eine zweite Eintrittskarte für Vorstellungen ohne ihn erstehen mußte. Die Pariser ließen sich, wenn auch murrend, auf den Handel ein.

Einmal mehr stellte Enrico seine sprichwörtliche Freigebigkeit unter Beweis, die ihn von der Last des Erfolgs zu befreien schien: Als er aufgefordert wurde, für wohltätige Zwecke unentgeltlich im Troca-

déro zu singen, lehnte er dies ab und verlangte 2500 Dollar in bar.
»Das ist mein übliches Honorar«, gab er zu verstehen, »hat einer der
Herren vom Organisationskomitee je soviel gespendet?« Am Ende
der Vorstellung aber erstattete er den vollen Betrag zurück und legte
einen Scheck über tausend Dollar bei. Unnachgiebiger zeigte er sich
gegenüber Verwandten. Am 24. Mai schrieb er aus dem »Grand Hôtel« einen strengen Brief an Luigi, seinen Cousin aus Piedimonte,
der ihn um ein Darlehen von vierzehntausend Lire gebeten hatte:
»Im Moment kann ich mich auf kein Zinsgeschäft einlassen . . . Be-
stell Deinem Bruder, schon die Reisespesen und der Zoll für das Gewünschte seien höher als das, was er von mir verlangt . . . Grund für
so mancherlei, was mich verdrießt, ist die Tatsache, daß immer der
Gute die Schuld des Bösen sühnen muß . . .« Selbstverständlich gewährte er ihm das Darlehen zu guter Letzt doch.

In Paris versetzten ihn die herzliche Sympathie und die Ehrungen
in eine solche Euphorie, daß er alle Vorsicht fahren ließ. Er sang viel,
nur allzuviel, und die sommerliche Ruhepause reichte für eine vollständige Erholung bei weitem nicht aus. Er holte Mimmi in London
und Fofò auf Bellosguardo ab und reiste mit ihnen nach Neapel, wo
er seine Schwester Assunta und seine Stiefmutter Maria in die Arme
schloß, die er nun verehrte und, abergläubisch, wie er war, in seinem
Innersten als die Beschützerin seiner Lebensschritte betrachtete.

Im September nahm er die Arbeit wieder auf, mit Reisen zunächst
nach Belgien und Deutschland. Während der *Carmen*-Vorstellung in
München glitt er aus und zog sich eine Schwellung am Knie zu.
Selbst diesem geringfügigen Unfall widmete die *New York Times*
einen Leitartikel. In nur drei Tagen war er vollkommen wiederherge-
stellt und bereit für die *Bohème*, wo ihn eine vom Bühnenhimmel her-
unterfallende Eisenstange am Kopf traf; dennoch hielt er, an Mimìs
Sterbebett sitzend, bis zum Ende durch. Kaiser Wilhelm sagte einen
Staatsbesuch in Belgien ab, um ihn in der *Carmen*-Aufführung in
Berlin zu hören, und schlug ihm vor, Amerika zu verlassen und ins
alte Europa heimzukehren. Als ihn dann aber ein Schiff zurück nach
Amerika brachte und das funkelnde Lichtermeer von New York in
Sichtweite kam, forderte er seinen Reisegefährten Leo Slezak feier-
lich auf, zum Gruß den Hut zu ziehen.

Unter der harten Schale des Stolzes verbargen sich Carusos Bescheidenheit und Selbstironie. In der Eröffnungsvorstellung von Glucks

Armida am 14. November 1910 gestaltete er die ihm gewiß recht un-gewohnte Rolle des verliebten Rinaldo. Die Presse fand ihn in seiner für einen Ritter unpassenden romantischen Kleidung im Stil des achtzehnten Jahrhunderts ein bißchen lächerlich, lobte dagegen die Armida Olive Fremstads, der schwedischen Altistin und späteren Sopranistin. In der Garderobe auf seinen nächsten Auftritt wartend – Rinaldo singt in gut drei Akten nicht –, zeichnete Enrico fleißig Kari-katuren von sich. Eine zeigt ihn als Rinaldo, auf einem Sofa liegend und stillvergnügt Brötchen verschlingend; auf einer andern stellt er sich als unproportionierten Dickwanst mit hämischem Grinsen dar. Die Biographin Fremstads schreibt von einigen Unzulänglichkeiten der Inszenierung, wie sie übrigens bei allen Liebesduetten zwischen schwergewichtigen Opernsängern zu beobachten sind. »Caruso war zu fett, um glaubwürdig einen verliebten Kreuzritter abzugeben, außerdem trug er eine komische Perücke, die ihm das Aussehen eines Benjamin Franklin verlieh. In der Oper errettete Rinaldos an-gebliche Schönheit ihn zwar vor dem Dolch Armidas, nichts aber vermochte ihn vor dem hochnotpeinlichen Augenblick zu retten, da der Diwan, nicht nur mit Rosen, sondern auch mit dem beachtlichen Gewicht Rinaldos und seiner angebeteten Armida beladen, ent-schweben sollte. An dieser Stelle wurde bedauerlicherweise offen-sichtlich, daß die Zärtlichkeiten der Liebenden etwas Angespanntes und Verkrampftes an sich hatten, daß ihnen das Lächeln auf den angsterfüllten Gesichtern gefror, während sie sich auf die Stöße und Rucke gefaßt machten, die von einer Art hydraulischem Aufzug aus-gingen, der sie zwei Meter vom Boden hochzuheben hatte. Da hin-gen sie nun eingeklemmt auf halber Höhe, und die herunterhängen-den Girlanden, die den Mechanismus verdecken sollten, wackelten so heftig hin und her, daß im Scheinwerferlicht sogar der Mechani-ker sichtbar wurde, der den Aufzug betätigte.« Eilends senkte sich der barmherzige Vorhang.

Am 10. Dezember spielte Caruso den verbrecherischen und später reumütigen Cowboy Dick Johnson in der Uraufführung der *Fanciulla del West* von Giacomo Puccini, welcher gemeinsam mit David Be-lasco, dem Autor des Schauspiels, der triumphalen Aufführung bei-wohnte: nicht weniger als 47 Hervorrufe – beim fünften wurde Puc-cini mit einem Silberkranz geschmückt – in einem Meer von italienischen und amerikanischen Fahnen. Diese keineswegs außergewöhnliche Rolle gab Caruso erst im letzten Akt Gelegenheit, sein Talent voll zu entfalten. So fielen die Ehrungen denn auch Amato, dem Sheriff, und der Böhmin Destinn als schöne Minnie zu. Dennoch schien Caruso sich gut zu unterhalten, denn als man ihm zuklatschte, rollte er, die Verlegenheit eines ungeschickten Pistoleros mimend, seinen Colt in der Luft. Er sang diese Oper sechsundzwanzigmal und brachte sie auch nach Frankreich und Deutschland. Die Zurückhaltung, mit der er seinen Cowboy gestaltete, trug ihm diesmal selbst von Aldrich Lob ein: »Er macht eine bessere Figur als in anderen Partien. Es ist ihm gelungen, die Rauhbauzigkeit, das Draufgängertum und den Mut des Gesetzlosen im Angesicht des Todes darzustellen. Im Gesang gab er sein Bestes; die wenigen expressiven Sätze seines Parts trug er mit schöner Stimme und großem Kunstsinn vor und übertrieb den Ausdruck nie . . .«

Diese nicht besonders einträglichen Verpflichtungen, im Wechsel mit Routineopern, sollten dazu dienen, die Stimme Schritt für Schritt wieder zu erproben. Noch war er unsicher, eingeschüchtert, was weder Publikum noch Kritiker bemerkten, im Gegenteil, sie spendeten ihm Lob und waren höchst erstaunt, als nach der *Germania* vom 6. Februar 1911 vier Vorstellungen abgesagt wurden. »Eine banale Erkältung«, bagatellisierte der behandelnde Arzt. Caruso reiste an die Küste, um sich in der Sonne aufzuwärmen. Doch im April wurde aus der Erkältung eine Kehlkopfentzündung. Die Spielzeit war zu Ende, die Einnahmen der Met waren gesunken.

Caruso, ein Mensch von Gewohnheiten, versuchte sich bei seinen Londoner Freunden und in Mimmis Gesellschaft aufzuheitern. Eine Erklärung Professor Della Vedovas, der eine zweite Operation für notwendig erachtete, sowie die rührseligen Artikel über seine ungewisse Zukunft brachten ihn auf. Im Mai setzte er die Diagnose eines berühmten britischen Chirurgen, nach der er »vollkommen geheilt« sei, in Umlauf. Seine Nerven knirschten erneut, als die Londoner Behörden in der Meinung, er wohne bei Mimmi, von ihm Steuern erhoben. Daraufhin zog sein Sohn in die Privatwohnung seiner Erzieherin Miss Saer; im Juni reisten sie dann alle miteinander nach Italien.

Caruso hatte das ganze Frühjahr über nicht gesungen und sang auch im Sommer nicht. Müdigkeit und Ängste mehrten sich, und ab und zu kam es zu einem Ausbruch. Zeitgenossen zeichnen das Bild eines reizbaren und melancholischen Enrico mit verblassendem Lächeln, der zeitweise pathetisch und dann wieder gezwungen witzig war und pflichtbewußt die Ratschläge seiner Ärzte befolgte. Er ruhte sich nun wirklich aus, übte seine Stimme täglich nur eine Stunde. Dem Sonderberichterstatter einer amerikanischen Zeitung gewährte er ein Interview, das er zum Beweis dafür, daß er seine Form wiedergefunden hatte, mit der Demonstration eines Spitzentons beschloß.

Die Prüfungen enden für einen Sänger nie, und so war selbst der soundsovielste Auftritt in Wien von einer Unsicherheit begleitet, als wäre er ein Debüt. Er fand im September statt und wurde ein Triumph. Mehr als einen Monat zuvor, am 3. August, hatte *Il Mattino* verbreitet, die Plätze zu hundertfünfzig Kronen seien von den Schwarzhändlern für sechshundert weiterverkauft worden. Von tausend vertraglich vereinbarten Vorsichtsmaßnahmen geschützt, sang er, ganz der Alte, sein bewährtes Repertoire. (In Rampennähe duldete er keinen Fremden, und in Covent Garden soll er einmal, während der Pause, sogar die Logen nach einem einsamen Auspfeifer abgesucht haben.) In Deutschland, herzlich willkommen geheißen vom Kaiser, seinem Bewunderer, begeisterte er einmal mehr. Auch der damals fünfunddreißigjährige Bruno Walter, der *Rigoletto* und *Carmen* dirigierte, zollte dem Tenor Bewunderung: »Ich liebte Carusos Stimme, sein Talent, seinen Sinn für Schönheit, der sich in der Wahl des Timbres offenbarte, sein *portamento* und sein *rubato*, seine vornehme Musikalität und seine Natürlichkeit. Ich kann nur sagen, es herrschte zwischen uns eine vollkommene Übereinstimmung.« Beim Abschiedsessen aber wurde Caruso von sichtlichem Unwohlsein befallen, Brennen in der Kehle und Kopfschmerzen machten ihm zu schaffen; immer häufiger quälte ihn ein Schmerz wie ein stählerner Ring um seinen Kopf. Er blieb dennoch der Beste, wenngleich nach Adas Untreue etwas in ihm zerbrochen war.

Die Spielzeit 1911/1912 an der Met verlief ziemlich reibungslos. Allmählich mäßigten sich die Zeitungen in ihren Berichterstattungen über seine vermeintliche oder wahre Krankheit und seine flüchtigen Amouren. In New York und anderen amerikanischen Städten sang er neunundvierzigmal; besondere Anerkennung fand die *Manon* vom 30. März 1912.

In der Nacht vom 14. auf den 15. April wurde die *Titanic* von einem Eisberg gerammt und versank südlich von Neufundland mit 1653

Menschen und Juwelen von unschätzbarem Wert. Caruso, dem persönliche wie kollektive Tragödien sehr zu Herzen gingen, gab ein Wohltätigkeitskonzert. Mit einer Angst mehr bestieg er das Schiff nach Europa; das Ziel war Paris.

Im Mai präsentierte er den Parisern nach der gewohnten *Rigoletto*-Vorstellung *La fanciulla del West*; in beiden Opern focht er einen freundschaftlichen Wettstreit mit Titta Ruffo aus, dem »Caruso der Baritone«. Darauf folgten Reisen von Theater zu Theater in Österreich und Deutschland, mit Ehrungen und Auszeichnungen zuhauf. Nachdem er die harte Prüfung des erwähnten Mailänder Prozesses bestanden hatte, erschien er, fast erleichtert, wieder in New York. Ins Weiße Haus war erst vor kurzem ein neuer Mann eingezogen, sein Name war Woodrow Wilson. An der Met lösten sich die Primadonnen ab, Carusos Thron aber wankte nicht. Als liebenswürdiger Bühnenpartner suchte er in der Eröffnungsvorstellung der *Manon Lescaut* vom 11. November der Spanierin Lucrezia Bori, die die Manon sang, den steilen Weg zum Erfolg zu ebnen. Auch diese Spielzeit in Amerika verlief ohne aufsehenerregende Ereignisse, so daß Enrico, der nichts als Ruhe brauchte, sich entspannte. Die Behauptung, er habe es rundweg abgelehnt, in Italien zu singen – wohin er nur während des Krieges zu patriotischen Konzertveranstaltungen zurückkehrte –, wird durch die Tatsache widerlegt, daß er mit Arrigo Boito und Ricordi über die Erstaufführung des *Nerone* verhandelte, die 1913 in Mailand im Rahmen der Festlichkeiten zu Verdis hundertstem Geburtstag stattfinden sollte. Er war bereit, doch die angesetzte Aufführung platzte ohne sein Verschulden.

Unfähig, wie er war, sich zu bezähmen, hatte Enrico den gewohnten, mit anderen Worten: äußerst intensiven Arbeitsrhythmus wiederaufgenommen. Doch er wußte: »Ich werde nur für eine bestimmte Anzahl von Jahren singen. Also sage ich mir immer: Heute abend will ich meine Stimme zurückhalten, sie ein wenig schonen, um ein paarmal mehr singen zu können! Wenn ich dann aber vor dem Publikum stehe, die Musik höre und zu singen anfange, bringe ich es einfach nicht fertig, mich zurückzuhalten; ich gebe mein Bestes . . ., alles.« Alles gab er auch vor einer Zuhörerschaft von Häftlingen in jenem Frühjahr 1913 in der Strafanstalt von Atlanta, Georgia. Einer der Gefangenen dankte es ihm mit einem Gedicht, das sich folgendermaßen zusammenfassen läßt: »Noch einmal waren wir

Menschen im Sonnenlicht . . . Sünde, Strafe, Schmerz . . ., alles verlor sich im Ruf dieser menschlichen Stimme.« In Boston zollte der Kritiker H. T. Parker Carusos vollendeter Meisterschaft warme Worte der Verehrung: »Die Stimme, im Einklang mit dem Reichtum seiner Intelligenz und Phantasie, ist noch immer makellos . . ., sein Canio, nun bis ins kleinste Detail vollkommen abgerundet, kann auf den ungestümen Überschwang von einst verzichten, ist glaubwürdiger geworden. Die frühere Übersteigerung des Schmerzes ist einer tiefen Wahrhaftigkeit gewichen.«

Am 20. Mai zeigte sich den Opernliebhabern von Covent Garden ein etwas füllig gewordener Pagliaccio. Häufiger als früher hatte Caruso in New York das »Ristorante Del Pezzo« und andere, nach Italien duftende kleine Lokale aufgesucht, weniger vom Appetit getrieben als vom Bedürfnis, sich von verläßlichen Freunden umgeben zu wissen. In London wurde er von einem leichten Unwohlsein befallen, über das er sich jedoch keine allzu großen Sorgen machte. Mit Wut reagierte er auf eine sonderbare Untersuchung des britischen Wissenschaftlers William Lloyd, der ihn gewissermaßen in eine Singmaschine verwandelte: Seine Knochen, mit einem kleinen Hämmerchen abgeklopft, vibrierten ungemein musikalisch, der Abstand zwischen seinen Zähnen und den Stimmbändern war außerordentlich weit. Doch Lloyd war nicht der einzige, der, in der Art eines Lombroso, in der physischen Struktur des Tenors das Geheimnis seiner wundervollen Stimme suchte. Pierre Key, sein erster Biograph, wies auf die im Verlaufe von zehn Jahren eingetretenen Veränderungen der Kopfform und der Gesichtszüge hin.

Die Engländer jubelten ihm zu, feierten ihn als Menschen und als Künstler, standen schon bei Tagesanbruch vor der Theaterkasse Schlange. *Aida, Tosca* und *La Bohème*, die ein Wiedersehen mit Nellie Melba brachte, folgten rasch aufeinander. Am 18. Juni dann der Abschied mit einer zusätzlichen Vorstellung und endlich ein zweimonatiger Urlaub, den er vorwiegend auf Bellosguardo zubrachte.

Im Herbst machte er auf der gewohnten Reiseroute nach Amerika in Wien, München, Stuttgart, Berlin und Hamburg Station, wo er am 2. November in *La fanciulla del West* mitwirkte. Wiederum trübten heftige Kopfschmerzen den Abschied von Europa und seinen leidenschaftlichen Bewunderern. Schon am 17. desselben Monats trat er wieder an der Met in der *Gioconda* auf. *Musical America* wies auf seine besonderen Fähigkeiten hin, seine Partner und Partnerinnen auf der Bühne positiv zu beeinflussen: »Zu Beginn hatte die Destinn, obschon sie gut war, ihre Stimme etwas forciert. Erst als Caruso auf die Bühne trat, gelang es ihr, mit dem richtigen Akzent, ohne zu übertreiben, wundervoll zu singen.« Bald darauf maß er sich in einer neuen Rolle, im Julien, doch Charpentiers *Louise* enttäuschte trotz Carusos und Geraldine Farrars großem Einsatz.

Das letzte Friedensjahr schloß mit einer Episode, die als Triumph in die Chroniken des Melodramas Eingang fand. Es war der 23. Dezember in Philadelphia: Der Bassist Andres De Segurola, sein Partner in der *Bohème*, kämpfte seit mehreren Tagen gegen einen lästigen Husten an; am Mittag klang seine Stimme rauh und heiser, am Nachmittag war sie kaum zu hören und am Abend so gut wie weg. Im vierten Akt, in *Vecchia zimarra*, sprang Caruso für ihn ein. Jahrelang vom Etikett des Baritons verfolgt, hatte er nun endlich Gelegenheit zu beweisen, daß er, als Tenor, auch Baß zu singen vermochte. Das Publikum bemerkte anfänglich nichts. Diese Stimmengaukelei gefiel Enrico so sehr, daß er einwilligte, die Arie aufzunehmen, unter der Bedingung, daß sie nicht in den Handel gelange. Jahre nach Carusos Tod lieh die Sopranistin Frances Alda, die Mimì jenes Abends, ihre Probeaufnahme der unveröffentlichten Schallplatte der RCA Victor aus, die die Matrize davon nicht mehr besaß, und machte es so möglich, daß die berühmte Aufnahme endlich erscheinen konnte; auf der Rückseite der Platte erzählt Alda-Mimì die Episode. Für Enrico war die außerordentliche Dehnbarkeit seiner Stimme fast ein Grund zur Beunruhigung, zugleich aber auch zur Freude. Am Vortag einer Aufführung tat er manchmal so, als suchte er in den Schubladen seines Toilettentisches nach einer der drei Stimmen, über die er verfügte.

Eine *Tosca* mit vierzig Vorhängen und, auf Wunsch, eine unbeholfene, sich auf die zwei Silben eines »grazie« beschränkende Rede beendete die Spielzeit in New York. Wiederum in der *Tosca* trat Caruso am 29. Juni 1914 zum letzten Mal in London auf. Tags zuvor, an einem Sonntag, hatten vier Pistolenschüsse die Festtagsstimmung in Sarajewo, der Hauptstadt von Bosnien-Herzegowina, zerrissen und den Erzherzog von Österreich Franz Ferdinand und dessen Gemahlin Sophie tödlich getroffen. Den Schüssen, abgefeuert vom neunzehnjährigen Belgrader Studenten Gavril Princip, folgte bald ein Echo aus Kanonenrohren. Einen Monat später zog Österreich-Ungarn gegen Serbien in den Krieg, und eine Welle des Grauens überflutete Europa. Von langer Hand vorbereitet, war der Erste Weltkrieg ausgebrochen. Die Schreckensnachricht überraschte Enrico in seinem Refugium auf Bellosguardo.

14. KAPITEL

Kriegsgedröhne

»Hätte ich gewußt, daß Berühmtheit einen so teuer zu stehen kommt, glaub mir, ich wäre lieber Chorsänger geworden . . .«, vertraute Caruso einst seinem Freund Arachite an. Vollkommen erschöpft und von Kopfschmerzen geplagt, suchte er im kühlen Schatten von Montecatini Erleichterung in der Hoffnung, Thermalkuren würden seine Leiden lindern. Für eine Berühmtheit aber ist selbst die Ruhe noch mit Arbeit verbunden, weshalb er einwilligte, sich am 30. Juli 1914 mit Ruggero Leoncavallo in einem Zimmer im Erdgeschoß des Hotels »La Pace« zu treffen.

Dort las Leoncavallo ihm und Gatti-Casazza das Libretto des *Ave-Maria* vor, einer Idee von Illica, in Verse gesetzt von Enrico Cavacchioli; es war die Geschichte einer jungen neapolitanischen Heldin, treibende Kraft der antibourbonischen Aufstände. Für das neue Bühnenwerk war bereits die Sopranistin Eugenia Burzio auserkoren (kein Zufall, denn sie war Leoncavallos Geliebte). Es fehlte nur noch der männliche Hauptdarsteller. Wer anders hätte es sein können als Caruso?

Schweigend und die Stirn in Falten legend, hörte er sich alles an und fragte dann: »Wo und wann?« – »Im San Carlo, Neapel ist die ideale Stadt dafür; hast du nicht gesehen, wie meine *Zingari* dort aufgenommen worden sind? Und zwar bald, zur Eröffnung der Stagione. Vor zehn Jahren hast du schon meinen *Rolando* abgelehnt, eine solche Kränkung darfst du mir nicht wieder antun.« Caruso lehnte kurz angebunden ab, mit der Begründung, sein Terminkalender sei auf drei Jahre hinaus voll ausgebucht. In einem Brief an Illica, in dem es von Beschimpfungen nur so wimmelte, machte der cholerische Komponist seinem Ärger Luft: »Keine Frage, Gatti will sich Caruso erhalten, solange er nur kann, um in Amerika sein Geld mit ihm zu machen; und der *Divo* hat Angst davor, in Italien zu singen, weil er sich alt fühlt. Was das Talent der beiden angeht, so mußt Du wissen, daß die beiden Schurken und Crétins angesichts dieses künstlerischen Meisterwerks, das einen Fels erweichen könnte, gänzlich ungerührt und trockenen Auges geblieben sind, keine Miene verzogen haben. Ich und Berta [Leoncavallos Frau, Anm. d. Verf.] haben uns die Gelegenheit nicht entgehen lassen, den beiden einmal gröblich die Wahrheit zu sagen . . . Wir können nur Gott danken, daß wir mit diesen verkommenen Diven und Geschäftemachern nichts zu tun haben.« *Ave-Maria* blieb unvollendet.

Leoncavallos Beschuldigungen waren offensichtlich vom Zorn diktiert und ungerecht. Doch sein Angebot muß Caruso in einige Verlegenheit gebracht haben. Wir kennen zwar die Musik des *Ave-Maria* nicht, dürfen aber ruhig annehmen, daß sie nicht weniger mittelmäßig ist als die andern Opern Leoncavallos, mit Ausnahme der berühmten *Pagliacci* selbstverständlich und der überaus gelungenen *Zazà*. (Hier ist anzumerken, daß Leoncavallos Bühnenwerke fast ausnahmslos vom Verlagshaus Sonzogno herausgegeben wurden. Ein eingehendes Studium des Met-Repertoires würde wahrscheinlich ergeben, daß, seitdem Toscanini als Chefdirigent wirkte, die von Sonzogno herausgebrachten Opern nicht mehr inszeniert wurden, mit Ausnahme der unverwüstlichen *Cavalleria rusticana* und der *Pagliacci*. Bezeichnenderweise ist Mascagnis Oper *Iris*, die Toscanini allen andern vorzog, bei Ricordi erschienen.) Der eigentliche Grund für Carusos Absage war aber wohl der weit zurückliegende Schwur, nie wieder in Neapel zu singen; Groll und Dankbarkeit waren eben in Caruso gleichermaßen ausgeprägt. Ja, vielleicht reizte es ihn nicht besonders, in Italien aufzutreten, doch Angst hatte er nun wirklich keine. Er wartete nur auf die geeignete Gelegenheit, die sich ihm, in Anbetracht der geschichtlichen Ereignisse, die patriotische Gefühle in ihm weckten, im Oktober bot. Woche um Woche weitete die Todesfront sich aus, umspannte Deutschland, Rußland, Luxemburg, Frankreich, Montenegro, Großbritannien, Japan. Aus den vom Weltenbrand erfaßten Ländern begannen die Ausgewanderten zurückzuströmen, in denen Enrico, in seinem tief verwurzelten Heimweh, Schicksalsgefährten sah. Gezwungenermaßen auf die Gastspielreise nach Berlin verzichtend und durch die Kriegsereignisse im noch immer neutralen Italien festgehalten, beschloß er, am 19. Oktober im Teatro Costanzi in Rom für die Heimkehrenden zu singen; diese einzigartige Veranstaltung bot die Gelegenheit, einerseits zwei Künstler alten Stils, wie den Bariton Battistini und Kapellmeister Mancinelli, und andererseits zwei sogenannt moderne Musiker wie Caruso und Toscanini, mit einer durch die Bori, Bada, De Luca und Tegani ergänzten Gesangstruppe zu hören.

Als angekündigt wurde, daß Caruso nach zwölfjähriger Abwesenheit von den italienischen Bühnen an der Großen Soirée »Pro Emigrati« im Costanzi teilnehmen werde, fieberte man diesem Ereignis mit gespannter, wenn auch von Argwohn und manch ironischen Anspielungen überschatteter Erwartung entgegen. Die Musikzeitschrift *Orfeo* warf Caruso vor, Italien vergessen zu haben. Dieser verteidigte seine *italianità* mit den Worten: »Wenn nötig, zöge ich auch in den Kampf!« Worauf Emma Trentini, die einst als Carusos Verlobte gelten wollte, jedoch von ihm abgewiesen worden war, sich mit der gehässigen Bemerkung rächte: »Zum Kämpfen ist der viel zu fett, höchstens als Koch wäre er zu gebrauchen . . .«

Möglicherweise war es das einzige Mal, daß Mattia Battistini, der »Ruhm Italiens«, in seiner von 1878 bis 1927 dauernden Karriere in den Schatten gestellt wurde. 1906 war es ihm in Covent Garden noch gelungen, Caruso und der Melba die Applause streitig zu machen und an sich zu reißen, doch 1914 gelang ihm das nicht mehr. Battistini sang den dritten Akt von *Ernani* unter der Leitung von Luigi Mancinelli: »Das Publikum folgte dem illustren Künstler mit höchstem Interesse und lebhaftester Bewunderung und bedachte ihn am Schluß mit grandiosen, endlosen Ovationen.« Dann aber kam Caruso mit dem ersten Akt der *Pagliacci*, dirigiert von Toscanini: »Welch eine Stimme! . . . *Ridi, Pagliaccio!* . . . Ein unvergeßlicher Moment . . . Die Zuhörerschaft verlangte mit lauten Rufen, ihn wieder und wieder zu erleben. Wir können uns nicht erinnern, jemals einen Applaus wie diesen gehört – oder gesehen – zu haben. Das ganze Theater auf den Füßen, alles klatschte, schrie wie von Sinnen. Und Caruso, bewegt, wirklich bewegt – wer ihn aus der Nähe sah, konnte dies bestätigen –, deutete auf sein Herz, zutiefst ergriffen und erschüttert von der überwältigenden Sympathiekundgebung, die ihm zum ersten Mal nach so vielen Jahren von einem italienischen Publikum zuteil wurde.« Der allgemeine Eindruck der scharfzüngigen Römer: »Bei einem Künstler wie gegenwärtig Enrico Caruso sind die stimmlichen Ressourcen, so großartig und sicher sie auch sein mögen, nicht die einzigen, vielleicht nicht einmal die bedeutendsten. Der dramatische Akzent, die Klarheit der Diktion, die Originalität der szenischen Darstellung stehen im Vordergrund. Wie der ausgezeichnete Bassist Schaljapin ist auch Caruso heute mehr als ein Sänger, ein erstaunlicher Schauspieler, der die Bühne zu beherrschen, die Zuschauer mit seiner ungemein klugen Gestik zu verführen weiß und vor allem mit dem wirkungsvollen tragischen Ausdruck, den er seinem Gesicht zu verleihen vermag.«

In jenem Herbst gelang es der Met unverhofft, fast alle ihre über ganz Europa verstreuten Künstler wieder zusammenzuführen. Die Spielzeit, Arturo Toscaninis letzte an diesem Theater, war spannungsreich. Körperlich erholt, trat Caruso mit einer hinreißenden Interpretation von *Un ballo in maschera*, einer seiner allerbesten, wieder auf die Bühne. Die unmittelbar nach dieser Vorstellung aufgenommenen Schallplatten lassen darauf schließen, daß Caruso, unter Toscaninis Einfluß, auf die traditionellen Belcantoschnörkel endgültig verzichtend, einen moderneren Stil suchte. Auch in den andern Rollen überzeugte er voll und ganz.

Seit 1903 hatte die Metropolitan Opera sämtliche Auftritte Carusos sowohl in Amerika als auch in Europa arrangiert, doch von 1915 an behielt er sich das Recht vor, seine Verpflichtungen in Europa selbst an die Hand zu nehmen. Der erste, der davon erfuhr und sich einen Vorteil zu verschaffen wußte, war der gewiefte Impresario Gunsbourg, der sich beeilte, ihn nach Monte Carlo einzuladen. So kam es, daß Caruso zum großen Mißfallen der Dirigenten und des Publikums seine Saison an der Met schon am 2. Februar abschloß, während er in den vorangegangenen Jahren immer bis April oder sogar bis in den Mai gesungen hatte. Enrico wollte eine Dankesschuld begleichen: Monte Carlo hatte ihm ein Jahrzehnt zuvor so viel gegeben, und nun, da es ihn abermals rief, durfte er sich nicht entziehen.

Während in London, Paris und Wien die Straßenlaternen schwarz angestrichen waren, um die feindlichen Bomber in die Irre zu leiten, erstrahlten in Monte Carlo, jener kleinen, vom Wahnsinn ausgesparten Welt, die Lichter so hell wie eh und je. Doch auch das Fürstentum, das schon damals von unglaublichen Legenden und der entsprechenden Reklame lebte, hatte mit Problemen zu kämpfen. In einer Zeit der Entbehrungen und Ängste waren selbst die reichen Touristen selten geworden – was lag da näher, als sie mit dem Mythos Caruso wieder anzulocken? Die Zusicherung, die Einkünfte würden dem Roten Kreuz zugute kommen, gab den Ausschlag, daß der Tenor sich überzeugen ließ. Als der Vertrag bereits unterzeichnet war, forderte Italien ihn auf, sich zugunsten der Opfer jenes Erdbebens zur Verfügung zu stellen, das am 13. Januar Avezzano und Umgebung erschüttert und großes Unheil angerichtet hatte. Doch Enrico blieb nichts anderes übrig, als abzulehnen; nicht zuletzt auch, weil das Konzert in Neapel vorgesehen war; er sandte dafür einen großzügigen Scheck.

In bezug auf die monegassische Premiere der *Aida* mit der über fünfzigjährigen Sopranistin Félia Litvinne gingen die Meinungen auseinander. Greenfeld berichtet, der Tenor habe diese Aufführung in einem Telegramm an Gatti-Casazza als ein »herrliches Debüt« bezeichnet. Der Journalist Camillo Antona-Traversi, Sekretär von Organisator Gunsbourg, sprach dagegen von einer »allgemeinen Enttäuschung«; »in den Pausen fing man Äußerungen auf wie: ›Ach, wie er doch gealtert ist!‹ – ›Seine schöne Stimme ist dahin!‹ – ›Als Tenor von Weltruf ist er so gut wie erledigt!‹« Caruso selbst, so erzählt er weiter, habe ihm am Morgen danach erklärt: ». . . Ein Sänger ist seiner Sache nie ganz sicher, sondern stets auf Gedeih und Verderb einem unberechenbaren Zufall ausgeliefert. Es braucht sich nur eines Abends in einer Szene, in der er sonst triumphiert, ein wenig Schleim auf die Stimmbänder gelegt und seine Stimme etwas matt geklungen haben, schon meint das Publikum, es handle sich um etwas Gravierendes. Ich mag vielleicht bei meinen vorherigen Auftritten Vollkommenheit erreicht haben, aber es ist durchaus möglich, daß es mir nicht vergönnt ist, sie je wieder zu erreichen. Mir ist es fortan verboten, ›weniger gut‹ zu sein, auch wenn ich dem einen oder andern Sänger überlegen bin.« An jenem Abend in Monte Carlo frohlockte mancher Rivale.

Doch nur für einen Abend. In den folgenden Opern, dem *Rigoletto*, der *Lucia*, den *Pagliacci*, war Caruso ganz er selbst. Der aufrichtige Antona-Traversi spricht in seinen Notizen von »Vollkommenheit«; die Unbekümmerten in Monte Carlo jubelten. Impresario Walter Mocchi schlug Caruso vor, nach Buenos Aires und Montevideo zurückzukehren, wo er seit 1903 nicht mehr aufgetreten war. Bedrückt von den Kriegswirren, die nun auch Italien am Rande berührten, wohl auch in Sorge und Furcht vor der langen Fahrt auf unsicheren

Meeren und mit der Aussicht, womöglich Ada wieder zu begegnen, verspürte Enrico wenig Lust zu dieser Reise. Um den mächtigen Mocchi nicht durch eine Absage zu verärgern, stellte er eine Forderung, die er als unannehmbar betrachtete: dreihunderttausend Lire in Gold für zehn Auftritte. Wenn man bedenkt, daß der Tenor damals an der Met zweitausendfünfhundert Dollar pro Vorstellung kassierte, ist leicht auszurechnen, was das bedeutete. Die Argentinier aber gingen darauf ein und stimmten sogar zu, einen Vorschuß von hunderttausend Lire zu überweisen. In diesem Zusammenhang erinnert Gara an eine für die rigorose Ehrenhaftigkeit Carusos beispielhafte Anekdote: Ein vorausblickender und unheilverheißender Freund soll ihm geraten haben, das Geld in Italien zu lassen, man wisse ja nie, die Risiken seien zu groß, der Betrag könnte der Familie einmal von Nutzen sein. »Wenn wir untergehen«, wandte Caruso ein, »dann kann ich selbstverständlich nicht mehr auftreten, und folglich wäre es gestohlenes Geld. Nein, es soll mein Schicksal teilen.«

Mit all dem Geld in der Tasche präsentierte er sich am 20. Mai im Colón in Buenos Aires. Wieder die *Aida*, wieder eine Enttäuschung. Die Huldigungen der Kritiker galten allesamt Rosa Raisa, einer gebürtigen Russin, durch ihre musikalische Ausbildung jedoch Neapolitanerin geworden, eine ungemein talentierte Sopranistin. Die wiederholten Ausrutscher in Verdis Meisterwerk, das doch seinen Aufstieg in jungen Jahren so triumphal begleitet hatte, lassen weniger an den erwähnten »unberechenbaren Zufall« als vielmehr an objektive Schwierigkeiten an gewissen heiklen Stellen denken. Wie man weiß, hatte die Stimme sich verändert. Caruso jedoch gab, was seine Kunst betraf, nie einen Fehler zu. Auch in diesem Fall erzürnte ihn die schlechte Aufnahme so sehr, daß er abzureisen drohte. Offensichtlich aber änderte er seine Meinung nach dem Erfolg in den *Pagliacci* und in *Manon Lescaut*. Später ging er dann nach Uruguay; am 16. August zog er in Montevideo Bilanz: Über dreißig Vorstellungen habe er gegeben! Zu den denkwürdigen Episoden jener Tournee gehörte sein abermaliges improvisiertes Einspringen zur Entlastung eines Kollegen. Anläßlich eines Galakonzertes im Teatro Colón am 18. Juni sollte er den ersten Akt der *Pagliacci* singen. Der in der Rolle des Tonio angekündigte Bariton Mario Sammarco erkrankte und wurde durch Giuseppe Danise ersetzt; Danise aber hatte in diesem Konzert bereits im dritten Akt der *Aida* gesungen und war offenbar froh, als Caruso sich anbot, an seiner Stelle den Prolog zu übernehmen. Das Publikum, das die Bekanntgabe mit freudiger Erregung aufnahm, bereitete ihm einen Triumph. Es war der einzige Anlaß, bei dem der »baritonale« Tenor tatsächlich »seinen Bariton erschallen ließ«.

Am 24. Mai 1915 überschritten die »ersten Infanteristen den murmelnden Piave«. Italien war in den unseligen Krieg eingetreten. Eine der Aufführungen in Monte Carlo hatte zugunsten der französischen Soldaten stattgefunden, eine Geste, die die Deutschen gar nicht schätzten. Überdies war Caruso nach seiner Rückkehr aus Lateinamerika kurz in Paris aufgetreten, und zwar anläßlich einer Matinee im Trocadéro, die Coquelin zugunsten der Bühnenschauspieler organisiert hatte und für die Enrico mit dem Ritterkreuz der Ehrenlegion ausgezeichnet wurde. Doch Dankbarkeit ist nicht von dieser Welt und schon gar nicht von der Welt der Oper: So erschien in der französischen Tageszeitung *Le Matin* tatsächlich ein Artikel, der Caruso der Deutschfreundlichkeit bezichtigte!

Anfang September schrieb Enrico an Antona-Traversi: »Ehe ich an gebrochenem Herzen sterbe, wird mir hoffentlich der liebe Gott die Genugtuung gewähren, die Seele dessen, der die Welt glauben machen wollte, ich sei kein Italiener, dem Satan zu übermachen.« Eine Mitteilung des durch diesen Artikel tief bekümmerten Toscanini bot ihm unverzüglich Gelegenheit, mit zwei Aufführungen der *Pagliacci* im Teatro Dal Verme in Mailand erneut vor das italienische Publikum zu treten; die Einnahmen sollten dem Roten Kreuz zugute kommen. Die Vorstellungen fanden an den Abenden des 23. und 26. September statt. Außer Caruso wirkten unter Toscaninis Leitung Claudia Muzio, Luigi Montesanto, Armand Crabbé sowie Angelo Bada mit. Trotz schwindelerregender Preise war das Haus bis auf den letzten Platz ausverkauft. Die Zuschauer standen; in der Kasse lagen zweiundvierzigtausend Lire. Carlo d'Ormeville, Direktor der *Gazzetta dei Teatri*, schrieb von einer leuchtend warmen Stimme, impulsivem, mitreißendem Akzent, markanter, eindringlicher Phrasierung und schloß seinen Artikel enthusiastisch mit dem Wort »vollendet«. Von seiten vieler wurde hervorgehoben, »Caruso sei nicht mehr der Romanzensänger«, aus dem »feinsinnigen Tenor mit seinem Schmelz und Charme sei ein dramatischer Interpret und großer Schauspieler« geworden. Niemand bemerkte, daß Caruso – wie

Crabbé in einem Erinnerungsband verrät – in einem Maße ergriffen war, daß er in der Szene, als er in den Zirkuswagen einzusteigen hatte, darum bat, gestützt zu werden. Und niemand vermochte vorherzusehen, daß dies sein letzter öffentlicher Auftritt in Europa sein sollte.

Während die Schlachten am Isonzo tobten, kehrte Caruso nach New York zurück, das Arturo Toscanini indessen verlassen hatte. Offiziell war Toscaninis Heimkehr nach Italien mit einer Aufwallung von patriotischen Gefühlen begründet worden, in Wirklichkeit aber spielten eine ganze Reihe anderer Faktoren mit, Herzensangelegenheiten und Arbeitsprobleme, einschließlich der Unstimmigkeiten mit Gatti-Casazza, der ihn »schlimmer als eine Primadonna« nannte. Gatti-Casazza war ein gewandter Diplomat und hätte mit dem launischen Orchesterleiter durchaus einig werden können, wäre da nicht eine *femme fatale*, Geraldine Farrar, im Spiel gewesen. Toscaninis erster Zusammenstoß mit der Farrar war ziemlich heftig. Befehlsgewohnt, auch was die Partitur anging, herrschte die Diva den winzigen Italiener an: »Hier bin ich der Star!« Darauf erwiderte der Maestro ironisch, er kenne nur die Sterne am Firmament, die einzigen, die vollkommen seien; doch zu guter Letzt verliebte er sich unsterblich in diese faszinierende und rebellische Frau. Zu Beginn war es ihr recht, umworben zu werden – anscheinend war da auch noch etwas mehr –, dann aber stellte sie die Bedingung, er müsse sie heiraten. Als guter italienischer Ehemann entschloß sich Toscanini, in den Schoß der Familie zurückzukehren.

Am 15. November maß Caruso seine Kunst am französisch gesungenen Bühnenwerk *Samson et Dalila* von Saint-Saëns, eine Art Prüfung für Heldentenöre, die er, von einer auch auf die ungarische Mezzosopranistin Margarethe Matzenauer übergreifenden Welle der Begeisterung getragen, glänzend bestand. Um die Veränderungen seines Talentes zu erproben, suchte er nach immer neuen und auch alten Herausforderungen. Im Februar 1916 spielte er erneut den Herzog im *Rigoletto*. Keiner der Sänger war überzeugt, sein Bestes gegeben zu haben; und selbst Caruso kehrte niedergeschlagen in sein Hotel zurück, da er glaubte, zu schwerfällig gesungen zu haben. Um so größer die Überraschung, als am nächsten Morgen in den Zeitungen von einem Triumph die Rede war.

In Carusos Diensten stand nun der welterfahrene Sekretär Bruno

Zirato. Weit entfernt vom Blutvergießen an den Fronten und dem Hunger, der Europa auszehrte, nahm das Leben in den Vereinigten Staaten seinen gewohnten Lauf. Präsident Wilson fuhr in aller Ruhe in seine Flitterwochen; nur die Überfälle Pancho Villas an der Grenze sorgten für Aufregung. Die Amerikaner hatten Zeit fürs Kino: Bühnenwerke und Sopranistinnen wurden auf Zelluloid gebannt; die aufreizende Geraldine Farrar hatte in einem spektakulären Film die Carmen gespielt. Caruso fand sie in derselben Rolle am 17. Februar an der Met erneut an seiner Seite: Sie war heftig, geradezu exaltiert. Im ersten Akt traktierte sie einen Komparsen mit den Fäusten, im dritten artete der Kampf mit Don José durch ihre Ohrfeigen und regelrechten Bisse zu unerhörter Wildheit aus. War es Übereifer, Hysterie? Diese Frage stellte sich Caruso nicht, sondern reagierte instinktiv mit einem so heftigen Stoß, daß die Sängerin mit dumpfem Trommelschlag zu Boden fiel. Nicht minder geräuschvoll dann die gegenseitigen Beschimpfungen in der Garderobe, die sich aber bald in einer unumgänglichen Versöhnung auflösten; acht Tage später wurde in der besagten Szene aus dem Zweikampf eine fast allzu offensichtlich zur Schau getragene Umarmung.

Im April, in Boston, kam es zu einer der unzähligen Enttäuschungen in der *Aida*. Einmal fühlte sich Caruso unverstanden. Gewiß, durch die Veränderung seiner Stimme entsprach Verdis Meisterwerk nun seinem Wesen weniger als früher. Daß aber das Publikum sich nicht verzaubern ließ, ist möglicherweise auch dem Einfluß der frühen Schallplattenaufnahmen zuzuschreiben, die in ihrer Zeit einen anderen, weniger erfahrenen Caruso festhielten, jedoch mit einer jüngeren Stimme. Hinzu kommt, daß, als die Spielzeit auf ihren Höhepunkt zuging, sich die lästigen, nun schon allzu vertrauten Begleiterscheinungen der Übermüdung einstellten: hämmernde Migräne, Nervosität, hartnäckige Schmerzen tief im Hals. Ein kleiner, von Professor Curtis ausgeführter Eingriff an der Nasenscheidewand sowie Elektromassagen linderten die Qualen. Die beste Kur aber war immer noch die Ruhe. Enrico hatte Sehnsucht nach seinen Söhnen; so zog er sich in jenem Sommer, als Cesare Battisti und Nazario Sauro erhängt wurden, auf sein Landgut in der Toskana zurück. Trotz der Erleichterung, die ihm die Nähe seiner Kinder brachte, befiel ihn Schwermut. In einem Brief an Arachite heißt es: »Ich möchte ein einfacher Sänger sein und noch zehn Jahre zu leben

haben, fünf Jahre der Arbeit und fünf des Glücks.« Um die Erinnerungen zu verscheuchen, beschäftigte er sich, wie gewohnt, mit dem
Einstudieren neuer Rollen, dem Sammeln von Raritäten und ähnlichen Liebhabereien. Vor allem aber widmete er sich, mit Fettstiften
und Zeichenkohle ausgerüstet, einer Tätigkeit, die ihm mehr war als
eine bloße Freizeitbeschäftigung.

15. KAPITEL

Bleistift und Ironie

Enrico Caruso besaß, wie tausendundeine Anekdote erzählt, einen auffallenden, elementaren Sinn für Humor. Amüsiert oder resigniert, mitunter auch mit einigem Mißbehagen, ließen die Künstlerkollegen seine Scherze über sich ergehen. Emmy Destinn, von deren Zyklamenallergie er wußte, überreichte er öffentlich einen Strauß Rosen, durchsetzt mit eben diesen Blümchen, und provozierte damit einen Schwall von Niesern. In der *Gioconda* ließ er auf offener Bühne ein hartgekochtes Ei in Giraldonis Hand gleiten, der dieses, vollkommen perplex, los wurde, indem er es flugs in den Rachen eines Papplöwen warf. Ein andermal goß er heimlich Wasser in den Zylinder von Bassist Arimondi, der, seinen Kopfschmuck auf der Bühne aufsetzend, eine kalte Dusche bekam. Mit aufgeklebtem Schnurrbart wiederum gab er sich als Journalist aus und stellte dem deutschen Komponisten Engelbert Humperdinck die verrücktesten Fragen. Frances Alda schleppte er in ein Schuhgeschäft und verlangte für sie »kapuzinerfarbene« Überschuhe; nach langem Hin und Her gestand er den heillos überforderten Verkäufern, es handle sich um eine nicht existierende Farbe. Wiederum Frances Alda stellte als unbedachte Mimì mit Entsetzen fest, daß ihr das Spitzenhöschen herunterrutschte. Unter hundert Artifizien gelang es ihr, sich hinter den abgewetzten Diwan zu spielen, der die Dachstube der Bohémiens zierte, wo sie sich des widerspenstigen Dessous schließlich entledigte. Doch Caruso hatte alles genauestens beobachtet: Er hob das zarte Etwas auf, verbeugte sich demonstrativ vor der Primadonna und drapierte es gut sichtbar auf das Sofa. Ein andermal vergnügte er sich damit, Hunden unwahrscheinliche Gesangsstunden zu erteilen, oder versuchte sich als Bauchredner, wobei er sich mit allerlei Tricks behalf. Vor den Augen verdutzter amerikanischer Gäste tauchte er die Füße in einen mit Eis gefüllten Sektkübel und verkündete: »Das

Theater ist mein Leben.« Als Weihnachtsmann verkleidet, beschenkte er die Armen von Little Italy. In einer Bank ließ er beim Einlösen eines Schecks als Identitätsbeweis einen Spitzenton erklingen. Esprit bewies er auch in seinem Briefwechsel mit bettelnden Anhängern. Da bat ihn einmal einer um fünf Dollar für seine kranke Frau; kaum war seiner Bitte entsprochen worden, erbat er drei Dollar für seine Tochter, der es schlechtgehe, und bekam auch diese; beim dritten Bittbrief für einen darniederliegenden Sohn wurde es dem Tenor allerdings zu bunt: »Jetzt reicht's, ich werde ja bald selber krank! Das einzige, was ich noch für Dich tun kann, ist, ein Krankenhaus für Deine Familie zu kaufen.«

Der Humorist Caruso hat noch ein anderes Gesicht, das kaum erforscht und weitaus raffinierter ist: das des Karikaturisten. Es zu studieren ist aufschlußreich, weil es einen Beweis mehr für den revolutionären Instinkt eines Mannes liefert, der nur allzuoft als wehmütig-verträumter Emigrant, als Gefangener der Vergangenheit beschrieben wurde. Der Zeichner Caruso hält Schritt mit den Erscheinungen der künstlerischen Avantgarde des frühen 20. Jahrhunderts, nimmt sie manchmal gar vorweg. Diese Tatsache stellt das Bild des unkultivierten Tenors in Frage, der, den Amerikanern zufolge, Bilder am Laufmeter gekauft haben soll. Es wird sogar erzählt, er habe ein wertvolles Ölgemälde eines berühmten Meisters dem Händler gegenüber mit den unglaubwürdigen Worten abgelehnt: »Zu diesem Preis bekomme ich ein viel größeres!« Dabei beweist das aufmerksame Studium seiner Arbeiten – futuristische Intuitionen, Bleistiftstriche ähnlich denen der zeitgenössischen deutschen Zeichner –, daß er den neuen Zeitgeschmack kannte und interpretierte. Er war ein Dilettant, gewiß, jedoch ein informierter und genialer.

Carusos Karikaturen überschwemmten 1906 zu Tausenden die Seiten der New Yorker *La Follia*, des von Marziale Sisca geleiteten bitterbösen Satireblattes. Als Abkömmling eines neapolitanischen Blattes, das sich selbst als »monströses Organ« apostrophierte, zeigte *La Follia* auf dem Titelblatt vor einem Hintergrund aus Wolkenkratzern ein Frauengesicht, umrahmt von einem flatternden Band, auf das die Maxime *castigat ridendo mores* geprägt war. *La Follia* griff, vor allem in Versform, Themen wie die Ausgrenzung der Auswanderer, ihr trostloses Dasein auf. Und so nahm auch die unentgeltliche Mitarbeit Carusos in gewisser Weise politische Bedeutung an.

Vom Tenor mit sprühendem Witz, manchmal auch mit beißender Ironie aufs Korn genommen wurden die Protagonisten jener Zeit, Künstler, Mäzene, Politiker. Caruso besaß eine natürliche Leichtigkeit des Audrucks. In wenigen Augenblicken fing er mit sparsamen Strichen einen Charakter, ein Lebensmoment ein. Er war schnell und unerschöpflich, zeichnete für wohltätige Zwecke, schenkte, wie schon erwähnt, den Reportern an den Pressekonferenzen reihenweise Porträts, die er zwischen zwei Fragen improvisierte. Als man ihm berichtete, daß eine seiner Skizzen von Präsident Wilson für fünfundsiebzig Dollar verkauft worden sei, war er hochbefriedigt: »Ein guter Preis für zehn Minuten Arbeit.« 1913 in Berlin erschien er überraschend in der von Gemma Bellincioni geleiteten Gesangsschule: Es war ein Donnerstag, der Tag, an dem die Schüler eine ganze Oper aufführten. Die junge Desdemona, die gerade an der Reihe war, bat ihn aufgeregt um ein Autogramm, das sie auch bekam: Eine launige Selbstkarikatur mit Hamsterbäckchen, den Mund zum »O« gerundet. In Kürze verlangten alle Schüler der Bellincioni, gleichermaßen beehrt zu werden, was er ihnen auch gewährte.

Mit denselben Händen, die in der schweren Kindheit Brunnen hergestellt hatten, schuf der Tenor auch mehrere Skulpturen: eine, mitleidslos lächelnd, zeigt ihn samt Fettpölsterchen in der Buddhastellung. In Pituellos Mailänder Museum steht eine dreihundert Kilogramm schwere Büste von Bariton Scotti, signiert mit »E. C.«. Außerdem modellierte er Krippenfiguren nach neapolitanischer Tradition.

1922, ein Jahr nach seinem Tode, widmete ihm *La Follia* unter der Schirmherrschaft der Met eine umfangreiche Anthologie von Karikaturen, die heute nur mehr zu Antiquariatspreisen zu finden ist. Eine erste Sammlung von Theaterkarikaturen, *Caruso's Book, Being a Collection of Caricatures and Character Studies from Original Drawings of The Metropolitan Opera Company*, erschien 1906 in New York. Die beiden Bände vermitteln einen Eindruck von der Spontaneität dieses Künstlers; im Werbeteil der postumen Ehrung finden sich auch einige Belege für seine lang anhaltende Popularität, so etwa das Reklamephoto für die Schallplatten der Firma Sherman oder die Bauchbinden des von Martorelli importierten und verteilten »Caruso virgin italian olive oil«, auf dessen Dose in einem Medaillon eine Großaufnahme des Tenors prangte, überragt von einer üppigen Trompeterin.

Filippo Tommaso Marinetti, der von Jesuiten erzogene Dichter, veröffentlichte im Pariser *Figaro* vom 20. Februar 1909 das *Manifest des Futurismus*. »Wir werden die großen Menschenmengen besingen, die die Arbeit, das Vergnügen oder der Aufruhr erregt: Besingen werden wir die vielfarbige und vielstimmige Flut der Revolutionen in den modernen Hauptstädten; besingen werden wir die nächtliche vibrierende Glut der Arsenale und der von gewaltigen elektrischen Monden erleuchteten Werften . . .«

Zu Marinettis neapolitanischen Anhängern gehörte Francesco Cangiullo, Komponist und Verseschmied, Verfasser von Memorialen und Zeichner. 1986 wurden in einer Ausstellung in Neapel, die den Kunstbewegungen in den ersten Jahren des Jahrhunderts gewidmet war, auch einige Zeichnungen Cangiullos gezeigt, die dieser mit Hilfe von Buchstaben und Zahlen angefertigt hatte. Dieselbe, den *Calligrammes* von Apollinaire entlehnte und von vielen Futuristen angewandte Technik findet sich, genau von 1909 an, in den Karikaturen Carusos. Man kann sich fragen, inwieweit er sie kannte. Oder ahnte er nur?

Es existiert ein Selbstporträt, komponiert aus den sechs Buchstaben des Familiennamens, bei dem das »S« das Kinngrübchen markiert und das »A« die Nase; ein anderes, in sechs Momente verschlungenes Profil entwickelt sich aus der fortlaufenden Umformung des Anfangsbuchstabens »C«. Weiter ist da ein der Überblendung des »P« entsteigender Puccini; ein Alfred Hertz, der, sinnigerweise von einem Herzen ausgehend, sich zum seitlich aufgenommenen, korpulenten Orchesterleiter auswächst; ein Arturo Toscanini, der, einem Ohr entfließend, zum schnauzbärtigen, finsteren Runzelgesicht wird. Toscanini gehört zu Carusos Lieblingssujets, wird einmal mit liebevoller Nachsicht behandelt, ein andermal mit etwas Boshaftigkeit: Caruso gab einer Bleistiftzeichnung des Maestro eine Bildunterschrift, auf der es heißt: »Trotz aller Revolutionen ist die Epoche der Könige noch nicht untergegangen.« Manchmal setzte er einen einzigen, ungeheuer wirkungsvollen Bleistiftstrich ein, ein Verfahren, das er auch bei einer überaus liebevollen Profilzeichnung von seinem Töchterchen Gloria anwandte.

Sich selbst ersparte Caruso nichts. Er taucht vom Rande eines Kelches auf, lächelt aus dem Osterei einer Glückwunschkarte, grinst unter einem Schnurrbart hervor, gezeichnet wie die Augenbrauen, löst sich aus einer Reihe von Zahlen (die 4 ist die Nase, die 9 das Ohr, die 6 der oft nachgeahmte Haarschopf), blickt forschend aus einem Quadratschädel nach kubistischem Geschmack, lächelt schief oder verfinstert sich, tritt menschlich aus der Galerie auf der Bühne verkörperter Figuren. Die Bezüge (niemand weiß, wie bewußt sie waren, auch wenn man annehmen darf, daß Caruso mehr als eine Kunstzeitschrift durchblätterte, allen voran vielleicht die britische *The Studio*) scheinen zahlreich. Außer an die Futuristen und die Deutschen finden sich Anklänge an Aubrey Beardsley, den Hauptvertreter des Liberty, der es Oscar Wilde angetan hatte; an den Franzosen Honoré Daumier; an Erté und den Wiener Jugendstil (vgl. den zur reinen Maske reduzierten Mascagni); an den alten Neapolitaner Antonio Bulifon, einen Freund der Schnörkel des 17. Jahrhunderts; an die Kubisten, erkennbar in der großartigen Zeichnung von Cyrano de Bergerac, geradezu ein Puzzle aus Quadraten, Kreuzen und Linien. Nein, Enrico Caruso war kein Improvisator; Porträts von Protagonisten jener ruhelosen Epoche, das von Ermanno Wolf-Ferrari zum Beispiel, lassen erkennen, daß er in Kreisen verkehrte, die vom Geist der Avantgarde durchdrungen waren. Wenn es ihm auch nicht gelang, einen eigenen Stil hervorzubringen, so bewies er doch höchst bemerkenswerte eklektische Fähigkeiten und ein untrügliches Auge.

Bedeutende Exemplare von Carusos »anderer« Kunst wurden 1975 auf einem Hof von Cassinazza in der Nähe von Mailand ausgestellt, und zwar auf Betreiben des symbolistischen Malers Enzo Pituello, des Bruders des Sammlers (ein Attribut, das diesem bei weitem nicht gerecht wird, bewahrt doch Luciano Pituello als letzter das Andenken an den Tenor). Eine Vielzahl dieser Zeugnisse gehören den Erben Siscas, die heute noch in New York leben. Einige sind kleine Meisterwerke: der finster bebrillte Gustav Mahler, der an den Stil Klimts erinnert; Alessandro Bonci, mit Gitarre und Schnurrbart ausgestattet; Präsident Roosevelt in gestreiftem Zylinder; Mischa Elman in Form einer Violine; der abenteuerlustige Luigi Barzini; Costa, Cordiferro, Ernesto De Curtis und andere Schöpfer der neapolitanischen Melodie; Guglielmo Marconi, schwankend zwischen zwei Antennen; ein todernster Rossini; ein klitzekleiner König Vittorio Emanuele; eine klapperdürre, alles andere als verführerische Lina Cavalieri mit vorgestrecktem, endlos langem Hals und rabenschwarzer Haarkappe.

Die von Caruso meistgeliebte (oder meistgehaßte?) Skizze war möglicherweise der Canio, Bajazzo einer verlorenen Liebe, den Eugenio Gara als Umschlagbild für seine »Storia di un emigrante« auswählte. Caruso-Canio trägt ein komisches Hütchen mit Pompon und Halskrause; um seinen Mund spielt ein feines Lächeln, doch hinter ihm breitet sich ein dunkler Schatten aus. Die Zeichnung stammt aus dem Jahre 1913; er hatte Ada noch nicht vergessen.

16. KAPITEL

Seine Leidenschaften

Arturo Toscaninis wichtigstes Konzert im Jahre 1917 fand auf dem von der Brigade Forlì hart umkämpften Monte Santo statt. Nachdem es ihm gelungen war, eine mehr schlecht als recht spielende Kapelle von Soldaten um sich zu versammeln, stellte sie der Maestro dem österreichischen Feind zugewandt auf und dirigierte »unter einem Sturmfeuer von Projektilen und Granaten« die *Marcia Reale* und *Fratelli d'Italia*; am Ende eines jeden Stückes brach er in ein glühendes »Viva l'Italia« aus. Für dieses Unternehmen wurde er mit der silbernen Verdienstmedaille ausgezeichnet. Einige amerikanische Zeitungen, so der *Musical Courier*, ironisierten allerdings das angebliche Heldentum des Dirigenten: »Unter dem anhaltenden österreichischen Sperrfeuer hätten die italienischen Soldaten schon über ein übermenschliches Gehör verfügen müssen, um die Schützengräben unter den patriotischen Klängen der Musikkapelle zu erobern, wenn auch letztere bloß hinter einem großen Felsen in Deckung gegangen war.«

Es waren Zeiten der Not und Verzweiflung. In der Steinwüste des Monte Santo fand Nino Oxilia, der Verfasser von *Addio giovinezza*, den Tod. An den Mauern Amerikas erschienen am 6. April Plakate mit dem Gesicht von Onkel Sam mit weißbesterntem Zylinder und ausgestrecktem Zeigefinger: »I want you for the U.S. Army.« Mit der Erklärung, sie wollten Sicherheit und Handel schützen und dem Würgegriff der deutschen Kriegsschiffe und Unterseeboote entziehen – die Empörung über die Versenkung des Ozeandampfers *Lusitania* hatte riesige Wellen geschlagen –, traten auch die Vereinigten Staaten ins gigantische Gemetzel ein. Zur Niederschlagung der »Hunnenbarbarei«, wie es in der Kriegspropaganda hieß, griffen die Yankees zum Gewehr. Der Andrang der Freiwilligen war so groß, daß der Losentscheid eingeführt werden mußte. In schrecklich naiver amerikanischer Manier hieß es, dies sei »the war to put an end to all wars«, der Krieg, der allen Kriegen ein Ende setzen würde.

Die Kriegsvorbereitungen fielen mit den letzten Vorstellungen der Spielzeit an der Met zusammen. Der Schluß-*Rigoletto* erlebte einen aufgewühlten, leidenschaftlichen Caruso, der, unter Jubel sein Taschentuch schwenkend, Hochrufe für Amerika und die Alliierten forderte, die er auch bekam. Er schien auf seine Art unter zwei Flaggen zu kämpfen, jener seiner nie verleugneten Heimat, in der seine Söhne aufwuchsen, und der des Landes, das ihn mit offenen Armen aufgenommen hatte. Seitdem stimmte seine künstlerische Tätigkeit mit der Propaganda überein: Er sang für die Sache, spendete, veranstaltete Sammlungen. Soweit überhaupt möglich, war es für Caruso eine Zeit, in der er sich einer noch herzlicheren Beliebtheit erfreute. Mit der Met hatte er von 1916 an eine mündliche Übereinkunft getroffen. »Zwischen uns braucht es keine Verträge«, meinte er gegenüber Gatti-Casazza und Otto Kahn. Er handelte eine leichte Erhöhung der Gage von zweitausend auf zweitausendfünfhundert Dollar pro Auftritt aus. Die Met hing von ihm ab, doch Caruso, voller Dankbarkeit, wollte dies nicht ausnützen.

Die Spielzeit 1916/17 war alles in allem triumphal, auch wenn die Eröffnungsoper, Bizets *Pêcheurs de perles* (auf französisch), achtzehn Jahre nach der glücklichen Genueser Erfahrung wiederaufgenommen, nur dreimal aufgeführt wurde. Fünftausend Menschen, die die *Aida* hören wollten, konnten nicht ins Theater eingelassen werden. Im *Elisir d'amore* donnerten die Rufe nach Dacapos; der Tenor hatte vorsorglich angekündigt, daß er keine gewähren könne, wurde aber gezwungen, sich selbst Lügen zu strafen. Einhelligkeit unter den Kritikern: »Seine Stimme ist dunkler geworden, hat aber ihre Beweglichkeit bewahrt« (Henry Krehbiel); »ein überragendes Meisterwerk« *(The World)*. Ende April, in einer Atmosphäre der Mobilmachung, brach er in Begleitung des Cincinnati Symphony Orchestra mit einem Extrazug zu einer Konzerttournee nach Atlanta, Cincinnati, Toledo und Pittsburgh auf. Königliche Empfänge, Menschenmengen, Flaggenmeere, wo immer er hinkam. Die zu seinem Empfang aufgebotenen Kapellen spielten die italienische Nationalhymne. Damit er zu seiner Nachtruhe kam, brach ein Brautpaar gar das Hochzeitsfest ab, dessen heitere Geräuschkulisse das ganze Hotel erfüllte, was ihm der Tenor mit einem persönlichen Dankeskärtchen lohnte. Schlaflosigkeit, verursacht durch eine möglicherweise nervlich bedingte Migräne, befiel ihn oft. In einem nie veröffentlichten Brief vom 14. August 1916 an seinen Cousin Luigi aus Piedimonte, dem der unvermeidliche Geldschein von hundert Lire beilag, »damit du auf mein Wohl trinken oder eine Messe für die Seele unserer Verstorbenen lesen lassen kannst«, schrieb Caruso: ».. . Mit meiner Gesundheit steht es nicht zum besten, und trotz aller Pflege, an der es mir nicht fehlen kann, fühle ich mich immer schlecht. Seit fünf Jahren werde ich von entsetzlichen Kopfschmerzen geplagt, die mir das Leben unmöglich machen . . .« Sein Körper verlangte nach Ruhe, die Untätigkeit aber erfüllte seine Gedanken mit Wehmut und Schmerz. Adas Weggang lastete noch immer auf ihm wie eine unerwartete Niederlage, ohne daß er daran etwas hätte ändern können. Da der Krieg seine Sommerreise nach Italien verunmöglichte, zog er es vor, auf einen Urlaub in New York zu verzichten, und stach am 10. Mai 1917 auf der *Saga* in See, um eine Tournee durch Lateinamerika zu unternehmen. Die Angst zersplitterte in tausend Befürchtungen. So reiste er mit einem speziellen Schwimmgurt, der es ihm im Falle eines Schiffbruchs erlaubt hätte, sich sitzend über Wasser zu halten; höchstpersönlich inspizierte er die Sicherheitsvorrichtungen auf dem Schiff; seiner Unruhe versuchte er Herr zu werden, indem er neue Partien einstudierte, die er zuvor, wie üblich, in seine Notizbüchlein eingetragen hatte.

Auch die Vorbereitung der Saison in Südamerika gestaltete sich aufreibend. Carusos Gage war hoch, und die Veranstalter präsentierten ihn bei jeder erdenklichen patriotischen, mondänen oder künstlerischen Gelegenheit, um durch die Werbung die Kasse wieder zum Klingeln zu bringen. Dieses zermürbenden Mechanismus, dessen, was man gemeinhin den »Preis des Ruhms« nennt, war Caruso sich vollauf bewußt; nach Buenos Aires schickte er sich in einen langen Werbefeldzug durch Brasilien.

Dieser wurde zu einer komplexen und bedrückenden Erfahrung. Aus dem zerrissenen Europa kommend, hatte ein Heer von Arbeitslosen den Ozean überquert, eine Last von Heimweh und Nationalismen mit sich tragend, die durch die Begegnung mit der Neuen Welt nicht leichter, sondern im Gegenteil – bedingt durch den Krieg, der die Völker selbst in der Ferne spaltete – noch schwerer wurde. So kam es, daß Caruso, von den italienischen Auswanderern hochgeju-

belt, von jenen spanischer und portugiesischer Abstammung ange-
feindet wurde. Die Entlassung von Fernand Francell, einem französischen Tenor am Colón, löste beinah einen diplomatischen Skandal
aus mit offenkundig ungerechtfertigten Anschuldigungen an die
Adresse »von Carusos italienischem Klüngel«. Das plötzliche *forfait*
der indisponierten französischen Sopranistin Ninon Vallin-Pardo
war Ursache einer weiteren Unannehmlichkeit am Municipale in São
Paulo: Ihr Ersatz, Gilda Dalla Rizza, sang die *Manon* auf italienisch,
während Caruso-Des Grieux dem französischen Libretto treu blieb;
die zweisprachigen Duette wurden unweigerlich mit Gelächter und
Polemiken quittiert. Carusos Einwilligung, als Rosario in einem in
deutschem Besitz stehenden Theater aufzutreten, entfesselte den
Zorn der Deutschfeindlichen, Italiener mit eingeschlossen, die am
Vorabend der Aufführung das Lokal stürmten und zerstörten. Trotz
dieser Zwischenfälle meisterte Caruso in künstlerischer Hinsicht
seine Verpflichtungen und offenbarte eine reichere und reifere
Stimme. In Brasilien, wo er sich mit den Industriellen Matarazzo und
dem Arzt Francesco Tommasini befreundete, waren die Ehrungen
besonders herzlich. In São Paulo lebte einer von Carusos leiden-
schaftlichsten Anhängern, Professor Silvio Marone, Sohn eines kalabresischen Schuhmachers, der nützliche Broschüren unters Volk
brachte und mehrere Ausstellungen organisierte.

Die Rückkehr nach New York im Herbst fiel mit den tragischen
Nachrichten aus Caporetto zusammen, wo am 24. Oktober die 12.
deutsche Division auf einem Teppich italienischer Leichen vor-
rückte. Caruso befand sich an Bord eines in Rio de Janeiro ausgelau-
fenen Dampfers, als er über ein Funktelegramm von der italienischen Niederlage erfuhr. Viele sahen ihn weinen. Ein junger
amerikanischer Soldat namens Ernest Hemingway beschrieb den
Rückzug der italienischen Truppen als »unendlich lang, schmachvoll
und naß«. Toscanini, der immer noch das Kommando über die Militärkapelle innehatte, weigerte sich, seine Stellung zu verlassen, da er
keinen Befehl zum Rückzug erhalten hatte; die Kapelle zog sich erst
zurück, als der österreichische Granatenhagel einsetzte. Im Kom-
mandozelt wurde der unfähige Luigi Cadorna durch den Neapolitaner Armando Diaz ersetzt, der zwischen den einzelnen Schlachtplä-
nen die Gedichte von Salvatore Di Giacomo las und sich Carusos
Platten anhörte. Das Debakel von Caporetto verstärkte die Angstge-

fühle des Tenors, der sich vor allem um das Los seiner Söhne sorgte. Wie nicht anders zu erwarten, stürzte er sich einmal mehr in die Arbeit.

Die angebliche Rivalität mit dem Iren John McCormack verwandelte sich in eine dauernde gegenseitige Wertschätzung. Die Ächtung der deutschsprachigen Opern erhöhte die Chancen, engagiert zu werden. Zwischen November 1917 und April 1918 interpretierte Caruso zwölf verschiedene Rollen. Am 12. Januar 1918 gestaltete er den Flammen in der *Lodoletta* von Pietro Mascagni, einer Oper, die er bereits in Südamerika gesungen hatte und deren Kritiken durchweg positiv waren. Im großen und ganzen wiederholte sich dieser Erfolg (es war das einzige Werk Mascagnis nach *L'amico Fritz*, das nach dem Belieben einiger amerikanischer Kritiker ausfiel), doch sie schaffte es nicht, ins Repertoire aufgenommen zu werden. Pierre Key von der *World* lobte: »Carusos wiederholter Erfolg in dieser Oper, zu einem Zeitpunkt seiner Karriere, da viele von Niedergang sprechen, sollte die Pessimisten zum Nachdenken anregen. In den letzten drei Jahren hat er sich allmählich der technischen Vollkommenheit angenähert.« Am 7. Februar war er Johann von Leyden in Meyerbeers *Le Prophète* (auf französisch), einer dramatischen, für seine Stimme gefahrvollen Partie: Ein mehr als überzeugender, geradezu durchschlagender Erfolg, ein Beweis dafür, daß der Welt größter Tenor sich seine Lust, Wagnisse einzugehen, bewahrt hatte. *Le Prophète* war eines von Jean de Reszkes Bravourstücken gewesen; mittlerweile war die Erinnerung an den göttlichen Polen verblaßt, und Caruso konnte es sich erlauben, das ideale Repertoire seines Vorgängers anzugehen. Weniger glücklich, am 14. März, die Erstaufführung von Italo Montemezzis *L'amore dei tre re*, einer Oper, die Caruso nie wieder sang. Es war auch das letzte Mal, daß er sich an eine neue Komposition heranwagte.

Die häufigen Auftritte an der Met wurden durch Konzerte zugunsten der Familien von einberufenen Italienern, des italienischen Hospitals in New York, des Roten Kreuzes, der blinden Soldaten, des US-Marinefonds unterbrochen. Er rief dazu auf, freiwillige Kriegsbeiträge zu leisten, und beglich einige Monate im voraus seine Steuerschuld, die sich auf 59832,15 Dollar belief. »Das ist meine Pflicht«, meinte er, »und kann als Vorbild dienen.«

Daneben fing er an, Kriegs-Comics zu sammeln, die er in geduldiger Kleinarbeit ausschnitt und einklebte. Carusos Sammeltätigkeit mag eine Randerscheinung sein, ist jedoch bezeichnend für seine Persönlichkeit. Er legte die unterschiedlichsten Sammlungen an, und dies nicht bloß aus der Notwendigkeit heraus, seine Investitionen zu diversifizieren oder seinen Reichtum zur Schau zu stellen. In Wirklichkeit empfand er nicht nur ein beinah kindliches Vergnügen am »Spiel« mit seinen Objekten, es fiel ihm auch schwer, sich von etwas zu trennen, was ihm gehört hatte, Lebensspuren auszuwischen. Er schien außerdem von einer dunklen Furcht vor dem Nichtstun getrieben: Da ihm Empfänge ein Greuel waren und er sportliche Aktivitäten ignorierte (ein bißchen Schwimmen im Sommer war alles), diente das Ordnen von Zeitungsausschnitten, Briefmarken oder irgend etwas anderem dazu, die freien Stunden auszufüllen.

Er kaufte Gemälde, Bronzen, Email- und Porzellanwaren, dreihundert antike Keramikstücke; mit vielen Antiquitätenhändlern war er befreundet, besonders mit dem Neapolitaner Amedeo Canessa, der seinen Laden an der Piazza dei Martiri hatte. Er sammelte goldene Schnupftabakdosen aus der Epoche und im Stile verschiedener Louis. Mit leidenschaftlicher Genauigkeit verteilte er Serienbriefmarken in die Alben, von den seltensten bis zu den gewöhnlichen, stapelte Postkarten aus allen Ecken und Enden der Welt. Geduldig schnitt er Artikel aus, in denen von ihm die Rede war und die er am Rande mit persönlichen Kommentaren der Zustimmung oder Mißbilligung ergänzte. Selbst auf den Schecks, die er für seine Auftritte erhielt, notierte er Urteile über sich: gut, ziemlich gut, sehr gut, schlecht . . . 1915 erwarb er für 3650 Dollar französische Spitzen, die dem Duc d'Avary gehört hatten. Seine Münzensammlung umfaßte schließlich zweitausend Exemplare vom vierten Jahrhundert v. Chr. bis in seine Tage, die eines gemeinsam hatten: Sie waren alle aus purem Gold. Aus Gold mußten auch die anderen Sammelstücke sein, die Uhren und Döschen aller Art. Daß seine Wahl auf Gold fiel, dieses ins Auge fallende Symbol für Reichtum und Wohlstand, mag seine Bedeutung haben.

Caruso bewahrte eine Auswahl seiner Karikaturen auf und entwarf überdies Modelle von Damen- und Herrenkleidern. Die Einnahmen und Ausgaben, auch die kleinsten, führte er in dichtbeschriebenen Heften auf. Eine Zeitlang widmete er sich hingebungsvoll dem

Gartenbau und deckte sich mit sämtlichen auf dem Markt erhältlichen Werkzeugen ein.

All diese Sammlungen von antiquarischen Gegenständen, Münzen, Medaillen, Partituren, Kostümen und Karikaturen wurden 1923 von seiner Witwe in New York versteigert. Bei Eröffnung der Auktion erhob sich ein mysteriöser Herr und forderte zwei Schweigeminuten »zum Gedenken an diesen großmütigen Künstler und großen Italiener«. Kaum waren die zwei Minuten verstrichen, verließ der Unbekannte den Saal, und die Versteigerung begann; am ersten der vier Verkaufstage wurden gut 21 833 Dollar gelöst.

Seinen Leidenschaften ging Caruso einsam und alleine nach, doch im Sommer 1918, dem letzten von der Glut des Weltkriegs verzehrten, entrissen ihn zwei neue Erfahrungen seiner Einsamkeit: die Begegnung mit dem Kino und mit einer Frau namens Dorothy.

Via San Giovanniello agli Ottocalli.

Die Fabrik Meuricoffre, in der Carusos Vater Aufseher war und der junge Enrico Stoff-
muster zeichnete.

Erste professionelle Aufnahme des jungen, mittellosen Tenors: mit einer Tagesdecke malerisch um den Hals drapiert, da das einzige Hemd, das er besaß, gerade in der Wäsche war.

Im Garten von Luigi Denza in Hampstead, London, im Jahre 1904. *Von links:* Bariton Antonio Scotti, Enrico Caruso, Pier Adolfo Tirindelli, Giuseppe Martucci, ein Unbekannter, Signora Alberti und Luigi Denza. *Sitzend:* Signora Denza, ihr zu Füßen der heutige Gemeinderat Luigi Denza.

Caruso in der *Afrikanerin*.

Caruso in den *Pagliacci*.

napoleone all' isola di...--Rimini
Dio. che caldo!.--

cordialmente
Enrico

Zwei sehr verschiedene Aspekte des Humoristen: Caruso in Rimini ...

. . . und in Salsomaggiore.

Caruso in *Lucia di Lammermoor*.

Eine der unzähligen Photoreportagen über den Tenor.

Caruso als Karikaturist. *Oben links:* Radames für die *Aida.*
Oben rechts: Don José für die *Carmen.* Beide Karikaturen
wurden ausdrücklich für die Grammophongesellschaft
gezeichnet. *Unten:* Karikatur von Fortunato Zanti.

Kleine Karikaturensammlung von Persönlichkeiten des Musiklebens einschließlich einer Karikatur seiner selbst.

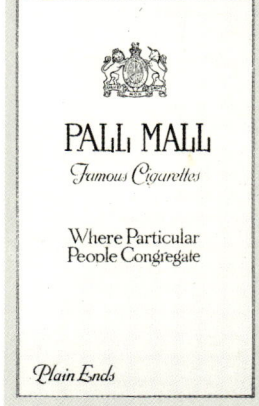

Caruso mit Zigarette, »als er noch einen Schnurrbart trug«. Diese
Photographie wurde ins Programmheft der am 22. März 1919 von der
Met veranstalteten Feier anläßlich seiner fünfundzwanzigjährigen
Laufbahn aufgenommen und zusammen mit der Reklame für die
Zigarettenmarke Pall Mall abgedruckt, damit das Bild dieses »außer-
ordentlichen Rauchers« für Werbezwecke verwendet werden konnte.

COMM:
ENRICO CARUSO.
XI−I−1919.

Caruso in Mexico City bei der Grundsteinlegung für das Kino *Olimpia*.

Caruso mit seiner Frau Dorothy und seinem Sohn Enrico jr., genannt Mimmi.

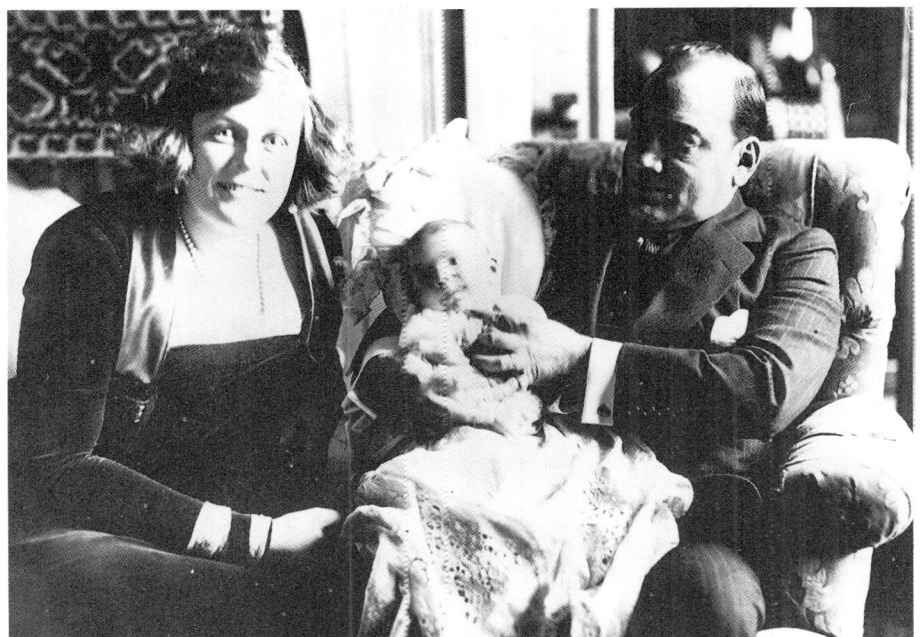

Familienbild mit der neugeborenen Gloria.

Der Tenor im Juli 1915 beim Besuch eines Schallplattengeschäfts in Rosario, Brasilien.

Das Museum Enrico Caruso in Mailand beherbergt seltene Schätze wie diese während eines Konzerts im Teatro Esperanza Iris in Mexico City im Jahre 1919 aufgenommene Photographie.

In einer Ecke des Museums: der für *Iris* angefertigte Kimono *(links)* und das Bühnenkostüm für *Otello,* das Caruso jedoch nie getragen hat und später dem Tenor Nicola Zerola schenkte *(rechts).*

17. KAPITEL

Flop auf der Leinwand

Im August 1914 war das Kino an Caruso herangetreten. Der amerikanische Produzent Fisher bot ihm Tausende von Dollars für zehn Stunden Arbeit, verteilt auf fünf Tage. Der Tenor aber lehnte ab, ertrug er es doch kaum, photographiert zu werden; und vor einer Filmkamera die Lippen zu bewegen, ohne zu singen, schien ihm ein Betrug, eine Beleidigung seiner Kunst. Doch der Sammler und Bewahrer altüberlieferter Werte war auch für die Zeichen des Fortschritts aufgeschlossen. Als in der Folge der Film immer größere Verbreitung fand, zur Industrie wurde, den Stars zu ungeheurer Popularität verhalf und in den toten Kriegsjahren zu einem lebendigen Medium wurde, ging er schließlich auf das Angebot ein. So unterzeichnete er im Juni 1918 einen Kontrakt über zwei Filme in sechs Wochen, für die er mehr als zweihunderttausend Dollar erhielt. Zu diesem Schritt hatte ihn nicht zuletzt der unglaubliche Erfolg der erst vor kurzem zum Filmstar avancierten Sopranistin Geraldine Farrar bewogen; zudem erhoffte er sich, daß ein Kinoerfolg, selbst in einem Stummfilm, dem Absatz seiner Schallplatten förderlich sei. Endgültig überzeugt hatte ihn der Produzent Jesse L. Lasky, ein ehemaliger Saxophonist und Goldgräber im Yukon, der 1916 zusammen mit dem aus Ungarn geflüchteten Adolph Zukor die Famous Player-Lasky Corporation gegründet hatte.

Hollywood festigte nun seinen Mythos in einer anderen Kunstwelt. David Wark Griffith hatte bereits etliche seiner fünfhundert Spielfilme gedreht und nahm damals gerade *Hearts of the World* mit Erich von Stroheim auf, eine Apologie der Sache der Alliierten. Die Orgien in der Villa des populären Komikers Fatty Roscoe Arbuckle leiteten eine Reihe von Skandalen ein, die den Kinohügel ins Zentrum krankhafter Neugier rückten. Idole wurden auf Lügenpodeste gehoben: Um Theda Bara, den »Vampir«, zu lancieren, hatte die *Fox* ihr angedichtet, sie sei, die Frucht der verbotenen Liebe zwischen einem französischen Künstler und einer bestrickenden Araberin, im Schatten der Pyramiden zur Welt gekommen. Mary Pickford, umschwärmt von einem zuverlässigen Publikum, kassierte jährlich eine halbe Million Dollar, indem sie ihr blondes Image Regisseuren und Herstellern von Kosmetika und Kühlerhauben feilbot. Mae Marsh, Lionel Barrymore, Mack Sennett, Lillian und Dorothy Gish waren Stars. Caruso ließ sich von dem etwas unechten Glanz jener Welt nicht berücken; seine Filmkarriere war nur von kurzer Dauer und scheiterte; doch sicher nicht aufgrund seiner Unfähigkeit, sondern aus der einfachen Tatsache heraus, daß die großen Persönlichkeiten des Theaters meist auf der Leinwand weniger Glück haben (während Geraldine Farrar viele erfolgreiche Filme drehte, war der einzige Film Mary Gardens, *Thais*, eine Katastrophe).

Enrico ging die neue Herausforderung mit seiner sprichwörtlichen Professionalität an. Seine Bewegungen und Gesten studierte er mit zäher Geduld ein, erschien pünktlich auf dem Set; die auf ihn zugeschnittenen Drehbücher allerdings waren alles andere als Meisterwerke. Der erste Film, nach einem beliebten Lied von Gus Edwards ausgesponnen, erhielt den Titel *My Cousin*; Caruso spielte eine Doppelrolle: einerseits die – in Umrissen autobiographische – eines berühmten Tenors namens Caroli sowie die des ins Leben verliebten und von diesem besiegten Cousins des Künstlers. In vergilbten Büchern finden sich Szenenphotos: ein Caruso mit rundlichem, glänzendem Gesicht, hingebungsvoll die unvermeidliche Gitarre zupfend und seiner schmachtenden Partnerin melancholisch in die Augen blickend. Angesiedelt in einem manierierten Little Italy, verband die süßliche und cyraneske Story das Liebesglück des armen Verwandten mit dem Liebesleid des umjubelten Sängers. Primadonna war Carolina White von der Chicago Opera. Carusos Engagement, sein unangetastetes Prestige erwiesen sich als nicht genügend, um dem Film zum Erfolg zu verhelfen; er selbst gab zu, daß er sich nicht gefalle. Angesichts der entmutigenden Ergebnisse an den Kinokassen wurde beschlossen, den zweiten Film, *The Splendid Romance*, in dem Caruso die Rolle eines gewissen Cosimo, aus fürstlichem Geblüt und von Berufung Pianist, interpretierte, in den Vereinigten Staaten nicht zu zeigen. In den Kinos Südamerikas und Europas hingegen lief *The Splendid Romance* mit mittelmäßigem Erfolg. Eine Kopie davon, die regelmäßig zu Studienzwecken projiziert wird, befindet sich in London.

Wirtschaftlich war es ein Flop, doch dem Mythos Caruso tat dies keinen Abbruch. Vielleicht war es zuviel verlangt zu glauben, ein Schweigen, auch noch so voller Charisma, vermöge den exklusiven Charme einer Stimme auf die Leinwand zu projizieren. Mehr Glück hatten Jahre später die Filme *über* Caruso. Es scheint hier angebracht, die wichtigsten in Erinnerung zu rufen, da sie ein beredtes Zeugnis für die ungebrochene Anziehungskraft Carusos sind.

Ungeahnter Erfolg war dem 1951 gedrehten Film *The Great Caruso* beschieden, der in Italien unter dem Titel *Il grande Caruso* lief. Hauptdarsteller war der junge italoamerikanische Tenor Mario Lanza, der 1921, im Todesjahr Carusos, geboren wurde und diesen Zufall als ein Omen deutete, das ihn zum legitimen Nachfolger Carusos bestimmte. Im Einwohnerregister von Philadelphia war er als Alfredo Arnold Cocozza eingetragen, Emigrantenblut. Herkunft und musikalische Begabung ließen ihn schon früh zum glühenden Verehrer der Oper und des neapolitanischen Liedes werden. Nachdem er die Pflichtschule besucht und eine Lehre als Lastwagenfahrer abgeschlossen hatte, schrieb er sich mit neunzehn Jahren an der Musikakademie ein, um Gesang und Klavier zu studieren. Einigen Quellen zufolge soll er als Autodidakt vom Dirigenten Serge Koussevitzky entdeckt und erst später Schüler von Enrico Rosati geworden sein.

Nach dem Friedensschluß gründete Lanza gemeinsam mit dem Baßbariton George London und Frances Yeend das Bel Canto Trio, das sich auf Operetten und Musicals spezialisierte. Als lyrischer Tenor gab er sein Debüt in New Orleans mit *Madame Butterfly*; seine Stimme, von Natur aus kraftvoll, war jedoch kaum von einer Technik gestützt. Nicht so sehr in den Opernhäusern als vielmehr im Film und Fernsehen erkletterte er die Leiter des Ruhms, vor allem dank seiner gefälligen und auch ein wenig fülligen Erscheinung. Seinem Erfolg in *The Louisiana Fisherman*, *Old Heidelberg* und *Serenade* verdankte er die große Gelegenheit, in dem Film die Hauptrolle zu erhalten; Regie führte Richard Thorpe, das Drehbuch schrieben Sonya Levien und William Ludwig, denen Carusos Witwe, gespielt von der hinreißenden Ann Blyth, beratend zur Seite stand. Im Cast figurierten die Stars der Met: Dorothy Kirsten, Blanche Thebom, Jarmila Novotna, Giuseppe Valdengo.

Mit seiner klebrigsüßen, etwas spannungslosen Handlung, aufgewertet durch die hohe Qualität der Musik, stieß dieser Film beim Publikum auf außerordentliche Zustimmung. Einmal mehr wurde, allerdings zu Unrecht, ein Nachfolger Carusos erkoren. Mario Lanza kultivierte diese Hollywoodillusion auch noch, als er nach Rom übersiedelte, wo er am 7. Oktober 1959 im Alter von achtunddreißig Jahren starb. Als lyrischer Interpret machten ihm seine emotionale Fragilität, vor allem auch seine unpräzise Diktion und Nachlässigkeit in der Führung der Gesangslinie zu schaffen. Größere Verdienste erwarb er sich als Schlager- und Operettensänger.

Ebenfalls 1951 erschien ein weiterer, ausschließlich italienischer Film: *Errico Caruso*, mit dem Untertitel *Leggenda di una Voce*, produziert von Maleno Malenotti und unter der Regie von Giacomo Gentilomo; Hauptdarsteller waren Ermanno Randi, eine herbe Gina Lollobrigida, Carletto Sposito, Gino Saltamerenda, Maurizio Di Nardo, Ciro Scafi, Franca Tamantini, Maria von Tasnady. Außergewöhnlich an diesem Film ist einzig die Stimme Mario del Monacos. Der Streifen entstand nach dem Roman *Neapolitanische Legende* von Frank Thiess, der 1942 von Frassinelli unter dem Titel *Il tenore di Trapani* in Turin auf italienisch herausgebracht wurde. Die Erzählung geht von dem berühmten Mißgeschick im Jahre 1886 aus, dem Rausch von Trapani, der Empörung des sizilianischen Publikums, und schließt mit den Posaunenklängen des sich ankündigenden Ruhms. Mehrere biographisch verbürgte Wahrheiten wurden durch Banalitäten und Ausgeburten der Phantasie, Zugeständnisse an eine unbedarfte Leserschaft, verzerrt; so tritt etwa ein gescheiterter Impresario mit dem unmöglichen Namen eines Cavalier Proboscide auf sowie eine verführerische Stella, die Enrico auf immer und ewig, doch vergeblich lieben wird, da er – wie in der alten Werbebroschüre zu lesen ist – allein der Kunst gehört, seiner Stimme, die sein ganzes Leben beherrscht. Ein Roman, der nur deshalb Erwähnung verdient, weil er den Zeitgeschmack einfängt und den langen Nachhall von Carusos Popularität.

Im Dezember 1971, mitten in den Feierlichkeiten zu Carusos fünfzigstem Todestag, widmete ihm Regisseur Claudio Pellegrini einen ausführlichen Fernsehdokumentarfilm in zwei Folgen, *Sulle scene della vita* , nach dem Text von Gaio Fratini, der zu später Stunde im ersten Kanal ausgestrahlt wurde; die Einschaltquoten waren dementsprechend. Im Januar 1982 sendete das amerikanische Fernsehen NBC einen anderthalb Stunden dauernden »Special« unter dem Titel *Caruso Remembered*, dirigiert von Zubin Mehta; es singt Plácido Domingo, der Luciano Pavarotti vorgezogen wurde, was die entsprechende Polemik nach sich zog. In Wirklichkeit diente diese Sendung eher dazu, das Ansehen Domingos zu erhöhen, als dem neapolitanischen Tenor die Ehre zu erweisen. Ins Programm eingefügt wurde auch die Szene von *My Cousin*, in der Caruso die hochberühmte *Vesti la giubba* sang. Was die Plattenaufnahmen anbelangt, so vertrat Zubin Mehta die Ansicht: »Aus den Aufzeichnungen geht die ganze unglaubliche Kraftfülle dieses Mannes hervor; wir Musiker sind die letzten, die sich durch Neuerungen im Aufnahmebereich beeindrucken lassen. Es ist zwar wunderbar, sich der neuesten Aufnahmetechniken bedienen zu können, dennoch darf ich sagen, daß Carusos Schallplatten, auch ohne diese modernen Techniken, heute noch ihresgleichen suchen.«

Die höchste Hommage des Kinos an Caruso stellt der 1982 vom Deutschen Werner Herzog gedrehte Film *Fitzcarraldo* dar. Mit der Gestaltung dieser Utopie eines opernbegeisterten Abenteurers, der davon träumt, das Theater auf einem die Arche symbolisierenden Schiff durch ein gefährliches Unternehmen und nach Überwindung von tausend Gefahren in den Urwald Amazoniens zu bringen, wurde Klaus Kinski betraut, an dessen Seite Claudia Cardinale spielt. Die Realität hat die Fiktion eingeholt: Bei den vier Jahre dauernden Dreharbeiten fanden viele Statisten den Tod, vor Erreichung des idealen Zieles. Carusos Stimme (leider durch die zu schnelle Umdrehung der Schallplatten entstellt), die auf dem Bug des Schiffes aus einem Grammophon ertönt, bahnt dem Traum den Weg, bezaubert die Indios, die sich ihr gleich zwei Flügeln öffnen. Ein wunderschönes Bild – auch dieses wird überdauern.

18. KAPITEL

Die junge Dorothy

Im Halbdunkel des kleinen Projektionssaals wohnte Enrico Caruso am 20. August 1918 unter geladenen Gästen der Vorpremiere von *My Cousin* bei. Das auf die Leinwand gerichtete Lichtbündel fiel auf das Haar der jungen Frau neben ihm, die er, als der Film zu Ende war, Mister Lasky mit den Worten vorstellte: »Dies ist Mrs. Caruso!«, und um den skeptischen Produzenten zu überzeugen, wedelte er mit dem Trauschein – einer seiner heißgeliebten Theatercoups!

Am selben Vormittag waren sie in New York in der Marble Collegiate Church an der Fifth Avenue von Reverend Oliver Paul Burnhill getraut worden. Außer Atem waren sie in Begleitung der Trauzeugen, Mrs. Keith und Bruno Zirato, dort eingetroffen, nachdem sie vergeblich versucht hatten, sich in der Chapel of the Transfiguration trauen zu lassen. Dort hatte der Pfarrer den Tenor erkannt und, da er in der Presse von seiner jahrelangen Beziehung mit Ada Giachetti gelesen hatte, es nicht über sich gebracht, einen der Bigamie Verdächtigen zu verehelichen. Da er Ada in Amerika stets als »Mrs. Caruso« vorgestellt hatte, konnte er sich nun nicht über die Betroffenheit des Geistlichen beklagen. Pater Burnhill von der Kollegiatskirche war weniger argwöhnisch. Die Braut hieß Dorothy Benjamin und war zwanzig Jahre jünger als ihr Gatte; an jenem Hochzeitsmorgen trug sie ein pastellblaues Kostüm, am Jackenaufschlag eine duftende Gardenie.

Sie war das genaue Gegenteil von Ada. Während diese dunkelhaarig und gereift war, war Dorothy blond und jung. Hatte ihn die berühmte Anziehung der Gegensätze oder der Wunsch, die Vergangenheit auszulöschen, zu dieser Wahl bewogen? Nun, vielleicht hatte sich der fünfundvierzigjährige Enrico ganz einfach in Dorothys frische Wesensart verliebt, die von der seinen so verschieden war.

Dorothy war bei den Nonnen vom »Heiligen Herz Jesu« zur steifen Eintönigkeit der guten Manieren erzogen worden und gehörte der High-Society New Yorks an. Ihr Vater, Park Benjamin, ein Marineoffizier a. D., schuf sich ein Vermögen, indem er in Schiffe investierte, wissenschaftliche Bücher drucken ließ und selber als Verfasser einer Abhandlung über die Elektrizität zeichnete. Nachdem seine Frau erkrankt war und in einem entfernt gelegenen Sanatorium untergebracht werden mußte, als Dorothy elf Jahre alt war, hatte sein Wesen sich verdüstert. Im Hause Benjamin wohnte die Einsamkeit: die eines verbitterten Mannes, den die Wechselfälle des Lebens hatten egoistisch werden lassen, und die der drei Kinder, für die es in jener trübseligen Routine des Gehorsams keine Zukunft gab. Dann aber kam eine italienische Gouvernante ins Haus, Anna Bolchi; sie war dreißig Jahre alt, von lebhaftem Temperament und zog die volle Aufmerksamkeit des Familienoberhauptes auf sich. Anna liebte die Oper, trällerte mit Hingabe vor sich hin und begleitete sich dann und wann auf dem Klavier. Ihre Begeisterung war ansteckend und bestimmte in gewisser Weise das Schicksal der heranwachsenden Dorothy, die in die Met ging, um *Aida* zu hören, und sich von der Meisterschaft des Radames-Caruso betören ließ.

Wenige Jahre später war Enrico Ehrengast im Salon der Benjamins, den die ambitiöse Anna zu einem Treffpunkt der Intellektuellen gemacht hatte. Im Hause von Maestro Fernando Tanara, eines Freundes des Tenors, sahen Enrico und Dorothy einander wieder. Es begann eine Zeit des ein wenig schüchternen, unbeholfenen Werbens, in der Dorothys Schwester Torrance, verheiratete Goddard, sich zur Komplizin der Verliebten machte. Bei einem Stelldichein gab Enrico Dorothy seine Handschuhe, um ihre eiskalten Hände zu wärmen, die ihr natürlich viel zu groß waren, ein andermal überreichte er ihr einen riesigen Rosenstrauß mit der wenig taktvollen Bemerkung: »Den habe ich nach einem Konzert für das Rote Kreuz bekommen«; und schließlich machte er ihr eine Liebeserklärung, die auf der Treppe in Tanaras Haus begann und im Auto mit einem Heiratsantrag endete.

Mister Park Benjamins Reaktion auf die Bekanntgabe der Verlobung war voller Widersprüche. Im Laufe weniger Tage stimmte er zu, hegte dann wiederum Zweifel und widersetzte sich zuletzt. Seine Einwände hatten vielerlei Gründe, vor allem aber war es der Altersunterschied; dieser Sänger hätte gut und gerne Dorothys Vater sein können, er hatte ja auch schon einen Sohn, der gleich alt war wie sie; dann aber war da noch Carusos Liebesleben; die Tatsache, daß er nie geheiratet hatte, war für einen Moralisten nur ein bürokratisches Detail. Dem Milliardär mißfielen außerdem die wenig feinen Umgangsformen des Italieners, die gestreiften Anzüge, die spitzen, zweifarbigen Schuhe. Er fand es geradezu ungehörig, daß sein angehender Schwiegersohn das Leben mit Singen zubrachte, während sein eigener Sohn im Schlamm der europäischen Schützengräben sein Leben aufs Spiel setzte. So verbannte er Dorothy im Sommer des Jahres 1918, als Caruso vollauf damit beschäftigt war, seine beiden enttäuschenden Filme zu drehen, in das Sommerhaus nach Springlake in New Jersey. Im letzten Bescheid, den Benjamin dem nicht anerkannten Verlobten seiner Tochter zukommen ließ, ging es um klingende Münze: »Du kannst sie heiraten, unter der Bedingung, daß Du auf ihren Namen eine halbe Million Dollar auf die Bank überweist.«

Die Verlobten waren empört. Dorothy hatte Caruso aus ihrer Einsiedelei angerufen, worauf der romantische Liebhaber ein Konzert absagte und wenn auch nicht hoch zu Roß, so doch mit etlichen Pferdestärken aus Saratoga angebraust kam. Die beiden fuhren geradewegs nach New York, zum Rathaus und zur Kirche, um sich heimlich trauen zu lassen. Der Vater verzieh ihnen dies nie. »Caruso kann nicht einmal den jugendlichen Übermut als mildernden Umstand für sich in Anspruch nehmen«, bemerkte er abfällig. Im Dezember 1919 enterbte er Dorothy und deren Bruder, den er als ihren Komplizen ansah, und adoptierte auf rechtlichem Wege die Gouvernante Anna.

Das Zusammenleben der beiden Jungvermählten, die, einmal vom Alter abgesehen, auch sonst recht verschieden waren, dürfte gewiß nicht einfach gewesen sein. Dennoch ist es wenig wahrscheinlich, daß Caruso die ihm zugeschriebenen schwerwiegenden Worte: »Denk daran, meine Liebe, die Kunst wird in meinem Leben immer an erster Stelle stehen«, je ausgesprochen hat; sicher aber ist, daß die nüchterne Amerikanerin bestürzt war, als sie im Moment, da sie sich das Jawort gaben, die Tränen in Enricos Augen sah; es mag sie auch überrascht haben, als er im Ausgabenbüchlein fein säuberlich »Fünfzig Dollar für Hochzeitsspesen« vermerkte. Sie kamen eben aus zwei völlig verschiedenen Welten. Dorothys Vorfahren, ausnahmslos

Damen und Herren von Rang, hatten als erste New York und Neuengland besiedelt; der ärmliche Stammbaum Carusos hingegen wurzelte in harter, im Schweiße des Angesichts bebauter Erde. Der Tenor wurde förmlich aufgesogen von einer Musik, die seiner jungen Frau »laut und unnatürlich« vorkam. Als fremd und trennend empfand sie auch Enricos neapolitanisches Erbe, das in bewegenden Erinnerungen unfaßbar gegenwärtig blieb oder in den unbekannten Gesichtern irgendwelcher Menschen, die man auf der Straße antraf, im Aufleuchten eines Lächelns Gestalt annahm oder in den Trinksprüchen bei einem Tropfen Wein in den Trattorien am Broadway. Doch es blieb ihnen keine Zeit, sich mit ihrer Verschiedenheit auseinanderzusetzen oder etwas aus ihr zu machen: Zu kurz war die Zeit der Gemeinschaft, die Dorothy vor allem als Krankenschwester erlebte.

Gleich nach der Heirat bezogen sie eine Wohnung im »Hotel Knickerbocker«. Zu den acht Räumen, die für Caruso und sein Gefolge reserviert waren, wurde noch ein Apartment für die junge Frau dazugemietet. Auf Flitterwochen verzichteten sie, »die werden wir ohnehin jeden Tag haben«, tröstete sich Dorothy. Wie Eugenio Gara berichtet, soll Caruso in jener Zeit die täglichen Stimmübungen mit seinem Repetitor Fucito sogar noch intensiver betrieben haben, damit seine Stimme auch nichts an Dehnbarkeit einbüßte.

Am 31. August 1918 zeigten sich die jungen Eheleute zum ersten Mal in der Öffentlichkeit, und zwar in einem Park in Brooklyn, wo sie die Neugierigen in Scharen anzogen. Ein seltsames Paar: Er, ein wenig untersetzt, in dunkelblauem Zweireiher und weißen Hosen, glückstrahlend; sie, hochgewachsen, imponierend und überaus schüchtern. Caruso stimmte *Over There* an, dessen Aussprache er mit Dorothy noch einmal durchgenommen hatte, und übertönte einen Chor von hundertfünfzigtausend Menschen. Aus diesem Anlaß wurden dreihunderttausend Dollar zugunsten der Reservisten der Stadtpolizei gesammelt; dem Tenor wurde der Ehrenrang eines Hauptmanns verliehen. Alles in allem beliefen sich die Erträge aus Carusos patriotischen oder wohltätigen Auftritten während der Kriegsjahre auf über einundzwanzig Millionen Dollar.

Damals grassierte die Spanische Grippe, der weltweit zwanzig Millionen Menschen zum Opfer fielen. Caruso brach gerade zu einer Tournee auf, die in Buffalo beginnen sollte, mitten in dem von der Epidemie am stärksten heimgesuchten Gebiet. Das Konzert wurde abgesagt, doch er willigte ein, in einem Hotel aufzutreten. Während des Abschlußbanketts jagten ihm ein paar Nieser eines Tischgenossen einen solchen Schrecken ein, daß er ihre unheilvolle Wirkung mit wiederholtem Gurgeln auszutreiben suchte. Wer tatsächlich erkrankte und gezwungen war, nach New York zurückzukehren, war Dorothy. Von der angekündigten Tournee blieb, der Spanischen Grippe wegen, lediglich sein Auftritt in Detroit am 15. Oktober übrig, der mit sechstausend Dollar honoriert wurde.

Endlich kam der Friede. Im fernen Neapel fügte der Postbeamte E. A. Mario, der auch für Caruso Lieder schrieb, seiner zur Säule des tönenden Epos gewordenen *Leggenda del Piave* eine weitere Strophe hinzu: »Indietreggiò il nemico / fino a Trieste, fino a Trento, / e la Vittoria sciolse le ali al vento.« (Der Feind wich zurück / bis Triest, bis Trient, / und der Sieg entfaltete die Schwingen im Wind.) Am 11. November, eine Woche nachdem der Waffenstillstand geschlossen worden war, eröffnete ein triumphaler *Samson et Dalila* die Spielzeit an der Met. Noch im Bühnenkostüm schwenkte Caruso die italienische Trikolore, Louise Homer wickelte sich ins Sternenbanner, die anderen Interpreten hoben die Fahnen der alliierten Länder in die Höhe. Es erklangen die Nationalhymnen. Orchesterleiter Pierre Monteux erinnerte sich an diesen Abend mit staunender Bewunderung für Carusos engagierte Disziplin und Meisterschaft.

Am 15. November sang Caruso in New York zum ersten Mal Giuseppe Verdis *La forza del destino*. Beim Debüt stand die einundzwanzigjährige Sopranistin Rosa Ponselle an seiner Seite, die ihm alles zu verdanken hatte. Rosa war die Tochter von Emigranten aus Caserta und kam von den kleinen Varietétheatern her, wo sie mit ihrer Schwester Carmela unter dem Künstlernamen *The Ponzillo Sisters* auftrat. Dank Caruso wurde der Name Ponzillo in ein französisierendes Ponselle umgewandelt und erlangte als solcher Berühmtheit. Er hatte Rosa, ihrer süditalienischen Herkunft wegen, bei einem Vorsingen angehört, das sie glücklich bestand, worauf er sie Gatti-Casazza wärmstens empfahl; er lehrte sie auch, die entsetzliche Panik zu überwinden, die sie regelmäßig auf der Bühne befiel. Die Rolle der Donna Leonora sang sie so hinreißend, daß der berühmte Tenor selber sie als »Caruso im Frauenkleid« bezeichnete. Sie war die größte dramatische Sopranistin der Zwischenkriegsjahre, obwohl

154

Gatti-Casazza von ihr behauptete: »Sie besitzt eine herrliche Stimme, schade nur, daß sie kein Feuer hat.«

Zum ersten Friedensneujahr gaben Caruso und seine Gattin in ihrem über und über mit Blumen geschmückten Hotel einen Empfang für tausend Gäste. Man tanzte im Walzertakt, tanzte Foxtrott und Onestep nach den Klängen zweier Orchester. Die Stimmung der Erleichterung nach all den überstandenen Leiden und Sorgen vermochte allerdings die Kritiker nicht zur Nachsicht zu bewegen; so fiel denn mehr als einmal das Wort »Niedergang«. Den düsteren Prophezeiungen folgte auch im Namen der Italianità eine Antwort: Am 7. Januar ließ Nicola Gigliotto im New Yorker *Morning Telegraph* einen Artikel drucken, der die Überschrift *Laßt Caruso in Ruhe* trug und in dem es unter anderem hieß: »Trotz seiner 45 Jahre ist Caruso ein einzigartiger Tenor. Seine Stimme ist von unveränderter Wärme, vollkommen, rund und reich vom tiefsten bis ins höchste Register. Er nimmt einen Rang ein, der keine Vergleiche zuläßt.«

Mit leichter zeitlicher Ungenauigkeit veranstaltete die Met am 22. März 1919 zur Feier seiner fünfundzwanzigjährigen Laufbahn ein großes Fest. Maria Barrientos, Scotti, Adam Didur, Claudio Muzio, De Luca und Margarethe Matzenauer lösten sich in Stücken aus dem *Elisir*, den *Pagliacci* und dem *Prophète* an der Seite des Tenors ab. Mit Applaus und Geschenken überhäuft, freute er sich am meisten über das wohl preiswerteste: eine amerikanische Fahne, die ihn zutiefst rührte. Im selben Monat wurde im engsten Kreise eine Feier anderer Art abgehalten: Dorothy war zum katholischen Glauben übergetreten und wurde katholisch getauft. So konnten bald darauf die anglikanisch Getrauten auch nach dem Ritus der römisch-katholischen Kirche in der St. Patrick Cathedral den Bund der Ehe schließen. Es war kein Zugeständnis der jungen Frau, sondern ein Liebesbeweis.

Dennoch, ihre Verschiedenheit blieb bestehen, und wie! Dies zeigte sich deutlich in der sommerlichen Stille auf Bellosguardo, wohin sie nach einer zermürbenden Spielzeit Zuflucht genommen hatten. Caruso war stolz und brannte darauf, diese so junge und schicke Amerikanerin, die schon ein Kind von ihm unter dem Herzen trug, seinen Söhnen und Verwandten vorzustellen; letztere kamen, einundzwanzig an der Zahl, ausdrücklich eingeladen, aus Neapel angereist. Zur Großfamilie gehörten Enricos Stiefmutter Maria, sein Bruder Giovanni, Cousinen und Cousins, Nichten und Neffen und unzählige Freunde, die verlegen in ihren besten Kleidern steckten, jedoch beim Schwelgen in Pastasciutta und Erinnerungen zusehends auftauten. Dorothy schilderte in ihren Erinnerungsbänden die Befangenheit, die sie vor dieser einfachen und doch undurchdringlichen Welt und diesen Menschen gegenüber verspürte, die im fernen Abglanz von Enricos Ruhm lebten und in einer melodischen, ihr unverständlichen Sprache redeten. Ihren Schwager Giovanni empfand sie als ablehnend. Fremd war ihr auch dieser unvermittelte Familiensinn, der die Söhne ihres Mannes dazu veranlaßte, sie »Mamma« zu nennen und ihr Schlafzimmer mit Rosen vollzustellen. Auch bei Tisch saß man wie auf fernen Inseln voneinander abgesondert: an einem Tischende Enrico, Dorothy und Miss Saer, die bedächtig leichte Kost zu sich nahmen und sich auf englisch unterhielten, am anderen Ende der Rest der Familie. Dorothy versuchte, sich in die entferntesten Winkel des Landguts zurückzuziehen, dachte darüber nach, wie sie das Haus anders einrichten könnte, fuhr auf der Suche nach blauen Keramiken durch die Toskana, langweilte sich und hegte Zukunftsängste.

Auch Enrico muß wohl unter dieser Situation gelitten haben: Zum einen die Entfremdung von Dorothy, zum andern war ihm bewußt geworden, wie fremd ihm die engsten Angehörigen und Freunde waren. Doch wie immer in den schwierigen Momenten seines Lebens zog er sich in sich selbst zurück. Vormittags studierte er mit Maestro Bruno Bruni *La Juive* von Halévy (auf französisch) ein. Den Nachmittag verbrachte er in der Kapelle seiner Villa, wo er mit einem übelriechenden Fischkleister das reiche Szenarium seiner Krippenfiguren mit Korkstücken ausbesserte. Dorothys Geburtstag vergaß er darüber fast völlig, was zu Tränen führte. Dem verliebten Fofò, der ihn um Geld anging, um heiraten zu können, gab er eine Ohrfeige; und die Kriegsspiele Mimmis, der in Generalsuniform auf den Gartenwegen auf und ab marschierte, interessierten ihn nicht im geringsten.

Der Waffenstillstand hatte Italien nicht die ersehnte Ruhe gebracht. Die Preise waren in schwindelerregende Höhen geklettert, und die Tapferkeitsmedaillen der Heimkehrer machten niemanden satt. Das nach Caporetto gegebene und nicht eingelöste Versprechen »der Boden den Bauern« erhitzte die Gemüter. Auch an Bellosguardo ging der Volkszorn nicht spurlos vorüber.

Mehr als hundert Frauen und Kinder verlangten den Tenor zu sprechen; man gab ihnen Wein, Käse, Würste. Einige Stunden später kamen die Männer auf rot beflaggten Lastwagen angefahren. stürmten herein, drohten mit Enteignung durch das Proletariat und Schnellverfahren gegen die »reichen Bürgerlichen«. Dorothy war entsetzt. Caruso verhandelte, verteilte weitere Lebensmittel, die dann auf dem Dorfplatz aufgetürmt wurden.

Zum ersten Mal empfanden sie die Abreise nach Amerika als eine wahre Erleichterung. Auch Mimmi, der an der Gunnery School von Connecticut eingeschrieben war, ging mit aufs Schiff. Die italienische Presse schickte Caruso einige Gehässigkeiten nach, die amerikanische warnte bereits vor der »roten Gefahr« und rief zur Hexenjagd auf.

19. KAPITEL

Gezeichnet Caruso

Damit beschäftigt, eine Opernrolle in sein Notizbuch einzutragen, das ihn überallhin begleitete, wurde Caruso von einem Kollegen überrascht, der sich erkundigte, was er da tue. Darüber aufgeklärt, ermahnte ihn der geistreiche Sänger: »Geben Sie bloß acht, daß Ihnen beim Übertragen der Noten keine Fehler unterlaufen, sonst fangen Sie noch an zu komponieren.« Diese von Caruso selbst erzählte humorvolle Begebenheit illustriert seine Beziehung zur großen Musik, eine Mischung aus Ironie und Ehrerbietung. Er lehnte es immer ab, erinnert sich Artieri, sich auf Diskussionen über den ästhetischen Wert des Singens einzulassen: »Ich weiß nicht, das interessiert mich nicht.«

Dennoch wurde der Tenor in der magischen Zeit seiner Karriere aus Neugier oder um den an ihn herangetragenen Wünschen zu entsprechen, unversehens zum Autor. Vom Komponisten Caruso ist kaum je die Rede: Es lohnt sich daher, auf diesen marginalen, aber interessanten Aspekt seiner Kunst etwas näher einzugehen.

Carusos Unterschrift erscheint erstmals 1907 auf der Partitur der *Adorables tourments*, eines kleinen Walzers mit würdevoll-nichtssagender Melodielinie, herausgebracht vom Pariser Verlag Digoute-Diotet. Wahrscheinlich hat sich der Tenor darauf beschränkt, Richard Barthélemy, dem eigentlichen Verfasser dieses Stückes nach Worten von Gael, einige Ratschläge zu geben. Die Plattenaufnahme ist nur als Beispiel für die Grenzen und Vorzüge von Carusos französischer Diktion von Bedeutung. Von französischer Abstammung, 1869 in Smyrna geboren und in Amerika gestorben, bildete Barthélemy sich in Neapel am Konservatorium von San Pietro a Majella aus. Er schuf Romanzen (*La rosa* und *Triste ritorno*) und Lieder (*'E mmaschere, Chi se scorda cchiù!, Canzone antica*), war aber vor allem dafür bekannt, daß er Caruso in Amerika während vieler Jahre auf dem

Klavier begleitet hatte. Unter anderem hat er ein erst vor kurzem veröffentlichtes und nicht sonderlich interessantes Bändchen hinterlassen, das seinen Erinnerungen an die Zusammenarbeit mit Caruso gewidmet ist. Kaum bekannt ist, daß Aufnahmen von Barthélemy existieren, der um das Jahr 1903 den Tenor Romeo Berti in Arien und Romanzen für das Pariser Label Excelsior-Reale (eines der ungezählten Unternehmen Oberleutnant Bettinis, eines Dilettanten des Phonographen) begleitet hatte; in der Aufnahme der überaus schwierigen *Ballata* von Mascagni erweist er sich als einer der größten Klavierbegleiter. Unter den anderen Begleitern auf dem Klavier sind Gaetano Scognamillo, ehemals stellvertretender Maestro am San Carlo, und Salvatore Fucito zu nennen, der Caruso ab 1915 zur Seite stand.

Mit Sicherheit von Caruso nach dem Text von Earl Carroll komponiert ist *Dreams of Long Ago*, wiederum ein Walzer zur Stütze einer fragilen Melodie, jedoch sorgfältig auf die stimmlichen Qualitäten des Tenors abgetönt. Das Lied erfreute sich einer anhaltenden Beliebtheit, denn 1937 wurde es vom Schweden Jussi Björling wiederaufgenommen und in bewundersswerter Weise für die HMV eingespielt.

Das wichtigste Stück von Carusos kurzer Laufbahn als Komponist ist *Tiempo antico*, das einzige in neapolitanischer Sprache, bei dem der Tenor Text und Musik schuf. Weder das eine noch das andere ist denkwürdig, außergewöhnlich aber ist die dramatische und schmerzliche Atmosphäre des Liedes, das Caruso mit bewegendem Ausdruck aufnahm:

> *Era lu tiempo antico*
> *pe' mme nu paraviso*
> *che sempe bbenedico*
> *pecché cu nu surriso*
> *'e braccia m'arapive*
> *e 'mpietto m'astrignive.*
> *Tu, ca si' 'nfamona,*
> *te cuffiave 'e me...*
> *Tu, ca te ne si' gghiuta*
> *cu n'ato in fantasia...*

159

(Es war die alte Zeit
für mich ein Paradies,
das immer ich lobpreis',
dein Lächeln mich willkommen hieß,
die Arme du mir öffnetest,
an deine Brust mich preßtest.
Du, die du so treulos bist,
mit meinem Herzen spieltest . . .
Du, die du weggegangen bist
mit einem andern in der Phantasie . . .)

Durch den reinen, an Naivität grenzenden Kummer schimmert Carusos persönliche Liebesniederlage hindurch: die Treulose, die ihn wegen eines anderen verlassen hat, ist niemand anders als Ada Giachetti. *Tiempo antico* wurde 1916 niedergeschrieben, acht Jahre nach der Trennung: Die Wunde brannte noch immer. Von diesem Motiv existiert eine englische Version, *Olden Times,* in der Übersetzung von Carroll.

Eher belanglos erscheint uns *Campane a sera* von 1918, das lange Zeit Billi und Malfetti zugeschrieben worden ist. In der letzten diskographischen Edition, *The Complete Caruso,* wird der Tenor als Verfasser der Verse, Vincenzo Billi als Tondichter und Malfetti als Arrangeur angegeben.

Bei der letzten Kostprobe, der *Serenata (Souvenir d'un Concert)* von 1919 stammen die Verse wiederum von Caruso, und die Musik ist von C. A. Bracco. In musikalischer Hinsicht ist die *Serenata* eine relativ komplexe Arbeit mit seltsamen Zügen: einer neapolitanisch angehauchten orchestralen Einleitung, spanisch anmutenden Strophen, Ritornell im Walzertakt und einem Schluß in melodramatischem Stil. Die Verse in italienischer Sprache hinterlassen keinen besonderen Eindruck.

Am Ende dieses kurzen Überblicks über den Autor Caruso sei das patriotische Motiv *Liberty Forever* erwähnt, ein Militärmarsch, der gegen Kriegsende oft gespielt wurde. Der Tenor verfaßte außerdem eine sechzig Seiten umfassende Lehrschrift mit dem Titel *How to sing: Some Practical Hints,* 1915 in London von der John Church Company herausgebracht. Auf die Voraussetzungen angesprochen, die ein Sänger mitbringen sollte, antwortete Caruso gewöhnlich: »Einen

großen Brustkorb, einen großen Mund, neunzig Prozent Gedächt-
nis, zehn Prozent Intelligenz, einen Sack harter Arbeit und etwas im
Herzen.« In seiner kurzen Gesangslehre liefert er nützliche Hinweise zur Entwicklung des einen wie des andern.

20. KAPITEL

Die letzte Illusion

Das Guinness-Buch der Rekorde führt den Namen Enrico Caruso gleich zweimal auf: als absoluten Spitzenverdiener unter den Opernsängern (neun Millionen Dollar in seiner gesamten Karriere) und als ersten Interpreten der Welt, der mit der Arie *Vesti la giubba* aus *I pagliacci* eine Million Schallplatten verkaufte. Allein das Plattengeschäft brachte Caruso 1 825 000 Dollar ein; weitere 1 690 935 Dollar erhielt er von der Met ausbezahlt. Die Stimme des Tenors, schrieb der *Corriere della Sera*, »war an den Opernhäusern kotiert wie die großen Titel an der Börse«. Im fernen 1905 entrüstete sich ein Redakteur des *Figaro*: »Wollen Sie wissen, wie das Unternehmen Caruso bezahlt? Nun gut: *La donna è mobile* zwanzig Franc, *Qual piuma al vento* zwanzig Franc, das macht fünf Franc pro Wort. Ist das gerecht?« Einem neapolitanischen Journalisten erzählte Caruso in seinen letzten Lebenstagen stolz, daß sein Wert für einen außerordentlichen Auftritt zweihundertfünfzigtausend Lire erreicht habe, und setzte, wie um diese unerhörte Summe zu rechtfertigen, hinzu: »Damit ist auch meinen Kollegen geholfen, die, mit dem Vergleich spielend, ihrerseits mehr verlangen können.«

Heinrich Conried, der Impresario der Met, profitierte von der außerordentlichen Investition, die Caruso war, sosehr es nur ging. »Wer ihn kannte«, schrieb Conrieds Biograph, »beteuerte, er habe sich in der Oper nie sonderlich gut unterhalten, es sei denn, daß Caruso sang.« Der Grund dieser so treuen Bevorzugung war nicht rein ästhetischer Natur: Der Vertrag, der Conried an die Met band, sicherte ihm einen Prozentsatz an den Einnahmen der Truppe zu. W. J. Anderson notierte in der *Sun*: »... Das Publikum ging in die Oper mit dem nahezu alleinigen Ziel, Carusos Stimme zu hören. Es kümmerte sich nicht im geringsten darum, welches Werk zur Aufführung kam.« So sang der Neapolitaner in einer einzigen Spielzeit in über fünfzig Vorstellungen, und zwischen 1905 und 1906 machten seine einundsechzig Abende mehr als ein Drittel aller im New Yorker Theater inszenierten Aufführungen aus. Eine aufreibende Aktivität, die der Karriere und dem Vermögen des Tenors zuträglich war, gleichzeitig aber sein Leben verkürzte.

Geldgierig war Caruso nicht, doch er hatte in Amerika gelernt, daß der Verdienst in einem direkten Verhältnis zur Meisterschaft steht. Außerdem benötigte er dringend flüssiges Geld, weil der amerikanische Fiskus sein Vermögen schröpfte; und das Heft, in das er seine Zuwendungen notierte, war zweihundert Namen stark: Angehörige, glücklose Tenöre, alte Freunde in Bedrängnis. Ein an Arachite gesandter Brief enthält eine Kostprobe seiner Spendenfreudigkeit: »Ich bitte Dich um einen Gefallen und hoffe, daß er Dich nicht allzuviel Mühe kosten möge. Anbei findest Du achthundert Lire, die ich Dich bitte wie folgt zu verteilen: an Frau Beatrice Vergine, Via San Mattia, 500 Lire; an Anna Torre, Via Veterinaria 41 bis, 100 Lire; an die verwitwete Frau Missiano, die im Fondo Carelli in Posillipo lebt, 100 Lire. Alsdann gibst Du je 20 Lire den Herrschaften Sarmiento, Poggi, Gasparri, dem Bassisten Lanzo sowie dem ehemaligen Bariton Farvera, mit Dank für die mir gesandten Glückwünsche. Das wäre alles. Ich lege Dir noch weitere 20 Lire bei für Unkosten, die Dir erwachsen könnten. Hab Dank.« Diese ständigen Aufwendungen, im Verein mit den Unsummen, die seine Kunst verschlang, trieben ihn dazu, die strapaziösesten Verpflichtungen einzugehen, auch wenn das Alter und die Anstrengungen zur Vorsicht gemahnt hätten. Im Herbst des Jahres 1919 zum Beispiel, nachdem er eine von unzähligen Pendenzen mit den Herren von der Steuer in Ordnung gebracht hatte (selbst auf nie gegebene Konzerte waren Steuern erhoben worden; er aber hatte, mittlerweile eingeschüchtert von den Gerichten, auf einen Rekurs verzichtet), brach er zu einer anstrengenden Tournee durch das vom Bürgerkrieg zerrissene Mexiko auf – siebentausend Dollar pro Auftritt, ein guter Preis.

Mit einer bewaffneten Eskorte und einem unbeholfenen Ehrenkonzert hieß man ihn am 26. September im Theater Arbeu in der mexikanischen Hauptstadt willkommen: In einer grell erleuchteten Loge sitzend, tat er sein Möglichstes, sein Gähnen und Händeringen über die Patzer der unglückseligen einheimischen Kollegen zu verbergen. Am 29. bezauberte er im Esperanza Iris mit dem *Elisir*

d'amore; am 2. Oktober wurde er zu seinem Bedauern in den Mißer-
folg von *Un ballo in maschera* verwickelt, in welchem die Sopranistin
Clara Elena Sánchez, die einen Patzer nach dem andern beging, gar
den Orchesterleiter Gennaro Papi in die Flucht schlug. Vom künstlerischen Schiffbruch dann am 5. Oktober zum wahrhaftigen Wolken-
bruch in der zwanzigtausend Plätze fassenden Stierkampfarena, der
idealen Szenerie für Bizets *Carmen*. Beim Epilog des ersten Aktes
verdunkelte sich der Himmel und entlud sich in einem heftigen Ge-
witter. Die Zuschauer spannten ihre Schirme auf, und die Arena verwandelte sich in ein kompaktes schwarzes Pilzfeld. Sänger und Orchester wurden von den auf die Regenschirme herabprasselnden
Wassermassen übertönt. Als jemand den Vorschlag machte, die
Aufführung abzubrechen, erhob sich ein Sturm der Entrüstung. Aus
dem vom Regen durchweichten, benommenen Publikum ertönten
mit einemmal aufgebrachte Rufe: »Ich hör' wohl nicht recht! Weiter-
machen! He da, weiter!« Von Nässe triefend, säuselte Don José der
klatschnassen Carmen zu: »Wenn wir doch nur einen Schirm hätten!«, schon war ein hellhöriger Zuschauer auf die Bühne gesprun-
gen, um ihm das Gewünschte zu überreichen.

Enrico schrieb an Dorothy: »Carmen und ich waren vollkommen
durchnäßt und künstlerisch miserabel«; dabei drückte er sich in seinem schrulligen Englisch aus: *»Carmen and I werr all bagnati.«* Die
Vertrautheit mit einem internationalen Repertoire und ebensolchem
Publikum zwang ihn zu sprachlichen Akrobatenstücken. Aufschlußreich ist in dieser Hinsicht ein Brief, den er am 3. März 1920 an seine
frühere Lehrerin Donna Emilia sandte: ». . . Entschuldigen Sie mein
Italienisch, aber mit dem Französischen, dem Englischen, dem Deutschen, dem Russischen, dem Spanischen und dem Neapolitanischen
habe ich vergessen [einmal mehr *dimendicato*!], was ich sowieso nie
genau gewußt habe.« Dieses Schreiben gibt, nebenbei bemerkt, auch
Aufschluß über die Bescheidenheit und Dankbarkeit, die diesen
Mann auszeichneten. Die »liebe Donna Emilia« hatte ihn offenbar
mit einigen Ehrentiteln angeredet, auf die er in einem Gemisch aus
Italienisch und Neapolitanisch antwortete: ». . . Das fehlte noch, ich
bin immer noch der gleiche wie früher, und deshalb stehe ich hier.
Über Auszeichnungen und Titel habe ich mir nie den Kopf zerbrochen, das wäre mein Ruin gewesen. Man hat sie mir gegeben, und
ich habe sie zur Ruhe gelegt, und wenn mich ein Freund mit Titel

anredet, dann pfeif' ich nach Mephisto-Art, laß einen Mundfurz fahren . . . Ich küsse Ihnen die Hände mit der Zuneigung und Dankbarkeit, die ich Ihnen schulde. Erlauben sie mir einige letzte Worte auf neapolitanisch, ja? *Ca o Signore ve pozza fa aunnà comme aonna l'onna de lu mare,* möge der Herr Sie wiegen wie die Wellen des Meeres . . .«

Auch der Himmel fuhr fort, sich zu wiegen, mit anderen Worten, Wassermassen zu entladen, auf dieser mexikanischen Reise. Ein triefender *Ballo in maschera* wurde nach dem zweiten Akt abgebrochen; der grundehrliche Caruso schickte die Hälfte seines Honorars, die unverdiente, weil er doch nicht bis zum letzten Akt gesungen hatte, den bedürftigen Verwandten. Die Sonne kehrte zurück, und er absolvierte trotz der Migräne, die ihn verfolgte, zwölf Auftritte in einem Monat. Im November in New York erwartete ihn die Premiere von *La Juive* von Fromental Halévy.

Es war eine der Verpflichtungen, die er mit größter Entschlossenheit, mit geradezu zwanghafter Gewissenhaftigkeit anging. *La Juive* war in der Met seit zwanzig Jahren nicht mehr aufgeführt worden, und das letzte Mal wurde sie auf deutsch gegeben anstatt im französischen Original. Caruso betrachtete sie beinahe als Prüfung, für den Sänger wie für den Schauspieler. Die Rolle des Eleazar begann er, wie gesagt, im Sommer auf Bellosguardo einzustudieren; er besuchte Bibliotheken, um sich mit den Sitten und Bräuchen des Volkes Israel vertraut zu machen, bat Scholl um Rat, den Chefclaqueur der Met, einen Deutschen jüdischer Abstammung, der nach jedem Auftritt vor dem Theater auf ihn wartete, nur um ihm die Hand zu schütteln; er ließ sich eine spezielle Maske machen, die ihm die Nase optisch verfeinerte. Er war fasziniert von dieser Oper, einer dramatischen Prüfung für einen Tenor, und auch von den musikalischen Wurzeln der jüdischen Welt; von jeher hatte er in jeder Ecke Europas Synagogen besucht und sich Notizen über die Hymnen und die einzigartige Vokalität der Sänger gemacht.

La Juive feierte am Abend des 22. November einen überwältigenden Erfolg. »Der größte künstlerische Triumph in Carusos Leben«, urteilte Irving Kolodin. »Würde und Schönheit in seiner Kantilene«, setzte W. J. Henderson hinzu. »Es ist vielleicht das erste Mal, daß Caruso eine tragische Figur mit solcher Glaubhaftigkeit wiedergibt«, jubelte schließlich Henry Krehbiel. Die Ovationen galten auch der Sopranistin Rosa Ponselle, die bereits ein Star war, und Maestro Bodanzky. Titta Ruffo bekannte: ». . . Er war überragend. Sein Gesicht nahm einen Ausdruck so voller Schmerzen und Nachdenklichkeit an, deutete die Seelennot mit einem so eigentümlichen Reiz an, daß viele Zuschauer weinten. Und ich war einer von ihnen.«

Der denkwürdigste und glücklichste Tag des Jahres 1919 aber war der 18. Dezember: Gloria, das sehnlich erwartete Töchterchen, wurde geboren, und Enrico soll, das rosa Menschenbündel ansehend, immer wieder begeistert ausgerufen haben: »Sie sieht mir ähnlich, sie sieht mir ähnlich!« Nach neapolitanischem Brauch erhielt Gloria noch die Namen Graziana, Vittoria und Maria angehängt. Mit fast siebenundvierzig Jahren noch einmal Vater, welch wundervolles Erlebnis! Das Baby bekam eine ein Meter lange Perlenkette geschenkt, »damit die Kehle gesund bleibt«, und eine ebenso lange Brillantkette überreichte er wenig später seiner Gattin Dorothy als liebevolle Wiedergutmachung für eine mit Blicken ausgefochtene Eifersuchtsszene wegen eines zu tiefen Dekolletés. Beim Spiel mit der Kleinen, die er mit unnützen Geschenken überhäufte, versuchte er, plötzliche Verstimmtheiten und eine lästige Bronchitis zu vergessen. Auch seine Verpflichtungen schränkte er während des Frühlings ein – einige Konzerte zugunsten der italienischen Nachkriegsanleihen, drei Auftritte in Atlanta; nur das Angebot von Impresario Adolfo Bracale, der ihm zehntausend Dollar pro Abend für eine Gastspielreise nach Kuba bot, vermochte er nicht auszuschlagen.

Die Hitze in Havanna war beileibe nicht das richtige für seine Übermüdung. Obendrein zwang ihn dieses Engagement, sich von Dorothy und Gloria zu trennen, die für derartige Reisen noch zu klein war; die beiden verbrachten den Sommer auf dem Land, in einer luxuriösen Villa in East Hampton auf Long Island. Weshalb also nahm Caruso das Angebot an? Das Honorar war zwar ungeheuer hoch, doch gab dies nicht den Ausschlag. Es war vielmehr ein Gefühl der Dankbarkeit gegenüber Bracale, der die erfolgreiche Gastspielreise nach Ägypten organisiert hatte, als Caruso noch ein blutiger Anfänger war. Und vor allem die Lust, sich vor ein unbekanntes Publikum zu wagen, sich selbst und den anderen zu beweisen, daß Caruso noch immer der Beste war. Auch diese Überbesorgtheit, die sich in ihm verstärkte, mit jedem Mal, wenn ein grausamer Kritiker in einem kleinen Riß seiner Stimme ein Anzeichen des Niedergangs witterte, trug wahrscheinlich das Ihre dazu bei, sein Leben zu verkürzen. Dem Musikkritiker Camillo Traversi, und nicht nur ihm, vertraute er an: »Beim Gestalten einer Rolle versuche ich immer, mein Bestes zu geben. Ich weiß, daß ich Sänger und Schauspieler bin, doch ich bemühe mich, den Eindruck zu erwecken, ich sei weder das eine noch das andere, sondern ein vom Komponist erschaffener, wahrer Mensch. Die Schwierigkeit liegt nicht darin, die Vollkommenheit zu erreichen, sondern sie zu halten. Kaum erreicht ein Künstler den Gipfel des Erfolgs, kaum erklimmt er die höchste Stufe, wird er von einer schrecklichen Angst heimgesucht. Wann beginnt der Abstieg? Wann werde ich versagen? Ich kann nicht einen Schritt auf der Bühne tun, ohne mir diese Fragen zu stellen.«

Die kubanische Erfahrung war zermürbend. Unwohlsein, Migräne, Schlaflosigkeit, unerwartete Zahnschmerzen, die er als böses Omen wertete, die Aufdringlichkeit der Leute, Klagen über die unverschämten Eintrittspreise (zwanzig Dollar für einen Sessel), all dies stürzte ihn in einen Zustand der Mutlosigkeit; die anmaßenden Rezensionen nach der *Martha* vom 12. Mai 1920, die dem Publikum jedoch gefallen hatte, veranlaßten ihn um ein Haar zu einer geräuschvollen Abreise. Sein damaliger Briefwechsel mit Dorothy zeigt Empörung und Melancholie. Glücklicherweise gerieten die folgenden Opern zu einem Erfolg. Caruso erhielt Unterstützung durch die Bravour seiner Partnerinnen in diesem kubanischen Abenteuer: Carmen Melis, Maria Marrientos, Gabriella Besanzoni sowie von Riccardo Stracciari, dem Bassisten Mardones und Bariton Parvis.

Alles schien sich wieder in den gewohnten Bahnen abzuwickeln, viel Beifall, vereinzelte boshafte Polemiken, nichts Neues unter der tropischen Sonne. Am 12. Juni allerdings die große Angst: Havanna, zweiter Akt der *Aida*, auf der Bühne die Besanzoni und die Mexikanerin Maria Escobar, Caruso im Büro von Bracale, auf seinen Auftritt als Radames wartend: Plötzlich kommt es zu einer heftigen Explosion. Auf der Bühne stürzt eine Säule zu Boden, Direktor Padovani und die Statisten des Chores flüchten sich auf die Straße. Die Geistesgegenwart des ersten Trompeters, des Spaniers Rivero, verhinderte weitere Wellen der Panik: Er setzte zur kubanischen Nationalhymne an und bannte damit die Zuschauer auf ihre Plätze. Das ganze war ein Bombenattentat, dessen Urheberschaft nicht bekannt ist.

Carusos Verunsicherung wurde verstärkt durch schlechte Nachrichten, die ihn aus den Staaten erreichten. Die erste: Das »Hotel Knickerbocker«, seit langem sein Heim, war verkauft worden und sollte in ein Bürohaus umgewandelt werden; bei seiner Rückkehr zog der Tenor ins »Vanderbilt«, in eine Suite auf der obersten Etage mit Dachgarten. Die zweite: Diebe waren in die Villa auf Long Island eingedrungen und mit Dorothys Tresor, in dem Juwelen im Wert von mehr als zweihundertfünfzigtausend Dollar lagen, durchs Schlafzimmerfenster auf und davon. Carusos Reaktion fiel ziemlich widersprüchlich aus. Zu Bracale soll er überaus heftig den rätselhaften Satz gesagt haben: »Sie hat es nicht anders verdient«, während er gleich darauf in beschwichtigenden Worten an seine Gattin kabelte: »Gott sei Dank sind Du und die Kleine wohlauf. Sobald ich zurück bin, werden wir den Schmuck ersetzen.« Dorothy und Gloria war schon von der Schwarzen Hand mit Kidnapping gedroht worden; die Presse stellte etwas willkürlich einen Zusammenhang zwischen der Bombe von Havanna und dem Einbruchdiebstahl in Amerika her. Die letzten Auftritte in Kuba, in Santa Clara und Cienfuegos, die Stationen in New Orleans und Atlantic City auf der Heimreise im Juni brachte er mit bangem Herzen hinter sich. Kaum auf Long Island angekommen, inspizierte er die Villa mit detektivischem Spürsinn, überzeugt, wie er war, daß die Diebe Komplizen im Hause gehabt hätten. Er fand keine Beweise, zerriß wütend den Scheck der Versicherung. Einmal mehr fiel er in eine Krise, in der unvermittelte Stimmungsschwankungen und Selbstversunkenheit sich mit Aufwallungen der Zärtlichkeit für Gloria ablösten. Damit er sich entspanne, verordnete ihm Dorothy Angeln und Tennis. Die Photographen bannten in der Folge ein trügerisches Bild der Sorglosigkeit auf ihre Filme, ein beruhigender Tribut an die öffentliche Meinung.

Wiederum warf sich Caruso in die Arbeit, die so aufreibend war wie zuvor. Am 16. September nahm er fünf Stücke auf, zwei aus der *Petite Messe Solennelle* von Rossini: Es waren die letzten Aufnahmen seines Lebens. Einmal mehr ging er auf Reisen, diesmal mit Abstechern nach Kanada. Die Belagerungen seiner Anhänger, die ständigen Aufdringlichkeiten entnervten ihn, und die joviale Maske des Lächelns vermochte mitunter seinen Unwillen und sein Leiden nicht zu verbergen. Eugenio Gara zitiert Auszüge aus Briefen von damals an Dorothy. »Ich bin seit gestern abend im Bett. Die ganze Nacht über haben mich Kopfschmerzen gequält, ich glaubte, verrückt zu werden . . . Ich kann nicht atmen, fühle einen Klumpen im Magen. Die Nerven tun mir weh von der Nase bis zum Hals. Es ist, als würden sich in meinem Kopf Blitze entladen. Meine Augenlider sind geschwollen und schwer. O Gott, womit habe ich mir eine solche Strafe verdient? Ich bin überzeut, daß dieser Herr R., der mich interviewte, mir Böses will, denn er hat zu mir gesagt: ›Ich verstehe nicht, wie Sie es anstellen, trotz der langen Reisen so frisch und gesund zu bleiben.‹ Wenn ich einst nicht mehr arbeite, kehren wir in meine, unsere Heimat zurück und führen dort ein angenehmes Leben ohne jede Anspannung. Ich hoffe, Gott gebe es mir, diesen Tag zu erleben, dann werde ich wirklich glücklich sein.«

Nach einem Konzert schrieb der *Chicago Record* am 4. Oktober 1920: »Offensichtlich findet er Gefallen daran, die Tiefen auszuloten . . . Den Preis dafür hat er jedoch im oberen Register bezahlt; er spielt nicht mehr mit den lang ausgehaltenen Spitzentönen. Noch schafft er es, wenn auch ohne die Mühelosigkeit von einst. Heute sind die flatternden Phrasen im oberen Bereich etwas, was er ernst zu nehmen hat, mit dem sich nicht spaßen läßt. Früher fühlte man, daß ihn die Freude am Singen beflügelte, und seine Stimme entfloß einer unversiegbaren Quelle.« Ja, möglicherweise hatte Caruso die Freude am Singen verloren. Am 18. November, nach einer von mehreren Aufführungen des *Elisir*, ging Aldrich in der *New York Times* hart mit ihm ins Gericht: »Er hat sich über jede Regel hinweggesetzt, hat versucht, schwerfällig und prätentiös wiederzugeben, was einfach und unmittelbar ist.«

Weitere Sorgen lauerten in New York. Lassen wir Caruso selbst das Wort in einem weiteren Brief an Emilia Niola vom 24. November 1920: »Hier bin ich nun nach einigen Stunden wieder ganz bei Ihnen, liebe Donna Emilia. Die Unterredung mit dem Anwalt gestern abend dauerte bis zu später Stunde, weshalb ich Ihnen nicht weiterschreiben konnte. Gegenstand unseres Gespräches war ein Koch. Wir hatten nämlich einen Koch für den Sommer angestellt, einen Neapolitaner, damit er gut für unser leibliches Wohl sorge. Nach zwei Wochen wurde er aufgrund seiner schlechten Arbeit entlassen. Ein paar Tage später kam es zum Diebstahl der Juwelen; die Polizei erkundigte sich bei meiner Frau, weshalb ich in Havanna sei, und stellte ihr alle möglichen Fragen über Personen, die sich in der Zeit vor und während des Diebstahls im Hause aufhielten. Unter diesen war auch der Koch. Alles wurde in den Zeitungen publik gemacht; heute, vielmehr gestern, hat uns der Koch verklagt, mich wegen Vertragsbruchs und meine Frau wegen Schädigung durch Publizität. Sie sehen, ich habe immer irgendwelche Unannehmlichkeiten wegen des großen Aufhebens, das man um meinen Namen macht.

Wollte ich Ihnen alles erzählen, was um mich herum geschieht, es bedürfte ganzer Bände. Genug, wenn Sie wissen, daß ich oftmals in Ohnmacht zu fallen glaube, und wer weiß, ob ich nicht eines Tages wirklich umfalle und nicht wieder aufstehe. Hoffentlich nicht, denn bis heute habe ich kein anderes Leben gelebt als das eines Dieners. Gewiß, der Ausdruck mag Ihnen seltsam erscheinen, aber so ist es; was habe ich bis jetzt anderes getan, als allen in jeder Art und Weise zu dienen, mich geschunden, bis es nicht mehr ging. Man hat mich bezahlt, das ist wahr, doch das Augenmerk aller, auch derer, denen ich gedient hatte, war auf dieses Geld gerichtet. Hoffen wir also auf bessere Tage. Gewiß, Ihr Brief hat mich am Ende meiner Tournee erreicht, die triumphal und einträglich war, und eben hat die Spielzeit hier an der Met begonnen, die wir mit Halévys *La Juive* am Tage, das heißt am Abend des 15. d. M. eröffnet haben und bei der ich einen persönlichen Erfolg errungen habe.

Zwei Tage später sang ich das *Elisir d'amore* mit einem so überwältigenden Erfolg, daß dies drei der intelligentesten Kritiker mißfiel, die Dinge über mich schrieben, daß ich mich gezwungen sah, dem Direktor meinen Rücktritt bekanntzugeben; dieser kam, halb vom Schlag getroffen, zu mir gerannt und bat mich, dem Gerede von drei leberkranken, arthritischen alten Männern keine Beachtung zu schenken.

So stehe ich also immer noch meinen Mann und singe heute abend den *Samson*; angesichts des unterschiedlichen Fachs der drei bisher gesungenen Opern: *La Juive*, *Elisir* und *Samson* komme ich mir vor wie ein Archiv. Finden Sie nicht auch?

Am Samstag werde ich die *Forza del destino* singen, für einmal wenigstens dasselbe Fach. Wer hätte hier je geahnt, daß ich mit meiner kleinen Altstimme derart verschiedene Fächer angehen würde. Es ist nicht alles Gold, was glänzt, liebe Donna Emilia, denn da ich alle Fächer singe, stoße ich nun auf manch einen, der seine Verdauungsprobleme an meiner Arbeit ausläßt ... Man ruft mich zum Mittagessen: klare Brühe, gekochter Fisch und ein kleines Lammkotelett.

Nicht viel für einen, der den *Samson* singt und einen Tempel zum Einstürzen bringen muß; da dieser nun aber aus Pappe ist, brauche ich mehr als alles andere einen langen Atem, und so achte ich auf mein Gewicht ... Ich küsse Ihre Hand ...«

Ein Ausbruch, in dem Verdrossenheit und Stolz sich ablösen. Der Donna Emilia angekündigte *Samson* war großartig, wie selbst Aldrich eingestand, einer der drei von Caruso als »leberkrank und arthritisch« bezeichneten Kritiker. Es war nichts weiter als eine tröstliche Illusion. Der folgende *Samson* sollte der Anfang vom Ende werden.

21. KAPITEL

Piangi, Pagliaccio

Das lange, unbewußte Sterben des größten Tenors der Welt begann gegen Ende des Jahres 1920. Es hat einen außergewöhnlichen Zeugen: Enrico Caruso selbst. Am 14. Dezember auf Briefpapier des »Hôtel Vanderbilt« geschrieben, ist der nun folgende Brief ein kostbares, bewegendes Dokument:

»Meine liebe Donna Emilia
Seit acht Tagen gibt es hier nichts als Ängste und Schmerzen. Jawohl, und wenn Sie diesen Brief in den Händen halten, werden Sie schon aus der Presse – die ja die Nachrichten schnell auch denen zuträgt, die sie gar nicht wissen wollen – von all dem Unglück, nennen wir es einmal so, erfahren haben, das mir in diesen vergangenen acht Tagen zugestoßen ist, das ich aber dank meiner Veranlagung und meinem Charakter überwunden habe, all jenen zum Trotz, die auf mein Ende warten. Ich werde Ihnen also alles erzählen und genau dort weiterfahren, wo ich Sie in meinem letzten Brief verlassen habe, denn genau da haben all die Unannehmlichkeiten angefangen.

Ich verließ Sie also, als ich zum Mittagessen ging, weil ich am Abend den Samson singen sollte, das ist jetzt auf den Tag genau elf Tage her. Sie müssen wissen, daß mir immer irgend etwas zustößt, wenn ich diese Oper singe, und ganz besonders in dem Moment, da man mir das Augenlicht nimmt; und obschon ich mir alle Mühe gebe, die Oper gut zu Ende zu bringen, passiert mir doch immer fast ein Unglück, wenn ich die Säulen niederreiße, die mir, auch wenn es bloß Attrappen sind, einen solchen Krampf in der linken Seite verursachen, daß sich mir die Nerven zwischen den Rippen einklemmen, was mir einen fürchterlichen Schmerz bereitet. Damit er vergehe und bevor ich vors Publikum trete, um mich zu bedanken, kann ich nicht anders, als mich zu Boden werfen und mich winden und krümmen wie eine Schlange, damit die Nerven sich wieder einrenken.

Bei meinem letzten Auftritt im *Samson* wiederholte sich dieser Vorfall nicht, und ich war darüber so erleichtert.

Tags darauf, am 4., verspürte ich beim Aufstehen einen kleinen Schmerz in der linken Seite, schenkte ihm aber nicht weiter Beachtung; am 5. setzte mir der Schmerz bereits ein wenig stärker zu; am 6. hatte ich Schwierigkeiten beim Atmen, und jedesmal wenn ich beim Sprechen Atem holen mußte, stach es mich wie mit Dolchstößen in die Seite. Ich fing an, Medikamente zu nehmen, doch anstatt daß sie mir gutgetan hätten, litt ich nur noch mehr. Am 7. rief ich den Arzt, der mir sagte, es sei weiter nichts Schlimmes, und mir verordnete, die Seite mit einer Salbe einreiben zu lassen, die so stark war, daß nicht einmal ein Roß es ausgehalten hätte.

Am 8., auf diesen Tag war mein Auftritt in den *Pagliacci* angekündigt, merkte ich beim Aufstehen, daß der geringste Atemzug, die geringste Bewegung, das geringste Wort mir entsetzliche Qualen an der Seite bereiteten.

Ich machte die Sache mit mir selber aus, weil mich in solchen Fällen niemand besser berät als ich selbst, und beschloß aus mancherlei Gründen, niemandem ein Wort zu sagen und zu versuchen, am Abend zu singen; sonst hätte es doch nur Diskussionen gegeben, denn ein Künstler von Rang hat, wenn es nach dem Publikum und dem Impresario geht, kein Recht darauf, krank zu sein. Und da die alten Künstler mich gelehrt haben, daß man, wenn man einen Namen hat und nicht aufhören will mit dem Singen, auch tot noch singen muß, um dem Publikum zu zeigen, daß man wirklich krank ist; entschloß ich mich also zu singen. Ich ließ mich noch einmal mit dieser Pferdesalbe einreiben, obschon sie in diesem Fall so gar nichts ›Chevalereskes‹ an sich hat: Ich kann nur sagen, die Salbe brennt ganz fürchterlich, und wer sie einreibt, ist ein Roßknecht. Um sechs Uhr abends, nachdem ich die Toilette gemacht hatte, die ein Sänger nun einmal braucht, probierte ich die Stimme hier zu Hause aus und fand sie, zu meiner Überraschung, wunderbar. Darauf begab ich mich ins Theater, nahm ein Anregungsmittel und begann mich anzukleiden. Zur vorgesehenen Zeit fing die Vorstellung an; also fuhr ich in meinem Wägelchen heraus, und als ich sang, spürte ich vom G an aufwärts nichts als Messerstiche in der Seite.

Während der ganzen ersten Szene hielt ich durch und machte herrlich weiter; beim Arioso, das ich glanzvoll begonnen hatte, merkte ich im weiteren Verlauf, wie der Schmerz zunahm, je mehr ich den Atem zurückhielt; und wirklich, als ich zur letzten Phrase kam und meinen Blasebalg gut gefüllt hatte, war mir beim Ausstoßen der Stimme, als durchbohre ein glühendes Eisen all meine Atemwege bis hinauf in die Kehle, was mir einen fürchterlichen und schier unerträglichen Schmerz verursachte, bis es mich vollends würgte. Ein anderer an meiner Stelle wäre wohl entsetzt gewesen und hätte aufgehört, doch dank meiner Erfahrung brachte ich die ganze Phrase unter Schluchzern heraus und verfehlte trotzdem die Wirkung auf das Publikum nicht; für mich aber war es grauenhaft. Kaum war der Vorhang gefallen, brach ich in den Armen meines Sekretärs zusammen, schluchzend und fast vergehend vor Schmerzen. Das Publikum applaudierte stürmisch und rief mich heraus; ich wollte nicht gehen, doch der Bariton zog mich heraus, und nachdem ich schluchzend und brüllend wie ein verwundeter Stier die Bühne überquert hatte, wurde ich fast auf den Armen in meine Garderobe gebracht. Der Schmerz war fürchterlich, und gut zwanzig Minuten lang durfte ich nicht richtig durchatmen, doch dank kalter und heißer Umschläge und Anregungsmitteln erholte ich mich wieder. Stellen Sie sich den Schrecken meiner Frau vor, die im Zuschauerraum saß und sofort in meine Garderobe gerannt kam, und die Aufregung aller, die diese Szene miterlebt hatten.

Dem Publikum wurde mitgeteilt, daß ein Schmerz, verursacht durch den Sturz am Schluß des ersten Aktes, die Vorstellung ein wenig verzögere. Meine Frau wollte unbedingt, daß ich aufhöre, aber ich sagte dickköpfig nein wie Pius IX., und der zweite Akt ging gut, obschon ich mir mit der linken Hand die linke Seite hielt.

Am Ende der Vorstellung bereitete mir das Publikum eine Sympathiekundgebung, daß es schien, als wollte es mich nie nach Hause lassen. Unter Höllenqualen kehrte ich heim, wo ich die üblichen Freunde vorfand, die mir vorausgegangen waren, und während wir bei Tisch saßen und eine Fleischbrühe löffelten, erzählte einer der Tischgenossen einen Witz, daß ich beinah vor Lachen platzte, und augenblicklich spürte ich einen starken Schmerz und hatte zugleich das Gefühl, als ob irgend etwas in mir zurechtrückte, und tatsächlich ließen kurz darauf die Schmerzen nach.

Ich dachte nun, dies alles komme von einer Bewegung, die ich am Abend des *Samson* gemacht hatte, als ich die Tempelsäulen niederriß, ohne sogleich einen Schmerz zu spüren, und daß dieser Schmerz erst am nächsten Tag eingesetzt habe. Am Morgen nach den *Pagliacci* waren alle Zeitungen voll von dem Vorfall mit dem Sturz, und also gab's eine Unmenge Briefe, Telegramme, Anrufe, Visitenkarten und Besuche, und alle wollten wissen, was passiert sei. So gingen zwei oder drei Arbeitstage verloren, um die Gemüter sämtlicher Freunde und Feinde zu beruhigen; und an den folgenden Tagen, dem 9., 10. und 11., bestand die Arbeit darin, allen zu antworten und zu versichern, daß das Unwohlsein nun vorüber sei. Es kam der Samstagabend, der 11., an dem Abend sollte ich das *Elisir d'amore* in einer Stadt nahe bei New York singen, die Brooklyn heißt und durch den Fluß von unserer Stadt getrennt wird. Der Schmerz hatte sich gelegt, und so ging ich, wie gewohnt um sechs Uhr ins Theater. Es ist zu sagen, daß ich den Nachmittag in etwas schlechter Stimmung verbracht hatte, wegen leichten Kopfwehs, das ich dem Wetter zuschrieb, denn dieses ist etwas vom Unberechenbarsten in dieser Stadt. Ich fing an mich zu schminken, und um halb acht, während ich mir die Hände wusch, hatte ich plötzlich einen Geschmack im Mund, als ob ich eine Süßigkeit mit Blut darin gegessen hätte. Ich versuchte, entschuldigen Sie, auszuspucken und sah, daß es Blut war. Blut, sagte ich zu meiner Frau, die mir mit ihrem sanften Lächeln, das sie immer in einer ernsten Lage hat, erwiderte, das sei nicht schlimm; inzwischen aber ließ sie Eis kommen und gab Anordnungen.

Unterdessen war ich vor dem Waschbecken stehengeblieben und stieß hustend und spuckend eine Menge Blut heraus. Der Schrecken zeichnete sich auf den Gesichtern des Sekretärs und des Klavierbegleiters ab, und aus den Augenwinkeln sah ich meine Frau, wie sie allen, die zur Tür liefen, eilig Anweisungen erteilte. Und ich, der ich immer einen Koffer voller Arzneimittel bei mir habe und ohne jemanden beleidigen zu wollen, doch sagen muß, daß ich mich aus eigener Erfahrung in vielen laryngologischen Dingen auskenne, packte, entschuldigen Sie, nahm eine Flasche mit Adrenalin und haute sie mir rein, entschuldigen Sie, schüttete sie mir in den Hals, die Flüssigkeit aus der Flasche, meine ich, nicht die Flasche selbst, und nach wenigen Minuten kam das Blut zum Stillstand. Es war acht Uhr abends, und die Vorstellung begann um Viertel nach acht.

Die blutige Nachricht verbreitete sich wie im Fluge mit zweihundert Meilen in der Stunde, und so tauchten bestürzte Gesichter in der Tür meiner Garderobe auf. Ich blieb ganz ruhig, und nachdem ich versichert hatte, daß alles gutgehe, schickte ich meine Frau hinunter, damit sie sich auf ihren Platz in der ersten Reihe setze. Jetzt blieben noch fünf Minuten bis zum Beginn der Vorstellung, und da ich wußte, welche Wirkung das Adrenalin hervorruft, wollte ich den Stimmapparat waschen und die Stimme bewegen. Ich machte also eine Spülung mit Salzwasser und erprobte die Stimme mit ein paar Übungen: Das hätte ich besser bleiben lassen! Einen Augenblick später begann ich Blut herauszustoßen, um zehn nach acht fing es an, und erst nach, sage und schreibe, vier vollen Stunden hörte es auf. Vier Stunden immerzu Blut spucken, und wie schön rot es war, es sah aus wie Schweineblut.

Was war in dieser ganzen Zeit geschehen? Ich erzähle es Ihnen etwas später, weil mir schon die Fingerspitzen weh tun – also erst einmal ein wenig ausruhen. –

Da bin ich nun wieder bei Ihnen. Wir waren fünf Minuten vor Beginn der Vorstellung, und der Inspizient kam, um mich zu fragen, ob man rechtzeitig anfangen könne, doch er fand mich vor dem Waschbecken stehend, das sich ganz rot färbte, und alle um mich herum waren mit etwas beschäftigt. Man bat ihn, noch ein paar Minuten zu warten, und endlich, nach etwa einer halben Stunde, glaubte ich, man könnte nun beginnen. Es wurde also angefangen, und ich überlasse es Ihnen, sich vorzustellen, in welchem Zustand meine Leute waren, die mich auf der Bühne unterstützten.

Das Orchester begann zu spielen, und als der kleine Chor zu Ende war, trat ich raus auf die Bühne und vor das Publikum, das darauf wartete, einen schönen Abend zu verbringen, denn hier heißt es, das *Elisir* sei stimmlich und darstellerisch eine meiner besten Interpretationen.

Ich setzte mit meiner Arietta *Quanto è bella* ein und begriff sofort, daß es ein Wagnis war weiterzumachen, denn das Blut sammelte sich in der Kehle; trotzdem kam ich bis zum Schluß, ohne daß das Publikum bemerkt hätte, daß ich ein rotes Taschentuch vor den Mund hielt und Blut hineinspuckte, aber als das Taschentuch voll war, wurden auch das Hemd und der Kittel mit Blut befleckt.

Jetzt erst bemerkten Publikum und Chor, in welchem Zustand ich mich befand; einen Augenblick lang glaubte ich, nicht mehr weitersingen zu können, denn ich dachte an meine Frau und was sie leiden mußte, und war kurz davor, die Besinnung zu verlieren, doch die Chorsänger nutzten die Szene mit Belcore, um mich hinter die Kulisse zu bringen. Ich schaffte es gerade noch rechtzeitig, mit Salzwasser zu gurgeln und wieder auf die Bühne zu stürzen, um den Akt zu beenden. Ich erzähle Ihnen nicht, was während des Duetts mit Adina passierte, Sie würden nur allzusehr leiden. Ich sang bis zum Schluß, doch das Orchester mußte zweimal absetzen, und das Publikum erstarrte, so tief war es beeindruckt vom Anblick dieses Mannes, der trotz allem sang, wie er eben singen konnte, und sich auch unter solchen Umständen abmühte, nicht aufzuhören, sondern dem Publikum gegenüber seine Pflicht und Schuldigkeit zu tun.

Endlich ging der Akt zu Ende, und nach mehreren Hervorrufen wurde ich beinah in die Garderobe geschleppt, wo ich meinen Doktor vorfand, der schon bereit war. Ich überlasse es Ihnen, sich das Kommen und Gehen der Leute vorzustellen, die Bescheid wissen wollten, ob die Vorstellung weitergehe, um so mehr, als das Publikum wissen wollte, was eigentlich passiert war und was man nun tun werde. Nach Unterredungen zwischen meinem Doktor, den Vertretern der Met und den Direktoren des Theaters von Brooklyn und auf das Insistieren meines Arztes hin beschloß man, die Vorstellung abzubrechen. Dem Pressebeauftragten der Met kam die Aufgabe zu, einige Worte an das Publikum zu richten, und er sagte genau: ›Am Zungenansatz von Herrn Caruso ist ein Blutgefäß geplatzt, was ihn aber nicht daran hindert zu singen. Er jedenfalls, wie Sie gesehen haben, besteht darauf, die Vorstellung fortzusetzen, sofern das Blut Sie nicht erschreckt. Soll es also weitergehen?‹

Das gesamte Publikum war aufgestanden und antwortete: ›Nein, seine Gesundheit ist uns das Wichtigste, wenn er die nicht hat, kann er nicht mehr singen.‹ Also gingen alle nach Hause. Kaum hatte ich das Theater verlassen, zu Tode betrübt, weil es mir zum ersten Mal in den sechsundzwanzig Jahren meiner Karriere passierte, daß ich eine Vorstellung nach dem ersten Akt abbrach, da fing die Blutung wieder an, begleitete mich auf dem Heimweg und leistete mir Gesellschaft bis zu später Stunde. Ich verbrachte eine ziemlich ruhige Nacht, und am nächsten Morgen, es war Sonntag, wollte ich die Zeitungen lesen. Armer Caruso, wenn er nicht ganz gestorben war, so fehlte jedenfalls nicht viel dazu. Die Nachricht mußte in alle vier Winde verbreitet worden sein, schneller als man reden kann, denn Briefe und Telegramme kamen in Hülle und Fülle, den ganzen Tag über, den ich im Bett blieb und mich damit unterhielt, einigermaßen in Ruhe alles zu lesen, was man über mich dachte. Irgendwann öffnete ich ein Telegramm, in dem es hieß: ›Aufrichtiges Beileid.‹

Beileid? War dies also das Ende? Ich schloß einen Moment lang die Augen, tat einen tiefen Atemzug, legte meine rechte Hand aufs Herz und fühlte sein regelmäßiges Klopfen; als ich die Augen wieder aufschlug, sagte ich mir: Nein, noch hat meine Stunde nicht geschlagen. Ich war selig bei dem Gedanken, daß ich wieder einmal siegen würde über mich selbst und über all jene, die mich schon abgeschrieben hatten. Montag morgen, der 13. Dezember; da die Blutung seit einiger Zeit zum Stehen gekommen war, fragte ich den Doktor, ob ich am Abend die *Forza del destino* singen dürfe, in der ich angekündigt war. Nach einer eingehenden Untersuchung und dem Versprechen meinerseits, den ganzen Tag nicht zu rauchen und Nitroglyzerin zu nehmen [sic], um den Blutdruck zu senken, sowie andere Tabletten, um das Blut zu verdicken und dadurch neuerliche Blutungen zu verhindern, willigte er ein. Ich sage Ihnen nicht, was das für ein Tag war, dieser Montag, der 13., ich sage Ihnen bloß, daß ich sang und so siegreich war, daß der Erfolg dem Telephon, dem Telegraphen und der Post so viel Arbeit bescherte, daß zusätzliches Personal aufgeboten werden mußte. Nun wird hier eine neue Seite in der Geschichte meiner Karriere geschrieben, daß nämlich der Tote auferstanden ist mit besserer Gesundheit als zuvor; alle freuen sich, und ich freue mich natürlich auch, und ich versichere Ihnen, daß dieser Auftritt im Theater einer der allerbesten meiner ganzen Karriere war. Wenn Sie nun von all dem reden hören, so ist dies die reine Wahrheit, die bekanntzumachen ich Sie ermächtige. Unter all den vielen Briefen habe ich Ihren sehr lieben und herzlichen gefunden, und ich freue mich immer noch, daß die Maschine Ihnen gefallen hat. Diesen Sommer werde ich ganz gewiß in Neapel und bestimmt wieder so sein wie mit 14 Jahren und, genau wie damals, all die liebenswerten und herzlichen Menschen besuchen.

Mmò è tiemp'e stutà o lucigno pecché me pare che cumincia a puzzà a luongo. Jetzt ist es Zeit, das Licht zu löschen, denn mir scheint, es stinkt schon seit einer Weile.

178

So sende ich Ihnen und Ihrer ganzen Familie meine lieben und herzlichen Grüße, denen sich auch meine Frau anschließt; und ich genieße den Gedanken, daß ich, wenn ich dereinst wieder unter Ihnen sein werde, Angst habe, Sie nicht mehr zu verlassen. Ich küsse Ihnen die Hände, Ihr Ihnen herzlich zugetaner Enrico Caruso.«

Carusos minuziöser Chronik jener Tage sind noch einige Erläuterungen hinzuzufügen. Der Arzt, der den Tenor behandelte, hieß Philip Horowitz; mit ihm arbeitete Marafioti zusammen, der Hausarzt der Metropolitan Opera. In den *Pagliacci* vom 8. Dezember sangen die Destinn und De Luca an seiner Seite. Das *Elisir* in Brooklyn vom 11. Dezember wurde in der Musikakademie gegeben; während jenes qualvollen Auftritts näherte sich Caruso häufig den Kulissen, denn sein Sekretär Zirato und einige Chorsänger reichten ihm Taschentücher, um das Blut zu stillen. Gewiß unterschätzte der Arzt, der eine harmlose Interkostalneuralgie diagnostizierte, die Tragweite der Krankheit. Drei Abende nach seinem »neuen Sieg« vom 13. sang er noch einmal in *Samson et Dalila*, und die *New York Times* bezeichnete seine Interpretation als »von seltener Feinsinnigkeit und Schönheit«. Es war wie ein letztes Aufleuchten seiner Kunst.

Der lange Brief an Donna Emilia, durchsetzt mit Stolz, Skrupeln und den harmlosen Versuchen, über seine Tragödie zu scherzen, ist ein wichtiges Dokument, um der Persönlichkeit des Tenors näherzukommen. Außerdem beweist es einmal mehr, wie stark die Bande waren, die Caruso mit Neapel verknüpften, und wie einsam er doch im Grunde war: Er wählt seine langjährige, ferne Freundin, um ihr sein Herz auszuschütten und im Land seiner Wurzeln die Hoffnung auf Rettung zu verbreiten (»dies ist die reine Wahrheit, die bekanntzumachen ich Sie ermächtige«). Der beharrliche Optimismus wendet sich jedoch zu einer düsteren Vorahnung: ». . . Ich genieße den Gedanken, daß ich, wenn ich dereinst wieder unter Ihnen sein werde, Angst habe, Sie nicht mehr zu verlassen.«

22. KAPITEL

Tod am Vesuv

Die Weihnachtskrippe mit der beleuchteten Grotte, dem kleinen See aus Silberpapier, dem Jesuskind, behütet von einem neuhinzugekommenen Hirten aus San Gregorio Armeno, alles war, wie es sein mußte, selbst das traditionelle Festessen: marinierter Fisch, fetter Aal, auch das goldgelbe, honigglänzende Gebäck mit dem bunten Zuckerstreusel und die perlrunden Bonbons. Oben in der Suite des Hotel »Vanderbilt« schien man an jenem Weihnachtsabend des Jahres 1920 wahrhaftig in Neapel zu sein, und Caruso sah gerührt und voller Dankbarkeit Dorothy an, liebkoste die kleine Gloria und stieß mit seinen Freunden auf Glück und Gesundheit an.

Wenige Stunden zuvor hatte er in *La Juive* gesungen; es war sein 607. Auftritt an der Met und sollte sein letzter gewesen sein. Die üblichen Applause und Hervorrufe, festliche Stimmung, nichts Besonderes. Gatti-Casazza atmete erleichtert auf; er hatte auf das Drängen Dorothys hin vergeblich versucht, den leidenden Tenor davon zu überzeugen, daß es besser wäre, auf die Vorstellung zu verzichten. »Na, was sagen Sie jetzt, ich hab' doch recht behalten«, frohlockte Caruso, als die Oper zu Ende war. Dem Geiger Augusto Rossi war nichts Besonderes aufgefallen: »Er machte einen ungeheuren Eindruck auf mich, auch wenn er nicht vollkommen bei Stimme war.« Doch all jenen, die ihn besser kannten, waren die Zeichen seines Unwohlseins nicht entgangen; um den Schmerz zu dämpfen, hatte er sich beim Singen die linke Seite gehalten. Arturo Toscanini meinte zu Gatti-Casazza gewandt: »Er sieht sehr schlecht aus, ich bin in großer Sorge.«

Wenn Caruso sich auch einer trügerischen Hoffnung hingab, so doch nur für eine Nacht. Als er am Weihnachtsmorgen Geschenke in Form von Goldmünzen an die Angestellten der Met verteilte, überkamen ihn unvermittelt Fieberschauer, und Messerstiche durchfuhren seinen ganzen Körper. In einem heißen Bad suchte er sich Erleichterung zu verschaffen, doch die Schmerzen wurden nur noch heftiger; er schrie laut auf, worauf ihn sein Diener Mario, so schwer er auch war, aus der Wanne zog, Francis Murray, der Hotelarzt, machte ihm eine Morphiumspritze, die die Qualen allmählich linderte. Evan Evans, ein Spezialist, untersuchte ihn und diagnostizierte eine Rippenfellentzündung, die sich jederzeit zu einer Lungenentzündung auswachsen könne. Die Konsultation mit Dr. Murray, Antonio Stella und Samuel Lambert bestätigte am Stephanstag die Diagnose. Die ganze Einrichtung eines Krankenzimmers wurde herbeigeschafft und ein Raum der Hotelsuite in einen Operationssaal verwandelt, wo die Ärzte eine Pleurapunktion vornahmen. Am 30. punktierte Prof. John F. Erdmann vier Liter einer trüben, infizierten Flüssigkeit aus seinem Körper ab. Am 10. Januar 1921 hieß es, er sei auf dem Weg der Genesung, und Zirato ließ verlauten, Caruso werde nach Atlantic City reisen, um sich dort vollständig zu erholen.

Im Februar brach die Infektion jedoch erneut mit großer Heftigkeit aus. Um an der erkrankten Lunge einen Eingriff vornehmen zu können, entfernte ihm Professor Erdmann ein zehn Zentimeter langes Stück einer Rippe: ein Loch im wunderbaren Blasebalg! Am Abend des 15. begannen sich die Herzschläge in besorgniserregender Weise zu verlangsamen. Zwei Priester kamen herbei und spendeten ihm die Letzte Ölung; das Röcheln übertönte die leise Litanei der Gebete; an seinen Sohn Mimmi, der nun an der Militärakademie von Culver in Indiana studierte, wurde ein dringendes Telegramm gesandt. Wider Erwarten überstand er die Nacht, und bei Tagesanbruch, am 16., wurde eine leichte Besserung festgestellt; am 17. erkannte Caruso seinen Sohn; am 18. vertraute er dem italienischen Botschafter Camillo Avezzano, der ihm eine rote Nelke und den Gruß des Königs überbrachte, an: »Ich will in Italien sterben, in meiner Heimat . . .«
Am 1. März stach Professor Erdmann mit dem Operationsmesser in einen subphrenischen Abszeß der linken Lunge.

Zuversicht und Verzweiflung, Phasen des Bewußtseins und der Bewußtlosigkeit lösten einander ab. Am Abend vor seinem achtundvierzigsten Geburtstag befielen den Tenor düstere Vorahnungen, und er bat darum, seine Bühnenpartner sehen zu dürfen. Es kamen: Scotti, Lucrezia Bori, Rosa Ponselle, Nina Morgana, Titta Ruffo, Pasquale Amato und der junge Beniamino Gigli, den Caruso als seinen Nachfolger betrachtete; Gigli schreibt in seinen Memoiren: »Wir standen am Fußende seines Bettes und bemühten uns, Heiterkeit vorzutäuschen, aber vielen von uns standen die Tränen in den Augen.« Ruffo bemerkte, Caruso sei »vollkommen erschöpft« gewesen.

Mitte März wurden zwei Bluttransfusionen notwendig. Die Zeitungen, die den Krankheitsverlauf mit großer Aufmerksamkeit verfolgten, überlieferten der Nachwelt den Namen des Hämatologen, Lester J. Ungter, wie auch den des Blutspenders, Everett Wilkinson aus Meriden, Connecticut. Es heißt, Caruso habe sich beklagt: »Nun habe ich kein italienisches Blut mehr in den Adern, was bin ich denn jetzt eigentlich?« Allmählich trat eine leichte Besserung ein, so daß er in einem Rollstuhl sitzen konnte, den Zirato schob. Er war entsetzlich abgemagert, seine Haut war grau und schlaff, sein Blick flackernd, doch er lebte. Sein Lächeln fand er im Spiel mit Gloria wieder, der er versuchte das Wort »Campanello« beizubringen, was mit dem silberhellen Stimmchen der Kleinen so hübsch tönte. In einer Aufwallung von Euphorie prophezeite er Frances Alda: »Wir werden wieder die *Bohème* zusammen singen, du und ich«, worauf er leise eine Stelle aus dieser Oper andeutete. Puccini schrieb er: »Es geht mir besser, ich werde nach Neapel fahren, um mich auszuruhen.«

Daß dies das Ende war, wurde ihm wahrscheinlich erst bewußt, als er durch ein unbedachtes Wort eines Radiologen erfuhr, daß man ihm ein Stück Rippe herausgesägt hatte. Mit zitternden Händen schloß er das Klavier und trug seinem Begleiter Fucito auf, sämtliche Partituren wegzuschaffen, da er sie in Italien ohnehin nicht brauchen würde. Sodann verabschiedete er sich von den Angestellten der Met, die ihm erwiderten, sie würden ihn auf der Bühne erwarten, und denen er, nur mehr ein Schatten seiner selbst, bis zum Wiedersehen in der nächsten Spielzeit Lebewohl sagte – welch peinliche und heuchlerische Förmlichkeit! Am 28. Mai winkten an der Mole Nummer sieben des New Yorker Hafens Hunderte von Bewunderern mit tränenfeuchten Taschentüchern dem Sänger zu. Von fünfundzwanzig Leibwächtern eskortiert, die ihn vor der Umarmung der Menschenmenge schützten, ging Caruso an Bord der *President Wilson*; er wurde von Dorothy, Gloria, seinem Bruder Giovanni, der nach Amerika gekommen war, um ihm beizustehen, und all seinen Getreuen begleitet. Auf dem Schiffssteg mußte er gestützt werden. Ein Augenblick dieser Abreise ist auf einer Photographie eingefangen: Caruso, den Strohhut in der Linken, einen Mimosenzweig im Knopfloch des dunklen Jacketts, mit müdem Lächeln und gequältem Blick; Dorothy, in einem schlichten, geblümten Kleid und weißen Handschuhen, gibt sich strahlend unter der breiten Krempe ihres dunklen Hutes; Gloria, mit Ponyfransen und den Augen einer Erwachsenen, auf dem Arm ihrer Gouvernante.

Das Schiff landete am 9. Juni in Neapel. Kaum im Hotel »Vesuvio« an der Meerespromenade eingerichtet, schrieb Enrico auch schon an Donna Emilia: »Da bin ich nun hier unter unserem schönen Himmel, und mein erster Gedanke gilt Ihnen. Ich möchte Sie gerne besuchen, noch kann ich aber meine Beine nicht benutzen, deshalb bitte ich Sie, und es wäre uns eine Ehre, wenn Sie morgen abend um halb acht mit Ihrem Gatten und dem Doktor, Ihrem Bruder, zum Abendessen hierher kämen. Wir werden ganz unter uns sein, und so werde ich, ehe wir Neapel verlassen, das Vergnügen haben, Sie wiederzusehen. Meine Frau ist ganz vernarrt in Sie, und Gloria wird sogleich ›Tà Tà‹ zu Ihnen sagen . . .« Der Aufenthalt in Neapel war äußerst kurz; nachdem Enrico seine Stiefmutter und Fofò, der aus Florenz angereist kam, getroffen hatte, fuhr er nach Sorrent ins sonnige Hotel »Vittoria«, wo er ein paar Monate in völliger Ruhe zu verbringen gedachte, bevor er sich nach Bellosguardo begeben wollte. Im »Vittoria« bezog er eine Suite im vierten Stock (die mittlerweile von den jetzigen Verwaltern des Hotels, Lidia und Luca Fiorentino, liebevoll restauriert worden ist: Auf dem Klavier ist die Partitur der *Cavalleria rusticana* aufgeschlagen, auf dem Schreibtisch im Stil des frühen 19. Jahrhunderts liegen Carusos Füllfederhalter, einige Briefe an Martino, Karikaturen, Photographien . . . Bewunderer des Tenors aus der ganzen Welt haben den Wunsch, einmal in der Caruso-Suite zu übernachten; so auch der Cantautore Lucio Dalla, der dort das außerordentlich beliebte und wunderschöne Lied mit dem Titel *Caruso* schrieb. Wenige Schritte vom Hotel entfernt befindet sich ein Restaurant, dessen Wände mit den sepiagetönten Photographien des Sängers bedeckt sind und das selbstverständlich »Ristorante Caruso« heißt.).

Sorrent mit seinem Duft nach Jasmin und Orangenblüten erweckte trügerische Hoffnungen. Caruso ging nun täglich mindestens einen Kilometer spazieren, und seine Beine wurden lockerer; er nahm an Gewicht zu, bekam wieder Farbe und schloß neue Freundschaften. Doch beging er auch manche Unvorsichtigkeit: Er lag zu lange in der Sonne und schwamm im Meer, als die Wunden noch nicht verheilt waren. (An Zirato schrieb er, auf einer Narbe habe sich ein »Fleischzäpfchen« gebildet.) Er bestand sogar darauf, zwei kurze Ausflüge zu unternehmen: einen nach Capri zu seinem Freund Canessa in die Villa Mezzomonte; und den zweiten, ganz im Zeichen seines Glaubens, zur Wallfahrtskirche der Madonna von Pompeji, wo er eine riesige Kerze anzündete, zehntausend Lire für die Waisenkinder spendete und das Gelübde ablegte, wenn er wieder gesund würde, wolle er dorthin zurückkehren und Kirchenlieder singen unter jenen Gewölben, die Düfte von Weihrauch und Gebete voller Hoffnung und Schmerzen einschlossen. Auf dem Rückweg machte er – wenn man Adolfo Narciso glauben darf – in der »Trattoria Mimì« halt, an der Cupa Calastro in Torre del Greco, gegenüber der kleinen Seefahrerkirche der Madonna del Principio, Beschützerin vor Unwettern und Stürmen. Dort soll er Vermicelli mit Venusmuscheln und frischen Fisch gegessen und den beiden Musikanten, Ciccio 'e Giorgio e Cicciotto 'o Tintore, zugehört haben, die ihm *Lu Guarracino* widmeten. In den Kinos der Campania war *Mio Cugino*, »der größte Erfolg der Saison, die einzige und eindrücklichste kinematographische Darstellung des Commendator Errico Caruso«, wie *Il Giornale di Salerno* den Film anpries und hinzusetzte: »Nun ja, werden Sie sagen, Caruso auf der Leinwand ist natürlich nicht dasselbe wie Caruso auf der Bühne . . ., doch die Filmgesellschaft Savoia ist Ihrem Wunsch zuvorgekommen: Während der Vorführung wird Caruso den Prolog der *Pagliacci* auf einer Grammophonplatte singen!«

Am 15. Juli, dem Tag Kaiser Heinrichs II., auch der Heilige genannt, feierte Enrico in gewohnter Weise seinen Namenstag. Bei Tisch übermannte ihn plötzlich der Schmerz in der Seite, doch er wollte das Festessen keinesfalls unterbrechen. Er willigte lediglich ein, sich von Donna Emilias betagtem Bruder, der Arzt war, untersuchen zu lassen. Irgendwie erholte er sich wieder und schrieb am 17. an Fucito, er habe »Stimme im Überfluß«. Am 19. erzählte er dem Korrespondenten der *Chicago Tribune* von einem Todestraum: Er habe, ohne daß ihm dies etwas ausgemacht hätte, sein eigenes Grab mit seinem Namen darauf gesehen, doch dann habe ihn der Lärm einer Autohupe aus dem Schlaf gerissen. Der amerikanische Journalist staunte nicht wenig, als Caruso sich darauf eine Zigarette anzündete, »aber natürlich rauche ich. Sie werden doch nicht etwa meinen, daß es mir wirklich schlechtgeht?«.

Die Selbsttäuschung erhielt am 23. neue Nahrung. Vormittags um 11 Uhr sprach ein junger neapolitanischer Tenor namens Umberto Sequino im Hotel »Vittoria« vor, der zwar nicht mit überragender musikalischer Begabung, dafür aber mit einiger Unverfrorenheit ausgestattet war und darum bat, vorsingen zu dürfen. Caruso, belustigt darüber, willigte sogleich ein. Sequino stimmte die Romanze *M'apparì, tutto amor...* aus der *Martha* von Friedrich von Flotow an, wurde aber schon bald unterbrochen. »Hören Sie«, sagte Caruso zu ihm, »das singt man so . . .«, und wahrhaftig: Er sang laut und rund! Dorothy kam herbeigelaufen, und er fiel ihr glückstrahlend um den Hals, überzeugt, seine Stimme wiedergefunden zu haben. Später machten mindestens zwei Musiker einander die Ehre streitig, diesen allerletzten Spitzenton des großen Tenors auf dem Klavier begleitet zu haben, es waren dies Francesco d'Andria und Gaetano Pennacciulli aus Bari, ehemals erster Trompeter an der Met, dem Caruso den Aufstieg zum Orchesterleiter an der Chicago Opera ermöglicht hatte.

Mit Gatti-Casazza, der eigens aus Amerika angereist war, wurden Zukunftspläne geschmiedet: allenfalls ein *Othello* mit Titta Ruffo, ganz sicher das *Elisir*, und wer weiß . . .

In jenen Tagen lernte Gloria gerade laufen und trug ihr rot aufgeschürftes Knie zur Schau wie einen Verdienstorden. Am 15. willigte Caruso ein, am Strand von Sorrent für eine Römer Filmgesellschaft zu posieren. Da ihm Sonnenbäder verordnet waren, nahm er vor der Filmkamera im Badeanzug die Stellung eines Ringers ein und forderte den Seemann Antonino Esposito, genannt Sarachiello, zum Kampf heraus. Mit dem Scheck über zweihundert Lire erwarb er hundert Lose der Lotterie zugunsten der Kriegswaisen.

Einem Journalisten aus Neapel gewährte er ein Interview und versicherte: »Es geht mir viel besser, in Amerika werden nichts als Lügen über mich gedruckt, um mir zu schaden. Meine Stimme ist in Ordnung, die Krankheit hat sich nicht negativ auf sie ausgewirkt. Eine New Yorker Zeitung schrieb gar, ich könne nicht mehr auftreten, was ich aber umgehend telegraphisch dementiert habe. Seien Sie unbesorgt, meine Genesung braucht ihre Zeit, ist aber dennoch sicher.« Am 27. Juli sandte er einen Brief voll Bitterkeit an Maestro Alfredo Campanelli, den Verfasser der Operette *I briganti nel giardino di don Raffaele*, in der er erstmals aufgetreten war: »Nur in meiner Jugend habe ich das Leben genießen können ... Heute bin ich ein Spielball in der Hand von Geschäftemachern, die mir auf schnellstem Wege mein Leben verkürzen. Dasselbe Publikum, das mich groß gemacht hat, versucht nun aus Neid und Mißgunst, mich vom Podest zu stürzen ... Meine acht Operationen waren so schwer, daß ich sie noch während Monaten spüren werde. Das septische Fieber, mit dem sich nicht spaßen läßt, hat eine große Schwäche in mir zurückgelassen, doch auch das wird vergehen. In ein paar Tagen verlasse ich diesen feuchten Ort, um in die Toskana auf meinen Landsitz zu gehen, wo die Luft trocken ist; ich hoffe, mich dort vollständig erholen zu können. Hätte ich dies nur schon getan, als ich in Neapel an Land ging, denn ich finde, man fühlt sich hier wegen der großen Feuchtigkeit sehr schlecht.«

Und wieder kam das Fieber. Die Ärzte scheuten die Verantwortung; sie waren sich unschlüssig über das weitere Vorgehen und nur darauf aus, ihre amerikanischen Kollegen anzuschwärzen. Auf Giuseppe de Lucas Rat zog Dorothy die Brüder Giuseppe und Raffaele Bastianelli hinzu, zwei Kapazitäten aus Rom, die am 29. Juli eintrafen. Diese gaben sich dem Patienten gegenüber optimistisch: »Natürlich sind da gewisse Schwierigkeiten, doch in vier oder fünf Monaten werden Sie wieder singen können.« Der Ehefrau und den engsten Freunden gegenüber nahmen sie allerdings kein Blatt vor den Mund: »Es steht schlecht, Sie haben uns sehr spät gerufen, jetzt kann ihn nur noch eine Operation retten, bringen Sie ihn so schnell wie möglich nach Rom in unsere Klinik, am besten gleich morgen.«

Am Abend schrieb Enrico an seinen Freund Marziale Sisca, den Direktor der *Follia* in New York, und versprach ihm weitere Karikaturen; überdies kündigte er ihm die bevorstehende Reise in die Hauptstadt an und gestand: »Es ist eine schreckliche Zeit, ich leide unter starken Schmerzen, die mich beunruhigen.« Fast seine ganze Zeit verbrachte er nun damit, an alte Freunde zu schreiben; Gatti-Casazza, der unterdessen wieder abgereist war, vertraute er an: »Der liebe Gott wird tun, was er für richtig hält.«

Am Morgen des 31. Juli sandte er den letzten Brief an Maestro Alfredo Silvestri: ». . . Ich bin im Begriff, Sorrent zu verlassen und mich weiter nach Norden zu begeben . . . Mit meiner Genesung geht es auf und ab, doch ich denke, daß ich in ein paar Monaten völlig wiederhergestellt sein werde.« Die verhängnisvolle Krise brach ganz plötzlich aus. Dorothy war verzweifelt und benachrichtigte Giovanni; in einem Extrazug nach Rom wurden Plätze und für die Nacht ein Zimmer im Hotel »Vesuvio« reserviert. Am Abend des 31. trafen sie mit dem Auto im »Vesuvio« ein, wo Fofò sie erwartete. Inzwischen war das Fieber auf 40 Grad gestiegen, und die stechenden Schmerzen hatten wieder eingesetzt. Doktor Niola bat Professor Giacomo Cicconardi um Hilfe. »Ein äußerst ernster Fall, nur eine unverzügliche Operation könnte vielleicht noch etwas ausrichten.« Am 1. August um 17 Uhr kamen die angesehensten Ärzte Neapels zu einer Beratung zusammen: Es waren dies die Professoren Gaetano Sorge, Raffaele Chiarolanza, Giuseppe Moscati und Gennaro Sodo. Die Diagnose lautete einstimmig: subphrenischer Abszeß, d. h. Eiteransammlung zwischen Zwerchfell und Leber; Symptome einer septischen Peritonitis, äußerst schwaches Herz, Puls nahezu unfühlbar. Vollkommene Mutlosigkeit griff um sich. Kampferölinjektionen und Sauerstoffmaske wurden verordnet. In Neapel brachte die Tageszeitung *Il Mattino* auf der ersten Seite den vierspaltigen Titel: »Enrico Caruso ringt mit dem Tod.« Das Blatt interviewte Commendator Sorge, der erklärte, er sei sicher, daß Caruso von den Amerikanern nie richtig behandelt worden und die eingetretene Besserung trügerisch gewesen sei . . . Caruso habe sich in der letzten Zeit der Täuschung hingegeben, es gehe ihm besser, und sich fatalerweise überanstrengt und geschwächt. Der letzte und einzige Ausweg sei eine Operation. Dieser Meinung schloß sich Professor Chiarolanza an.

Es folgte eine Nacht voller Ängste und Aufregungen, während der Patient immer häufiger das Bewußtsein verlor. Um Enricos Bett standen Dorothy, Giovanni, die engsten Freunde sowie Professor Giuseppe Moscati, ein überaus menschlicher Arzt des »Ospedale degli Incurabili«, der später heiliggesprochen wurde; zu Caruso sagte er die Worte: »Sie haben viele Ärzte konsultiert, doch den wichtigsten haben Sie vergessen: Jesus Christus.« Es folgte ein gemeinsames Gebet. Moscati sprach von Glaube und Hoffnung, auch als der Kranke ihn nicht mehr hörte. Im Morgengrauen wurde bekanntgegeben, das »unabwendbare Ereignis stehe unmittelbar bevor«. Um sieben Uhr früh traten die Kapazitäten zu einer Beratung zusammen, die sich jedoch erübrigte, da sie nur mehr feststellen konnten, daß eine Operation nicht mehr möglich war. Caruso flüsterte: »Ich bekomme keine Luft; heiß . . . Schmerzen . . . heiß . . .« Er sah hilfeflehend auf seine Frau: »Doro, Doro, Doro . . .« Er verstarb am Dienstag, dem 2. August 1921, um 9.07 Uhr in einem Zimmer im zweiten Stock des Hotels »Vesuvio«, gleich gegenüber den Risorgimento-Bädern, wo er, als Straßensänger für eine Lira am Tag, sein außergewöhnliches Künstlerleben begonnen hatte.

Sein Bruder Giovanni küßte ihn wieder und wieder, bis man ihn mit sanfter Gewalt fortbrachte. Auf Carusos Antlitz lag ein heiterer Ausdruck; man band ihm eine weiße Binde um den Kopf, kleidete ihn in einen Frack mit blütenweißer Weste, in Seidenstrümpfe und Schuhe mit Silberschnallen. Maria, die Stiefmutter, erfuhr auf dem Weg zum Hotel »Vesuvio« von Enricos Tod. Es kamen Rechtsanwalt Giovanni Porzio, ein guter Freund, der amerikanische Generalkonsul in Neapel, Präfekt Angelo Pesce sowie sämtliche Behördenvertreter. Im Hotelzimmer wurde ein kleiner Altar errichtet; mittags um zwölf zelebrierte Hochwürden Rosati, der Pfarrvikar von Santa Lucia, die Totenmesse. Nachdem der fromme Professor Moscati dem Sterbenden bis zum letzten Augenblick tröstend beigestanden hatte, sprach er nun als Mann der Wissenschaft: »Unser Eingreifen hat bedauerlicherweise nur dazu gedient, die Natur und die Phasen der Krankheit zu erklären, das heißt, den Anfang einer Reihe von aufeinanderfolgenden, sich überlagernden Krankheitserscheinungen aufzudecken. Caruso ist an einer ungewöhnlichen Form eines subphrenischen Abszesses der linken Lunge gestorben, der in Amerika mit fast ausschließlich thorakalen Erscheinungen auftrat und durch einen Flüssigkeitserguß in die darüberliegende Pleura kompliziert wurde, dem, wie es scheint, die ungeteilte Aufmerksamkeit der beobachtenden amerikanischen Ärzte galt, weshalb der chirurgische Eingriff vorgenommen wurde und bei der Brusthöhle haltmachte. Doch die Ansammlung von Eiter unter dem Zwerchfell bahnte sich schließlich einen Weg durch die infolge der Operation entstandene Öffnung, so daß der Kranke dem Anschein nach geheilt war. Diese Öffnung des Abszesses erwies sich jedoch als ungenügend; nachdem abwechselnd Besserungen und Verschlechterungen zu verzeichnen waren, mußte fatalerweise über kurz oder lang eintreten, was eingetreten ist: eine plötzlich einsetzende Infektion des Peritoneums mit äußerst raschem Verlauf sowie den Begleiterscheinungen der Sepsis, der Schädigung des Perikardiums, des Myokardiums und der Nieren. Die einzige Rettung hätte nur mehr ein großzügiger chirurgischer Eingriff versprochen, doch unglücklicherweise machte der Zustand des Kranken infolge der zuletzt aufgetretenen Komplikationen diese letzte Anstrengung zur Rettung seines Lebens unmöglich.« Es war ein ungewöhnlicher Fall, wie geschaffen für ein Lehrbuch. Moscati verfaßte denn auch eine entsprechende Abhandlung für seine Schüler.

In der Via Caracciolo strömte eine so unüberblickbare Menschenmenge zusammen, daß die Polizei eingriff. *Il Mattino* brachte eine Extraausgabe heraus mit der ganzseitigen Überschrift: »Die göttliche Stimme ist verstummt.«

Auch jenseits des Ozeans löste die Nachricht Schmerz und Bestürzung aus. Auf dem New Yorker Rathaus stand die Fahne auf halbmast. Zum Zeichen der Trauer unterbrachen Carusos Landsleute ihre Arbeit. Nur eine Stunde vor Carusos Tod hatte Bruno Zirato ihm eine dringende Botschaft geschickt: »Alarmierende Meldungen bezüglich Ihrer Gesundheit werden hier verbreitet. Erbitte telegraphische Nachricht.« Und der Kassier der Met hatte eben erst eine Ansichtskarte aus Sorrent erhalten: »Grüße an Sie und alle Freunde. Ich fühle mich ausgezeichnet und hoffe, in Kürze völlig wiederhergestellt zu sein. Caruso.«

23. Kapitel

Der Abschied Neapels

Baron Saverio Procida, dem Kritiker, der Caruso zwanzig Jahre zuvor mit seinem spitzen Urteil unabsichtlich aus Neapel vertrieben hatte, fiel die Aufgabe zu, einen Nachruf für die Tageszeitung *Il Mezzogiorno* zu verfassen. Unter einer ganzseitigen Schlagzeile *Neapels mütterlicher Schmerz über den Tod von Enrico Caruso* schrieb Procida: »Der Sänger *par excellence.* Er gehorchte dem Rhythmus seines Herzens. Begabt mit einer Stimme von herrlicher Robustheit – deren Charakter ich vor zwanzig Jahren in technischer Hinsicht umrissen habe, was mir den unauslöschlichen Groll des großen Künstlers eintrug, der so weit ging, daß er nicht mehr in Neapel singen und nicht verstehen wollte, daß in meiner Betrachtung höchstes Lob für die Intensität seines dramatischen Ausdrucks lag –, leitete ihn das Gefühl, das den lyrischen Gehalt seiner Figuren stets vertiefte. Er durfte auf die unvergleichliche Elastizität seiner Töne vertrauen, die ihm in der Kehle vibrierten, da sie der beinah morbiden Sensibilität seines künstlerischen Temperamentes erwuchsen, frei von stilistischen Vorurteilen, die nie die Flamme zum Erlöschen brachten, in der der echte Neapolitaner aufging (. . .), ganz Instinkt und Intuition, vollkommene Improvisation des Gefühls. Der Tenor, dem zu seinen Lebzeiten keiner ebenbürtig war und der sich nur mit dem Besten des Schlüssels, in dem er sang, zufriedengeben konnte, war der Prototyp eines modernen Tenors . . . Er verkörperte den musikalischen Realismus . . . war das Vokabular der neuen Sprache.«

Die sterbliche Hülle des großen Tenors wurde am 3. August im Wintergarten des Hotels »Vesuvio« inmitten von Trauersamt, exotischen Blumen und silbernen Kandelabern aufgebahrt. Der Bildhauer Filippo Cifariello hatte die Totenmaske abgenommen (die wir in einem dem Maler De Nittis gewidmeten Saal des Museums von Barletta aufgespürt haben, dem sie durch eine Schenkung, zusammen mit einer Büste Carusos, zugefallen ist, die ebenfalls von Cifariellos Hand stammt; unklar ist, ob es sich bei der Maske um das Original oder um eine Kopie handelt). In der Nacht hatten Doktor Giulio Caruso und Professor Giosuè Salmi den Leichnam einbalsamiert, was die Gesichtszüge irgendwie veränderte, ihm einen Ausdruck unendlicher Trauer verlieh. Sämtliche Ordensauszeichnungen wurden auf ein Kissen geheftet: die des Commendatore der Krone von Italien, Ritter der französischen Ehrenlegion, Kammersänger des Hauses Habsburg, Ritter des Ordens Hl. Nicolai von Rußland, Inhaber des Preußisches Kronenordens, Ritter von Santiago, Ritter von Portugal . . . Jede Stunde wurde eine Messe gelesen, begleitet von den Gebeten der Elisabethinerinnen. Zur Frühmesse war Rechtsanwalt Porzio in Begleitung von Richter De Filippo und einem Gerichtsschreiber erschienen, um ein Inventar der Gegenstände aufzunehmen, die Caruso mit sich nahm. (Sein Bruder Giovanni ließ verlauten, er sei auf ein Testament aus dem Jahre 1919 gestoßen, das im Safe einer amerikanischen Bank deponiert war und in welchem der Tenor den Hinterbliebenen ungefähr dreißig Millionen Lire hinterließ sowie Kunstsammlungen im Wert von sechs Millionen – andere Quellen sprachen von einem Vermögen von fünfzig Millionen, heute mehr als zehn Milliarden. Zwischen den neapolitanischen Angehörigen und Dorothy entbrannte eine sich über Jahre hinziehende Fehde; Giovanni verspielte seinen Anteil beim Roulette in Monte Carlo.)

Durch die Hitze des Wintergartens defilierten namenlose Neapolitaner und unzählige Berühmtheiten. Titta Ruffo küßte den Leichnam unter Tränen. Dem Hotel gegenüber wurden der Leichenwagen und die Kutschen postiert. Es folgte eine lange Zeit des Wartens: Den ganzen Nachmittag über hatten die Priester der Basilica San Francesco di Paola, in der die Trauerfeierlichkeiten abgehalten werden sollten, dies zu verhindern gesucht; den Grund dafür hat man nie genau erfahren, möglicherweise, weil die Ehe mit Dorothy zuerst nach protestantischem Ritus geschlossen worden war. Das Veto wurde durch die Intervention des Königshauses auf Betreiben von Bürgermeister Alberto Geremicca und Präfekt Pesce aufgehoben. Zwanzig Minuten nach Mitternacht setzte der Trauerzug sich endlich in Bewegung; Fofò wurde von einem Weinkrampf geschüttelt. Die sterblichen Überreste wurden einstweilen in der ersten Kapelle rechts in der Kirche aufgebahrt.

Die Tore von San Francesco di Paola, diesem herrlichen Säulen-
theater gegenüber dem Königspalast, wurden mit dunklem, goldge-
franstem Samt geschmückt. Darüber, auf einem Grund aus karmin-
farbenem, schwarz eingefaßtem Samt, die einfache Aufschrift »für
Enrico Caruso«. Am Eingang zum Hauptportal standen Palmen und
Kränze aus Rosen, Eichen- und Lorbeerzweigen. Am 4. August, um
9 Uhr wurde der Sarg zwischen Blumenpyramiden auf einem Erdhü-
gel in opernhaft-ägyptischem Stil in der Mitte der Kirche aufgebahrt.
Gewaltige Kandelaber aus dem Hause Savoyen brannten, ein jeder
mit fünfzehn dunklen Kerzen bestückt. Am Altar nur ein zwanzig
Meter hohes, schwarzes Kreuz. Zu den betenden Ordensfrauen stie-
ßen englische und amerikanische Damen. Draußen vor der Kirche
herrschte bereits ein unermeßliches Gedränge; die Absperrungen
wurden durchbrochen. Um 10 Uhr griffen die königlichen Wachen
und Carabinieri ein, um mit Hieben und Stockschlägen für Ruhe und
Ordnung zu sorgen; ein Kriegsversehrter wurde verletzt, es kam zu
massiven Protesten. Um 11.30 Uhr traf Dorothy ein, die sich müh-
sam einen Weg durch die Menge bahnte. Um 11.45 Uhr zelebrierte
Monsignor Ciniglio die Totenmesse; das Orchester wurde geleitet
von Maestro Barone, es sangen die Größten der Oper und der Straßensänger: Novelli, Tramontano, Poggi, Marescotti, Carrino, Papac-
cio, Schottler. Um 12.30 Uhr stimmte Fernando De Lucia, Enricos
früherer Rivale in der Kunst, ein ergreifendes Trauerlied an, das
Stradella zugeschrieben wird; mit wachsbleichem Gesicht unter dem
Trauerschleier wurde Dorothy für einen Augenblick ohnmächtig,
neben ihr schluchzte Fofò.

Auf der Piazza Plebiscito standen die Leute Kopf an Kopf. Um
17 Uhr wurde der Sarg eingesegnet und auf den Schultern von Michele Caramanna, Giuseppe Iaricci, Paolo Longone, Vincenzo Bellezza, Mario Tizzani und Enricos treuem Diener Mario Fantini zum
Leichenwagen getragen, vor den sechs schwarz aufgezäumte hol-
ländische Rappen gespannt waren. In den Geschäften von ganz Neapel wurden die Rolläden heruntergelassen. Präfekt Pesce (»Auf diesen geheiligten Sarg fallen Blumen der Anerkennung und der
Trauer«), Luigi Balzano Brancaccio im Namen der jungen Opernsän-
ger, Maestro Francesco Cilea, Direktor des Konservatoriums (»Er
war der vornehme Meister des Belcanto«), der abgeordnete Assessor
Carlo Emilio Capomazza (der von Francesco Mirate, Luigi Colonnese

und De Lucia als den Größten der Oper sprach) hielten die Trauerreden.

Der Trauerzug setzte sich in Bewegung. An der Spitze die von Caravaglios geleitete Stadtkapelle und ein Zug von Gardisten in Galauniform; sechs schwarz befrackte Diener trugen leuchtende Fackeln, die Kapuzinermönche hoben das Passionskreuz. Die Kordons bildeten Capomazza, Cilea, De Lucia, der amerikanische Konsul, Caramanna, Cesareo, Bellezza, Longone, Amitrano und Bartolini. Ringsum ein Heer von Feuerwehrleuten und Schutzmännern mit gezogenem Säbel und ein Meer von Kränzen: Einen hatte die englische Königin gesandt. Angehörige, Freunde und Behördenvertreter führten die Trauerschar an. Unter den Balkonen der Via Toledo, auf denen sich die Schaulustigen drängten, brachten zwei schweigende Menschenströme bis zur Chiesa dello Spirito Santo den Verkehr zum Erliegen. Das Standbild Dantes auf dem weitläufigen Platz war schwarz von kleinen Jungen, die bis auf das Haupt des Poeten hinaufgeklettert waren. An der Ecke zur Via Costantinopoli ertönte noch einmal der Trauermarsch. Eine moderne Note verlieh dieser hochfeierlichen Zeremonie ein Flugzeug, das im Tiefflug Wolken von Blumen herabschickte; am Steuer saß Donati, neben ihm Baron Giuseppe Federici d'Abriola.

Kurz nach 19 Uhr dieses Donnerstags, des 4. August 1921, löste sich der Trauerzug auf, und der Leichenwagen nahm den Weg hinauf zum Friedhof. In einem Wagen, dessen Scheinwerfer mit schwarzem Krepp verhängt waren, folgten ihm, bei heruntergelassenen Vorhängen, Dorothy, die kleine Gloria, Fofò und Enricos Bruder Giovanni. *Il Mattino* titelte: *Auf den Armen eines ganzen Volkes wird der göttliche Sänger zur letzten Ruhe gebracht.*

Dorothy blieb noch für einige Zeit in Neapel, in einer Umgebung, die sie mehr denn je zuvor als fremd, geradezu feindselig empfand. Während die neapolitanischen Ärzte fortfuhren, ihren amerikanischen Berufskollegen den Prozeß zu machen (»Wenn sie ihn gut operiert hätten, wäre er noch am Leben«), wuchs in der Witwe die unterschwellige Abneigung gegen die Welt, aus der ihr Mann stammte. Im Grunde ihres Herzens war sie nach wie vor überzeugt, daß Enrico ohne dieses Übermaß an Sonne und Meer, ohne seine heißgeliebten Vermicelli und die Belagerung durch Bekannte und Verwandte älter geworden wäre als nur gerade achtundvierzig Jahre.

Vom Wunsch beseelt, den Letzten Willen ihres Gatten zu erfüllen, pilgerte sie aus Wohltätigkeit in das Kinderheim von Marechiaro, das Waisenhaus von Santa Maria di Porto Salvo und andere Stätten freudloser Kindheit, in denen sie Banknoten und Zärtlichkeiten verteilte. Aus New York sandte eine Schar von Waisenkindern, von denen jedes fünf Cent an die Transportkosten beisteuerte, eine fünf Meter vierzig hohe und fünfhundert Kilogramm schwere Wachskerze an die Wallfahrtskirche der Madonna von Pompeji; die Kerze trug die Aufschrift »Zum Andenken an unseren verehrten italienischen Wohltäter«. Einmal jährlich an Allerheiligen angezündet, hätte sie eine Lebensdauer von fünftausend Jahren.

Seit dem zugleich chorischen und einsamen, melodramatischen und banalen Ableben Enrico Carusos sind Jahrzehnte verflossen. Es war ein vorzeitiger Tod, der ihn auf dem Höhepunkt seines Ruhmes einholte und seinen Mythos ungebrochen der Erinnerung überließ. Die Wachskerze von Pompeji tröpfelt langsam dahin, die Erinnerung flackert auf in einem kleinen Volkslied, einem Film, im Satz eines Impresarios: »Glaubst du denn, du bist Caruso?« Und im zerfallenden Neapel verbleiben ein Straßenschild, eine Büste im San Carlo, eine vom Regen ausgewaschene Gedenktafel über einem Bonbongeschäft; es bleiben die vereinzelten Blumen vor dem Grabmal, die in ihrer Cellophanhülle dahinwelken, das Warten auf ein Museum. Die Tröstungen der Rhetorik haben das Ihre dazu beigetragen, die Erinnerung einzuschläfern: die Hommagen an den Luxusemigranten, den Meister der *napoletanità*, den wehmutsvollen *divo*, Sänger eines Italien im Exil. Hinter diesem abgegriffenen Bild stand und steht indessen ein Künstler seiner Zeit, einer, der, den Blick auch in die Zukunft gerichtet, Tradition und Moderne mit Intelligenz und Herz, mehr noch als mit der Kunst seiner Stimme zu vereinen verstand. Es war einmal ein Mann, der ahnte: »Ich glaube, man wird mich auch nach meinem Tode nicht in Ruhe lassen.«

Anmerkungen

1. KAPITEL *Die verweigerte Erinnerung*

Die Schändung von Carusos Grab ist während vieler Jahre geheim geblieben. Erst am 14. März 1989 wurde die Nachricht in der Presse bekanntgegeben.

3. KAPITEL *Die ersten Spitzentöne*

Carusos Erlebnisse in Piedimonte Matese sind nicht veröffentlicht. Dank der Aussagen Luigi Carusos, eines Neffen des Tenors, und Dante Mazzoccos, eines passionierten Erforschers der Ortsgeschichte und Begründers einer wertvollen Bibliothek, war es möglich, sie zu rekonstruieren.

Was das Geburtsdatum Carusos angeht, so stiftete der Tenor selbst Verwirrung. Die zu Beginn des Jahrhunderts entstandenen Nachschlagewerke geben im allgemeinen den 25. Februar 1873 an, doch 1920 erklärte Caruso in Artikeln, die am 26. Februar in der *Sun* und im *New York Herald* erschienen, er sei am 27. Februar 1873 geboren. Carusos Sohn, Enrico Caruso junior, hingegen hielt den 25. als Geburtsdatum und den 27. als Datum der Taufe für wahrscheinlicher. (Scott gibt auf Seite 297 irrtümlicherweise Greenfeld als Quelle für die von Carusos Sohn geäußerte Meinung an.) Die Autoren dieses Buches können den 25. als genaues Geburtsdatum bestätigen, da sie das Einwohnerregister eingesehen und sich eine Kopie des Taufscheins beschafft haben.

Sie konnten außerdem feststellen, daß Enrico das dritte Kind war. Vor ihm waren Pasquale (geb. 7. Januar 1867, gest. 8. Januar 1876) und Antonio (geb. 6. Januar 1871, gest. 6. Juli 1873) zur Welt gekommen. Nach ihm wurden Giacomo (9. Juni 1874), Giovanni (6. Juni 1876) und Francesco (15. Dezember 1877) geboren: alle sechs im Stadtviertel San Carlo. Am 13. August 1881 erblickte Assunta im Stadtviertel Mercato das Licht der Welt. Die Todesdaten Giacomos und Francescos sind nicht bekannt, doch starben alle beide bereits im Kindesalter. Assunta starb am 1. Juni 1915 an Tuberkulose, wie die Mutter. Auch Enrico hatte eine gewisse Veranlagung für Lungenkrankheiten geerbt.

Die Schwierigkeiten, die bei der Feststellung des genauen Geburtsdatums wie auch der genauen Schreibweise des Namens der Straße auftraten, in der Carusos Familie wohnte, und der in einigen Biographien in verschiedenster Weise verstümmelt wurde, lassen erkennen, in welch unangenehmer Lage sich der Forscher in bezug auf das Werk seiner Vorgänger befindet. Die Arbeit Scotts, der stets die Quellen angibt, aus denen er seine Informationen bezieht, kann gar nicht hoch genug geschätzt werden, da sich ein ihm unterlaufener Fehler (wie die Behauptung, aus Greenfelds Buch eine Information bezogen zu haben, die gar nicht darin erwähnt ist) ohne weiteres ausmachen läßt. Demgegenüber fügt Greenfeld, wie leider sehr viele Biographen, seinem Werk keinen Anhang bei, so daß der seriös Forschende die von ihm gelieferten Informationen nicht übernehmen kann, wenn sie ihm nicht einleuchtend erscheinen. Zum Beispiel behauptet er auf Seite 33, Caruso habe 1896 in Neapel *Les Huguenots* gesungen. Sollte dies zutreffen, so wäre es eine sensationelle Neuigkeit und würde möglicherweise erklären, warum Caruso 1903 eine ungewöhnliche Arie aus dieser Oper aufgenommen hat, also noch bevor er am 3. Februar 1905 an der Met in der Rolle des Raoul »offiziell« debütierte. Doch Greenfeld gibt keine Quelle an. Wir haben die neapolitanischen Zeitungen jener Zeit eingehend studiert, jedoch keine Meldung über diese *Huguenots* gefunden. Greenfeld beweist ganz allgemein, daß er die Hintergründe des damaligen Zeitgeschehens nicht gut kennt: So behauptet er auf Seite 70, die Melba habe *La Bohème* bereits mit de Reszke gesungen, obschon der berühmte polnische Tenor in Wirklichkeit nie eine Oper von Puccini gesungen hat.

Adolfo Narciso verdanken wir die Angabe, daß Federico Albin (1846–1923) einer von Carusos Musiklehrern war: Die verschiedenen Bücher Narcisos stellen die ergiebigste Quelle für Informationen über Carusos Jugend dar.

Carusos Brief an Noto wurde, nebst anderem, am 15. August 1921 in der Zeitschrift *Musica*, Rom, veröffentlicht.

4. KAPITEL *Der Rausch von Trapani*

Bei den 1937 publizierten Erinnerungen Nicola Daspuros handelt es sich nachweislich um das einzige veröffentlichte Kapitel einer unveröffentlichten Autobiographie.

Das Interview mit Matteo Incagliati erschien im *Giornale d'Italia* vom 21. Oktober 1914.

5. KAPITEL *Eine schicksalhafte Mimì*

Der Brief an Maestro Vergine wurde am 28. August 1898 aus Livorno abgeschickt; er enthält unter anderem eine amüsante Anekdote, die für Carusos Einstellung zu seiner Karriere und seinen Bühnenpartnern bezeichnend ist: »Sie müssen wissen, daß ich nur deswegen hiergeblieben bin, um die *Bohème* zu singen, weil Beduschi mich so geärgert hatte mit seiner Behauptung, niemand könne es besser als er, ich könne zwar die *Traviata* gut singen, nicht aber die *Bohème*!« (Beduschi war ein vielversprechender junger Tenor, der jedoch bald wieder von der Bühne verschwand.) Der Brief ist in der Broschüre von Diego Petriccione publiziert worden.

Ein weiteres Beispiel für nicht übereinstimmende Aussagen der Biographen liefert eine von Greenfeld wiedergegebene Anekdote über Carusos erste Saison in Rußland: Auf Seite 50 heißt es, Caruso sei zu einer Aufführung der *Cavalleria rusticana* zu spät gekommen und habe, nachdem er die *Siciliana* ganze viermal gesungen hatte, die Stimme verloren, obschon man ihn eindringlich gewarnt habe, daß mit dem russischen Klima nicht zu spaßen sei. Darauf sei dann ein »elegant gekleideter« Herr aufgestanden, auf die Bühne gestiegen und habe die Oper zu Ende gesungen: Der große Unbekannte soll niemand anderes gewesen sein als der berühmte russische Tenor Sobinow. Gewiß hätte sich all dies auch wirklich zutragen können, nur: Wo bleiben die Quellenangaben? Demgegen-über geht aus den von Scott zitierten Recherchen Kaufmans (S. 37f. Anmerkung und S. 207) hervor, daß Caruso am 22. Februar 1899 an ein und demselben Abend die *Lucia di Lammermoor* mit der Tetrazzini und die *Cavalleria rusticana* mit der Giachetti sang. Diese Doppelvorstellung wurde sogar wiederholt. Auch wenn die Oper mit der Wahnsinnsszene Lucias endete und Caruso die Finalarie des Tenors nicht sang (damals die normale Aufführungspraxis), so würde schon die außerordentliche Anstrengung, an einem Abend zwei Opern zu singen, eine mögliche Heiserkeit erklären. Sobinows Einspringen erscheint recht unwahr-scheinlich, da dieser bis auf einmal im Jahre 1892, als er im Chor mitsang, nie in der *Cavalleria rusticana* aufgetreten war. Eine so maßgebende und erschöpfende Quelle wie die Zeitschrift *The Record Collector* Bd. 24, Nr. 7 und 8, 1978, verfaßt von John W. Robertson und Sobinow gewidmet, erwähnt diese Episode nicht.

Der Auszug aus der Rezension der *Tosca*-Aufführung in Bologna findet sich im *Avvenire* vom 18. November 1900.

Der Nachruf Giovanni Borellis erschien am 15. August 1921 in der Zeitschrift *Musica*, Rom.

Der eigenhändig geschriebene autobiographische Brief an das Teatro von Buenos Aires wird im Museum der Scala in Mailand aufbewahrt; er ist in der vom Museum herausgegebenen Broschüre *Enrico Caruso* enthalten.

6. KAPITEL *Ruhm auf 78 Touren*

Weitere Informationen über die Spielzeiten in Monte Carlo sind dem Buch von Walsh zu entnehmen.

Giovanni Borellis (postume) Kritik der *Germania* erschien am 15. August 1921 in *Musica*, Rom.

Carusos ersten Plattenaufnahmen in Mailand hat Fred Gaisberg in seinen Er-innerungen ein langes Kapitel gewidmet. Wir haben außerdem einen im Buch von Moore wiedergegebenen Abschnitt aus seinem Tagebuch zitiert.

Der Brief Bernard Shaws über die *Don-Giovanni*-Aufführung bezieht sich auf die Wiederaufnahme von 1905 und findet sich in der *Times* vom 3. Juli.

Die von uns zitierte Kritik über Carusos Don Ottavio erschien in der *Pall Mall Gazette* vom 3. Juli 1905.

Vittorio Gui beschreibt die aufregende Probe der *Manon Lescaut* in einem Brief aus dem Jahre 1972, der in der Broschüre *Omaggio a Enrico Caruso* von der »Associazione Museo Enrico Caruso« in Mailand herausgegeben wurde.

7. KAPITEL *Amerika*

Die zitierten Rezensionen über Carusos Debüt an der Met im *Rigoletto* finden sich in den Ausgaben vom 24. November 1903; jene über die *Aida* in den Ausgaben vom 1. Dezember 1903; jene über die *Tosca* in den Ausgaben vom 3. Dezember 1903.

Das angeführte Zitat Frieda Hempels ist ihrer Autobiographie entnommen.

8. KAPITEL *Zigaretten und Amulette*

Die Villa Bellosguardo wurde 1925 zusammen mit einem Teil der Erinnerungsstücke verkauft; von den wechselnden Besitzern ist vor allem Conte de Micheli zu erwähnen, der sein Möglichstes tat, um das Innere der Villa so zu erhalten, wie Caruso es hinterlassen hatte. 1979 wurde die Villa an eine Gesellschaft aus Siena verkauft. Sämtliche verbliebenen Erinnerungsstücke wurden versteigert. Luciano Pituello nutzte die Gelegenheit, um das Museo Enrico Caruso zu bereichern. Unter anderem erwarb er ein Bildnis Carusos in der Rolle des Faust, das die Vermutung nahelegt, Henry Russell habe übertrieben, als er die Bilder von Bellosguardo als »abscheulich« bezeichnete.

9. KAPITEL *Zwischenfall im Zoo*

Die Zitate W. J. Hendersons sind der *Sun* vom 21. November 1905 und vom 3. August 1921 entnommen.

Aldrichs Kritik der *Sonnambula* wurde am 15. Dezember 1905 veröffentlicht.

Das Zitat aus dem *Telegram* erschien am 4. Januar 1906, jenes aus dem *Journal* am 6. März 1906.

Das Zitat stammt aus der *Chicago Tribune* vom 6. April 1906.

Die ausführlichste Beschreibung der Erlebnisse des Met-Ensembles während des Erdbebens in San Francisco findet sich im unterhaltsamen Buch von Quaintance Eaton, *Opera Caravan*.

Die umfassendste Darstellung des Vorfalls am Affenkäfig findet sich in Scotts Buch und ist eine plausible Rekonstruktion der Beweggründe von Polizist Kane.

Bezüglich der bewegenden Beschreibung von Carusos Rückkehr an die Met nach dem Prozeß vgl. die von Scott zitierte Rezension im *Globe and Commercial Advertiser* vom 29. November 1906.

Die vollständige Geschichte über Carusos »Fehlschlag« in Budapest erzählt Andrew Farkas mit ausführlichen Pressezitaten in der Zeitschrift *The Record Collector*, Bd. 28, Nr. 11–12.

10. KAPITEL *Der Verrat*

Über die Beziehungen zwischen der Metropolitan und der Manhattan Opera sowie insbesondere zwischen Caruso, Hammerstein und Gatti-Casazza wird im Buch von John Frederick Cone berichtet.

Aldrichs Vergleich zwischen Bonci und Caruso erschien in der *New York Times* vom 4. Dezember 1906.

Die Erinnerungen Tullio Serafins sind im Buch von Celli und Pugliese nachzulesen.

Aldrichs Rezension über Toscaninis Debüt wurde am 18. November 1908 in der *New York Times* publiziert.

Trotz Carusos glücklicher Ehe mit Dorothy und der Geburt Glorias rührte ihn doch stets die Erinnerung an Ada. Rosa Ponselle erzählt, im Verlauf einer Unterhaltung mit ihm während einer Tournee der Metropolitan im Jahre 1919 »seien ihm, sobald ihr [Ada Giachettis] Name ausgesprochen wurde, Tränen in die Augen gestiegen; er hatte die unstete Sopranistin so sehr geliebt und konnte noch immer nicht begreifen, warum sie ihn nach zehn Jahren des Zusammenlebens [. . .] verlassen hatte; es war aber klar, daß auch die Zeit die tiefe Wunde nicht hatte heilen können, die ihm durch den Verrat der Mutter seiner beiden Söhne geschlagen worden war.«

13. KAPITEL *Die Schwarze Hand*

Die Beschreibung der Szene in *Armida*, in der Caruso und die Fremstad auf dem Diwan »entschweben«, ist dem Buch von Mary Watkins Cushing entnommen.

Aldrichs Rezension der *Fanciulla del West* wurde in der *New York Times* vom 11. Dezember 1910 veröffentlicht.

Die Erinnerungen Bruno Walters stammen aus seiner Autobiographie.

Henry T. Parkers Rezension wurde im *Boston Evening Transcript* vom 19. März 1913 publiziert.

Die Rezension der *Gioconda* erschien am 29. November 1913 im *Musical America*.

Carusos Aussage, daß es ihm unmöglich sei, während der Vorstellung seine Stimme zu schonen, findet sich in Garas Buch.

14. KAPITEL *Kriegsgedröhne*

Die Berichte über die Veranstaltung im Teatro Costanzi in Rom finden sich in *Il Messagero*, *Corriere d'Italia* und *Il Piccolo* vom 20. Oktober 1914 sowie in einem nicht datierten Ausschnitt aus *La Tribuna*.

15. KAPITEL *Bleistift und Ironie*

Im Museo Enrico Caruso in Mailand werden einige von Carusos sehr seltenen Landschaften und Karikaturen in Aquarell aufbewahrt.

16. KAPITEL *Seine Leidenschaften*

Die zitierten Rezensionen des *Elisir d'amore* erschienen in den Ausgaben vom 31. Dezember 1916.

Der Brief vom 14. August 1916 wurde mit freundlicher Genehmigung des Großneffen des Tenors Enrico Caruso wiedergegeben.

Die Details über den in New York erfolgten Verkauf von Carusos Sammlungen sind dem Sammler Richard Bebb zu verdanken, der den Katalog *The Enrico Caruso Collection, Rare Art Treasures* besitzt. Der Verkauf fand am 5., 6., 7. und 8. März 1923 in den *American Art Galleries* in New York statt. Die *New York Tribune* vom 6. März 1923 berichtet über Einzelheiten des ersten Auktionstages.

17. KAPITEL *Flop auf der Leinwand*

In ihren beiden autobiographischen Büchern von 1929 bzw. 1946 gibt Dorothy Caruso zwei unterschiedliche Darstellungen von den Ereignissen während der Zeit des Werbens und ihrer Ehe (wie übrigens auch vom Tod ihres Gatten). Scott schildert diese Ereignisse am logischsten und plausibelsten.

20. KAPITEL *Die letzte Illusion*

Die Regenschirmanekdote von der *Carmen*-Aufführung in Mexiko wird von der Hauptdarstellerin Gabriella Besanzoni in einem Rundfunkinterview erzählt, das auf einer LP der Tima club (Tima Nr. 24) enthalten ist.

Die Alessandro Loveri gehörenden Briefe an Donna Emilia wurden teilweise von Gianni Infusino in *Il Mattino* in Neapel publiziert.

Die Rezensionen über *La Juive* erschienen in den Ausgaben vom 23. November 1919.

Die Erinnerungen Titta Ruffos sind seiner Autobiographie entnommen.

23. KAPITEL *Der Abschied Neapels*

Der Nachruf Saverio Procidas erschien am 3. August 1921 im *Mezzogiorno*.

2. TEIL

DIE KUNST

Carusos Stimme

Caruso gefiel die Arbeit im Aufnahmestudio nicht sonderlich. Es war eine Anstrengung für ihn, vor dem Trichter den Kopf nach vorn und zurück zu bewegen und dabei zu versuchen, mit vollem Ton zu singen, damit die Stimme mit der größtmöglichen Genauigkeit vom Apparat aufgezeichnet würde. »Ich mag nicht in eine Röhre hinein singen«, meinte er zu seinem Sekretär Bruno Zirato. Dennoch ließ er, einschließlich der Wiederholungen und unveröffentlichten Matrizen, mehr als vierhundert Aufnahmesitzungen geduldig über sich ergehen. Wir haben nun die wichtigsten Produktionen in einheitliche Blöcke eingeteilt und zusammengefaßt. Eine gründliche Analyse von Carusos Diskographie würde jedoch einen umfangreichen Band für sich erfordern.

Nach Daspuros Ansicht hatte Caruso in seiner Jugend Gelegenheit, Roberto Stagno, Angelo Masini und Julián Gayarre zu hören, nicht aber Nicolini, Jean de Reszke und Mario de Candia. Hinsichtlich dieser Behauptung hegen wir allerdings einige Zweifel, da es recht unwahrscheinlich ist, daß der heranwachsende Caruso, mittellos wie er war, die Möglichkeit hatte, Opernhäuser zu besuchen. Von den drei Tenören jedenfalls, deren Gesang er möglicherweise gehört hatte, könnte ihn höchstens Gayarre mit seinem sinnlichen Akzent beeinflußt haben; und so stellte denn auch mehr als ein Kritiker am Ende des letzten Jahrhunderts Affinitäten zwischen Carusos Timbre und jenem des spanischen Tenors fest. Wir wissen nicht, ob Caruso Checco Marconi gekannt hat, der zwischen 1887 und 1892 häufig in Neapel sang und vor ihm mit der berühmten »Träne in der Stimme« das Publikum gerührt und durch die Sanftheit seines Timbres bezaubert hatte, welches, besonders wenn der Akzent warm und viril wurde, wie von einem goldenen Schimmer umhüllt schien: Marconi hatte die dramatischste und modernste Stimme von allen um die Mitte des neunzehnten Jahrhunderts geborenen Tenören. Mit aller Wahrscheinlichkeit konnte Caruso ihn im Winter 1899 in St. Petersburg hören, als er sich dort aufhielt, um *La Traviata* zu singen und Marconi im selben Großen Theater des Konservatoriums in *Un Ballo in maschera* und in den *Puritani* auftrat.

Wenn Marconi nun ein Vorläufer Carusos gewesen ist, so könnte der Römer Tenor sich seinerseits in gewisser Weise auf den Gesang des Parisers Gilbert Louis Duprez berufen – ohne daß er ihn hätte hören können, da dieser, obschon er noch bis 1896 lebte, bereits 1849 von der Bühne abging –, die Stimme, die den »Falsettone« hinwegfegte, das hohe Brust-C einführte und auf den dramatischen Ausdruck setzte, indem sie mit der Tradition des sopranhaften, virtuosen *canto fiorito* brach, um den männlichen heroischen Stil durchzusetzen. Duprez machte von allen Resonanzen Gebrauch und wendete die Zwerchfell-, Rippen- und Bauchatmung an, genau das, was auch Caruso später tat; und ebenso wie Caruso unterlag auch er der großen Anstrengung, den ganzen Körper in die Phonation einzubeziehen, weshalb er seine Karriere schon mit 46 Jahren beschließen mußte.

Nicht zufällig hat Caruso es vermieden, Rossini und fast den gesamten Bellini zu interpretieren (von dem er nichts für den Phonographen aufgenommen hat), und im Bereich der Oper des neunzehnten Jahrhunderts gab er beharrlich Donizetti den Vorrang vor Verdi, insbesondere dem Donizetti, der seine Arien Duprez auf den Leib geschrieben hatte.

Geht man von der Annahme aus, daß Carusos Kunst im Gesang von Marconi und Duprez einen Bezugspunkt haben könnte, so findet man einen leichteren Zugang zu den Schallplattenaufnahmen, welche die Donizetti-Interpretationen des neapolitanischen Tenors festhalten. Beginnen wir mit *Una furtiva lagrima* aus dem *Elisir d'amore*, das Caruso viermal aufnahm. Die beiden ersten Versionen, Gramophone 1902 und Zonophone 1903, geben Saverio Procidas Kritik anläßlich von Carusos Debüt im Teatro San Carlo mit eben dem *Elisir d'amore* eindeutig recht. Die erste Fassung weist neun leicht anschwellende und fünf abschwellende sowie etliche etwas rauhe Töne auf, während die zweite insgesamt übermäßig intoniert ist: ein einziger abschwellender Ton und, abgesehen von der gesamten kleinen

Kadenz, sechzehn anschwellende Töne. Beide Aufnahmen zeigen einen Tenor, der im wesentlichen ein *tenore di grazia* ist und sich anschickt, ein lyrischer Tenor zu werden, wobei er bereits einen neuen Stil einführt, in dem der Text weitaus stärker berücksichtigt wird und der auf einer natürlichen und fließenden Phrasierung, einer mit Geschmack kontrollierten Agogik und einem nicht statischen Andamento beruht. Die Victor-Aufnahme von 1904, ebenfalls nur mit Klavierbegleitung, ist präziser, ausdrucksstärker und vermittelt einen Eindruck von dem erstaunlichen und überaus schnellen Reifeprozeß, den der Tenor zu Beginn seiner Karriere in Amerika durchgemacht hat. Doch ist es die Victor-Aufnahme mit Orchesterbegleitung von 1911, die für die Interpretation dieser Arie einen Bezugspunkt darstellt. Um die Tragweite von Carusos Lesart voll zu erfassen, ist es unerläßlich, die Aufnahme von 1911 mit jener Fernando de Lucias aus dem Jahre 1916 (Phonotype) und der um 1909 aufgezeichneten Fonotipia mit der Interpretation Giuseppe Anselmis zu vergleichen. Vor allem ist zu bemerken, daß die Aufzeichnung De Lucias den großartigen Tenor im Alter von sechsundfünfzig Jahren mit einer mittlerweile verbrauchten Stimme festhält; dennoch gibt sie deutliche Hinweise auf einen Stil, der fest in der Tradition des neunzehnten Jahrhunderts verankert ist. Unter Anwendung des *portamento* gelingt es De Lucia, fast alle Noten perfekt zu zentrieren (nur im Finale sind vier leicht abschwellend), während Caruso geradewegs von Note zu Note geht (das Aufgeben des *portamento* ist ein wichtiges Element der Neuerung), wobei er das Zentrum achtmal, allerdings nur geringfügig, verfehlt. Neben diesem Vorzug De Lucias ist auch seine außerordentliche Musikalität zu erwähnen, die ein Pathos erzielt, dem man sich unmöglich zu entziehen vermag. Sein Gesang weist hervorragende Eigenschaften auf, obschon er möglicherweise gekünstelt und bisweilen barock wirken kann. Carusos Nemorino ist viel stärker charakterisiert, gibt sich extrovertierter und doch niemals gewöhnlich: Die Agogik ist frei (allerdings weniger als in der Version von 1904), jedoch nie übertrieben, das Legato bewundernswert; das weiche, eingedunkelte Timbre klingt auch in einer träumerischen Stimmung niemals matt und schmachtend. De Lucia unterbricht den Atemstrom auf dem abschließenden »che più cercando vo'?«, nicht so Caruso: Sein *crescendo* in der Schlußkadenz erreicht geradezu gebieterisch das erste F von

»m'ama, sì, m'ama...«; in der Schlußkadenz wird das Skandieren von Zweiunddreißigstel- und Sechzehntelnoten zu einer Gefühlsaufwallung, einem leidenschaftlichen Ausbruch. De Lucia behilft sich mit dem Tremolo, Caruso zielt darauf ab, eine Figur zu zeichnen, die nicht um Liebe fleht, sondern sie fordert, mit warmer Sinnlichkeit. Sein Nemorino hebt sich vom schemenhaften Klischee ab, um ein Liebhaber aus Fleisch und Blut zu werden. Hört man *Una furtiva lagrima* von Anselmi (ein Tenor, der sechzehn Jahre jünger als De Lucia war, jedoch wie er an die Schule des *canto ornato* gebunden), so wird der Unterschied noch deutlicher. Caruso geht mit seinem unbedingten und lebendigen Respekt vor Text und Musik aus jedem Vergleich als Sieger hervor.

Das Duett *Venti Scudi* kann als Meilenstein in der Geschichte der Interpretation angesehen werden. Caruso singt mit einer Unbefangenheit, einer Kraft und Vielfalt des Timbres ohnegleichen, wobei er das Timbre so einzudunkeln versteht, daß man ihn mit seinem brillanten Partner, dem Bariton De Luca, verwechseln könnte.

In der 1905 aufgenommenen Serenade *Com'è gentil* aus dem *Don Pasquale* wählt Caruso unter seinen vielen Stimmen die mit der Silbertönung und phrasiert überdies mit der Leichtigkeit des *tenore di grazia*. Ein Jahr später wechselt er das Register in *Spirto gentil* aus der *Favorita* und singt fließend, mit goldener Patina, hellt auf, wo es angebracht ist, und verweilt auf einigen *portamenti*, die heute übertrieben erscheinen könnten, seinerzeit aber als Ausdrucksmittel gebräuchlich waren. Was das Pathos, die Zartheit und Feinsinnigkeit der Emission anbelangt, so ist diese Aufnahme, trotz der für Carusos stimmlichen Möglichkeiten ziemlich hohen *tessitura*, beispielhaft.

Mit dem 1908 aufgezeichneten *Deserto in terra* aus *Don Sebastiano* färbt sich die chamäleonhafte Stimme dunkel, wird voll und drückt mit edlen Akzenten den Schmerz des jungen Königs von Portugal über die Niederlage seines Heeres im Afrikafeldzug aus und seine Trauer darüber, Zaida keine Liebe mehr schenken zu können: eine dramatische und herzzerreißende Rolle, wie geschrieben für die Vokalität eines Duprez und daher auch für Carusos Ausdrucksmöglichkeiten vorzüglich geeignet, der jedoch bedauerlicherweise nie die ganze Oper gesungen hat, die sicherlich zu einem Triumph geworden wäre.

Das Sextett allein, *Chi mi frena in tal momento* aus der *Lucia di Lam-*

mermoor, reicht nicht aus, um sich eine Vorstellung von Carusos Edgardo machen zu können, einer Rolle, die in der Geschichte der Oper von grundlegender Bedeutung ist, da sie den Übergang vom Virtuosentum des *canto fiorito* zur sanften Expressivität und zum sinnlich-leidenschaftlichen Gesang bezeichnet. Die Berichte über die *Lucia*-Aufführungen mit Caruso lassen immerhin einen Edgardo von historischer Bedeutung vermuten.

Schließlich der Duca d'Alba mit der Arie aus dem vierten Akt *Angelo casto e bel*, die übrigens nicht von Donizetti stammt, sondern von Matteo Salvi komponiert wurde, um die unvollendet gebliebene Oper fertigzustellen. Dies ist das einzige Fragment, das jenen Kritikern recht geben könnte, die zögern, Caruso als romantischen Tenor anzuerkennen. Hier scheinen seine Stimmbänder in der Tat allzu kräftig und das Timbre ausgesprochen dunkel zu sein. Doch wem ist es besser als Caruso gelungen, die dramatische Spannung und Marcellos Leiden wiederzugeben? Zweifellos weder Plácido Domingo noch Pavarotti.

Ein großer Teil der Opernliebhaber vertritt die Überzeugung, Caruso sei als Verdi-Interpret nur in den nach der *Forza del destino* entstandenen Opern mustergültig. Dieser These zufolge wäre Carusos Stimmcharakter dem frühen Verdi nicht kongenial, der in den meisten Fällen einen rein romantischen Tenor verlangt. Doch scheint diese Auffassung widerlegt zu werden beim Anhören des Terzetts *Qual voluttà trascorrere* aus dem dritten Akt von *I Lombardi alla prima crociata*, das mit Frances Alda in der Rolle der Giselda und dem Bassisten Journet aufgenommen wurde, welcher den Eremiten verkörpert, der Oronte-Caruso tauft; letzterer stirbt in der Gewißheit, daß Giselda sich im Paradies mit ihm vereinen werde. Eine ideale Situation für Caruso, der abgesehen davon, daß er die geeignete weichtimbrierte, immer sehr sanfte Stimmfarbe zur Geltung bringt, Note um Note mit einem vollendeten Legato und bewegenden Akzenten aneinanderreiht. Eine schöne Leistung bietet hier Walter B. Rogers, der vielleicht ein bescheidener Musiker gewesen sein mag, jedoch imstande war, Carusos Sinn für das *rubato* wundervoll zu unterstützen.

Nicht so der Dirigent, der 1908 die Plattenaufnahme von *Questa o quella* aus dem *Rigoletto* leitete, in der das Orchester nicht den gleichen musikalischen Atem zu finden vermag wie der Sänger. Als Herzog von Mantua feierte Caruso zur Zeit des Verismo große Triumphe. Die Ausführung folgt den traditionellen Spuren der vorangehenden Generation mit den sehr expressiven *rallentandi*, kleinen Verzierungen der Melodie und gelegentlichem Auflachen; in musikalischer Hinsicht ist sie, wie üblich, eine Meisterleistung Carusos; um aber einen glaubwürdigen Herzog abzugeben, braucht es außer der hellen und leichten Stimme einen romantischen Tenor, der mit elegantem Zynismus zu phrasieren vermag. 1908 gelingt es Caruso nicht, seinem Ton genügend Leichtigkeit zu verleihen: Sein Gesang ist von einer geradezu schwermütigen Stimmung durchzogen – dabei ist das Fest bei Hofe in vollem Gange ... Allerdings gelingt ihm streckenweise ein überheblicher Akzent. Vielleicht aber ist Bonci oder noch mehr Anselmi hier Caruso vorzuziehen.

Unter den drei von Caruso hinterlassenen Fassungen von *La donna è mobile* ist jene vom 16. März 1908 die bekannteste: Hier wirkt der Tenor etwas eintönig in der Dynamik und vermeidet Smorzamenti, da seine Stimmbänder bereits zu jener Zeit kein *piano* und *pianissimo* mehr zulassen. Er singt alles laut, doch mit vibrierendem Akzent und führt die abschließende Kadenz mit Schwung, Wärme und Kühnheit aus. In *Parmi veder le lagrime* geht Caruso das Rezitativ mit Akzenten an, die der Beklommenheit des Herzogs wegen Gildas Entführung durchaus entsprechen, und auch die Arie wird gut begonnen; wie dann aber die *tessitura* höher wird, verflacht die Gestaltung: Alles ertönt laut und nicht mit vollem Ausdruck. Das Finale zeigt einen ausgesprochen äußerlichen Caruso mit Stentorstimme. Dies darf uns jedoch nicht überraschen, da die Aufnahme aus dem Jahre 1913 stammt; abgesehen davon bestand in bezug auf diese Arie überhaupt keine interpretatorische Tradition, zumal sie meistens ausgelassen wurde, obschon sie Caruso bereits 1901 in Bologna und Anselmi 1904 an der Scala gesungen hatten.

Die vier Aufzeichnungen des Quartetts *Bella figlia dell'amore* sind durchweg ausgezeichnet. Von den Kritikern wurde stets die erste am meisten geschätzt, die vor allem der jugendlichen Frische der Stimme wegen bemerkenswert erscheint; doch wie auch Scott bemerkt, singt Caruso in der Version von 1917, mit Amelita Galli-Curci, Flora Perini und De Luca, mit noch höherer Präzision, ohne die Intervalle zu aspirieren und ungeachtet des größeren Volumens seiner nun fast baritonalen Stimme. Böse Zungen behaupten, die Version mit der Tetrazzini von 1912 sei (außer in Deutschland) nicht veröffentlicht worden, weil diese allzu brillant hervortrat: Dabei stellt diese Aufnahme mit Pasquale Amato in der Rolle des Rigoletto wahrhaftig eine Begegnung zwischen zwei Titanen dar.

Das am 16. März 1908 aufgenommene *Ah, sì, ben mio* aus *Il Trovatore* ist ein hervorragendes Beispiel für den *canto legato*, der in langen, von vollendeter Atembeherrschung getragenen Phrasen dahinfließt und in der Kombination von Kopf- und Brustregister einen intensiven, zarten, verzehrenden und doch zugleich dramatischen Ausdruck erreicht. Am folgenden Tag sang Caruso mit Louise Homer das Duett des vierten Aktes: *Ai nostri monti*, die Szene, in der Manrico die mit ihm im Kerker schmachtende Azucena durch das Versprechen, sie wieder in die Berge zurückzubringen, zu beruhigen sucht. Abermals eine denkwürdige Leistung aufgrund des pathetischen Akzents, der untadeligen *legati*, der hin und wieder eingeflochtenen *portamenti* und der Anklänge an die sogenannten »Bogenstriche eines Cellos«. 1910 nimmt Caruso, wiederum mit der Homer, deren Intonation allerdings nicht perfekt ist, das Duett erneut auf, wobei er sich die Freiheit herausnimmt, die letzte Note vom E auf das G heraufzusetzen, was, wie John Bolig versichert, keine gravierende Willkür bedeutet. 1913 endlich sang Caruso das Duett mit einer ihm würdigen Azucena: Ernestine Schumann-Heink; wieder eine wundervolle Aufführung, in der zwei Stimmen so verschiedener Schulen miteinander verschmolzen. Unüberhörbar bleibt jedoch, daß dies nicht mehr die Stimme des traditionellen Manrico war.

In dem wiederum mit der Homer gesungenen Duett *Mal reggendo* von 1910 überlagert Carusos pathetischer Akzent den epischen vielleicht etwas zu stark. Im 1906 aufgezeichneten *Di quella pira* setzt Caruso, um das hohe C zu vermeiden, alles um einen halben Ton herunter und schlägt außerdem ein einmalig langsames Tempo an, was ihm gestattet, jede einzelne Note deutlich zu Gehör zu bringen. Der noch lyrisierende Charakter seiner Stimme erlaubt uns, das Stück für einmal von einem Stimmtypus gesungen zu hören, an den Verdi dachte, als er die Partie komponierte, der später von Generationen von Schreiern entstellt wurde. Auch das *andamento* Francesco Tamagnos ist langsam (die Sänger seiner Generation bevorzugten ruhige und feierliche *andamenti*), und Carusos würdevolle Strenge der Phrasierung sowie sein kraftvoller Zugriff gehen ebenfalls auf ihn zurück.

Einen in seinen schmerzlichen, zu Herzen gehenden Akzenten unvergleichlichen Caruso finden wir im *Miserere* wieder mit einer wundervoll gestützten Stimme, die eine unendliche Qual auszudrücken vermag, ohne ins Pathetische abzugleiten: ein Vorbild der hohen Schule.

Als Alfredo hatte Caruso bereits 1895 einen seiner ersten wichtigen Bühnenauftritte, er hat aber in dieser Rolle dennoch nur ein einziges Tondokument hinterlassen, und zwar das Brindisi mit einer von Alma Gluck gestalteten Violetta. Die Plattenaufnahme stammt aus dem Jahre 1914, die Stimme des Tenors ist voller Schwung und Feuer, warm und ausdrucksstark, vielleicht ein wenig zu dunkel; es ist jedoch wie gesagt die einzige Aufzeichnung dieses Duetts, in dem jede Verzierung, einschließlich des Trillers, mit minuziöser Präzision ziseliert ist. Wie im Fall der *Lombardi alla prima crociata* hat Caruso auch hier ein Dokument der Aufführungspraxis von Verdi-Opern mit einem äußerst expressiven *rubato* und *rallentando* hinterlassen, das heute niemand auch nur annähernd so zu singen vermöchte. Alma Gluck, Schülerin von Arturo Buzzi-Peccia, war die erste Sängerin, die – anläßlich des Verkaufs von einer Million Exemplaren ihres *Carry me back to old Virginny* – mit einer goldenen Schallplatte ausgezeichnet wurde; sie war zwar eine große Sängerin, doch beim Anhören der Aufnahme wird einem klar, daß sie noch nie die Violetta interpretiert hatte.

In *Un ballo in maschera*, der in der Mitte von Carusos Karriere aufgezeichnet wurde, als es ihm schwerfiel, seine Stimme aufzuhellen und eine schlankere Tongebung zu erzielen, errang er dennoch beachtliche Erfolge. Trotz des Fehlens von *mezza voce* und der ein wenig forcierten Phrasierung im Quartett des ersten Aktes *La rivedrà nell'estasi* dominiert er und setzt sich durch. In der Aria *Ma se m'è forza, perderti* erscheint sein Gesang stellenweise sehr laut und flach. In der Arie *Di' tu se fedele* hingegen erweist sich der Versuch, das Timbre so dunkel wie irgend möglich zu färben und sehnsuchtsvolle Töne heraufzubeschwören, als höchst erfolgreich.

Im *È scherzo od è follia* ist Caruso noch schwungvoll, mitreißend, außerordentlich natürlich und spritzig. Besser ist unter den Plattenaufnahmen aus jener Zeit vielleicht einzig die Einspielung mit Bonci, der, wie Verdi es vorschrieb, fast ein *parlato*, einen *canto sfiorato* anwandte und feinste Ziselierarbeit leistete.

Ebenso wie *Un ballo in maschera* galt damals auch *La forza del destino* als eine Oper für Provinztheater, und die Tatsache, daß Caruso beide an der Met wieder aufnahm, ist bezeichnend für seinen Wunsch, das moderne Repertoire zugunsten des alten aufzugeben. Caruso sang diese Oper 1918 zum ersten Mal auf der Bühne, nachdem er bereits von 1906 an Teile daraus aufgezeichnet hatte, als er gemeinsam mit Antonio Scotti die Schule machende Fassung von *Solenne in quest'ora* schuf. Der Tenor wetteifert sozusagen mit dem Bariton, indem er die Stimme eindunkelt, und beide phrasieren mit einer solchen Einträchtigkeit, erreichen einen derart vollkommenen Einklang, daß der Herausgeber des ersten *Victor Opera Book* es für nötig erachtete, die Leser darauf aufmerksam zu machen, daß die Anfangstakte von Caruso gesungen werden.

Ein weiteres anthologiewürdiges Duett stellt *Le minaccie, i fieri accenti* dar, diesmal mit Pasquale Amato. Caruso singt ausgezeichnet, doch in der Attacke übertrifft ihn Pertile in bezug auf den versunkenen und schmerzerfüllten Ton. Rein stimmlich ist der neapolitanische Tenor hervorragend, als Interpret aber lotet er nicht alle Tiefen aus; spürbar wird eine gewisse Entrüstung, nicht aber die beklemmende Angst des Menschen vor dem unversöhnlichen Schicksal. Das um einen halben Ton herabgesetzte *O tu che in seno agli angeli* zeigt erneut einen in den pathetischen Ausbrüchen unübertrefflichen Caruso. Im Duett *Sleale! Il segreto fu dunque svelato* beeindruckt seine Vehemenz und mehr noch sein dunkles Tenortimbre im Kontrast zum hellen Bariton von de Luca. Caruso war sicherlich ein bemerkenswerter Don Alvaro. Nur Masini, Pertile und später Bergonzi sind ihm in dieser Rolle ebenbürtig.

Am 23. Dezember 1920, einen Tag vor Carusos letztem tragischen Auftreten als Eleazar in *La Juive*, brachte das Met-Ensemble seine erste *Don-Carlo*-Inszenierung mit dem jungen Tenor Marinelli als Hauptdarsteller. Die Rolle des spanischen Infanten eignete sich bestens für Carusos Stimme, wobei er diesen Part allerdings nie im Theater sang, nicht etwa, weil er ihn gefürchtet hätte, sondern lediglich deshalb, weil diese Oper damals nicht unbedingt zum Repertoire gehörte. 1913 hatte er jedoch das Duett aufgenommen, in dem

Don Carlo gemeinsam mit Don Rodrigo über Treue und Freundschaft sinniert. Zwischen Caruso und Bariton Scotti, der nicht nur gleich ihm Neapolitaner, sondern auch im Leben ein idealer Gefährte war, herrschte völliges Einvernehmen; hinsichtlich der Ausdruckstiefe und der vortrefflichen Akzente gelang so eine beispielhafte Interpretation. Auffallend ist Carusos geringe Neigung zur baritonalen Klangfarbe, möglicherweise, um seinem Freund keine Probleme zu schaffen.

Aus *Macbeth* besitzen wir eine faszinierende Einspielung von *Ah, la paterna mano*, ein weiteres Vorbild für ein vollendetes *legato* und eine, je nach den Erfordernissen des Textes, sanfte oder vibrierende Emission.

In der Rolle des Radames zeichnet Caruso einen edlen, kraftvollen Krieger, der auf der Bühne einen ungeheuren Eindruck erwecken mußte. Demgegenüber wirkt er in den Schallplattenaufnahmen, zumindest in der zwischen 1902 und 1911 entstandenen Serie von *Celeste Aida*, nicht immer überzeugend. Zweifellos fällt er in der Aufnahme von 1908 stark ab, in der die Phrasierung nicht sehr lebhaft und durch Intonationsprobleme (viele Sprünge vom C zum F erweisen sich als exzessiv) beeinträchtigt ist; ausgerechnet auf dem F von *Del mio pensiero*, das Verdi als die Note angibt, auf der »die Stimme zu tragen ist«, unterbricht Caruso den Luftstrom und somit auch das *crescendo*. Außerdem ist auf dem finalen B ein *crescendo* anstelle eines *diminuendo* zu hören. In jedem Fall aber bewahrt die Stimme ihre Faszination, die Ähnlichkeit mit dem Orgelton. Besser ist zweifellos die *Celeste Aida* aus dem Jahre 1911, die einzige mit dem Eröffnungsrezitativ, welches Caruso die Möglichkeit bietet, sich hervorzutun; der abschließende Oktavsprung ist geradezu glanzvoll. Als maßgebende Aufnahme kann jedoch jene von 1906 angesehen werden, die alle Konkurrenten der damaligen Zeit hinter sich läßt. Noch besser machten es später lediglich Pertile, der mit ungewöhnlich starkem Ausdruck, weichen Attacken und hinreißenden *smorzandi* besticht, sowie in der Folge Bergonzi, der, obschon er nicht über strahlende Spitzentöne verfügt, ein einwandfreier Verdi-Interpret ist. Die Duette des vierten Aktes – zwei mit der Homer und zwei mit der Gadski – zeigen einen in den traurigen und dramatischen Partien hervorragenden Caruso; um so bedauerlicher, daß Victor keine Gesamtaufnahme der *Aida* mit Caruso als Radames herausgebracht hat.

Den Otello verkörperte Caruso bekanntlich nie auf der Bühne. Zwar bereitete er die Rolle sorgfältig vor und ließ sich sogar die Kostüme dafür anfertigen, verzichtete dann aber darauf, sie zu gestalten, mit der Begründung, er könne nicht an einem Tag im Kostüm des Nemorino und am nächsten in jenem des Mohren von Venedig singen. Als er seine Meinung geändert zu haben schien und einen *Otello* gemeinsam mit Titta Ruffo ins Auge faßte, ereilte ihn der Tod. Wie das 1910 aufgezeichnete *Ora e per sempre addio* eindrücklich beweist, wäre er ein unvergeßlicher Mohr gewesen: eine Interpretation, die dem Geschmack des Verismus zweifellos sehr nahesteht, jedoch beispielhaft ohne Emphase und Umschweife ist. Sein Gesang ist expressiv, ergreifend und überaus menschlich: Caruso steigt hinab in die Abgründe der Eifersuchtsqual, einen Schmerz, den er ja sehr wohl kannte. Caruso-Otello versteht es, selbst seiner Verzweiflung noch Vornehmheit, seinem brennenden Schmerz noch Innerlichkeit zu geben, während Tamagnos Otello die brillante Deklamation der psychologischen Vertiefung vorzuziehen scheint, obschon er stets einen herrlichen *canto legato* einsetzt. Francesco Tamagno, diesem kraftvollen Tenor, den Verdi selber für die Uraufführung der Oper ausersehen hatte, fiel es, wie aus einigen Briefen Verdis hervorgeht, in jungen Jahren schwer, die Töne zu binden und den *mezza voce* zu singen, es gelang ihm jedoch, sich zu vervollkommnen, und seine Schallplatten, die erst aufgezeichnet wurden, nachdem er sich von der Bühne zurückgezogen hatte, zeigen ihn als einen Sänger, der nicht nur Otellos Schreien, sondern auch Arnoldos Zartheit überzeugend auszudrücken vermochte.

Aus dem *Otello* besitzen wir überdies das großartige Duett aus dem zweiten Akt: Hier treten sich zwei wahre Meister gegenüber, denn Carusos Partner ist Titta Ruffo in der Rolle des Jago. Die Einspielung von 1914 stellt eine erstaunliche Leistung dar. Caruso verdunkelt das Timbre und steigert sich im Wettstreit mit Ruffo in dramatische Akzente: eine kaum zu übertreffende Ausführung, die noch mehr bedauern läßt, daß diese beiden hervorragenden Künstler nicht häufiger zusammengearbeitet haben. Die beiden hegten große Hochachtung füreinander, zogen es aber vor, nicht im gleichen Ensemble aufzutreten. Nachdem der große Jussi Björling, auch er ein lyrischer Tenor, der sich im Laufe der Jahre immer mehr in dramatischen Partien durchsetzte, diese Aufnahme gehört

hatte, gestand er, daß er sich außerstande fühle, es mit Caruso aufnehmen zu können.

Die lange Reihe der Werke, die mit den Namen von Verdi und Caruso verbunden sind, beschließt das *Ingemisco* aus der *Messa da requiem,* in dem sich Caruso vielleicht als stentorhaft, aber dennoch als
glänzendes Vorbild für den religiösen Gesang erweist, einen Gesang, geprägt von der typischen neapolitanischen, ein wenig heidni-
schen, leidenschaftlichen Religiosität. Die Attacke ist wunderbar
weich, und die Phrasierung steigert sich bis zum grandiosen Finale:
stimmlich eine beispielgebende Gestaltung!

Caruso verstand es, sein ganzes Temperament als spontaner Sänger
auszuschöpfen, denn er gebrauchte seine Stimme als ein gefügiges
Instrument, das er präzise einzusetzen wußte. Er wurde geboren, als
Verdi auf dem Höhepunkt seines Schaffens der Nachwelt noch den
Otello und den *Falstaff* schenkte, und seiner Technik lag die romantische Vokalität zugrunde. Wie De Lucia, Giuseppe Cremonini, Alfonso Garulli und Fernando Valero ging auch er aus den Reihen der
tenori di grazia hervor und verschrieb sich somit der Sache des Verismus, indem er von einer Technik ausging, über die seine Nachahmer
nicht mehr verfügten, da der Verismo die klassische italienische Gesangsschule in eine Krise versetzte. Mit Caruso kamen eine kräfti-
gere Emission und stärkere Akzente auf sowie das scharfe Skandieren; äußerste Sorgfalt wurde darauf verwendet, die Worte deutlich
auszusprechen, ihren Sinn zu interpretieren; die Geziertheiten wurden aufgegeben. Mit ihm – wie auch anderen großen Künstlern des
frühen zwanzigsten Jahrhunderts – vollzog sich der Übergang von
der romantischen zur veristischen Vokalität: im vollen Bewußtsein
der Regeln einer perfekten Verteilung des Atems und einer stets
kontrollierten Emission, also ohne jegliche Beeinträchtigung der
Klangqualität, jedoch mit einem kunstfertigen *immescheramento* sowie der Fähigkeit, auf dem Atem zu singen und dabei die Töne in
einer weichen, fließenden Phrasierung zu binden.

Zur Interpretation veristischer Opern und solcher mit veristi-
schem Hintergrund bedarf es der Tenöre, die sowohl die lyrische Serenata der *Iris* als auch die Rätselszene von *Turandot* zu singen vermögen. Caruso war imstande, sich im veristischen Repertoire frei zu
bewegen, wobei er jedoch das Risiko, sich die Flügel zu brechen,

umging, indem er sich nicht in Höhen aufschwang, die ihm ungelegen, ja sogar verschlossen waren, wie zum Beispiel einige sehr hohe *tessiture* bei Mascagni.

Die Beziehung zwischen Caruso und dem »bürgerlichen Verismo« eines Giacomo Puccini war auf der Bühne außerordentlich fruchtbar, was aber die Diskographie angeht, so können einen die, wenngleich denkwürdigen, Einspielungen etwas ratlos machen; zum einen, weil die Zahl der aufgezeichneten Stücke allzu beschränkt ist, zum andern im Hinblick auf einige Stilfragen. Es liegt auf der Hand, daß die von sinnlicher Leidenschaftlichkeit durchdrungenen Puccini-Arien einen Caruso zeigen, der auch in pathetischen Momenten in seinem Element und sehr expressiv ist. Wird die Stimmung jedoch elegisch und verlangt einen nuanciert verhauchten Gesang, gerät nicht alles wunschgemäß; so etwa in der *Bohème*, wo die Figur des Rodolfo eine frische Vokalität und ein zuweilen sanftes, zärtliches, zur gefühlvollen Hingabe bereites Phrasieren erfordert. 1897, als Caruso diesen Part zum ersten Mal sang, interpretierte er ihn wahrscheinlich auch so, 1906 aber, als er erstmals ein Stück daraus aufnahm, mußte er die unausweichliche Entwicklung seiner Stimme hin zu dramatischeren Akzenten berücksichtigen. In derselben Aufnahmesitzung hatte er außer *Che gelida manina* auch *Di quella pira* sowie die Arien aus dem *Faust* und der *Favorita* zu bewältigen, die beiden letzteren in der originalen Lage mit dem hohen C. Vielleicht klingt die Ausführung von *Che gelida manina* deshalb klassizistisch und beinah kalt, obschon das Lächeln in der Stimme nie fern ist, Phrasierung und Legatobögen häufig »all'antica« wiedergegeben werden; überdies weigert sich Caruso, in den hohen Regionen zu »expandieren«, zweifellos weil ihm noch *Faust* und die *Favorita* bevorstehen. Mit Puccinis Einverständnis sang er die Arie stets einen halben Ton tiefer: Dies gibt nicht nur Aufschluß über die Psychologie des Tenors, sondern auch über Puccinis für die Singstimme anspruchsvolle Schreibweise, zumal Caruso in der besagten Aufnahmesitzung zwei wunderbare und völlig korrekte hohe C zustande bringt.

Die Schallplattenaufnahme von *O soave fanciulla* mit Nellie Melba stellt die bedeutendste Begegnung zweier Stars dar, die auf dem Gebiet der Diskographie je zu verzeichnen war (schade nur, daß diese beiden großen Künstler weder ein Stück aus der *Traviata* noch aus dem *Rigoletto* zusammen aufgenommen haben. Sängerin und Sänger gehören zwar nicht der gleichen Generation und Schule an, sind jedoch beide von der Liebe zur Kunst des »bel canto italiano« beseelt, den sie bis auf wenige Abweichungen gleich verstanden und an dem sie sich in einer unvergeßlichen Interpretation gegenseitig inspirierten. Beide singen mit samtenen Tönen und einem meisterhaften »Bogenstrich«, mit Charme und Anmut, vorbildlichen *portamenti*; am Schluß steigt die Melba zu einem im *pianissimo* gehauchten C empor und drückt damit dieser historischen Aufnahme das Siegel der Vollkommenheit auf.

O Mimì, tu piu non torni und *O soave fanciulla* (beide aus dem Jahre 1907) wie auch das Quartett *Addio dolce svegliare* von 1908 gehören einem Zeitabschnitt an, in dem Carusos Stimme noch immer an Glanz gewinnt; indessen versucht er nun nicht mehr, *Spirto gentil* und ähnliche Arien in der Originallage zu singen. Seine Stimme ist dunkler geworden und widersetzt sich nach der ersten Operation im Sommer 1907 den Modulationen, worunter das Quartett etwas leidet; doch in diesen drei Stücken haben die schmelzenden Goldklänge, der stete Legatogesang, die Phrasierung, das äußerst musikalische *rubato*, die wundervoll klare und deliziöse Artikulation der Worte Generationen von Nachahmern zur Verzweiflung gebracht.

Caruso behielt *La Bohème* bis 1919 im Repertoire; schade nur, daß er *Che gelida manina* in jenen ruhmreichen Jahren nicht noch einmal aufgenommen hat! Das Duett *O soave fanciulla* mit der Farrar (1912) ist, wenn auch hochinteressant, eher enttäuschend; seltsamerweise wendet dieser Künstler, der uns immer von neuem in Erstaunen versetzt, hier viel häufiger *portamenti* an als 1907. Die im Quartett so bezaubernde Farrar vermag hier dem Vergleich mit der Melba allerdings nicht standzuhalten.

Was das kühne Unterfangen der *Vecchia zimarra* mit Caruso in der ungewohnten Rolle des Bassisten anbelangt, so müssen wir die zahlreichen Exegeten dieser einzigartigen Schallplattenaufnahme darauf hinweisen, daß die tiefste Note in Collines Klage ein C ist, das nicht einmal im Bass-Register liegt, sondern dieses allenfalls streift (wir erinnern daran, daß der Tenor im Duett *Le minaccie* aus *La forza del destino* um einiges tiefer, bis zum B hinunterkommt). Eigentlich sang Caruso hier in der ihm vertrauten Bariton-*tessitura*, zumal auch ein *arpeggio* von Rossini, das seinen Stimmübungen zugrunde lag, von besagtem C ausging.

Wenden wir uns nun der *Tosca* zu. Es ist allgemein bekannt, daß Caruso als Cavaradossi auf der Bühne den Beifall des Komponisten fand. Die Einspielung von *Recondita armonia* läßt zwar keinen sehr subtilen Interpreten erkennen, doch haben wir es in musikalischer Hinsicht, insbesondere in der Fassung von 1904, trotz vereinzelter unerheblicher Schwierigkeiten im Bereich der Intonation, mit einer Meisterleistung zu tun. Nie zuvor schien die Musik so schön wie hier, mit diesem weitläufigen, ruhigen *andamento*, den herrlichen Legatobögen; hier gelingt es Caruso noch, die Stimme auf den hohen Phrasen zu dämpfen. Manche Beispiele rascher Silbentrennung wie etwa »Le diverse bellezze insiem confonde« erinnern an das wundervolle Dahinfließen gewisser Rezitative von Battistini, De Lucia und der Melba. Die berühmteste Aufnahme, jene von 1909, ist weniger ansprechend und zeigt den Divo zeitweise etwas außer Form; vereinzelte Vokale (einige *i* und *u*) kommen nicht voll zum Klingen, und die *portamenti* wirken künstlicher. *E lucevan le stelle* wiederum geht der aristokratische Tonfall ab, den diese Figur verlangen würde, die tragische Vehemenz von *Io muoio disperato* aber bleibt unnachahmlich.

Carusos bestechend klarer, intensiver Gesang in *Donna non vidi mai* aus der *Manon Lescaut* stellt die Geziertheiten eines Bonci und Anselmi in den Schatten und läßt auch Zenatello weit hinter sich. Endlich haben wir einen schmerzerfüllten und männlichen Des Grieux vor uns; um so mehr ist zu bedauern, daß keine weiteren Einspielungen dieser Oper mit Caruso bestehen.

Aus den von der Farrar, der Destinn, Caruso und Scotti aufgezeichneten Schallplatten der *Madame Butterfly* wird deutlich, daß an der Met eine interessante, vom Komponisten autorisierte Darstellung gebräuchlich war, die keiner je gedruckten Partitur vollends entspricht. Dies stellt man insbesondere im Duett *O quanti occhi fissi* fest, in dem Caruso und die Farrar wundervoll in warmen, sinnlichen Linien singen und sich gemeinsam zum abschließenden C emporschwingen. In den Duetten mit Scotti gibt Caruso einen glaubwürdigen Pinkerton ab, der eher durch seine hervorragende Musikalität als durch schauspielerische Finessen überzeugt, mit Ausnahme des unvergleichlichen Momentes, als er dem Konsul den Whisky anbietet: Hier tritt für einen Augenblick der bedeutendste Tenor der Welt zurück, und wir hören noch einmal die Stimme des neapolitanischen Gassenjungen.

Amilcare Ponchielli, der zusammen mit Boito als Vorläufer des Verismo angesehen werden kann, findet in Caruso natürlich einen idealen Interpreten. *Cielo e mar* aus *La Gioconda* zeigt einen männlichen, abwechslungsreich und pathetisch phrasierenden Enzo, blendend in seinem Liebesverlangen. Die Aufnahme von 1902 läßt bereits einen Caruso erkennen, der sein herrlich samtenes Timbre einzudunkeln versteht und damit die Sinnlichkeit der Phrasierung vertieft; diese Einspielung ist trotz der weniger präzisen Intonation derjenigen von 1909 vorzuziehen. Der Spanier Francisco Viñas ist vielleicht der einzige, der in bezug auf die Reinheit des Klanges und Vollkommenheit des Stils in gewisser Weise mit Caruso verglichen werden könnte.

Absolute Höhepunkte sind auch die Aufzeichnungen von Stücken aus den Opern Umberto Giordanos. Der *Andrea Chénier* Carusos ist viril, unbeugsam, lyrisch und vibrierend: besser gar nicht vorstellbar. Das 1916 aufgenommene *Come un bel dì di maggio* kann ebenso als ein Anthologiestück gelten wie *Amor ti vieta* aus der *Fedora* von 1901.

Ein weiteres Meisterwerk stellt das 1902 mit Cilea als Klavierbegleiter aufgenommene *No, più nobile* dar, das heute noch zu Vergleichen herangezogen wird. Auf diesem Gebiet hat ein Künstler mit einer so hervorragenden Stimme keine Konkurrenz zu fürchten, um so weniger als er ohne die geringste Anstrengung im Stil seiner Zeit sang und dabei dennoch die Züge Bellinis in der Komposition Cileas beachtete und vollendet wiedergab, die hier die »Manieren« des *canto antico* verlangt, welche kaum einer seiner Interpreten je beherrschte. Veristische Atmosphäre bedeutete zündendes, ungestümes Phrasieren, Schreie, Gereiztheit, Lachausbrüche und Tränenergüsse, einen in den heftigen Szenen bis ins Absurde (oder gar Lächerliche) gesteigerten Vortrag; darin war Caruso unübertrefflich, weil er nie das Maß verlor und, verglichen mit vielen seiner Bühnenpartner, ein erstaunlich nüchterner, geradezu »züchtiger« Interpret war. Er ließ sich weder zu Übertreibungen hinreißen, noch opferte er die Reinheit des Gesangs, um dem Publikum zu gefallen (was nicht verhinderte, daß er von den italienischen Kritikern der Kälte und von den amerikanischen der Überschwenglichkeit bezichtigt wurde).

Geht man von diesen Überlegungen aus, so hat seine Darstellung des rustikalen Verismo in der *Cavalleria* etwas Wunderbares. In der

Siciliana (O Lola), die er mehrmals mit immer anderer Stimme, aber immer gleichermaßen großartig aufnahm, ist sein Gesang berückend und evokativ, bewundernswert in den absteigenden *portamenti*, die an ein sehr menschliches Violoncello denken lassen. *Addio alla madre* ist ein weiteres Vorbild für eine ergreifende und innige Akzentuierung, und das *Brindisi* verblüfft mit seinen Helldunkeleffekten, die heute niemand mehr nachzuahmen vermöchte. In jener denkwürdigen Aufnahmesitzung von 1905 war Caruso im Vollbesitz einer Technik, die ihm erlaubte, den *canto di maniera* nach alter Art zur Geltung zu bringen. In einem Stück von Mascagni mag es vielleicht sonderbar anmuten, ein im »Falsettone« gesungenes C, spektakuläre *rubati* und eingefügte Verzierungen zu vernehmen, doch die ersten Schallplatten dieses Jahrhunderts lassen erkennen, daß alle großen Sänger, die sich mit den Opern des Verismo auseinandersetzten, diese bei ihren ersten Ausführungen gleich interpretierten wie die alten Opern ihres Repertoires, was durchaus verständlich ist.

Wie aber steht es mit Leoncavallo? *No, pagliaccio non son* ist von überfließender Klangfülle und unbezähmbarem Schwung. Ebenso wie in der *Cavalleria* singt Caruso auch den Part des Canio mit dem ganzen Körper vibrierend, gleichsam als sei das Herz unmittelbar mit der Kehle verbunden. Und *Vesti la giubba* schließlich gilt vielen Bewunderern als unvergleichliches Emblem für »Carusos Weinen«.

Carusos französische Diskographie, die Opernarien, Canzonen, Romanzen und geistliche Gesänge umfaßt (wobei auch die Versionen in italienischer Sprache berücksichtigt sind), beläuft sich auf annähernd sechzig Titel, ein Zeichen seiner Vorliebe für dieses Repertoire, das in vielen Fällen in Interpretationen von historischem Wert zum Ausdruck kommt. Bereits 1906 war er der französischen Sprache hinreichend mächtig, die er in der Folge so erstaunlich beherrschte, daß er sogar in Paris Lob dafür erntete. In der von Jean-Pierre Mouchon veröffentlichten Studie wird die Ansicht vertreten, daß die Aussprachefehler völlig unerheblich waren, und die Schallplattenaufnahmen beweisen, daß Caruso sich auf französisch durchaus korrekt auszudrücken wußte.

Bereits während der ersten Experimente mit den Tonaufzeichnungsgeräten schenkte der Tenor der Nachwelt einen, allerdings italienisch gesungenen, Auszug aus der *Manon* von Massenet; und bis ins Jahr 1920 zeichnete er weitere Stücke französischer Komponisten auf, deren Opern er auch auf die Bühne brachte und mit Halévys *La Juive* seinen allerletzten, überwältigenden Triumph feierte.

Unter den ersten Meisterwerken auf 78 Touren (oder um genau zu sein: auf 73,47 Touren) figuriert im Jahre 1904 *Mi par d'udire ancora* aus den *Pêcheurs de perles* von Bizet, eine Interpretation, die René Leibowitz als exemplarisch ansah. Der Komponist, Dirigent und Musikwissenschaftler Leibowitz, seiner Herkunft nach Pole, bildungsmäßig jedoch Franzose, schreibt in seiner *Histoire de l'opéra*, daß diese berühmte, etwas manierierte und süßliche Romanze dazu verleitet, den Part des Nadir den *tenori di grazia* oder Tenören mit *voix blanche* oder geradezu Falsettstimme anzuvertrauen. Nun ist aber Nadir kein Geck, sondern ein Raubtierjäger, ein Held des Urwaldes; sein Part umfaßt eine Vielzahl von Stücken und Passagen, die Kraft und Robustheit der stimmlichen Mittel erfordern. Es ist in der Tat für den französischen lyrischen Tenor der damaligen Zeit eine typische Rolle.

Leibowitz lobt daher Caruso, der die Romanze auch da mit voller Stimme angeht, wo der Komponist ein *pianissimo* vorschreibt. Caruso gelingt es tatsächlich, die Sichtweise des Autors durch seine eigene zu ersetzen, die uns mindestens ebensosehr zu überzeugen vermag. Hier offenbart sich Caruso eindeutig als moderner Sänger, der sich von der Tradition eines Fernando De Lucia, Giuseppe Anselmi und Alessandro Bonci loslöst, die einen etwas gezierten und narzißtischen Nadir verkörperten. Caruso schlägt den Weg ein, der nach der rückwärtsgewandten Interpretation Giglis zur wunderbaren Lesart von Alfredo Kraus führen wird, eines *tenore di grazia*, der es versteht, die Saiten des lyrischen Tenors mit einer höchst bewundernswerten Vehemenz der Akzente und einem melodischen Bogenstrich zum Klingen zu bringen.

Verglichen mit De Lucia, der dieselbe Romanze erstmals 1905 aufnahm, schlägt Caruso ein schnelleres *andamento* an und hält das Tempo durch, während der »göttliche Fernando«, der sie genau wie Caruso um einen halben Ton tiefer transponiert, sich in (stets entzückenden) Finessen ergeht, einen übermäßigen Gebrauch von *tremolo* und *portamento* macht und die Agogik übertreibt. Er ist jedoch präziser in der Intonation und verfehlt nur bei zwei Tönen knapp die richtige Höhe, wogegen Caruso sie neunmal verfehlt und zudem im

Falsettone abschließt, da er die Technik, Brust- und Kopfstimme vollkommen zu verschmelzen, damals noch nicht vollends beherrschte. Auch Anselmi singt einen halben Ton tiefer – was für Leibowitz unannehmbar ist – und neun Töne unrein. Caruso spielte die Finanza 1916 erneut auf französisch ein und setzte sie aus diesem Anlaß gar um einen ganzen Ton herunter: So war es ihm ein leichtes, die Töne zu zentrieren, und er erwies sich als unfehlbar. Seine Stimme ist unüberhörbar sehr viel dunkler, auch wenn sie sich ihren jugendlichen Samt bewahrt, und sein Gesang ist noch immer nahezu fließend; der Zauber der ersten Fassung aber scheint gebrochen durch etwas, das die sprudelnde Natürlichkeit lähmt.

In *De mon amie, fleur endormie*, ebenfalls aus *Les Pêcheurs de perles*, das ebenfalls 1916 aufgenommen wurde, erneuert sich allerdings das Wunder einer Stimme, die die Frische der besten Jahre wiederfindet: Die Attacke überträgt eine Ergriffenheit, der man sich unmöglich zu entziehen vermag, und der Schluß löst wohl die starke Spannung, läßt jedoch ein Gefühl der Verwirrung zurück sowie den Wunsch, dies alles noch einmal zu hören. Und mit jedem Mal erlebt man die Gemütsbewegung neu, die diese strömende, berückende, ja geradezu hypnotisierende Stimme auslöst.

Caruso gestaltete die Partie des Don José schon seit 1896 auf italienisch. Zehn Jahre später, am 20. Februar 1906, fühlte er sich bereit, sie in der Originalsprache anzugehen, nachdem er im Januar den Mephisto in *Faust* gesungen hatte. Die erste Fassung der Blumenarie zeichnete er 1905 auf; 1909 folgten zwei weitere, auf italienisch und auf französisch. In der Arie ist die Veränderung seiner Stimme festzustellen, die Don José stolz und sinnlich zeigt. 1914 war der Tenor nochmals in den Aufnahmestudios der Victor, um gemeinsam mit Frances Alda das Duett *Parlez-moi de ma mère* aufzuzeichnen, das allerdings keinen nachhaltigen Eindruck hinterläßt.

Was den *Faust* angeht, das Werk, aus dem Caruso mit Abstand die meisten Stücke aufgenommen hat, von denen jedoch viele unveröffentlicht geblieben sind (Victor plante eine Gesamtaufnahme), so fällt vor allem die Auswahl der Stücke auf, die darauf zurückzuführen ist, daß *Faust* damals die populärste Oper der Welt und an der Met, wo das Publikum Caruso in einer Rolle zu sehen liebte, die an Jean de Reszke, den anderen baritonalen Tenor, erinnerte, das meistaufgeführte Werk war. Mit Überraschung stellt man fest, daß Caruso sich in dem mit Marcel Journet gesungenen Duett *O merveille* als ein Künstler erweist, der intensiver phrasiert und markanter interpretiert als beispielsweise die französischen Spezialisten Lucien Muratore und Agustarello Affre. Im Duett mit Geraldine Farrar prunkt er zudem mit wollüstigen Tönen, und im Terzett des Duetts setzt er sich mit der gewohnten Entschlossenheit durch.

Zumindest aus den wenigen Plattenaufnahmen und den Photographien zu schließen, muß Caruso wohl kein idealer Des Grieux gewesen sein. Die allzu dunkle und volle Stimme kommt der Rolle des siebzehnjährigen Malteser-Ritters wenig entgegen. Und doch setzt er *Chiudo gli occhi* mit innig versunkenem Akzent an und phrasiert wunderbar maßvoll; dann aber überbordet die Sinnlichkeit, das Ungestüm gewinnt die Oberhand, und die Verzückung des Liebestraums rückt in weite Ferne. Carusos Gesang, der ohnehin wenig zum zarten »Spinnen der Töne« neigt, tendiert jedenfalls nicht dahin, die Atmosphäre zu vergeistigen. Beim Anstimmen des *canta inni cogli augei* hält er das E länger aus und verziert abschließend das D mit einem Grüppchen kleinerer Töne, ganz nach dem Geschmack der italienischen Schule von De Lucia bis Schipa. Überdies unterbricht er – gleich einem Teil seiner italienischen und spanischen Sängerkollegen – nach kaum fünf leichten Tönen die Phrase »ove specchiasi il frascame«, er, der doch ein Meister der Atemverteilung war. Schließlich läßt auf dieser Einspielung von 1902 auch die Intonation zu wünschen übrig. Trotz alledem scheint es uns, Caruso sei De Lucia vorzuziehen – der mit seinen *rallentandi* und den ausgehaltenen oder, schlimmer noch, veränderten Tönen jegliches Maß übersteigt – wie auch dem schwerfälligeren und allzu irdischen Bonci. Anselmi allerdings vermag er nicht zu übertreffen, da dieser den richtigen Akzent findet, um einen aristokratischen, jungen Ritter zu gestalten und die Traumstimmung heraufzubeschwören. Noch besser interpretieren französische Sänger wie etwa Edmond Clément diesen Part, und einen starken Eindruck hinterläßt auch der Ire John McCormack, der mit außerordentlicher Musikalität zu phrasieren versteht. Ebenfalls vorzüglich sind Alfred Piccaver und Julius Patzak, doch unsere uneingeschränkte Bewunderung gilt, trotz einiger kleiner Schönheitsfehler, dem nuanciert verfließenden *Sogno* eines Sängers aus der Generation nach Caruso, dem aus Lecce stammenden Tito Schipa. Aus der *Manon* hat Caruso in der Originalsprache gemeinsam mit der Farrar *On l'appelle Manon* aufgenommen sowie *Je suis seul; Ah! fuyez, douce image* und einmal mehr seine Vielseitigkeit in einer Oper unter Beweis gestellt, die, wie so häufig im französischen Repertoire, die Beherrschung kontrastierender Stile erfordert.

O paradiso aus *L'Africaine*, 1907 für das Grammophon gesungen, stellt einen der zahllosen, bewundernswerten Balance-Akte zwischen Zartheit und Ungestüm dar. Die Diktion ist äußerst klar und die wie mit Kupferglanz durchwirkte Stimme wird in ihrem hellen Klang erst getrübt, als sie, mit zuviel Überschwang forciert, zuletzt auf dem abschließenden Ges einen Sprung bekommt. Eine Mapleson-Walze bietet die Möglichkeit eines Vergleichs mit Jean de Reszke. Der Pole wählt ein langsames Tempo und eine beinah feierliche Phrasierung mit Ornamenten, die aufs Allerfeinste ziseliert und sorgfältig ausgeführt sind, und Spitzentönen, die mit der *voix mixte* unter einigen kleineren Schwierigkeiten gesungen werden. Die mit eher rudimentären Systemen eingespielte Schallplatte erlaubt es nicht, Umfang und Klangfarbe der Stimme genau zu bewerten, doch ist es wohl nicht allzu gewagt, die Behauptung aufzustellen, daß de Reszke nicht allein seines *physique du rôle* wegen beliebt war, sondern darüber hinaus eine Vielfalt des Ausdrucks und eine Sicherheit in Technik und Stil besaß, die ihn in den Kreis der Größten stellte. In *O paradiso* versteht es de Reszke, sich wunderbar ekstatisch und zugleich viril zu geben und der Musik an Gewicht zu nehmen. Carusos Interpretation ist ebenfalls höchst bedeutsam, in gewisser Weise vielleicht sogar allzu hervorragend, da er die zahlreichen, vom Autor angegebenen Nuancierungen nicht zur Kenntnis nimmt, wohingegen Bernardo De Muro und Miguel Fleta – zwei weniger begabte und interessante Sänger, die in diesem Fall für den ersten Teil der Arie eine träumerische Stimmung wählen, um dann im Finale plötzlich auszubrechen – diese berücksichtigen. Bei gut siebzehn Tönen reicht Carusos Stimme, wenn auch nur um ein Weniges, höher hinauf als vorgeschrieben. Doch wer vermöchte dieser Offenbarung jugendlicher Glut und Sangesfreude, nun durch die vollkommene Beherrschung der Technik getragen, trotz gelegentlicher kleiner Makel, zu widerstehen?

Ebenfalls aus *L'Africaine* besitzen wir die Aufzeichnung der Cabaletta *Deh, ch'io ritorni alla mia nave*, welche Caruso die Gelegenheit bietet, das von Meyerbeer gewollte Ungestüm mit hinreißendem Schwung zu gestalten: ein Beweis, daß der Tenor im Jahre 1920 in glänzender Verfassung war.

Von den Fragmenten aus französischen Opern gewinnt man einen außerordentlich positiven Eindruck. Eine leichte Herbheit ist in *Rachel, quand du Seigneur* aus *La Juive* von Halévy herauszuhören, und im Gebet von Massenets *Le Cid* klingen einige ergreifende Momente auf.

Ehe wir das lyrische Repertoire verlassen, sind noch einige Opern-ausschnitte von Autoren zu nennen, die wir nur am Rande erwähnt haben, wie etwa das unschätzbare Meisterwerk *Magiche note* aus der *Königin von Saba* von Goldmark. Stilistisch heute unannehmbar sind das *Largo* aus Händels *Serse* sowie *Tre giorni son che Nina* von Vincenzo Ciampi (welches lange Pergolesi zugeschrieben worden ist): zwei Abstecher ins Repertoire des achtzehnten Jahrhunderts, vergebliche Versuche, der sehr dickflüssigen Stimme des späten Caruso etwas von ihrer Dichte zu nehmen, wobei die Gesangslinie sich ungemein musikalisch entfaltet.

Wundervoll ist hingegen *Mia piccirella* aus dem *Salvator Rosa* von Gomes: eine Sopranarie, die Caruso sich zu eigen macht, indem er noch einmal seine großartige Fähigkeit beweist, das Timbre abzutö-nen, unvermittelt von großer Heftigkeit zum Schmachten, vom Aus-druck gelassener Zurückhaltung zur verführerischsten Sinnlichkeit überzugehen.

Wenden wir uns abschließend den Kanzonen und Liedern zu. Was die ersteren betrifft, so erübrigt es sich, darauf hinzuweisen, daß der Tenor in einigen Fällen seinen melodramatischen Impetus übertreibt, indem er sich von der Innigkeit, dem leisen Phrasieren, der sanften Stimmgebung und subtilen Eleganz eines verhauchen-den Singens lossagte, derer doch gerade die Kanzone bedarf. Gewiß, Richard Tauber, Schipa, De Lucia, Mattia Battistini und Ezio Pinza waren die eigentlichen Interpreten der Salonromanze. Nur: Caruso bleibt Caruso, auch in der Kanzone. *Musica proibita* zum Beispiel erk-lingt mit sublimer Zartheit und wundervoll modulierten Tönen. Suggestiv ist die Interpretation von *Luna d'estate* und entzückend die *Première caresse* von Costantino de Crescenzo.

Wie die Kanzonen und Opernarien vermögen auch die Lieder den

Grad der Professionalität eines Künstlers zu spiegeln. Wie viele Tenöre von heute sind imstande, Akzent, Klangfarbe und Intensität in den einzelnen Strophen eines Liedes abzustufen? Allein Alfredo Kraus gelingt es in bezug auf den Liederschatz seines Landes, die Großartigkeit der spanischen Meister der zwanziger und dreißiger Jahre zu erreichen.

Was das neapolitanische Lied angeht, so hat in jüngster Zeit José Carreras im rotsamtenen Teatro San Carlo und nach ihm Luciano Pavarotti bestätigt, daß die Tradition eines Caruso, De Lucia, Schipa, Gigli und – warum eigentlich nicht? – auch eines De Muro Lomanto, Albanese und Ferrauto der Vergangenheit angehört.

Es klingt gewiß nach Rhetorik, wenn man Carusos Größe als Interpret der Lieder seiner Heimatstadt und die entscheidende Rolle herausstreicht, die er bei der Verbreitung dieses gewaltigen Kulturgutes in der ganzen Welt gespielt hat. Einige Hinweise drängen sich dennoch auf. Immer wenn Caruso neapolitanisch singt, drückt seine Stimme tiefe Rührung aus, wird schmelzend, gleichsam flüssig, schimmernd. Die Akzente sind überzeugender denn je, der wundervolle, an ein Cello erinnernde Klang wirkt womöglich noch verzehrender und natürlicher; das sehr reine Legato scheint nicht eigentlich Töne als vielmehr den Atem der Seele, das Pulsieren des Herzens zu umspannen. In *Canta pe' mme*, zum Beispiel, stehen die überwältigende Begeisterung und Energie in merklichem Gegensatz zur Hingabe an die Gefühle; und dennoch ist der Gesang, bei aller Ausdruckskraft, von schlichter Strenge. In demselben Stück geht Beniamino Gigli hocherhobenen Hauptes aus einem Vergleich hervor, hin und wieder aber wirkt sein Vortrag äußerlich und grenzt an Rührseligkeit. Die Strophe *Mamma mia che vò sapè* führt Caruso mit großer Zartheit und zu Herzen gehenden Tönen aus, wenn auch vielleicht mit etwas raschem *andamento*; im Refrain verfälscht die hohe Variante möglicherweise ein wenig den Charakter der Melodie, doch sind die Spitzentöne verblüffend, wie Blitze geschleudert. Alles in allem haben wir es mit einer ausgezeichneten Interpretation zu tun, die der eintönigeren von Schipa wie auch jener von Gigli und Giuseppe Di Stefano vorzuziehen ist. Dieses Lied wurde auch von Giacomo Lauri-Volpi aufgenommen, einem überaus bemerkenswerten Tenor, der hier allerdings enttäuscht.

Core 'ngrato ist ein weiteres anthologiewürdiges Stück von überschäumender Leidenschaft, einzigartig intensivem Ausdruck und schallenden Spitzentönen. Niemand vermag an diese wundervolle Leistung heranzureichen. Gigli besitzt weder Carusos glühenden Akzent noch seine vollendete Diktion; Di Stefano ahmt den Meister mehr oder weniger unbeholfen nach; Mario Lanza erweist sich gar als ein Muster an Ungeschliffenheit; selbst der Geschmack Del Monacos ist, gelinde gesagt, in diesem Fall umstritten; Bergonzi gibt zwar eine schöne Kostprobe seines Gesangs, mißachtet jedoch den Geist des Liedes.

Auch in *Pecché* ist Caruso im Hinblick auf die Vielfalt der Phrasierung, die Expressivität und Leuchtkraft der Spitzentöne unübertroffen. *Feneste ca lucive* stellt möglicherweise den einzigen Fall dar, in dem Caruso De Lucia nachsteht; sein Gesang ist edel und intensiv; lobenswert auch das Bemühen, sein Ungestüm zu zügeln, doch vermag der De Lucia trotz der Unvollständigkeit dieser Fassung, trotz des *vibrato* und gelegentlichem, zwar perfektem, jedoch übertriebenem »Ausspinnen« der Töne dem Zuhörer ein Gefühl der Trauer und tiefen Ergriffenheit zu vermitteln. *'A vucchella* ist beispielhaft für Carusos überaus sinnlichen Akzent, seine hervorragende Vokalität, die samtenen Töne und die wohlausgewogenen Inflektionen (die Schallplatte stammt aus dem Jahre 1919).

Wahre Wunder an Klangschönheit vollbringt Caruso auch in *Tu ca nun chiagne* (in dem die Refrains mit hinreißendem Feuer gesungen werden), *Manella mia* (hier von einer derartigen Welle der Inspiration getragen, daß es ihm im Refrain nicht gelingt, den Impetus seiner Stimme zu bezähmen und, wie eigentlich erwünscht, in der *mezza voce* zu singen; doch die pathetischen Inflektionen sind ergreifend, erstaunlich die Mannigfaltigkeit der Akzente und Klangfarben), *I' m'arricordo 'e Napule* (mit ausgeprägtem Rhythmusgefühl und meisterhaftem Gebrauch des neapolitanischen Akzents nach Art der besten Straßensänger), bis zu dem weniger bekannten *Guardanno 'a luna* (herrlich der Akzent in der Strophe) und *Cielo turchino*. In diesen Liedern verwandelt sich Carusos Gesang in eine universelle Sprache von großer Ausdruckskraft, deren Lob zu singen sich erübrigt. Ebenfalls eine Bemerkung verdient Carusos Beziehung zum spanischen Lied, die durch vorzügliche Beispiele belegt ist, wie etwa *A la luz de la luna* und *Noche feliz*, und die, gleich der lyrischen *Pimpinella* von Tschaikowsky, Carusos unverkennbares Lächeln erstrahlen lassen. Das letzte der vielen Wunder einer Stimme, die unter jedweden Umständen hervorragend ist und den Übergang von der Vokalität des neunzehnten Jahrhunderts zu jener der Moderne bezeichnet. Die Stimme, die als unabdingbarer Bezugspunkt galt für all jene, die seit dem Beginn des zwanzigsten Jahrhunderts die Laufbahn des Tenors angetreten haben; etliche haben versucht, das Timbre und die Klangfarbe nachzuahmen. Beniamino Gigli und Ferruccio Tagliavini, von Zenatello bis Jadlowker, von Martinelli bis Piccaver, und selbst der Bariton Pasquale Amato wie auch der *tenore di grazia* John McCormack imitierten die »Träne in der Stimme« und suchten den Akzent nachzubilden; Caruso aber war ein einmaliges Stimmwunder. Er wußte im mittleren Register stets wundervoll »gedrechselte« Töne von verblüffender Intensität zu entfalten, ohne daß die Extension, die Weichheit und das Legato nennenswert davon beeinflußt worden wären. Ein Wunder dieser Art war unwiederholbar: Nur wenige Tenöre konnten der Verlockung widerstehen, ein unnachahmliches Timbre nachahmen zu wollen – ein Bemühen, das nicht wenigen die Karriere kostete. Die Stimme aus dem »Land der Sirenen« lockte gleich dem Gesang jener mythischen Wesen, die ins Verderben stürzten. Und ohne es zu wollen hat auch Caruso unzählige Stimmen zu Fall gebracht. Nahezu alle Tenöre, die versuchten, das mittlere Register anschwellen zu lassen und zu verdunkeln, um auf diese Weise Carusos Stimmfarbe zu erreichen, haben dabei ihre Extension, die *mezza voce* und den strahlenden Klang eingebüßt.

Carusos Gesang

von Michael Aspinall

1. Das Grammophon

Es wird darüber gestritten, ob das Grammophon Caruso gemacht habe oder Caruso das Grammophon. Mit Sicherheit läßt sich aber sagen, daß die von Caruso am 11. April 1902 in Mailand aufgenommenen Schallplatten als erste überhaupt zu Tausenden in die ganze zivilisierte Welt verkauft wurden und der Schallplattenfirma für die investierten hundert Pfund Sterling die stolze Summe von fünfzehntausend Pfund einbrachten! (Im Vergleich dazu wurden von den im Mai 1902 in London aufgenommenen Schallplatten des großen Bassisten Pol Plançon bei den unbekannteren Musiktiteln weniger als hundert Stück verkauft.)

Wie kommt es nun aber, daß die klassische Musikschallplatte ein Vierteljahrhundert warten mußte, um »durchzuschlagen«, obschon Edison den Phonographen im fernen 1877 erfunden hatte? Die traurige Wahrheit ist, daß die »Sprechmaschine« immer in Händen von Leuten gewesen war, die sich nicht im geringsten für Musik interessierten; Edison selbst hatte den Phonographen als eine Maschine verstanden, die den Stenographen ersetzen sollte. Es ist bezeichnend, daß Edison in der ersten Aufnahme der Geschichte einen Kinderreim von einer Mary mit ihrem Lämmlein auf die stanniolbespannte Walze gesprochen hat. Edison verlor das Interesse an der Erfindung, die er Jahre später als sein »liebstes Kind« bezeichnen sollte, und erfand als nächstes das elektrische Licht und den elektrischen Stuhl. Inzwischen beschäftigten sich zwei andere Techniker, Tainter und Bell, mit dem Phonographen und verbesserten ihn, indem sie die mit Stanniol überzogene Walze durch eine Wachsrolle ersetzten; die Aufzeichnung war nun von besserer Qualität, und zudem konnte die Rolle mit einem entsprechenden Gerät gelöscht und auf dem glatten Wachs neu bespielt werden. Über diese Entwicklung tief beunruhigt, beeilte sich Edison, seinen Phonographen zu verbessern, und so traten die beiden konkurrierenden Firmen, unterstützt vom selben Gönner, Jesse H. Lippincott, 1888 auf den Markt; der als Büromaschine lancierte Phonograph war für den Hausgebrauch zu teuer, stieß aber an den Messen und in den Bars als Tonaufzeichnungsautomat, Vorfahre der heutigen Jukebox, auf enormen Erfolg.

1888 schickte Edison den Phonographen nach Europa, um ihn bekannt zu machen und Aufzeichnungen historischer Stimmen zu erhalten; in London nahm Colonel Gouraud jene der Schauspieler Irving und Coquelin, der Dichter Browning und Tennyson und die Königin Viktorias auf; Agent Theodor Wangemann verewigte Bismarck und Brahms. Diese Aufnahmen konnten jedoch nicht kommerziell verbreitet werden, aus dem einfachen Grund, daß es damals keine Technik gab, um durch Abguß Kopien einer Zylinderaufnahme anzufertigen; deshalb war bis ungefähr 1901 jede zum Verkauf angebotene Rolle eine Originalaufnahme oder eine mit dem Pantographen mechanisch hergestellte Kopie. Die Sänger oder die Kapelle mußten so laut wie möglich in etwa zwanzig Trichter singen oder spielen, die bereitstanden, um den Ton aufzufangen und auf die Wachsrollen ebenso vieler Phonographen aufzunehmen. Natürlich gab es keine Möglichkeit, Walzen der Patti zum Verkauf anzubieten, die niemals zugestimmt hätte, *Una voce poco fa* Hunderte von Malen nacheinander in einen Trichter zu brüllen, andererseits dachte auch niemand an solche Raffinessen. Das 1894 lancierte Hausmodell des Phonographen war ein Triumph der Technik, eine elegante und solide Maschine mit einem Elektro- oder Kurbelmotor, doch was ihm fehlte, war das Repertoire. Die von der Columbia, einer bedeutenden Konkurrentin Edisons (und heute die älteste noch existierende Phonographenmarke) auf den Markt gebrachten Walzen boten einen Katalog von kleinen Märschen, Predigten, komischen Szenen und Kirchenliedern an, die größtenteils von anonymen Interpreten ausgeführt wurden.

Ebenfalls 1888 kam es zur Erfindung jener »Sprechmaschine«, die binnen kurzem den Tod des Phonographen besiegeln sollte. Emile Berliner, ein deutscher Emigrant, der sich in Washington, D. C., niedergelassen hatte, ließ eine Maschine zur Aufnahme und eine andere zur Wiedergabe von Aufnahmen auf flachen Platten patentieren, die in großer Zahl von einer Matrize gepreßt werden sollten: Er nannte seine Erfindung »das Grammophon«. Berliner, ein Mann von Kultur, litt jahrelang unter chronischem Geldmangel, doch 1895 fand er die Mittel, um die United States Gramophone Company zu gründen, die direkte Vorgängerin sowohl der heutigen RCA als auch der EMI. Die Möglichkeit, bis zu je hundert kleine Platten von 18 cm Durchmesser anzufertigen, erlaubte es Berliner, »Stars« zu engagieren, deren Berühmtheit im allgemeinen nicht über Washington und Philadelphia hinausreichte; 1895 und von neuem 1897 nahm jedoch der Tenor Ferruccio Giannini (Vater der Sopranistin Dusolina Giannini) *La donna è mobile* und *Questa o quella* auf.

1898 entschloß sich Berliner, in London eine Filiale zu eröffnen; Emissär, Aufnahmetechniker, Impresario und gelegentlich auch Pianist der Firma war Fred Gaisberg, der auf dem Gebiet der Aufzeichnung klassischer Musik in der EMI bis 1951 eine wichtige Figur blieb. Die Platten wurden in London aufgenommen und in einer neuen Fabrik in Hannover gepreßt (Berliner fürchtete die Aktivitäten der englischen Gewerkschaften); die Grammophone wurden aus Amerika importiert. Die Gramophone Company erfreute sich einer außergewöhnlich schnellen und erfolgreichen Expansion, vor allem nach der Erfindung eines »verbesserten« Grammophons, das mit einem Kurbelmotor ausgestattet war. Dieses hatte man Eldridge R. Johnson zu verdanken, der in seiner kleinen Fabrik in Camden, New Jersey (wo in der Folge die Fabrik der Victor, später RCA-Victor, errichtet wurde), auf der Grundlage von Berliners ziemlich unausgefeilter Erfindung ständig Experimente anstellte. Die ersten Schallplatten wurden auf Zinkscheiben bespielt, und die Aufnahme wurde in einem Säurebad verstärkt, anschließend erfolgte die Fertigung der Matrize: all dies, weil Edison, Tainter und Bell im Besitz von Patenten für die Wachsaufnahmen waren. Johnson vervollkommnete insgeheim die Aufzeichnung auf Wachsplatten und erfand dann die Preßmatrizen von einer einzigen Originalaufnahme sowie die Platten mit 25 cm Durchmesser (1901) und 30 cm Durchmesser (1903), die die Aufnahmedauer von nur zwei oder drei auf beinahe fünf Minuten verlängerten, unabdingbare Voraussetzung für die bevorstehende sprunghafte Zunahme von Aufzeichnungen klassischer Musik.

Bereits 1899 hatten Fred Gaisberg und seine Kollegen (von 1901 an auch sein Bruder Will) mit den langen Aufnahmetourneen durch die europäischen Großstädte und später auch in den Orient begonnen. Anfangs steckten sie ihre Ziele nicht allzu hoch, doch schon 1899 wurde in Paris der Bariton Léon Melchissédec zum ersten Opernstar, der flache Platten aufnahm. Die Schlüsselstadt unserer Geschichte war allerdings Sankt Petersburg; Rußland wurde bald zu einem Eldorado für die Gramophone Company, die von 1899 bis 1914 wiederholt Exkursionen unternahm, um den russischen Katalog zu bereichern. Ein jüdischer Kaufmann namens Raphoff eröffnete in Moskau am Newski-Prospekt das erste Geschäft der Welt für Luxusgrammophone, war aber in der unangenehmen Lage, daß er keine wirklich luxuriöse Ware anzubieten hatte. Er bestand darauf, daß die Gramophone Company die Spitzensänger der zaristischen Oper aufnehme, koste es, was es wolle, und daß diese Aufnahmen, mit einem speziellen rot-goldenen Etikett, den traditionellen Farben der Sankt Petersburger Bordelle, verziert, herausgegeben würden.

Gaisberg nahm die Tenöre Sobinow und Labinski im Frühjahr 1901 auf, doch die ersten Platten mit dem roten Etikett wurden von seinem Kollegen William Sinkler Darby im Herbst desselben Jahres aufgenommen; es sangen die beiden berühmtesten Künstler Rußlands, der Tenor Nikolai Figner und dessen Gattin, die große Toskaner Sopranistin Medea Mei Figner, und nach ihnen die »Zigeunersängerin« Wialzewa und der Bassist Schaljapin.

Als die Brüder Gaisberg im Frühling 1902 nach Mailand fuhren, schwebte ihnen etwas Bedeutenderes vor als das, was ihnen anläßlich ihrer früheren Besuche so aufregend erschienen war, als sie Künstler wie Bice Adami und Ferruccio Corradetti aufgenommen hatten. Sie wollten die Stimme von Papst Leo XIII. aufzeichnen, doch auf dem Weg nach Rom machten sie Station in Mailand, um sich an der Scala die *Germania* anzuhören: Vom ersten Augenblick an war Fred von Carusos Gesang überwältigt und erkannte in ihm die ideale Stimme für das Grammophon, eine Stimme voller Weichheit, ohne metallische Zonen, mit einer technischen Beherrschung, die es dem Sänger erlaubte, keine Spitzentöne loszuschmettern, die das primitive Diaphragma »durchlöchert« hätten. Caruso erklärte sich zu Aufnahmen bereit, wenn auch nicht sofort; die Brüder Gaisberg hatten also alle Zeit, nach Rom zu fahren, wo der Papst es ablehnte, seine Stimme aufnehmen zu lassen. Es gelang ihnen jedoch, Alessandro Moreschi, den letzten Kastraten, und den Chor der Sixtinischen Kapelle aufzuzeichnen. Leo XIII. nahm seine Stimme 1903 für Oberleutnant Bettini auf, einen reichen, unternehmerischen Dilettanten, der in New York einen überaus ansprechenden Katalog von Zylindern mit Sängerinnen wie der Sembrich, der Adams, der Mantelli und Sängern wie Campanari und Plançon verkauft hatte, von denen nur wenige erhalten geblieben sind. Der Papst nahm sowohl auf Rollen als auch auf einer flachen Platte auf, die das Etikett von Bettinis Pariser Haus, der Excelsior-Reale, trug und von der die amerikanische Columbia heute noch die Matrize besitzt. (Die Stimme des 1810 geborenen Leo XIII. ist die älteste Stimme, die man heute hören kann.)

Nach Mailand zurückgekehrt, nahmen die Brüder Gaisberg am Morgen des 11. April die Stimme der Sopranistin Amelia Pinto auf; am frühen Nachmittag traf Caruso ein, der seine zehn Arien sang, den Scheck über hundert Pfund Sterling einsteckte, mit dem ihn Fred aus der eigenen Tasche bezahlte, und hungrig zum Essen ging. Er wußte nicht, daß er mit dieser knappen Stunde Arbeit Berliners Spielzeug in ein Musikinstrument verwandelt hatte. Fred und Will Gaisberg, die sich bewußt waren, mit dem rudimentären Aufnahmetrichter etwas Außerordentliches eingefangen zu haben, und denen es graute bei der Vorstellung, daß die fragilen Wachsoriginale zerbrechen könnten, brachten diese eigenhändig nach Hannover zur Fabrikation. Im Mai 1902 waren die Platten in London bereits auf dem Markt, genau zu jener Zeit, als Caruso sein Debüt in Covent Garden gab. Sie kosteten die nicht unbedeutende Summe von zehn Schilling das Stück und waren epochemachend; wie man weiß, verdankte Caruso die Bestätigung seines Vortrages an der Metropolitan Opera der Tatsache, daß Heinrich Conried von jenem *E lucevan le stelle* so ungemein beeindruckt war; darüber hinaus dienten sie als Anreiz, um andere Berühmtheiten anzuziehen. Nellie Melba hatte sich der Idee stets widersetzt, ihre Stimme aufnehmen zu lassen, bis Sydney Dixon, ein cleverer Vertreter der Plattenfirma, eines schönen Abends, als die Melba mit Meister Saint-Saëns dinierte, im Nebenzimmer eine Schallplatte Carusos auflegte. Der Komponist war hell begeistert, und Nellie Melba kapitulierte vor dieser Strategie wie nach ihr Adelina Patti und Emma Albani.

232

Fred Gaisberg hatte einen »musikalischen Leiter« für die Gesellschaft engagiert; es war Landon Ronald, später einer der bedeutendsten Dirigenten, Begründer jenes New Symphony Orchestra, das 1910 Nellie Melba bei mehreren Plattenaufnahmen in Arien von Wagner, Puccini, Massenet und anderen begleiten sollte. 1901 war Ronald stellvertretender Maestro in Covent Garden und begann, an den Theatern zu dirigieren; er kannte jedermann und machte sich bei der Gramophone Company sogleich nützlich; seine eigentliche Aufgabe bestand darin, die unschlüssigen Sänger zu ermutigen, das Studio an der Maiden Lane, eine alles andere als stilvolle Ambiance, zu betreten und ihre Stimmen aufzuzeichnen. Nach einigen erstrangigen englischen Sängern wie Ben Davies und Louise Kirkby brachte Ronald 1902 die Sopranistinnen Adams und Calvé, die Baritone Renaud, Scotti und Van Rooy sowie den Bassisten Plançon – im aufwendig gestalteten, illustrierten Katalog allesamt Carusos würdige Gefährten – ins Studio und begleitete sie auf dem Klavier; der Katalog von 1903 fügt so klingende Namen wie Joseph Joachim, Josef Hoffman, Edvard Grieg, Jan Kubelik, Sarah Bernhardt sowie die der Sänger Tamagno, Battistini, Maurel und viele andere hinzu.

Doch diese Jahre der Expansion waren auch Jahre großer Ungewißheit; ein paranoider Direktor der Gramophone Company fürchtete, alarmiert durch die ständig ansteigenden Verkaufszahlen, es handle sich um eine schnellebige Mode, und bestand darauf, daß die Gesellschaft als Rückversicherung auch andere Waren herstelle; also wurden eine Schreibmaschine und eine elektrische Uhr in Produktion gegeben, und ab 1901 nannte sich die Gesellschaft The Gramophone and Typewriter Company Ltd. In der Folge erwies sich die Schreibmaschine mehr als Last denn als Versicherung und wurde ausgebootet; von 1907 an hieß das Unternehmen erneut The Gramophone Company Ltd. Im Frühjahr 1900 hatte die Gesellschaft damit begonnen, in den Werbeanzeigen in Zeitungen, Katalogen und Beilagen Francis Barrauds berühmtes Bild mit dem Grammophon hörenden Hund zu verwenden, der die »Stimme seines Herrn« zu vernehmen glaubte. Auf den Schallplatten war das Markenzeichen hingegen ein auf einer Platte sitzender Cherub, der mit einer Feder die Schallrillen einritzte; dies bis 1909, als der Gramophone Company aufgrund eines willkürlichen Entscheides der englischen Gerichtshöfe das Monopol auf die Handelsbezeichnung *gramophone* entzogen wurde: »Es gibt viele Sprechmaschinen, aber nur ein Grammophon«, hieß es in der Werbung. Doch letzten Endes vergrößerte dieses unerfreuliche Urteil den Erfolg der Firma zusätzlich, die sich fortan *His Master's Voice* nannte und deren Hund mittlerweile auf jedem Plattenetikett abgebildet war. (Der schreibende Engel wurde wieder aufgegriffen, als EMI damit begann, ihre eigenen Aufnahmen in Amerika unter dem Label Angel Records zu vertreiben.)

Unterdessen wurde in Amerika die Expansion durch die Streitigkeiten zwischen den konkurrierenden Gesellschaften stark behindert, doch Eldridge R. Johnson hielt durch, als Berliner bereits einem Konkurs nahe war. Johnson konzentrierte sich darauf, die Platten und Sprechmaschinen in technischer Hinsicht zu verbessern, in der Überzeugung, daß am Ende *die* Firma den Sieg davontragen würde, die die beste Qualität anzubieten hatte. Vom Herbst 1900 an verwendete auch er den Hund für das Etikett. Ende 1900 schlossen die verschiedenen Gesellschaften, die es leid geworden waren, die Advokaten zu bereichern, Frieden und lieferten sich gegenseitig ihre Patente. Die Columbia beabsichtigte, in den vielversprechenden Markt der flachen Platten einzusteigen, und Johnson wollte auf Wachs aufnehmen. Edison wiederum verschmähte die flache Platte bis 1912, als er sich (wenn auch nicht unvermittelt) genötigt sah, seine alten Kunden aufzugeben und sich ebenfalls der Plattenproduktion zu widmen: Natürlich waren es seltsame Schallplatten, mit Tiefenschrift geschnitten wie die Walzen, doch handelte es sich für die damalige Zeit um hochwertige Aufnahmen. Die Wahl des Repertoires widerspiegelte bisweilen den provinziellen Geschmack des Erfinders: Frieda Hempel wurde gezwungen, Schlaflieder der Schwarzen aufzunehmen, und die Muzio produzierte sich in Stükken aus amerikanischen Operetten. Bis 1912 beschränkte sich Edison jedoch darauf, Zylinder, von denen nun Abgüsse gemacht wurden, aus sehr widerstandsfähigen (so gut wie unzerstörbaren) Materialien herzustellen, auch von großen Sängerinnen und Sängern wie Selma Kurz, Leo Slezak, Anselmi und Bonci sowie der unvermeidlichen Sarah Bernhardt.

Johnson gründete das Unternehmen neu und gab ihm Ende 1901 den Firmennamen Victor; von diesem Moment an war er auf dem ganzen amerikanischen Kontinent praktisch konkurrenzlos. Die wenigen Stücke klassischer Musik, die sich im Katalog von 1901/02 finden, wurden von Sängerinnen und Sängern gesungen, die weder besonders berühmt noch besonders kostspielig waren, jedoch über ein technisches Können verfügten, das »einfache« Plattenaufnahmen garantierte, die das primitive Grammophon nicht durch unvermittelt übertimbrierte Spitzentöne, gutturale oder metallische Klänge in Verlegenheit gebracht hätten. (Einer dieser Künstler, der elegante spanische Bariton Emilio De Gogorza, war unternehmungslustig genug, die großartige Emma Eames zu ehelichen.) 1903 kündigte die Columbia eine Plattenreihe großer Sänger und Sängerinnen der Met an, die *Columbia Grand Opera Series*, die unter Sammlern vor allem einer gelungenen LP-Ausgabe wegen bekannt ist. (Leider waren die Schallplatten, unter denen sich die einzigen befanden, die Edouard de Reszke je aufgenommen hatte, sowie Beispiele der Schumann-Heink, der Sembrich und anderer, für das damalige Grammophon zu resonant, und so wollte die Columbia, durch den Verlust nach einer derartigen Investition abgeschreckt, während mehrerer Jahre nichts mehr von klassischen Schallplatten wissen und verlor endgültig alle großen Berühmtheiten an die Victor.) Als nun Johnson und seine Kollegen von dem ungewöhnlichen Schachzug der Columbia erfuhren, beeilten sie sich, ihren Katalog mit illustren Namen anzureichern, indem sie das langgehegte Projekt verwirklichten, Hunderte von der Gramophone Company bespielte Schallplatten von Berühmtheiten herauszubringen; und einen Monat nachdem die Columbia die zweiunddreißig Platten veröffentlicht hatte, setzte die Victor sie mit einer Lawine roter Etiketts mit den Namen von Stars von Covent Garden, der Scala und der Pariser Opéra schachmatt.

Unterdessen hatte Emilio De Gogorza in der Funktion eines Impresario begonnen, berühmte Kolleginnen und Kollegen dafür zu gewinnen, ihre Stimmen für die Victor zu verewigen; als erste in Amerika bespielte die australische Altistin Ada Crossley, Schülerin von Mathilde Marchesi, am 30. April 1903 im Studio von Philadelphia Schallplatten mit dem roten Etikett. In der Folge nahmen auch Zélie de Lussan und Johanna Gadski ihre Stimmen auf. Der gute De Gogorza ließ es sich nicht nehmen, regelmäßig selbst Platten in den Monatsbeilagen zu veröffentlichen! Carusos langjährige Beziehung mit der Victor nahm am Montag, den 1. Februar 1904, ihren Anfang.

Wie gewohnt kehrte Caruso aufgrund vertraglicher Abmachungen am 30. November 1902 in das von der G & T improvisierte Mailänder Studio zurück, um weitere Stücke aufzunehmen. Man ergriff die Gelegenheit, die Arien *Dai campi, dai prati* und *Celeste Aida* zu wiederholen, deren Originalmatrizen zerbrochen waren: Das Duplizieren von Matrizen wurde in Europa erst im Winter 1902/03 eingeführt. In der Folge nutzten sich auch die Matrizen von *Questa o quella*, *Una furtiva lagrima* und leider auch der wunderbaren *Serenata* aus der *Iris*, die Caruso nie wieder aufnahm, ab oder zerbrachen. Die Gesellschaft besitzt heute noch die restlichen fünf Matrizen vom 11. April 1902, die aber durch den häufigen Gebrauch reichlich abgenutzt sind. In den ersten Dezembertagen des Jahres 1902 nahm Caruso mindestens drei Seiten für die G & T auf, darunter das historische *No, più nobile*, begleitet vom Verfasser Francesco Cilea. Praxis der G & T war es, eine Edition von vielleicht 500 Kopien aufs Mal von einer Matrize zu machen und, wenn nötig, später weitere anzufertigen. Von der Arie aus *Adriana Lecouvreur* gab es zwei Editionen; bei der dritten wurde die Matrize irgendwie beschädigt, so daß die seither gepreßten Kopien durch übermäßiges Rauschen beeinträchtigt sind. (Auf dem Schellack der Originalplatten findet man nicht nur die Matrizennummer eingestanzt, sondern auch die Katalognummer, im Falle der *Adriana* die Nummer 52419; folgt dieser die römische Ziffer II, so handelt es sich um eine gute Aufnahme, ist es hingegen die Ziffer III oder eine höhere, so stammt sie von der beschädigten Matrize.)

Inzwischen war nun aber etwas äußerst Ärgerliches geschehen: Carusos nächste Schallplatten wurden von einer Konkurrenzfirma eingespielt. Emile Berliner hatte den Vertrieb und die Werbung für sein Grammophon einem New Yorker Werbeagenten namens Frank Seaman übertragen, der 1898, unzufrieden mit seinen Einnahmen, die Konkurrenzfirma Zon-O-Phone gründete, um Schallplatten und Sprechmaschinen zu Billigpreisen herzustellen und abzusetzen. Als hätte dieser Schlag nicht genügt, verfolgte Seaman bis 1901 die Politik, Berliner und Johnson wiederholt Klagen anzuhängen, wobei es ihm für kurze Zeit sogar gelang, dem Erfinder des Grammophons selbst verbieten zu lassen, auf seinen Produkten die Handelsbezeichnung *gramophone* zu verwenden! Die Zon-O-Phone faßte bald weltweit Fuß. Mittlerweile bereitete eine andere Firma der G & T Kopfzerbrechen: Die Gebrüder Pathé, Besitzer einer Pariser *Bar américain*, hatten einen Phonographen gekauft, um Kundschaft anzuziehen, und waren dazu übergegangen, selbst Zylinder und Phonographen herzustellen: Sie dominierten die Länder französischer Zunge bis 1931, als die Pathé Frères in den EMI-Konzern eingegliedert wurde.

Schon 1898 hatte die Pathé einen Walzenkatalog von Opern- und Operettenarien angeboten, die alle von anonymen Sängern und Sängerinnen interpretiert wurden; 1899 bot der Katalog auch eine Reihe von Liedern auf französisch an, etwa je ein Dutzend von Mozart, Weber, Beethoven, Schubert und Mendelssohn, ein Unternehmen, das bis in die dreißiger Jahre von keiner phonographischen Gesellschaft wiederholt wurde. Mit einem System zur Vervielfältigung von Zylindern (durch Abguß) ausgerüstet, fühlte sich die Pathé 1901 bereit, Berühmtheiten aufzunehmen, und mit der typisch gallischen Zurückhaltung in Sachen Geld versuchten die Inhaber, im Ausland Beziehungen mit bereits bestehenden Unternehmen anzuknüpfen, anstatt selber kostspielige Filialen zu eröffnen. In Italien existierte damals eine Firma, von der wir so gut wie nichts wissen, die sich *Anglo-Italien Commerce Company* nannte und bereits eigene Zylinder von Opernarien, gesungen von anonymen Sängern, herausgab. Die Pathé nahm mit der AICC Kontakt auf, die damit begann, für sie Aufnahmen zu machen. Gleichzeitig erzielte die AICC eine Übereinkunft mit der Zon-O-Phone bezüglich der Aufzeichnungen und des Vertriebs von flachen Platten. Häufig, wenn auch nicht immer, bespielten die Sänger, die für die AICC aufnahmen, sowohl flache Platten als auch Walzen: Von Caruso wurden sieben Seiten mit dem schönen himmelblauen Etikett der Zon-O-Phone sowie drei AICC-Walzen herausgegeben, die im Ausland mit dem Patent der Pathé vertrieben wurden. Andere Künstler wie der Tenor Garulli, die Sopranistinnen Gabbi und Wermez, die Altistin Cucini und Bariton Casini nahmen für beide Etiketts auf und wiederholten (mit Ausnahme von Casini) mindestens eine Arie für beide Aufnahmeverfahren, wie dies auch bei Carusos *E lucevan le stelle* der Fall gewesen war.

Im Sommer 1903 erwarb die G & T die europäische Filiale der International Zonophone Company, während die Victor deren amerikanischen Teil übernahm; die mittlerweile legendären Schallplatten mit den himmelblauen und orangefarbenen Etiketts, die heute die Phantasie der Sammler wecken, wurden aus dem Katalog genommen; so waren die Zonophon-Aufnahmen Carusos nur wenige Monate im Handel, außer in Holland, wo die G & T die ganze Reihe von Einspielungen der Zonophon-Berühmtheiten bis 1910 im Katalog ließ. Die Serie wird in einem ausführlichen Artikel im *Domenica del Corriere* vom 24. Mai 1903 beschrieben. Weitere Sänger, die für die Zonophone aufnahmen, waren die Sopranistinnen Calvé, Caron und Torresella, die Tenöre De Negri und Signoretti, der Bariton Magini-Coletti und die Bassisten Plançon und Silvestri. Die Rache der Victor-G & T war grausam: Über Jahre hinweg gebrauchten sie das Etikett *Zonophone* für ihre billigen Volksmusikplatten.

Die G & T- und Victor-Schallplatten Carusos wurden in derartigen Mengen verkauft, daß es heute noch möglich ist, sich von ihnen eine komplette Sammlung anzulegen (ein Großteil blieb in Italien bis 1955 im Handel). Sie wären noch weniger rar, wenn sie nicht so zerbrechlich wären, doch dies ist nicht das schlimmste. Bis 1914 konnte man die gebrauchten Schallplatten ins Fachgeschäft zurückbringen und erhielt dafür beim Kauf neuer Platten eine Ermäßigung. Die alten Schallplatten wurden eingeschmolzen und zur Herstellung neuer verwendet! Natürlich waren es die einfachen Leute, die sich dieser Möglichkeit bedienten, während die reichen Connaisseurs es nicht nötig hatten, davon Gebrauch zu machen; so kommt es, daß die Schallplatten von Elvira Donnarumma heute seltener sind als jene von Fernando De Lucia! Echte »Caruso-Raritäten« sind die Zonophon-Platten und die der G & T, die »Angeli rossi« (wie sie von den italienischen Sammlern genannt werden), deren Originalmatrize nicht mehr existiert. Was die Victor-Einspielungen angeht, so sind die amerikanischen Kopien in der Regel hinsichtlich der Qualität des Schellacks besser, und die brillantesten und am wenigsten durch Rauschen beeinträchtigten Kopien sind die zwischen 1919 und 1923 einseitig gepreßten.

Entgegen jeder Erwartung tönen diese Platten auf einem Trichtergrammophon schlecht, denn während vieler Jahre war die Aufnahmetechnik der Wiedergabetechnik weit überlegen. Durch den schweren Arm des Grammophons und die Stahlnadel nutzen sich die Schallplatten schnell ab, und der Trichtereffekt wird bei der akustischen Wiedergabe übertrieben. Die Plattenaufnahmen können problemlos auf einem modernen Gerät abgespielt werden, das in der Lage ist, sie wiederzugeben, ohne den Ton künstlich anschwellen zu lassen; entscheidend ist aber, daß die Nadel das richtige Maß aufweist. Heute können die Sammler Plattennadeln bestellen, die von mehreren spezialisierten englischen Firmen nach Maß hergestellt werden. Für die Schallplatten Carusos sind Nadeln in mindestens drei Größen erforderlich: die .004" für die Victor von 1904 und 1905 sowie für alle anderen Aufnahmen die .0027" oder .0035"; bei den angegebenen Maßen handelt es sich um englische Zoll.

Weitere unerläßliche Voraussetzung ist ein Plattenspieler mit regulierbarer Geschwindigkeit. In den Zeiten, als der Motor des Aufzeichnungsgerätes durch ein von der Decke herabhängendes Gewicht angetrieben wurde, war es nicht möglich, eine konstante Geschwindigkeit zu erzielen; es scheint, sie sei während einer Aufnahmesitzung gleichgeblieben, habe sich aber jedesmal verändert, wenn der Motor reguliert oder gereinigt wurde. Eine »78tourige« Schallplatte, die genau 78 Umdrehungen pro Minute (UpM) macht, ist eine Seltenheit; der Sammler muß die Möglichkeit haben, auf 60 UpM hinunterzugehen oder auf 100 UpM zu erhöhen. Eine Differenz von 4 UpM setzt die Tonalität um einen halben Ton herunter oder herauf und verändert natürlich das Timbre der Stimme. Wie läßt sich nun aber die korrekte Umdrehungsgeschwindigkeit einer Schallplatte bestimmen? Im Fall von Caruso ging Aida Favia-Artsay von der Annahme aus, Caruso habe immer nach einem Stimmton von 440 Hz gesungen, und hat jede Platte mit einem Musikinstrument »gestimmt«. Ist nun beispielsweise eine Umdrehungsgeschwindigkeit von 71.29 angegeben, so heißt dies nicht, daß die Favia-Artsay fähig gewesen wäre, Unterschiede von Drehzahlbruchteilen herauszuhören; es war ganz einfach die Geschwindigkeit, die ihr Stroboskop anzeigte, wenn die Schallplatte und das Klavier intoniert waren. Komplizierter wird die Sache bei der *Voce del Padrone*, die in den alten Katalogen in der Regel völlig falsche, vermutlich auf gut Glück festgelegte Geschwindigkeiten angab. Das Duett *O Mimì tu più non torni* sollte mit 76,6 UpM laufen; hört man es sich hingegen auf 82 UpM an, wie das Etikett angibt, so verwandeln sich Caruso und Scotti in zwei tollwütige Eichhörnchen.

Bevor man sich an den Klang von Carusos Stimme auf einer Mikrorille gewöhnt, wäre es natürlich ratsam, deren Intonation zu überprüfen; die Techniker der RCA, die das Problem nicht kannten, überspielten die Platten automatisch auf 78 Touren und entstellten damit deren musikalischen Gehalt. Dies ist jedoch bei den neueren LPs, auf denen die Angaben von Aida Favia-Artsay befolgt wurden, nicht der Fall. Leider können wir uns für die neue Gesamtausgabe der RCA nicht begeistern, da die digitale Überarbeitung nach dem Soundstream-Verfahren zwar die durch den Aufnahmetrichter entstandenen Resonanzen zu eliminieren versucht, dafür aber andere Nachteile mit sich bringt. Unserer Meinung nach wird die Begleitung unscharf, und die Stimme selbst verliert an Farbigkeit und dynamischen Modulationen, wodurch die Ausführungen flach und monoton wirken. Dennoch ist die Edition nützlich, vor allem, wenn man sich zu Gemüte führen möchte, was an Unveröffentlichtem noch vorhanden ist.

2. Der Zeitgeschmack

Einst wohnte ich einem Vortrag des Tenors Peter Pears bei, der, nachdem er eine Plattenaufnahme Carusos abgespielt hatte, diese mit den Worten kommentierte: »Natürlich könnte man heute nicht mehr so singen, mit diesem ganzen Portamento der Stimme.« Es scheint, Sir Peter sei das Beispiel der Callas entgangen, die eine Meisterin auch im Gebrauch des Portamento war, aber natürlich konnte ein Tenor im Jahre 1962 an einer Plattenaufnahme von 1902 vieles seltsam und ungewöhnlich finden. Heute liegen die Dinge anders: Neuauflagen auf LP und CD haben das historische Repertoire auch vielen nicht fachkundigen Zuhörern nähergebracht, ebenso wie den Klang und den Stil von Orchestern, Dirigenten, Instrumentalisten und Sängern vor sechzig und mehr Jahren. Die Überraschungen einer frühen Aufnahme lassen sich nicht mehr vom Tisch wischen mit dem einfachen Satz: »Das war halt eben der Zeitgeschmack.«

Das Mailand Carusos war das Mailand des Verismo; die Uraufführung von *Adriana Lecouvreur* stellte ein bedeutendes gesellschaftliches Ereignis dar, während die Abonnenten gähnten oder vor Empörung schnaubten, als Toscanini den *Orpheus* und *Figaros Hochzeit* wiederaufnahm. Die Sänger paßten sich dem »Zeitgeschmack« an: Plattenaufnahmen dokumentieren, daß Eugenia Burzio die *Saffo* von Pacini und die *Norma* von Bellini sang, als wären es Musikstücke von Giordano und Cilea, und Guerrina Fabbri, die große Rossini-Altistin der damaligen Zeit, versuchte Rossini dem zeitgenössischen Geschmack anzunähern. Es ist jedoch interessant festzustellen, daß Eugenia Mantelli, die andere große Rossini-Interpretin der Zeit, die einen Großteil ihrer Karriere in London und New York verbracht hatte, zwei Städten, die den Verismus nicht aufnahmen – zumindest nach der peinlichen Liebe auf den ersten Blick für die *Cavalleria* und die *Pagliacci*, die aber von der Kritik sogleich aufgekündigt worden war –, sich einen authentischeren Stil ohne veristische Kontaminationen bewahrte.

Wenn nun aber die Stimme Carusos die Stimme des Verismus ist, so ist sie gewiß zugleich auch die edelste Stimme dieser Stilrichtung und überdauert so die Jahre: Der Verismus ist untergegangen, Caruso aber bleibt unvergänglich. Das musikalische Genie, dem es mit sicherer Intuition gelang, Toscaninis umstrittene Wiederaufnahme des *Elisir d'amore*, das damals unter den Mailändern als Operette fürs Provinztheater galt, in einen Triumph zu verwandeln, verstand es, die Leidenschaft und Hingabe des Verismus in einen im wesentlichen klassischen Gesang einfließen zu lassen und damit den Klang des modernen Tenors zu schaffen. Seine Stimme erkennt man wieder, sie gefällt, hat etwas von ewiger Wahrheit; ungleich viel schwieriger ist es, sich historisch ebenso bedeutenden Stimmen wie der von Victor Maurel, Fernando De Lucia, Rosina Storchio und Olimpia Boronat anzunähern, sie zu verstehen und zu genießen, weil heute niemand mehr genau so singt wie sie. Michael Scott meint, den verschwundenen nationalen Gesangsschulen nachtrauernd, daß heute niemand mehr auch nur annähernd so singt wie Edmond Clément, Dimitri Smirnoff oder Hermann Jadlowker, alle Carusos »Rivalen« an der Metropolitan Opera.

Und doch ist da auch in den Plattenaufnahmen Carusos etwas, was den Neuling, der mit den Interpretationspraktiken vor der tiefgreifenden Umwälzung von 1914 nicht vertraut ist, befremdet. Man wird allerdings einsehen müssen, daß da, wo unser Geschmack sich von jenem Carusos und seiner Zeitgenossen unterscheidet, wahrscheinlich sie recht haben und wir unrecht.

Der größte Unterschied zwischen gestern und heute liegt in der Freiheit des Interpreten. Die Auffassung, nach der nur »ausgeführt werden soll, was vom Autor niedergeschrieben wurde«, ist modern, jedoch anachronistisch, wenn sie auf die Musik vor 1914 angewendet wird, und im wesentlichen geistlos. Eine Partitur zur Hand nehmen, als wäre sie eine heilige Schrift, und sie nüchtern, ohne die verschiedenen »Inkrustationen« der Tradition auszuführen und ohne der Phantasie des Interpreten Raum zu lassen, ist eine Praxis, die das musikalische Leben während sechzig Jahren beherrscht und unsere Ohren tatsächlich an eine langweilig-trockene Auslegung gewöhnt hat, die in keiner Weise dazu angetan ist, die Musik zu erhellen oder dem Komponisten Gerechtigkeit widerfahren zu lassen, besonders, wenn dieser vor 1850 geboren wurde. Doch wie sollte man damals, nach sechzig Jahren der Pedanterie, wissen, wie die Musik des 19. Jahrhunderts auszuführen war? Es existiert wohl eine Hinterlassenschaft von Aufnahmen, die leider zum großen Teil praktisch unauffindbar sind, nicht aber ein systematischer Wegweiser durch all dieses Material.

Man darf sich nun nicht einen Augenblick lang vorstellen, wenn man irgendeine Schallplatte aus der Zeit von 1902 bis 1914 auflege, bekomme man ein vollkommenes Stilbeispiel der Musik Verdis oder einer beliebig anderen zu hören; nach den richtigen Kriterien ausgewählt, können einen die Platten jedoch vieles lehren. Wer Richard Strauss hört, der dirigiert oder seine Kompositionen auf dem Klavier begleitet, wird manche Überraschung erleben; die Walze von Brahms, der seinen *Ungarischen Tanz Nr. 1 g-moll* spielt, genauestens analysiert von Will Crutchfield, sowie die Schallplatte seines Freundes und Kollegen Joseph Joachim, der das gleiche Stück auf der Violine spielt, machen deutlich, daß die Partitur nur zum Teil ein Leitfaden für die »authentische« Ausführung solcher Musik ist. Saint-Saëns und Grieg bespielten zahlreiche Schallplatten, die illustrieren, in welcher Weise das Tempo rubato in ihrer Musik einzusetzen ist. Zwei große Pianisten unserer Zeit, der kürzlich verstorbene Vladimir Horowitz und Shura Cherkassky, erlernten ihre Kunst, noch bevor die erstickende Pedanterie die Freiheit des Interpreten auslöschte; während Jahren führten sie aus, »was in der Partitur steht«, doch in unseren Tagen, in einem Klima, das offen ist für die Wiederentdeckung der einstigen Eleganz, haben sie zu unserem Glück spielen können, wie man spielte, als sie noch jung waren, und uns damit, besser als jede Plattenaufnahme, ein wertvolles, lebendiges Stilbeispiel gegeben.

Wer sich die Plattenaufnahmen Carusos zum ersten Mal anhört, könnte fürchten, er stehe hier wer weiß welchen Exzessen des Verismus gegenüber; doch Caruso ist würdevoll, nüchtern, läßt stets die musikalische Linie dominieren; Schluchzer und andere nichtmusikalische Interpolationen halten sich in Grenzen. Überdies tendiert er vor allem in den vor 1907 bespielten Schallplatten dazu, das moderne Repertoire mit »belcantistischen« Effekten anzureichern, mit Feinheiten und Verzierungen längst vergangener Zeiten. Dieser »veredelte Verismus« findet sich auch bei mehreren anderen Sängern jener Zeit: natürlich bei De Lucia, dann bei Edoardo Garbin *(Zazà)*, Regina Pacini *(La Bohème)* und selbst bei Emma Carelli *(Siberia)*. In der *Adriana Lecouvreur,* begleitet vom Komponisten Cilea, gefällt sich Caruso darin, wie De Lucia zu schmachten und zu seufzen; anfänglich übertreibt er vielleicht in jener *voix blanche,* die ihm bei seinen Debüts in Amerika so sehr zum Vorwurf gemacht wurde und die bald darauf aus seinem technischen Rüstzeug verschwand, doch er ist im Geist der Musik, in der »Pastiche«-Stimmung des 18. Jahrhunderts. Der Sänger und der ihn auf dem Klavier begleitende Verfasser sind in völliger Übereinstimmung und vermeiden sorgfältig jegliche Strenge des Tempos. Die *Serenata* aus der *Iris* ist eine berückende Interpretation, bemerkenswert ihre geschwungene vokale Linie, die intimen Inflektionen und die Elastizität der Tempi, die an eine Plattenaufnahme De Lucias erinnern (die allerdings 1920 eingespielt wurde und als »Interpretation des Schöpfers« nicht ganz glaubwürdig ist); Caruso fürchtet die obere Tessitura nicht und intoniert die *Serenata* mit der verwegenen Unbekümmertheit des früheren Straßensängers. Die »modernste« dieser historischen Plattenaufnahmen ist *Amor ti vieta,* das (wie auf dem Etikett der Originalkopien zu lesen ist) möglicherweise von seinem Verfasser Giordano begleitet wird und abgesehen vom unvermeidlichen »Amo-hor ti-hi vieta« keinerlei Manierismen enthält.

Als Nacheiferer De Lucias erscheint Caruso von neuem in der ersten von ihm eingespielten Schallplatte der *Recondita armonia* im Jahre 1904, einer mit *rallentando, crescendo* und *diminuendo* und hie und da einer Appoggiatura ausgeschmückten Interpretation. Das *Brindisi* aus der *Cavalleria rusticana* stellt einen Fall für sich dar, ein Beispiel dessen, was Garcia den *canto di maniera* genannt hätte, ein einzig Geseufze, Farbenspiel, Tempi rubati und eingeflochtene Spitzentöne einschließlich eines im Falsett gesungenen C, von den Wortveränderungen ganz zu schweigen! Wer sich die Plattenaufnahmen von Fernando Valero und Edoardo Garbin anhört, die das *Brindisi* exakt auf dieselbe Art singen, kann nur mutmaßen, daß sie alle drei der mittlerweile zur Tradition gewordenen Interpretation von Roberto Stagno folgen.

Fliegt man vom Verismus an dessen Gegenpol, so wird heute wohl niemand behaupten, Carusos Lully- oder Händel-Interpretationen seien ein Stilvorbild – es sei denn, es handle sich um einen jener Sammler antiker Schallplatten, die in der Musik des 18. Jahrhunderts das Klavier dem Cembalo vorziehen; dennoch gelingt es Caruso, einen eigenen Stil hervorzubringen, der unsere Aufmerksamkeit auf sich zieht. *Ombra mai fu* ist eine großartige Schallplatte aus seiner letzten Zeit; mit der wunderbaren Sonorität einer Kathedralenorgel intoniert er Händels meisterhafte Melodie in einer Weise, die an jene schwellenden Interpretationen erinnert, welche die den Untertanen Königin Viktorias so teuren, riesigen Chöre vom *Messias* gaben, oder an Leopold Stokowskis Bach-Transkriptionen für großes Orchester. Hier atmet man nicht mehr die Atmosphäre des achtzehnten Jahrhunderts, sondern steht vor etwas ewig Gültigem, wie dies auch bei *Bois épais* der Fall ist, wo das ergreifende Pathos der wunderschönen Melodie in einer Art realisiert wird, die unseren zeitgenössischen Interpreten abgeht, die, das Lehrtraktat in der Hand, uns den »Klang« des 18. Jahrhunderts wiederzugeben versuchen und dabei häufig die Musik vergessen.

Wenden wir uns nun der Frage zu, welchen Gebrauch Caruso vom Tempo rubato macht, einem der wichtigsten Ornamente der Musik. Henry Chorley, einer der größten Kritiker des 19. Jahrhunderts, beschreibt ein Konzert, das Chopin 1848 in London gab, folgendermaßen: »Er bedient sich frei des Tempo rubato, indem er da und dort in den Zäsuren seiner Taktschläge retardiert, mehr als jeder andere Pianist, den wir je gehört haben; allerdings wird er immer von einem allgemeinen rhythmischen Gefühl bezähmt, welches das Ohr des Zuhörers sogleich an die herausgenommenen Freiheiten gewöhnt. Der Zufall will es, daß wir wissen, daß er die Musik anderer Komponisten mit der Regelmäßigkeit eines Metronoms zu spielen vermag; seine Mazurkas usw. aber büßen die Hälfte ihrer Wildheit ein, wenn sie nicht mit einer gewissen Unbändigkeit und Caprice gespielt werden, die sich unmöglich nachahmen lassen, jedoch unwiderstehlich sind, wenn der Pianist das wahre Musikgefühl hat. Dies erschien uns bei der Lektüre von Herrn Chopins Arbeiten offensichtlich; nachdem wir ihn spielen gehört haben, sind wir davon überzeugt.«

Im zweiten Teil seines *Traité complet de l'art du chant*, eines Bandes, der eine Bibel für Sänger und Orchesterleiter sein sollte, gibt Manuel Garcia im Kapitel »Vom Maß« präzise Regeln für den Gebrauch des Rallentando, des Accelerando und des Tempo rubato. Unter anderem heißt es da: »Die Musik Donizettis und mehr noch die Bellinis enthält eine beträchtliche Anzahl von Stellen, die, obschon sie nicht mit *rallentando* und *accelerando* bezeichnet sind, dennoch deren Einsatz verlangen.« Komplexer ist der Typus der textlichen Veränderung, der die Wörter anders unter die Noten verteilt oder vollkommen neue Wörter einfügt; diese Praxis wurde von Garcia zugelassen, um die Ausführung heikler Passagen zu vereinfachen. Im Quartett des *Rigoletto* verändert Caruso in den »ensembles« oft die Worte, um eine effektvollere Phrasierung machen zu können, doch in anderen Stücken bringen seine Hinzufügungen Änderungen in den Partien anderer Sänger mit sich. Beispielsweise am Ende der Sortita *La rivedrà nell'estasi* aus *Un ballo in maschera,* in der er, um zwei herrliche hohe Ais anzubringen, wo die Partitur nur eines vorsieht, seine Bühnenpartner verstummen läßt, die erst wieder einsetzen, wenn er, nach dem Atemholen, das letzte Wort »udrà« singt.

Veränderungen dieser Art werden in den beiden Bänden Tullio Serafins über die traditionellen Interpolationen in den Werken des 19. Jahrhunderts des öfteren erwähnt und legen den Mangel an Geschichtsbewußtsein offen, der für die Orchesterleiter der damaligen Zeit typisch war. Serafin hatte den *Rigoletto* an der Pariser Opéra 1908 mit Caruso, Nellie Melba und Maurice Renaud geleitet; 1959 und 1960 war er noch immer in Covent Garden und dirigierte die *Lucia* und *La sonnambula* mit Joan Sutherland (die von ihm sagte, er sei »der letzte unter den großen italienischen Dirigenten, die den Gesang liebten und verstanden«). In seiner Aufzeichnung des *Rigoletto* mit der Callas (1955) dirigiert Serafin das Quartett mit dem traditionellen Ritardando, beinah so, wie er dies wohl auch 1908 getan hatte (aber mit der wunderbaren Neuerung des *sotto voce* gesungenen Finales, eines von Verdi erhofften Effektes, der sich im Theater allerdings nur schwer erzielen läßt); in der *Lucia di Lammermoor* von 1953, wiederum mit der Callas, dirigiert er das Sextett (»die andere Plattenseite« zur Zeit der 78er) jedoch streng und trocken, ohne jedes Tempo rubato.

Typisch ist auch, daß Serafin Schaljapin (den er nicht namentlich nennt) vorwirft, er habe an der Aria *La calunnia* aus dem *Barbiere di Siviglia* zu viel ausgeschmückt, und damit offenkundig ignoriert, daß Schaljapin nichts anderes tut, als (mit gewissen, durch die idiosynkratische Aussprache bedingten, exotischen Effekten) der traditionellen Interpretation der italienischen Buffo-Bassisten zu folgen, die auch in den Schallplatten Francesco Navarinis (geboren 1855) und Agostino Lanzonis (geboren 1853) wiedergegeben wird.

Dieses ausgesprochen vage Denken, bar jeder historischen Vorbildung, findet sich klar auch bei Maria Callas in den Aufzeichnungen der inzwischen berühmten »lezioni di canto« an der Juilliard School of Music. Sie rügt ein armes junges Mädchen, das den Fehler begeht, eine Kadenz in Rosinas Kavatine einzufügen, wiederholt einmal mehr die noch immer wirre Anekdote über Rossini und die Patti (an deren Namen sie sich nicht erinnert) und lehrt das Mädchen eine andere Kadenz, auch sie nicht von Rossini, aber durch den Gebrauch (von der Callas selbst) abgesegnet und geheiligt.

Die drei Aufzeichnungen Carusos vom Sextett *Chi mi frena* aus der *Lucia di Lammermoor* geben ein ausgezeichnetes Beispiel des Tempo rubato: Wer nur die modernen Aufnahmen kennt, könnte sie bizarr finden, doch hat Donizettis Musik heute nicht mehr die mitreißende Wirkung, die sie unter der Stabführung von Walter B. Rogers oder von Joseph Pasternack entfaltete, die für Caruso dirigierten. In einer berühmten Plattenaufnahme Pertiles vom Duett *Sulla tomba* wird die *Lucia* in ähnlicher Weise durch die außergewöhnliche, weil inzwischen ungewohnte (obschon damals noch traditionelle) Leitung von Carlo Sabajno erhellt.

Auch ein Rezitativ erlangt mit den rhythmischen Freiheiten Carusos musikalisches Gewicht. *Se quel guerrier io fossi* erscheint in keiner Hinsicht als archaische oder kapriziöse Ausführung; ein aufmerksames Studium der Partitur zeigt, daß Caruso die Absicht des Autors stark »ausgeziert« hat, indem er den Notenwert häufig veränderte. Er führt zwei wunderschöne Portamenti ein, indem er in der Phrase »Un esercito di prodi da me guidato« das F mit dem G bindet und in der Phrase »per te ho vinto« vom hohen As mit einem absteigenden Portamento um eine Oktave herabgleitet.

Giovanni Battista Mancini behauptet in seinen *Pensieri e riflessioni pratiche sul canto figurato* (3. Auflage, Mailand 1777), das Portamento sei »so notwendig in jeder Art des Gesangs«, erklärt dann aber: »Unter diesem Portamento versteht man nichts anderes als das Hinübergleiten der Stimme von einer Note zur anderen, mit vollkommener Ausgewogenheit und Einheit sowohl im Aufsteigen als auch im Hinabsteigen.« Doch die Kategorie der »Portamento-Arie« selbst, die man noch zu Mancinis Zeiten schrieb, belegt, daß das Portamento der Stimme nicht nur ein vollendeter gebundener Gesang, sondern auch eine absichtlich angebrachte Verzierung sein konnte. Garcia hält folgende Definition bereit: »*Portare la voce* nennt man dieses Hinführen der Stimme von einem Ton zum andern über alle möglichen Zwischentöne hinweg. Das Portamento der Stimme kann sich sowohl auf das Intervall eines Halbtons beschränken als auch auf den ganzen Stimmumfang ausdehnen.«

Heute können wir das Portamento der Streicher in vielen Aufzeichnungen studieren, die uns, vom Anfang des Jahrhunderts ausgehend, weit nach vorn bringen; so hat zum Beispiel Mengelberg das Portamento bei den Streichern vom Concertgebouw-Orchester bis 1945 rigoros beibehalten; seine Konzerte, die in ausgezeichneter Tonqualität vom holländischen Rundfunk aufgezeichnet wurden, sind ein wertvolles Dokument, um bis zum authentischen Klang der Spätromantik vorzudringen. An mehreren amerikanischen Universitäten, an denen gegenwärtig die Gesangsschüler darin unterrichtet werden, ihre eigenen Kadenzen zu schreiben, studierte man auch die Schallplatten von Brahms' Streichquartetten, die von berühmten Quartettensembles in den zwanziger Jahren eingespielt wurden, und versucht nun, das Portamento in den heutigen Ausführungen dieser und anderer Stücke anzuwenden.

Das Portamento der Stimme läßt sich leicht anhand der Plattenaufnahmen Carusos studieren, ohne daß Interessierte sich die ebenso bedeutenden Platten Adelina Pattis oder Mattia Battistinis beschaffen müßten. Carusos Aufnahmen sind leicht zugänglich, ebenso wie die von Maria Callas, die in ihren ersten Aufzeichnungen ein wundervolles Portamento entfaltet, das in den weit auseinanderliegenden Intervallen spektakulär ist (zwei Oktaven vom eingestrichenen C bis zum dreigestrichenen C im *Nabucco* von 1949). Wie die Melba singt Caruso (zumindest nach den ersten Mailänder Plattenaufnahmen!) nie auf gut Glück, und jede Note, jede Inflektion ist nicht nur einstudiert, sondern auch vollendet: Man achte darauf, wie er in *La rivedrà nell'estasi* im Rezitativ immer legato singt, das Portamento jedoch für den folgenden Teil aufspart, den Ausruf »Amelia! ah dessa ancor!«.

Caruso ist ein solcher Meister des Portamento, daß er in der Lage ist, es beinah unmerklich auszuführen oder aber, in auffälliger Weise, zur Akzentuierung monumentaler Phrasen; wenn er zu Mischa Elmans Obligato singt, wetteifert er mit dem großen Violinisten in den instrumentalen Effekten: ein wahres »Duettieren« zwischen zwei Goldstimmen, die das Portamento auf dieselbe Weise verstehen.

Ich möchte dieses Kapitel mit einigen Bemerkungen über jene Elemente beschließen, die Caruso, bei allen offenkundigen Extravaganzen seiner Interpretationen, zum unübertroffenen Verdi-Tenor machen.

Die ersten Interpreten der Verdi-Opern, die nichts von der Doktrin wußten, der zufolge nur aufgeführt werden soll, was in der Partitur steht, sangen diese nach den gleichen Kriterien, die sie auch bei den Opern von Donizetti, Bellini und Mercadante anwandten; Will Crutchfield hat sogar feststellen können, daß Verdi selbst, als er die ersten Aufführungen der *Masnadieri* in London dirigierte, die ersten Geigen an mehreren Stellen dämpfen mußte, an denen er vergessen hatte, den Variationen der Diva Jenny Lind Raum zu lassen. Man weiß, daß Verdi seinen Stil im Laufe der Jahre stark weiterentwickelt hat und sich beklagte, wenn die Sänger nicht immer in der Lage waren, sich gleichermaßen zu »modernisieren«.

Heutzutage hört man die Opern Verdis im allgemeinen in einer rigiden, trockenen und unflexiblen Weise dirigiert, die nichts mit dem 19. Jahrhundert zu tun hat, sondern unser schweres Erbe der unglücklichen Aufnahmen von *La traviata*, *Aida* und *Un ballo in maschera* ist, die von Rundfunksendungen herrühren, welche in den vierziger Jahren unter Toscaninis Stabführung entstanden – eines Toscanini, der nicht mehr der große Dirigent vom Anfang des Jahrhunderts war, sondern ein »alternder Tyrann«, um es mit einer treffenden Definition Cellettis zu sagen. Direkte und indirekte Zeugnisse bestätigen hingegen, daß nicht einmal Toscanini Verdi in den zwanziger Jahren so an der Scala dirigierte: Antonino Votto behaup-

tete in einem Interview über die Kunst der Callas, diese Plattenaufnahmen verfälschten den wahren Toscanini, und Gabriele Santini,
der Toscanini live an der Scala gehört hatte, war möglicherweise die
unglückliche Aufzeichnung von 1944 nicht bekannt, als er 1952
»seine« *Traviata* mit der Callas einspielte, denn sie ist durch und
durch »traditionell«. Die jungen Orchesterleiter, die wissen möch-
ten, wie die Dinge an der Scala unter Toscaninis Leitung liefen, täten
gut daran, die desaströsen Aufnahmen seines Alters zu ignorieren
und statt dessen die lange Reihe von Gesamtwerken zu studieren,
die in den zwanziger Jahren in Mailand aufgenommen wurden: jene
der Columbia unter der Leitung von Lorenzo Molajoli (Assistent an
der Scala) und die der *Voce del Padrone* von Carlo Sabajno, der sich
damals ausschließlich dem Grammophon widmete, jedoch in Turin
Toscaninis Assistent gewesen war. Diese Ausführungen von bisweilen mittelmäßigen Sängern geben den »richtigen Ton« und die traditionellen Tempi der größten Repertoireopern wieder.

Ein geduldiger Gelehrter könnte den Schlüssel für das richtige Di-
rigat von Verdis Werken entdecken, indem er sich, die Partitur in der
Hand, eine einzigartige Aufzeichnung anhört, die bloß zwei Minuten dauert. Einer der angesehensten Dirigenten der Generation vor
Toscanini, Luigi Mancinelli (1848–1921), der keine einzige kommer-
zielle Schallplatte bespielte, wurde von Lionel Mapleson, dem Bi-
bliothekar des Metropolitan Opera House, ohne sein Wissen mit
einem Edison-Phonographen aufgenommen, den er in den Pro-
spektzügen über der Bühne montiert hatte; von 1901 bis 1903
machte Mapleson die ersten »Live-Opernaufnahmen«, die (stark beschädigt) in unseren Besitz gelangt sind. Auf diesen sind unter anderem die Melba, die Calvé sowie Jean und Edouard de Reszke zu hören, und Mancinelli dirigiert auf gut dreißig Walzen. Im Januar 1903
dirigierte er *Ernani* mit Marcella Sembrich, Emilio De Marchi und
Antonio Scotti, und auf zwei erhalten gebliebenen Zylindern wird
dasselbe Fragment des großen mehrstimmigen *O sommo Carlo* wiedergegeben. Oh, vortrefflicher Mancinelli! Wer hätte sich diese
Noblesse, die Vielfalt der in diesem Stück verborgenen Akzente je
erträumen lassen, das normalerweise in einem mechanisch unverän-
derten Tempo wiedergegeben wird! Obschon es sich nur um ein fer-
nes Echo handelt, das durch starkes Rauschen gestört wird, hört
man, daß Solisten, Chor und Orchester in den gewaltigen *rallentando*

und *accelerando* wie auch den häufigen Fermaten, mit denen Mancinelli die Musik belebt und veredelt, in völliger Übereinstimmung sind. Beim ersten Anhören mag dieses wunderbare Vorbild in Tempo und Rhythmus als exzentrisch erscheinen; es ist jedoch nichts anderes als die lebendige Tradition der Verdi-Interpretation, die wir verloren haben, weil die Generationen zwischen Mancinelli und uns sich in die Suche nach einer anachronistischen Chimäre verstiegen haben – der Werktreue.

Es fällt auf, daß die Sembrich und De Marchi warten, bis Scotti die Phrase »delle tue gesta imitator« beendet, bevor sie gemeinsam mit »acquista insolito« einfallen, obschon gemäß Partitur das C von »imitator« gleichzeitig mit dem E von »acquista« erklingen sollte. Dies ist eine Aufführungspraxis, der man in den Plattenaufnahmen von mehrstimmigen Gesangsstücken aus jener Zeit oft begegnet; niemand wagt es zum Beispiel, einen Mattia Battistini zu unterbrechen! Im Duett von *Ernani* wartet Emilia Corsi, entgegen der Angabe in der Partitur, bis Battistini das Anfangssolo beendet hat, bevor sie sich in ihr »Fiero sangue d'Aragona« wirft; ebenso wartet Caruso, daß Frieda Hempel die Phrase Oscars beendet, bevor er zur Wiederholung von *È scherzo od è follia* ansetzt. Manchmal erweckt dies den Eindruck, als wäre da ein Schlag mehr im Takt, doch wie man sieht, gehörte dies zu den »guten Manieren« des Gesangs! Diese Praxis wird von Caruso und Pasquale Amato auch in den Invektiven befolgt, die das Duett *Le minaccie, i fieri accenti* beschließen, in dem ein jeder wartet, bis die Reihe an ihm ist, und den anderen nicht verdeckt, wie dies die Vorlage verlangen würde: ein Duell zwischen Gentlemen! Unter den Zylindern Maplesons finden sich auch mehrere von Mancinelli als Dirigent der *Aida*, die erkennen lassen, wie wohl er zwischen Verdis frühen und seinen späteren Werken zu unterscheiden wußte; während die Interpretation von *Ernani* belegt, daß er bei den jugendlichen Ergüssen jegliche kapellenhafte Interpretation ablehnte, weiß er sich auch in der *Aida* einige *rubato* zu gewähren. Im Concertato des zweiten Aktes *Ma tu, o re, tu signore possente* führt Mancinelli ein auffälliges und großartiges Allargando ein in der langen Phrase, wo sich die Aida zweimal zum B emporschwingt auf die Worte »il fato potria« und dann in ein aufregendes Accelerando fällt (sowohl Molajoli als auch Sabajno geben diesen Effekt in ihren Integralaufnahmen wieder). Der Tenor Emilio De Marchi singt den Part des

Soprans eine Oktave tiefer, anstatt wiederzugeben, was Verdi niedergeschrieben hat, und steigt am Ende mit der Sopranistin Johanna Gadski zum hohen C auf. Diese »Verzierungen«, die sich damals ungemeiner Beliebtheit erfreuten, sind Teil eines grandiosen Stils, in welchem das Portamento, bei Streichern wie Sängern, eine wichtige Rolle spielt.

Bereits gegen Ende des 19. Jahrhunderts hatte sich die Gewohnheit herausgebildet, Verdis Opern mit einer Ehrfurcht anzugehen, als wären sie nicht Theaterrepertoire, sondern heilige Schriften. Schon manch ein Kritiker tadelte die Sopranistin, die es wagte, Rosinas Kavatine mit Kadenzen zu verzieren, nicht ahnend, daß Rossini selbst diese Verzierungen nicht nur erwartete, sondern sie oft auch für eine ihm nahestehende Sängerin (Adelina Patti) oder Bankierstochter (Mathilde Juva) schrieb. Dies geschah auch bei Verdi, der die *Traviata* der Patti und der Bellincioni bewunderte, wobei die Bellincioni, wie ihre Plattenaufnahmen von *Ah, fors'è lui* zeigen, die Patti getreu nachbildete. Die Melba (die die Arie ebenfalls für Verdi sang), Lilli Lehmann, Marcella Sembrich und viele andere Diven verschiedenster Schulen und Nationalitäten nahmen diese Arie mit den wunderschönen Kadenzen der Patti auf, die unterdessen – so schien es zumindest – untrennbar mit dem Original verbunden waren. Der bekannte Impresario und Kritiker Gino Monaldi verfiel in seiner Rezension einer Wiederaufnahme des *Rigoletto* im Römer Teatro Costanzi 1895 in den Irrtum des Anachronismus: ». . . Die Reihe war an Pini-Corsi, einem Spielbariton von einem gewissen Wert und bemerkenswerter Anmut, jedoch geradezu unfähig, gewisse Höhen der lyrischen Szene zu erklettern, geschweige denn zu ersteigen. Diese Unfähigkeit beruht auf der schlechten Stimmqualität, der Unzulänglichkeit der Methode, der Schule, des Stils sowie diesem Mangel an Intellekt und Persönlichkeit, die Pini-Corsi weder das richtige Konzept der musikalischen Interpretation ermöglichen noch die zur Darstellung der Figur erforderliche Plastizität . . . Maestro Zuccani hat, möglicherweise um Pini-Corsi in seinen vokalen Schwerfälligkeiten zu folgen und sich bereitwillig den endlosen Fermaten anzupassen, mit denen der kühne Sänger die Verdi-Melodien ausgeziert hat, schließlich die Tempi fatal verlangsamt . . .« (*La Critica*, Rom, II. Jahrgang, Nr. 35, 10. Oktober 1895).

Es ist ein Trost zu wissen, daß der arme Pini-Corsi (wie viele unnachahmliche Plattenaufnahmen bezeugen, ein Genius im komischen Repertoire) ein Liebling Verdis gewesen ist, der ihn für den Part des Ford im *Falstaff* aussersah und schrieb: »Pini-Corsi fehlt?! Das bekümmert mich sehr, da niemand anders diese Rolle spielen kann, die von eminenter Bedeutung ist!« Als Verdi erfuhr, daß der Tenor Garbin den Part Fentons nicht gut beherrschte, schrieb er an Ricordi: »Es ist gut, daß Sie wissen, daß er seine Rolle recht wenig kennt; daher bitte ich Sie, Pini [-Corsi] dafür zu gewinnen, sie mit ihm durchzugehen und ihn wenigstens notensicher zu machen.«

Ein Kapitel für sich verdienten die diversen Balladen, Serenaden usw., in denen ein Darsteller »gewollt singt« wie in *Deh vieni alla finestra* in *Don Giovanni, Voi che sapete* in *Figaros Hochzeit, La donna è mobile* oder *Questa o quella* in *Rigoletto*; es sind dies Stücke, die offensichtlich mehr Phantasie und Freiheit der Ausführung erfordern als die »formalen« Arien, und man wird sehen, daß Caruso den Canzonen des leichtlebigen Herzogs einen frivolen Anstrich zu geben vermag und damit dem Beispiel seiner Vorgänger Masini, Marconi und De Lucia folgt. In seiner Sims-Reeves-Biographie beschreibt Charles Pearce die Interpretation des großen englischen Tenors von *La donna è mobile* als »eine Lesart, die sich von der Marios stark unterscheidet«. Der moderne Zuhörer vermag zu erahnen, inwieweit die Interpretation zur »Lesart« wird, wenn er *La donna è mobile* von Fernando De Lucia anhört! Während Caruso im *Rigoletto* einige Traditionen des 19. Jahrhunderts übernimmt (er hatte die Oper im 19. Jahrhundert erlernt), enttäuscht er allerdings im *Ballo in maschera*; in der Canzone *Di' tu se fedele* singt er gut, doch es fehlt ihm an Kontrast und Vielfalt des Timbres. Hier wird er vom alten Bonci bei weitem übertroffen.

Sämtliche Vorzüge der Schule und Klasse Carusos als Sänger und Interpret sind in der Plattenaufnahme des Terzetts *Qual voluttà trascorrere* aus *I Lombardi* (1912) vereint. Auch wenn anscheinend keiner der drei Sänger das Stück je bei anderer Gelegenheit gesungen hat als im Studio zur Aufzeichnung, sind doch alle Herr des Stils, was auch für den Orchesterleiter Walter B. Rogers zutrifft, einen ehemaligen Trompetenspieler in einer Militärkapelle. Der Name Walter B. Rogers ist nicht in die Geschichte eingegangen, doch war er wie viele weniger bedeutende Dirigenten seiner Zeit fähig, Stücke verschiedenster Stilrichtungen perfekt zu begleiten und zu konzertieren.

Caruso behandelt das Anfangssolo des sterbenden Sarazenen mit

aller rhythmischen Freiheit und versteht es, den Effekt des Schluchzens, ja beinah Röchelns zu erzeugen, ohne je in Effekthascherei zu verfallen; alles wird realisiert mit einer tadellosen musikalischen und vokalen Linie und einem wahrhaft dramatischen Gebrauch des Tempo rubato. Frances Alda, die mit der Phrase Giseldas »Deh! non morire, attendimi« einfällt, hält das Tempo, wie Musik und Wort es verlangen, doch am Schluß der Phrase »noi moriremo insieme« legen die Alda und der Bassist Journet eine Fermate ein, um die Wirkung zu unterstreichen und Carusos folgende Phrase »T'accosta! Oh nuovo incanto!« vorzubereiten. Hier hält der Tenor, von der obligaten Violine vollkommen unterstützt, auf dem hohen G aus und stürzt sodann weiter mit von Schluchzern halb erstickter Stimme. Als die Alda zum zweiten Mal zu den beiden H von »il ciel dischiuso a te« aufsteigt, weicht Caruso von der Vorlage ab und steigt mit ihr in der Oktave empor; bei einem der überaus zahlreichen »Spezialeffekte«, die diese Stimme von makelloser Reinheit zu erzielen vermag, scheint es beinah, als singe der Tenor eine Oktave höher als die Sopranistin. Es erübrigt sich, darauf hinzuweisen, daß das Terzett mit einem von Tenor und Sopranistin lang gehaltenen hohen H endet, einem Spitzenton, den man in der Partitur vergeblich suchen würde; an dieser Stelle läuft die Interpolation, die normalerweise offensichtlich und gewöhnlich ist, dem musikalischen Sinn keineswegs zuwider und ist äußerst wirkungsvoll.

Der gesamte Part des Bassisten erfährt kleine Veränderungen in einer als »traditionell« erkennbaren Weise, um die Hauptpartien nicht zu behindern. Sodann attackiert Journet die letzte Wiederholung der Worte »un dì fra gli angeli« um einen Takt früher, was entschieden eine Verbesserung ist. Journet konnte sich irren, wie zum Beispiel in einer berühmten Plattenaufnahme des Quintetts der *Meistersinger*, wo er abgleitet und alles verdirbt; hier jedoch scheinen die verschiedenen »Punktierungen« absichtlich angebracht.

Diese wundervolle Schallplatte ist mitreißend, obschon sie auf das Jahr 1912 zurückgeht, und ich finde sie der gängigen Interpretation bei weitem überlegen, die arm ist an vokaler und dirigaler Phantasie und mit einer »Texttreue« ausgeführt wird, die ebenso langweilig wie anachronistisch ist. Der Hinweis mag interessieren, daß eine Schallplatte (von ca. 1928) des Violinsolos existiert; es wird gespielt von einem großen Musiker, Virgilio Ranzato (1883–1937), dem Begründer des Italienischen Quartetts, der sich grandioser Portamenti und expressiver *rallentando* und *accelerando* in einer Weise bedient, die dem Stil Carusos ähnlich ist: Diese Plattenaufnahme ist eine weitere Offenbarung des echten Verdi-Stils. Eine in der Bibliothek von Santa Cecilia in Rom aufbewahrte Abschrift der Partitur dieses Terzetts, die sich auf die zweite Hälfte des 19. Jahrhunderts datieren läßt, weist mit Bleistift gemachte Notizen über Tempoänderungen, Fermaten und eingeschobene Spitzentöne auf, die die Authentizität der von Walter B. Rogers geleiteten Ausführung bestätigen.

3. Carusos Stimmtechnik

In einem Interview, das Caruso einem Vertreter der Victor gewährte und das in einer Monatsbeilage von 1917 veröffentlicht wurde, stellt der Interviewer einige naheliegende Fragen.

Herr Caruso, macht es Ihnen Spaß, Platten aufzunehmen?
Ich mag es, aber Spaß macht es mir nicht. Wie könnte es auch! Ich habe mehr Angst davor als vor dem anspruchsvollsten Auftritt.
Warum?
Ach, weil . . . weil alles so perfekt sein muß, diese Perfektion eines perfekten Mechanismus. Ich muß das, was ich singe, im Herzen, in der Seele, im Gefühl haben und außerdem ein Künstler sein.
Wenn ich mir Ihre Platten anhöre, habe ich den Eindruck, daß das Italienische wohl die Sprache ist, deren Aussprache am leichtesten fällt. Was meinen Sie?
Nein, nein! Ein wahrer Künstler kann mit Leichtigkeit in jeder Sprache singen. Wenn die Diktion gut ist, kommen die Wörter heraus wie gesprochen.
Finden Sie, daß Ihre Schallplattenaufnahmen für die Victor Ihre Individualität und Ihre dramatischen Intentionen ebensogut wiedergeben wie Ihre Stimme?
Aber natürlich, wie könnte es auch anders sein! Sie können schließlich nur wiedergeben, was ich in sie hineinlege. Das ist es ja auch, was mich beunruhigt, wenn ich für die Leute singe. Ich möchte . . . ich möchte, daß all jene, die mich noch nie im Theater gehört haben, sich nicht damit begnügen, nur eine von meinen Schallplatten zu kaufen. Um mich wirklich beurteilen zu können, sollten sie mindestens drei, vier besitzen oder noch mehr. Ich möchte, daß sie mich in den schweren und leichten Rollen, im lyrischen und im dramatischen Repertoire zu hören bekämen . . . dann wäre ich zufrieden.
Ist es nicht schön zu wissen, daß Ihre Kunst, im Gegensatz zur Kunst der großen Tenöre der Vergangenheit, nie verlorengehen wird?

Doch, ich bin stolz darauf und dankbar, aber es macht mir auch ein wenig angst. Eine Tradition zu werden ist eine schwere Verantwortung, nicht wahr?

Wie schaffen Sie es, eine Plattenaufnahme mit solch dramatischer Kraft zu erfüllen wie in Vesti la giubba?

Das kommt aus meinem Inneren. Wenn ich in den Aufnahmetrichter singe, spüre ich den Boden unter den Füßen nicht mehr. Dann werde ich wirklich Canio, der Bajazzo, der Clown!

(Ich hatte ihm einige Augenblicke zuvor bei der Probeaufnahme zugesehen, und mir war bewußt geworden, daß Caruso in diesem Moment, trotz des Lichtermeers am Broadway und der Tatsache, daß ihm die ganze Welt zu Füßen liegt, nicht mehr Caruso war, sondern der Perlenfischer und ganz in der Leidenschaft und im Schmerz dieser gebrochenen Seele aufging.)

Glauben Sie, daß Ihre Schallplatten denen, die Gesang studieren, eine Hilfe sind?

Ja, aber nicht nur meine, auch die von anderen. Plançon sang wie ein Cello, und ich selber versuche, das Legato eines Cellos nachzuahmen. Hören Sie nur!

(Während ich zuhörte, sang Caruso mit geschlossenem Mund eine improvisierte Kadenz, die einem Cello so täuschend ähnlich war, daß ich sogar glaubte, den Bogenstrich wahrzunehmen, und der ganze Raum füllte sich mit den wundervollen Vibrationen.)

Diese Celloimitation, das Singen mit geschlossenem Mund, ist nichts anderes als eine der alten italienischen Übungen, die Stimme »in die Maske zu singen«, das heißt, die Resonanzen der Kopfhohlräume auszunützen. Caruso aber konnte auch aus voller Kehle wie ein Cello singen, wie jede seiner Plattenaufnahmen beweist, auch die, die er aufnahm, bevor er Plançon hörte. Dies ist ein Beweis mehr dafür, daß Caruso von der Natur Musikalität, Intelligenz und den Instinkt für die richtige Art des Singens mitbekommen hat; doch im Unterschied zu vielen anderen, die von der Natur sichtlich noch reicher beschenkt worden sind, war Caruso fähig, hart zu arbeiten und von den guten Vorbildern zu lernen. Die Schallplatten Plançons, der damals unter vielen Musikexperten als der größte lebende Sänger galt, zeigen deutlich, was Caruso nachahmen wollte, nur hat der Schüler den Meister bald überflügelt: Plançon war ein hervorragender Sänger, Caruso ein Genie.

Bis 1902 war seine Karriere stets auf seine italienische Heimat ausgerichtet gewesen, in der damals der Verismus triumphierte. Ein Tenor, der den von Verdi in der Arie *Ah sì, ben mio, coll'essere* bezeichneten Triller ausgeführt hätte, wäre wahrscheinlich dem Gespött preisgegeben gewesen. Dessen ungeachtet verstand es Caruso, als er nach Monte Carlo, London und New York kam, wo man noch immer Adelina Patti und den Geist des alten Belcanto bewunderte, sich in kurzer Zeit in einen idealen Don Ottavio zu verwandeln und uns Schallplattenaufnahmen wie *Spirto gentil* zu hinterlassen; die Grundlage war immer dagewesen, hinter den Kulissen stand der romantische Tenor des 19. Jahrhunderts, der nur darauf wartete, auf die Bühne gerufen zu werden.

Als Caruso am 11. November 1899 im Römer Teatro Costanzi die *Gioconda* sang, urteilte das *Avanti!*: »Caruso, der in der *Iris* einen ausgezeichneten Eindruck hinterlassen hat, zeigte auch in dieser Repertoireoper wenn auch nicht gleichen Wert, so doch überaus schätzenswerte Anlagen. Er bleibt dennoch immer ein moderner Künstler für neue Interpretationen.« Diese Meinung teilte die *Italia*: »Eine wahre, authentische Tenorstimme, wie geschaffen für moderne Opern; nicht nur des suggestiven Timbres wegen, sondern auch wegen des Intellekts und der künstlerischen Seele dessen, der es sein eigen nennt. Und das Publikum . . . hat sich an die beiden Vorgänger Carusos in dieser Rolle erinnert: an die Deklamation De Lucias, die zu süß war, um lieblich zu sein; übertrieben in ihrer Geziertheit, mit echte Höhe vortäuschendem Fisteln und überdeutlich hervorbrechend in den Effekten der Mitteltöne; an den zweiten Osaka Borgattis, dem die Rolle aufgrund des Wesens seines Stimmorganes so wenig entsprach, daß er, besonders in der *Serenata*, transponierte.« Das *Avanti!* hob als Vorzüge der Interpretation deren »Nüchternheit, Natürlichkeit und Wahrhaftigkeit« hervor und setzte hinzu: »Er strich seine wunderschöne Stimme nicht unnötig heraus, suchte in seinen Haltungen nicht die Pose.« Der *Fanfulla* doppelte nach: »Er hat in der Stimme, im Akzent, in den Gebärden seiner Figur stets etwas, das dem entspricht, was die Worte sagen, dem, was die Musik sagt.«

Und doch war dieser »moderne« Sänger »mit einer pastosen Stimme und bemerkenswerten künstlerischen Intuition begabt« und »biegt seine Kehle zu den süßesten Artifizien des Gesanges. Weit entfernt von einem Mißbrauch des so oft beklagten offenen Singens, weit entfernt von der verbreiteten schlechten Angewohnheit, die Stimme häufig zum Schrei zu treiben . . . verteilt Caruso die vokalen Effekte mit intelligenter Vielfalt. Und diese *voix mixte*, die den Sänger nicht ermüdet und die Zuhörer so sehr erfreut, hat ihm gewiß den größten Erfolg eingetragen.«

Der Premiere der *Gioconda* wohnte auf einem Parkettplatz auch Francesco Marconi bei, der, wie wenige überaus erlesene und ansprechende Schallplattenaufnahmen dokumentieren, hinsichtlich der klanglichen Schönheit und Geschmeidigkeit als ein Vorgänger Carusos angesehen werden kann. Besäßen wir auch Schallplatten von Masini und Campanini, so könnten wir möglicherweise feststellen, daß auch sie mit diesem pastosen, runden und samtigen Ton sangen, den man einst beim italienischen Tenor vorzufinden hoffte – »the Cremona Tone«, wie ihn der Kritiker Lord Mount Edgecombe (1819) nannte. Kurzum, sie sangen wie Caruso, ohne ein unangenehmes Vibrato herauszukehren. Noch im 18. Jahrhundert war ein jeder, der mit merklichem Vibrato sang, dazu verdammt, ausschließlich in der komischen Oper aufzutreten. Der große Bellini-Tenor Rubini war es, der das Vibrato als Verzierung, als ein Ausdrucksmittel in die ernste Oper einführte. Das leider leicht zu imitierende Vibrato wurde in der Folge populär in einem Italien, in dem die Oper nicht mehr das Schmachten der Romantik, sondern die entfesselte patriotische Glut des Risorgimento zum Ausdruck bringen sollte. Viele Sänger des Verismus setzten ein Vibrato ein, das heute als exzessiv empfunden würde; so haben selbst einige italienische Kritiker die Ansicht vertreten, die Schallplattenaufnahmen von Gemma Bellincioni übersteigerten das Vibrato ihrer Stimme, während doch gerade dieses fortwährende Beben (vermutlich ein gewolltes Nachahmen ihres Ehemannes Roberto Stagno) es dieser großartigen Sängerin verunmöglichte, außerhalb des italienischen Opernreichs erfolgreich aufzutreten: Nicht nur, daß die Ohren der Engländer, Amerikaner, Deutschen und Russen das Vibrato nicht ertragen, auch ihre Sänger haben es nie eingesetzt.

Caruso wandte also, wie Marconi, Gigli und Domingo, kein auffälliges Vibrato an, was ihn von der nichtsdestoweniger tüchtigen Schar eines De Lucia, Bonci, Lauri-Volpi und Pavarotti abhebt. In diesem Unterschied liegen auch jene Präferenzen der angelsächsischen Kritik begründet, die die Südländer oft erstaunten: George Bernard Shaw bezeichnete Gayarre als »eine Ziege« und behauptete, im Vergleich dazu sei Heddle Nash ein Orpheus (liebe Leser, nehmen Sie daran keinen Anstoß: Nash war ein Schüler Borgattis!).

In London führte Carusos neapolitanischer Kollege Antonio Scotti ihn bei seinem Schneider an der Savile Row ein, der den gekkenhaft gekleideten Tenor in einen Ausbund an Eleganz verwandelte (wenn auch nicht mit hundertprozentigem Erfolg): Etwas Ähnliches muß auch mit seiner Stimme und seinem Stil geschehen sein. Die Victor-Platten der Jahre 1904/05 und 1906 legen nicht nur die Vermutung nahe, daß Caruso einen ungeheuren Vorteil daraus zog, mit der Melba, der Calvé, mit Scotti und Plançon gesungen zu haben, sondern auch, daß er zu jener Zeit einen Gesangslehrer hatte (vielleicht Arturo Buzzi-Peccia?). Die Ironie des Schicksals wollte es, daß der in Rom so bewunderte »moderne« Sänger, kaum war er in der Neuen Welt gelandet, daranging, sich in der »alten« Schule zu vervollkommnen.

Alle seine Schallplatten offenbaren den Meistersänger, doch diese im besonderen: Die phänomenale Stimme ist von einer Geschmeidigkeit und Rundheit, die nur jahrelanges, geduldiges Arbeiten mit einer korrekten Methode zuwege bringen; der Klang ist vollkommen in der Maske, und eine goldene Stimmsäule ruht auf einem kontrollierten Atem; die Verschmelzung der Register ist nun vollkommen, die Diktion so präzise und brillant, daß selbst die Konsonanten nie den vollendeten »Bogenstrich« des gebundenen Gesanges unterbrechen.

Und wie machte er das? Aufschluß darüber erwarten wir uns von zwei Büchern: *Caruso and Tetrazzini on the Art of Singing* und *Caruso's Method of Voice Production* von Dr. P. Mario Marafioti. Obschon man darin manchen Hinweis findet, sind doch seine Schallplatten die wahre Schule, sofern der Wißbegierige darauf achtet, sie in chronologischer Reihenfolge anzuhören und nicht sofort in der Art des Caruso von 1920 singen zu wollen. Das schmale Bändchen, das Caruso und der Tetrazzini zugeschrieben wird, ist im Grunde genommen eine Anreihung von unzusammenhängenden Bemerkungen, von kleinen Artikeln für Frauenzeitschriften, als Broschüre wieder aufgelegt und offenbar gesammelt von einem Journalisten, der des Italienischen ungefähr so mächtig war wie die Diven des Englischen; immerhin ist es nicht uninteressant. Das zweite Buch ist trotz des Titels nicht Carusos Methode, sondern die von Dr. Marafioti – auch sie ist jedoch ganz lehrreich.

Nicht alle Sängerinnen und Sänger vermögen zu erklären, *wie* sie singen; wenn Adelina Pattis Kolleginnen und Kollegen sich erkundigten, wie sie es nur anstelle, diese wundervollen Töne hervorzubringen, pflegte die Diva zu antworten: »Ich habe keine Ahnung!« Marafioti behauptet: »Caruso war nicht fähig, seine instinktiven Ideen in praktische Regeln zu fassen, da er die Grundlage einer wissenschaftlichen Kenntnis der Stimmemission nicht besaß, und natürlich war er überfragt, wenn er gebeten wurde, seine Gesangsmethode zu erklären. Dennoch interessierte er sich ausgesprochen für Fragen, die die Stimme betrafen, und in den vielen Jahren ihrer freundschaftlichen Beziehung haben sich der Sänger ... und der Autor ... viel darüber unterhalten. Caruso war auch begeistert von der Idee, seine Stimme und seinen Stimmapparat zu analysieren. Seine Erfahrung und die wissenschaftliche Kenntnis des Autors vereinigten sich in der Erforschung des Stimmphänomens Caruso und der Suche nach einem allfälligen Zusammenhang zwischen seiner Kunst und den Gesetzen der Natur.« (S. 161)

Trotz der langen Gespräche, die Marafioti angeblich mit Caruso geführt hat, ist er, wenn er die Worte des Tenors wiedergeben will, gezwungen, auf jene Broschüre aus dem Jahre 1909 zurückzugreifen, wobei er nicht zögert, Passagen auszulassen, die nicht vollkommen mit seinen Theorien übereinstimmen. Zum Beispiel behauptet Marafioti: »Es gibt keine Register in der gesungenen Stimme, wenn diese korrekt ausgestoßen wird. Nach den Naturgesetzen besteht die Stimme aus einem einzigen Register, das ihre ganze Extension umfaßt.« Demgegenüber heißt es bei Caruso: »Die Stimme unterteilt sich natürlich in drei Register – das Brust-, Mittel- und Kopfregister ...« usw. Peinlich? Keineswegs, Marafioti kann immer noch weglassen; er gibt auch die seltsame, geradezu unglaubliche Regel Carusos für die Attacke nicht wieder: »Bei der Aussprache des Vokals A muß man stets darauf achten, ihn im hinteren Teil der Kehle anzusetzen, und sich davor hüten, den Hals vor dem Einsatz tief geöffnet zu haben; andernfalls tritt das ein, was man den *Glottisschlag* nennt, und es bildet sich ein harter, unangenehmer Laut.« Der hintere Teil des Halses? Was könnte er damit bloß gemeint haben? Ob ihn der Journalist falsch verstanden hat?

In der Registerfrage muß ich hinzufügen, daß Marafioti sich irrt, wenn er denkt, Amelita Galli-Curci wende »für den gesamten Umfang ihrer Stimme nur ein Register an«: Ihre Plattenaufnahmen lassen vielmehr ein kehliges, »zurückgebliebenes« Brustregister erkennen, das von den übrigen Registern abgetrennt ist. Die Spitze der Absurdität erreicht er, wenn er behauptet, Emma Calvé könne »mit einer einzigen Stimme Alt und Koloratur singen«, während die Calvé selbst erklärte, sie habe gut vier Stimmen, und man ihren Schallplatten anhört, daß sie ein ausgesprochen verhauchtes Kopfregister für die »Koloratur« besitzt, das mit der »Altstimme«, mit der sie die Arien der *Carmen* angeht (die sie im übrigen oft im Ton anhebt), nicht das geringste zu tun hat.

Dennoch zeugt das Buch Marafiotis von gesundem Menschenverstand und ist zumindest vom Sänger autorisiert worden, auch wenn es ziemlich unwahrscheinlich ist, daß der gute Doktor den Mut gehabt hätte, ihm den Titel *Carusos Methode* zu geben, wenn der große Tenor nicht zufällig das Zeitliche gesegnet hätte. Caruso beschränkte sich darauf, anzumerken: »Sie haben Dinge in bezug auf die menschliche Stimme klargelegt, die in wissenschaftlicher Form die Grundsätze des natürlichen Gesangs wiedergeben . . . Was mich betrifft, so habe ich immer daran geglaubt, daß meine Kunst von etwas Natürlichem inspiriert und geleitet werde. Und da ich Ihre Eindrücke teile, möchte ich Sie zu Ihrem Aufsatz beglückwünschen.« (S. VII der englischen Ausgabe). Und weiter: »Die in ihm dargelegten Grundsätze sind wissenschaftlich, aber einfach und gehen zurück auf die wahre Quelle der Stimme, die Natur, sind daher die richtigsten . . . Ich freue mich, dieser [. . .] Überzeugung Ausdruck zu geben, da sie meiner eigenen Auffassung von Gesang entspricht; und den Wert von Dr. Marafiotis Methode anzuerkennen ist nur recht und billig, denn sie kann von großem Nutzen sein . . .« (S. 48 der italienischen Originalausgabe)

Auch wenn Dr. Marafioti während fünfzehn Jahren als Arzt wie auch als Freund mit Caruso in Beziehung stand, wird deutlich, daß er den Charakter des Tenors nicht sehr gut kennt, wenn er behauptet, daß vor seinem Auftreten »wir nie gesehen haben, daß er Vorsichtsmaßregeln oder besondere Maßnahmen getroffen hätte, die über die Gewohnheiten normaler Sterblicher hinausgingen«. Man weiß hingegen, daß Caruso mit der Besessenheit eines Hypochonders ein wahres Ritual ausführte, das weit entfernt war von dem einfachen »Gurgeln . . . und ein Apfel zwischen den einzelnen Akten«, das Marafioti erwähnt. Und obschon er an den Gesangsstunden teilgenommen hatte, die Caruso (ohne nennenswerten Erfolg) seinem einzigen Schüler, einem Polizisten mit Baritonstimme, erteilte, gibt er in seinem Buch nie zu erkennen, daß er sich bewußt wäre, daß Caruso seine Technik während seiner Zeit in New York ausgereift hatte, und auch nicht, daß er mindestens zwei Operationen wegen Stimmbandknötchen hinter sich hatte.

In bezug auf die Stimme bestätigt Marafioti, was Caruso selbst oft behauptete: »Hätte er auf seine Stimmorgane zählen müssen, um Karriere zu machen, so wäre er vielleicht nie Sänger geworden . . . Im Alter von zwanzig Jahren suchte er Professor Ferdinando Massei von der Universität Neapel auf, einen der berühmtesten italienischen Hals-Nasen-Ohren-Spezialisten, und wollte im Hospital ›Gesù e Maria‹ von einer Mandelentzündung kuriert werden. Als er dem berühmten Arzt erklärte, er studiere Gesang, schüttelte dieser den Kopf und meinte zweifelnd: ›Am besten suchen Sie sich einen anderen Beruf; Sie haben nicht die Kehle eines Sängers!‹« (S. 2 f.) Doch diese armselige Kehle funktionierte ausgezeichnet: »Seine Stimmorgane . . . waren in anatomischer Hinsicht nicht außergewöhnlich, in ihrer physiologischen Funktion aber stellten sie den ausgewogensten Stimmechanismus dar, den ich je beobachtet habe. Seine für einen Tenor ziemlich großen und kräftigen Stimmbänder gaben ihm, obschon sie nicht das wesentlichste Element für die Schönheit seiner Stimme waren, den Umfang nicht nur eines Tenors, sondern auch den eines Bassisten . . . Eine Besonderheit seiner Stimmbänder, die Erwähnung verdient, ist ihre ziemlich weiche Beschaffenheit, aus der sich teilweise das Samtige und Pastose seiner Stimme erklären läßt.« (S. 4)

»Seinen starken Ehrgeiz, seine Liebe zur harten Arbeit und sein intensives Bedürfnis zu lernen und sich zu verbessern findet man selten in einer Person vereint.« (S. 9) »Doch die außergewöhnlichen physiologischen Attribute von Carusos Gesang waren die meisterhafte Freiheit seiner Emission und die überraschende Fähigkeit, die Resonanzen eines jeden Körperteils auszunutzen . . . Das imponierende Volumen und die seltene Qualität seiner Stimme . . . waren auf diese Körperresonanzen zurückzuführen, wie sich ja auch der Klang einer Stradivari-Geige aus den Resonanzen des Corpus erklären läßt.« (S. 6)

Und schließlich betrachtet Dr. Marafioti Caruso als ein einzigartiges Phänomen (auch wenn er den Eindruck erweckt, daß sich mit der Marafioti-Methode die Phänomene häufen könnten): »Caruso war weder ein Tenor noch ein Bariton oder ein Bassist; er war ein Sänger, der die Charakteristiken dieser drei Stimmen in einer vereint hatte. Seine Stimme entzog sich den konventionellen, schulmäßigen Registereinteilungen und kannte in ihrem Umfang keinerlei Beschränkung.« (S. 8)

Garcia führt das Werk *Grammatica e piano regolare di ben cantare* (Rom, ca. 1810, 2. Auflage 1817) von Anna Maria Pellegrini Celoni an, in dem es angeblich heißt: »Wer atmen kann, kann singen.« Dieser Aphorismus bleibt eine unumstößliche Wahrheit, auch wenn er im Buch der Celoni gar nicht enthalten ist. (Statt dessen hält Marafioti eine Abwandlung bereit: »Wer sprechen kann, kann singen.«) Caruso schreibt von der Atmung nur in allgemeinen Worten, während Dr. Marafioti die Ansicht vertritt, ein Sänger sollte sich nicht mit besonderen Atemübungen abgeben: »Der *Akt des Singens* selbst entwickelt den Atmungsapparat und erhöht dessen Kraft, genau wie jede andere physiologische Funktion das Organ entwickelt, in dem sie ihren Ursprung hat. Daher entwickelt das Singen die Atmung und nicht umgekehrt.« (S. 51) Da Caruso Marafioti nicht über seine Methode zur Atemkontrolle während des Singens aufgeklärt hat, müßte diese wohl unter die Begabungen fallen, die ihm die Natur geschenkt hatte. Ich vermute allerdings, daß er wertvolle Ratschläge von Kollegen wie Battistini und der Tetrazzini, beide Meister der Stimmtechnik, aufgenommen hat, und würde es wagen, folgende These aufzustellen: In den Plattenaufnahmen von 1902 atmet Caruso mehr oder weniger instinktiv und hat die volle Atemkontrolle noch nicht erreicht, weshalb einige Noten wackeln, vor allem gegen das Ende der Phrasen, und andere nicht perfekt intoniert sind; in den Plattenaufnahmen der Jahre 1904 bis 1906 praktiziert er in Prunkstücken des alten Belcanto wie *Una furtiva lagrima* oder in *Viva il vino spumeggiante* die Interkostalatmung, die einzige, mit der sich jener Effekt der »auf dem Atem schwebenden Stimme« erzielen lassen soll; nach 1908 nützt der Sänger, seiner stimmlichen Mittel sicherer, durch die Knötchenoperationen jedoch gleichzeitig der Möglichkeit beraubt, in den Pianissimi zu bezaubern, allmählich immer stärker die Resonanzen des ganzen Körpers aus und wendet eine mehr abdominale Atmung an.

Marafioti präzisiert, daß Caruso »stets nur genau jene Luftmenge einsetzte, die der Emission eines jeden Tones diente, und niemals auch nur einen Hauch mehr«. Dieser sparsame Umgang mit dem Atem erklärt die wundervolle Reinheit seiner Stimme und ihre zugleich samtige und eindringliche Qualität.

Ein eindrückliches Beispiel für die Wandlung von Carusos Methode geben die beiden Aufzeichnungen von *Ai nostri monti* mit der jammernden Louise Homer. In der ersten, aufgenommen am 17. März 1908, ist die Stimme tatsächlich jenes Violoncello »à la Plançon«, die Cavatine ist ganz lyrisch, mit prunkvollen, traumhaft langen Phrasen ohne wiederholtes Atemschöpfen, und die vielen hohen G scheinen leise-schwingend in der Luft zu schweben; die Interpretation ist innig. Jene vom 29. Dezember 1910 hingegen ist ganz Feuer, Nervosität, dramatische Eloquenz und Wellenschlag stimmlichen Goldes: Das Cello ist zur Trompete geworden. Auch hierbei handelt es sich um eine wunderschöne Plattenaufnahme und eine gültige Interpretation, doch vom Lyrischen sind wir nun ins Dramatische übergegangen, vom Intimen zum Extravertierten; die Deklamation ist kühn, und sämtliche G sind überaus stark. Einige Musiker konnten nicht akzeptieren, daß diese volltönende Kirchenorgel die Viola d'amore der Jugendjahre abgelöst hatte; so zog der Pianist Percy Grainger Peter Pears bei weitem vor! Wir gewöhnlich Sterblichen können uns vor dem Wunder des »neuen« Caruso nur verneigen. Die Deklamation Carusos ist indessen immer Gesang; auch in den ungestümsten Momenten (gewissen Stentorsätzen von *I' m'arricordo 'e Napule*) beruht die rhetorische Eindringlichkeit auf dem gebundenen Gesang.

Der »romantische Tenor des 19. Jahrhunderts« ist hinter die Kulissen zurückgeschickt worden und hat dem modernen Tenor Platz gemacht; Caruso wird weiterhin die *Lucia di Lammermoor*, das *Elisir d'amore*, den *Rigoletto* und die *Traviata* singen, doch wird er diesen »alten« Opern die dramatischen Akzente und den vorandrängenden Ton bringen, die dem Repertoire der Jungen Schule gemäßer sind, wobei er sich eine reine musikalische Linie zu bewahren weiß, die Erschütterungen und Schluchzer so wenig kennt wie die von einigen seiner Zeitgenossen und Nachfolgern gewollten gereizten Vibrationen. Er bewahrte bis zum Schluß die Beweglichkeit in den Vokalisen (vgl. das Duett mit De Lucia aus dem *Elisir d'amore*) und andere Zierden, selbst einen markigen Triller, der das Brindisi der *Traviata*, von *Ombra mai fu* und *Pietà Signore* ausschmückt. 1909 versuchte er, vielleicht Leo Slezak nacheifernd, in der Romanze *Magiche note* eine sich bis zum hohen C emporschwingende Kopfstimme wiederzufinden, doch die Anstrengung ist leider offensichtlich, und der eher starre Klang bezaubert gewiß nicht durch Schönheit. Das letzte gelungene C, das von Caruso aufgenommen wurde, ist jenes, das er in der Oktave mit der Farrar im Duett der *Madame Butterfly* singt (10. März 1908).

Caruso wurde wegen der Knötchen an den Stimmbändern zum ersten Mal im Sommer 1907 operiert; nach knapp zwei Monaten kehrte er mit seinem unglücklichen Debüt in Budapest auf die Bühne zurück: Man kann sich seine Gemütsverfassung lebhaft vorstellen! Wenn man bedenkt, daß es Lucrezia Bori, die sich 1915 einer ähnlichen Operation unterziehen mußte, während zweier Jahre nach dem Eingriff verboten war zu *sprechen* und sie erst 1919 wieder singen durfte, fragt man sich, ob Carusos Rückkehr auf die Bühne nicht etwas übereilt war; auf jeden Fall fiel es ihm nach der zweiten Operation, der er sich im Mai 1909 unterzog, schwer, leise zu singen, und über dem F war es ihm praktisch unmöglich. Er lernte statt dessen mit seiner großartigen Atembeherrschung, seinen Gesang mit einer gewissen Palette von Modulationen zwischen dem Mezzoforte und dem Fortissimo zu variieren. Die Operationen hatten weder die Qualität noch die Opulenz seiner Stimme beeinträchtigt.

Im übrigen gehörte es zur Schule von Garcia, daß sich ein lyrischer Tenor mit der Zeit (die alten Meister hatten das Operationsmesser nicht vorgesehen) zu einem dramatischen Tenor entwickelte; Garcia schreibt im Kapitel über den *canto declamato*: »Die Diktion soll nicht nur richtig, sondern auch edel, erhaben sein . . . Um im dramatischen oder deklamierten Stil Hervorragendes zu leisten, bedarf es eines hitzigen Gemütes, einer riesenhaften Kraft: Der Schauspieler muß den Sänger beständig dominieren. Man wird im übrigen versuchen, dieses Genre nicht anders als mit Mäßigung und Zurückhaltung anzugehen, weil dasselbige die stimmlichen Mittel schnell aufzehrt. Es anzuwenden steht dem Sänger von kräftigem Körperbau zu, den das lange Ausüben seiner Kunst die Frische, die Jugend und die Biegsamkeit der Stimme hat verlieren lassen. Sein Gebrauch ist der letzten Periode seines Talentes vorbehalten.« Als Beispiel für den *canto declamato* führt Garcia unter anderem die Werke von Gluck an sowie, man höre und staune, den Part des Eleazar in *La Juive*! Es überrascht, daß Caruso in den letzten Jahren, möglicherweise unbewußt, Garcias Gebote in geradezu vollkommener Weise befolgt hat, nur daß er die Flexibilität seiner Stimme keineswegs eingebüßt hatte.

Marafioti bestätigt aufgrund seiner Beobachtungen, daß ». . . die natürliche Anlage seiner Stimme genau in der Mitte der Maske ein sehr evidenter Faktor war.« (S. 5) Diese Anlage, zusammen mit dem sicheren Ruhen der Stimme auf einer kontrollierten Luftsäule, befreit die Halsmuskeln von jeglicher Anspannung und stellt die Grundlage jener Gesangsmethode dar, die wir »die alte italienische Schule« nennen und für die Caruso ein wunderbares, aber untypisches Beispiel ist, da er es verstand, die Regeln, die die Sorgfalt gebot, zu überwinden und einen persönlichen Weg zu finden, indem er über die Technik hinausging. Wenn er in seiner ganzen Laufbahn damit fortgefahren wäre, zu singen wie auf den Schallplatten von 1906, die eine Art Apotheose der alten Schule sind, hätte er sich vielleicht niemals an die großen dramatischen Rollen herangewagt und möglicherweise länger gelebt.

Die Anlage »in der Maske«, die in der ganzen Schallplattenaufnahme von *Spirto gentil* wahrzunehmen ist, wird in den letzten Jahren beinahe zur Obsession, mit einer Spur exzessiver nasaler Resonanzen; allerdings muß man sich immer bewußt sein, daß die Victor-Platten jener Zeit die Stimmen oft metallisch klingen lassen. Am Ende der *Serenata* von Bracco steigt Caruso zweimal eine Skala bis zum H empor, mit einem hinreißenden Effekt, der jenseits der Möglichkeiten irgendeines Konkurrenten steht. Der dunkle, jedoch äußerst brillante Klang wird von einer starken Luftpropulsion getragen, von deren Nachahmung abzuraten ist, doch hat der Meister den Klang, der, so hoch er auch sein mag, die ganze Resonanz eines Baritons hat, gut in Maske gesetzt. Dieser korrekt »gedeckte«, aber sehr körperhafte Klang auf den Spitzentönen war für jeden Nachahmer fatal.

Während Jahren wußte Caruso nicht, ob er Tenor oder Bariton war, und fürchtete, selbst ein A zu verfehlen; er hatte das Glück, Orchesterleiter Vincenzo Lombardi zu begegnen, der – zum Segen für die Sänger jener Epoche! – auch Gesangslehrer war und dem es binnen kurzem gelang, seine Stimme zu »verlängern« und ihn sogar (mit den üblichen Streichungen und Transponierungen) die *Puritani* zu lehren. In den Plattenaufnahmen von 1902 macht Caruso häufig einen allzu »offenen« Ton, wenn er zu den Spitzentönen ansteigt: Dies ist die berühmte *voix blanche,* die die amerikanischen Kritiker so sehr irritierte; sie ist beispielsweise in den ersten Takten von *Dai campi, dai prati* sehr gut zu hören. Der Effekt ist keineswegs unangenehm, doch die echte italienische Schule verlangt, daß die Stimme sich vor dem F auf die obere Tessitura vorbereitet, indem sie den Ton dunkel färbt, anstatt ihn aufzuhellen. 1902 war die Kopfstimme noch nicht vollkommen in die Bruststimme integriert; in der ersten Version von *Celeste Aida* steigt Caruso zu zwei herrlichen lauten B empor, doch als er das B im Pianissimo zu nehmen versucht, ist das Resultat ein alles andere als brillantes Falsett, das um so störender wirkt, als es mit einem anderen, nicht integrierten Mechanismus hervorgebracht wurde.

In der 1904 eingespielten Romanze *Mi par d'udir ancora* ist das Final-H ein angenehmerer Ton, ein reineres Falsett, aber noch immer von der übrigen Stimme abgesetzt, und wenn Caruso hinabgeht, hört man eine klare Trennung. 1905 hingegen beschließt Caruso das *Viva il vino spumeggiante* mit einem im Falsett gesungenen C, das, obschon es eine eigene Qualität hat, mit dem Rest der Stimme verbunden ist: Er steigt hinauf und hinunter, ohne zu hakeln, steht kurz davor, diese Spitzentöne endgültig zu erobern und sie in die Stimme einer *voix mixte* zu integrieren. In *Celeste Aida* von 1904 versucht er einen kühnen Effekt auf dem Schluß-B; er setzt die Note langsam an und macht ein perfektes Crescendo, doch als er das Diminuendo versucht, kündigt sich ein falscher Ton an, worauf sich der Sänger eines anderen besinnt und preßt. Schade! Die Aufnahmesitzung war vermutlich am Morgen; hätte sie am Abend stattgefunden, so hätte möglicherweise die Virtuosität triumphiert. (Kleine Mängel wie dieser waren auf dem Trichtergrammophon nicht immer deutlich zu hören.)

Vollkommen ist die Integration der Spitzentöne in den Schallplatten von 1906; in der Kavatine *Salut demeure* von *Faust* schafft es Caruso, das C leise im Falsett zu attackieren, und führt dann ein perfektes Crescendo aus, wobei er einen überaus brillanten Klang in der *voix mixte* hervorbringt. Vergleicht man die Plattenaufnahmen von *Spirto gentil* und *Che gelida manina,* so versteht man, wieso Caruso die

Angewohnheit beibehalten hat, die Puccini-Arie um einen halben Ton herabzusetzen: Die klassische Perfektion des gebundenen Gesangs und ein »gesammelter« Ton passen für einen Donizetti, in der Musik des Verismus hingegen strebt Caruso einen Klang an, der mehr *largo* und »baritonaler« ist, vor allem im Übergangsbereich – auf dem F und dem G –, und diese modernere Stimme muß auf überhohe Spitzentöne verzichten.

Der höchste von Caruso je aufgenommene Spitzenton ist das Des am Schluß des *Cujus animam* von Rossini; er bereitet sich auf den Sprung vor, indem er den Klang auf dem Wort »nati« vermindert und dann ein Falsett auf dem Vokal E bringt, das er in der folgenden Kadenz mit der Bruststimme zu binden vermag, ohne daß der Übergang harsch wäre. Die tiefste von ihm aufgenommene Note findet sich nicht in *Vecchia zimarra*, das nur bis zum C hinuntergeht, sondern im Duett *Le minaccie i fieri accenti*, wo er ein ziemlich sonores B erzielt.

Wenn die Stimme auf dem Atem schwebt, kann der Gesang gebunden sein. Alle Sänger glauben zu binden, doch häufig irren sie sich: Der *canto legato* bedeutet nicht nur, eine Note mit der vorangehenden zu verbinden, sondern jede Phrase mit diesem Cellobogenstrich zu singen, den Caruso so herrlich vorgeführt hat. Dieses wahre Legato, das in der alten italienischen Schule von grundlegender Bedeutung war, ist nur möglich, wenn die Stimme von jedem Hindernis frei ist, »der Sänger keine Kehle hat«. Wie im Falle von Battistini, Patti und Melba benötigen wir kein Filmmaterial, um zu bestätigen, daß, während Caruso sang, sämtliche Muskeln des Halses, des Kiefers und der Zunge in jenem Zustand der Entspannung waren, der für den reinen sangbaren Klang und die perfekte Diktion erforderlich ist. Diese Technik ermöglicht Carusos perfekte Attacke und ebenso die vollkommene Klarheit, mit der er die Noten, auch die Spitzentöne, beenden kann, ohne die Zuhörer das Getriebe des Mechanismus wahrnehmen zu lassen. Er vermag mit Zartheit einzusetzen oder mit dem dunklen und harmonischen Schlag einer Glocke, kennt aber auch alle Kniffe seines Berufs. Die zweite Strophe von *Celeste Aida* beginnt mit einem gehaltenen, mit *diminuendo* bezeichneten F, das ihm in den sechs verschiedenen Einspielungen nicht immer gut gerät, doch in der Plattenaufnahme von 1904 gelingt es ihm, es mit einem dunklen Ton mit Maskenresonanz anzusetzen, als sänge er mit geschlossenem Mund; andere hilfreiche Kunstgriffe sind in den beiden Versionen von 1902 wahrzunehmen, wo er einem Konsonanten des öfteren einen »mißbräuchlichen« Vokal vorausschickt, was zu einem »a-mistico«, »e-del mio« usw. führt.

Ungeachtet seines vollkommenen Legato und seiner Meisterschaft im Cantabile warfen ihm die amerikanischen Kritiker zuweilen mit Recht vor, er aspiriere Vokale, die rein sein sollten: Allein in *Celeste Aida* finden wir tatsächlich »formaha divina« und »mistihico raggio«. Daß dies ein Mangel an Geschmack und Stil und nicht ein Problem der Technik ist, wird hinlänglich bewiesen durch die Tatsache, daß Caruso nicht mehr aspiriert, wenn die Musik wirklich schwierig wird, zum Beispiel in den Kadenzen von Donizetti oder Verdi, die er mit außerordentlicher Reinheit und Präzision ausführt. Hätte er eine Bravourarie wie *Il mio tesoro* in London mit den H von Gigli gesungen, so wäre er von der Kritik fürchterlich verrissen worden, und gewisse Schallplatten wie *Tre giorni son che Nina*, *Venti scudi* oder *La danza* dokumentieren, daß er auch in voller Reife mit der durch seine unvergleichliche Entwicklung gedunkelten Stimme die verzierten Phrasen der Musik artikulieren konnte, ohne auf die aspirierte *agilità* zurückzugreifen. Garcia sagt kategorisch: »Es sollte tunlichst vermieden werden, ihnen [den Vokalen] die Aspiration vorangehen zu lassen, die wir mit H bezeichnen. Der Gebrauch der Aspiration sollte den Seufzern usw. vorbehalten bleiben.« (Darauf folgt eine Erklärung über die Notwendigkeit, die *agilità* gebunden zu singen.) Hört man Caruso in *Bella figlia dell'amore*, so kann man feststellen, daß er diese eingeschobenen H nach seinem eigenen Gutdünken dosiert; sie sind jedoch fehl am Platz, und da es auf der Hand liegt, daß er nicht auf sie angewiesen war, ist es schade, daß er dieses schlechte, nur allzuleicht nachzuahmende Beispiel gegeben hat.

Wenn man dieses aufdringliche H als ein neueres Übel ansehen kann, so ist die Angewohnheit, das L anstelle des N zu setzen, allerdings ein älteres; hier könnte Caruso von Mattia Battistini angesteckt worden sein, der des öfteren von der »veldetta« singt; doch auch Antonio Scotti, der möglicherweise mit steifer Zunge sang, ist von dieser alten Extravaganz besonders angetan, und in ihrem Duett aus *La Bohème* singt Caruso prompt: »...che sotto il gualcial parteldo ascose.« Selbst Pavarotti mit seiner ungemein reinen Diktion hat sich in der *Bohème* dazu hinreißen lassen zu singen: »Chi sol? Sol un poeta.«

Der gewöhnlich Sterbliche bemerkt beim Anhören von Carusos Schallplatten keine Technik, so perfekt ist seine Methode; doch auch die unvergleichliche Eloquenz seines Gesangs beruht auf der Diktion. Technisch wurde diese Vollkommenheit durch die Entspannung der Phonationsmuskeln erreicht, die auch den freien Stimmfluß erzeugte. Im Falle von Caruso kann man sich jedoch fragen, ob die Stimmtechnik die Diktion vervollkommnet habe oder ob nicht eher das Gegenteil zutrifft: Ein Straßensänger braucht eine angenehme Stimme, doch vor allem sollen auch Zuhörer, die etwas abseits sitzen, nicht allein die Worte verstehen können, sondern den ganzen Sinn der Poesie.

3. TEIL

ANHANG

Das Repertoire Enrico Carusos

61 Opernpartien hat Caruso im Laufe seiner 26 Jahre dauernden Karriere gesungen. Die folgende Repertoireliste verzeichnet die Partien Jahr für Jahr in chronologischer Reihenfolge. Bei den mit einem Stern (*) bezeichneten Opern handelt es sich um Welturaufführungen.

1895   * *L'amico Francesco* (Morelli)
            Faust (Gounod)
            Cavalleria rusticana (Mascagni)
            Camoëns (Musoni)
            Rigoletto (Verdi)
            La traviata (Verdi)
            La Gioconda (Ponchielli)
            Manon Lescaut (Puccini)
            I Capuleti e i Montecchi (Bellini)

1896   *Lucia di Lammermoor* (Donizetti)
            Malia (Frontini)
            La sonnambula (Bellini)
            Mariedda (Bucceri)
            I puritani (Bellini)
            La favorita (Donizetti)
            A San Francisco (Sebastiani)
            I pagliacci (Leoncavallo)
            Carmen (Bizet)

1897   *Un dramma di vendemmia* (Fornari)
            * *Celeste* (D. Lamonica und G. Biondi)
            Il profeta velato (Napoletano)
            La Bohème (Puccini)
            La Navarraise (Massenet)
            * *Il voto* (Giordano)
            * *L'Arlesiana* (Cilea)

1898	*La Bohème* (Leoncavallo)
	Les Pêcheurs de perles (Bizet)
	* *Hedda* (Le Borne)
	Mefistofele (Boito)
	Sapho (Massenet)
	* *Fedora* (Giordano)
1899	*Iris* (Mascagni)
	Die Königin von Saba (Goldmark)
	Yupanqui (Berruti)
1900	*Aida* (Verdi)
	Un ballo in maschera (Verdi)
	Maria di Rohan (Donizetti)
	Manon (Massenet)
	Tosca (Puccini)
1901	* *Le Maschere* (Mascagni)
	Elisir d'Amore (Donizetti)
	Lohengrin (Wagner)
1902	* *Germania* (Franchetti)
	Don Giovanni (Mozart)
	* *Adriana Lecouvreur* (Cilea)
1903	*Lucrezia Borgia* (Donizetti)
1905	*Les Huguenots* (Meyerbeer)
1906	*Martha* (Flotow)
	Madame Butterfly (Puccini)
1907	*L'Africaine* (Meyerbeer)
	Andrea Chénier (Giordano)
1908	*Il trovatore* (Verdi)
1910	*Armide* (Gluck)
	* *La fanciulla del West* (Puccini)
1914	*Julien* (Charpentier)
1915	*Samson et Dalila* (Saint-Saëns)
1917	*Lodoletta* (Mascagni)
1918	*Le Prophète* (Meyerbeer)
	L'amore dei tre re (Montemezzi)
	La forza del destino (Verdi)
1919	*La juive* (Halévy)

274

2

Literatur über Caruso

(in chronologischer Reihenfolge)

G. Grassi, *Il nuovo tenore*, La Frusta, Salerno 1897.

Enrico Caruso, *Caruso's book, being a collection of caricatures and character Studies from original drawings of the Metropolitan Opera Company*, New York 1906.

O. Roux, *Illustratori italiani contemporanei*, Florenz 1909.

J. H. Wagenmann, *Enrico Caruso und das Problem der Stimmbildung*, Altenburg 1911.

Enrico Caruso, *How to Sing: Some Practical Hints*, London 1915.

Mary H. Flint, *Impressions of Caruso and his art*, New York 1917.

Gino Fracassini, *Il poeta del canto Enrico Caruso*, Florenz 1918.

Paul Bruns, *Carusos Technik*, W-Berlin 1922.

Enrico Caruso, *Caricatures Complete collection issued with the approval of the Artist*, New York 1922.

Salvatore Fucito und Barnett, J. Beyer, *Caruso and the Art of Singing*, New York 1922.

P. Bekker, *Klang und Eros*, Stuttgart/Berlin 1922.

Emil Ledner, *Erinnerungen an Caruso*, Hannover 1922.

Pierre V. R. Key und Bruno Zirato, *Enrico Caruso, a Biography*, Boston 1922, London 1923, München 1924.

C. Thesing, *Caruso, eine Biographie*, München 1924.

Dorothy Caruso und Torrance Goddard, *Wings of song*, London 1929.

George Armin, *Enrico Caruso, Eine Untersuchung der Stimme Carusos* ... Berlin-Wilmersdorf 1929.

Vittorio Tortorelli, *Ricordo di Caruso*, Florenz 1931.

Adolfo Narciso, *Enrico Caruso e i vermicelli a vongole*, Neapel 1935.

Nicola Daspuro, *Enrico Caruso*, Mailand 1938.

Diego Petriccione, *Caruso nell'Arte e nella vita*, Neapel 1939.

Johannes Lehrmann, *Caruso singt!*, Leipzig 1940.

Frank Thiess, *Il tenore di Trapani*, Turin 1942.

Dorothy Caruso, *Enrico Caruso, his Life and Death*, New York 1945.

H. Steen, *Caruso: Eine Stimme erobert die Welt*, Essen 1946.

Lavai-Barat, *La vie fantastique de Caruso*, Paris 1946.

Eugenio Gara, *Caruso, storia di un emigrante*, Mailand 1947 und 1973.

A. de Maria y Campos, *El canto del Cisne,* Mexiko City 1952.

T. R. Ybarra, *Caruso the Man of Naples and the Voice of Gold,* New York 1953.

Edouard J. Garde, *Caruso, histoire clinique d'une voix légendaire,* Sorbonne-Konferenz vom 26. Juli 1953.

Francis Robinson, *Caruso, His Life in Pictures,* New York 1957.

Robert W. Prichard, *The Death of Enrico Caruso,* in: *Surgery, Gynecology and Obstetrics,* Winston-Salem, vol. 109, 1959.

John Freestone und H. G. Drummond, *Enrico Caruso, his Recorded Legacy,* London 1960.

Jean-Pierre Mouchon, *Particularités physiques et phonétiques de la voix enregistrée de Caruso,* in: *Sud Médical et Chirugical,* 99. année, n. 2.509, Marseille 1964.

Vittorio Tortorelli, *Enrico Caruso,* Moskau 1965.

A. Favia-Artsay, *Caruso on record,* Valhalla, New York 1965.

Jean-Pierre Mouchon, *Enrico Caruso, sa vie et sa voix, étude psychophysiologique, physique, phonétique et esthétique,* Académie Régionale de Chant Lirique, Marseille 1966.

Luciano Pituello, *Caruso a Milano,* Associazione Amici del Museo teatrale alla Scala, Mailand 1971.

Stanley Jackson, *Caruso,* New York 1972.

John Bello, *Enrico Caruso. A Centennial Tribute,* Providence 1973.

AA. VV., *Omaggio a Caruso,* Neapel 1973.

John Richard Bolig, *The Recordings of Enrico Caruso,* Dover 1973.

Marone Silvio, *Caruso: asptectos de sua personalitade psico-dinamica, sua atividades em São Paulo,* São Paulo 1973.

Vittorio Tortorelli, *Caruso nel centenario della nascita,* Rimini 1973.

Rosa Ponselle, »Enrico Caruso«, in: *Americana,* vol. II (1974), n. 6, Rom.

Richard Barthélemy, *Memories of Caruso,* Plainsboro, New York 1979.

Howard Greenfeld, *Caruso,* New York 1983.

Renato Ribaud, *Napoli canta al mondo,* Neapel 1986.

Severino Di Candia, *Enrico Caruso, la voce che incantò il mondo,* inserto della »Domenica del Corriere«, Mailand 1987.

Michael Scott, *The Great Caruso,* New York 1988.

Allgemeine Literatur

Frances Alda, *Men, Women and Tenors,* Boston 1937.

Giovanni Ansaldo, *Dizionario degli italiani illustri e meschini,* Mailand 1980.

Giovanni Artieri, *Napoli Nobilissima,* Mailand 1959.

Giovanni Artieri, *Napoli, punto e basta?,* Mailand 1980.

Giuseppe Barigazzi, *La Scala racconta,* Mailand 1984.

Gemma Bellincioni, *Io e il palcoscenico,* Rom 1921.

Adolfo Bracale, *Mis Memorias,* Caracas 1931.

Thomas Burke, *Nights in London,* London 1918.

Emma Calvé, *My Life,* New York 1922.

Augusto Carelli, *Emma Carelli, trent'anni di vita del teatro lirico,* Rom 1932.

Lina Cavalieri, *Le mie verità, raccolte da Paolo D'Arvanni,* Rom 1936.

Rodolfo Celletti, *La vocalità,* in: *Storia dell'opera,* Turin 1977.

Rodolfo Celletti, *Le grandi voci,* Rom 1964.

Rodolfo Celletti, *Memorie d'un ascoltatore,* Mailand 1985.

Rodolfo Celletti, *Voce di tenore,* Mailand 1989.

Teodoro Celli e Giuseppe Pugliese, *Tullio Serafin,* Venedig 1985.

John Frederick Cone, *Oscar Hammerstein's Manhattan Opera Company.* Oklahoma University Press 1964.

Mary Watkins Cushing, *The Rainbow Bridge,* New York 1954.

Giovanni De Caro, *Planetario napoletano,* Neapel 1958.

F. de Filippis e R. Arnese, *Cronache del Teatro di San Carlo,* Neapel 1961.

Isidore De Lara, *Many tales of many cities,* London 1928.

Ettore De Mura, *Enciclopedia della canzone napoletana,* in drei Bänden, Neapel 1969.

Andrea della Corte, *Satire e grotteschi di musiche e musicisti d'ogni tempo,* Turin 1946.

Sebastiano Di Massa, *Il Café-chantant e la canzone a Napoli,* Neapel 1969.

Quaintance Eaton, *Opera caravan,* New York und Toronto 1957.

Pietro Gargano und Gianni Cesarini, *La canzone napoletana,* Mailand 1984.

Manuel Garcia, *Traité complet de l'art du chant,* Paris 1847.

Giulio Gatti-Casazza, *Memories of the Opera,* New York 1941.

Beniamino Gigli, *The Memoirs of Beniamino Gigli,* London 1957.

Frieda Hempel, *Mein Leben dem Gesang,* Berlin 1955.

Joseph Horowitz, *Toscanini,* Mailand 1988.

Gianni Infusino, *Napoli in terza pagina,* Neapel 1980.

Alfredo Jeri, *Bellegole,* Mailand 1947.

Gustav Kobbé, *Complete Opera Book,* London 1922.

Irving Kolodin, *The Story of the Metropolitan Opera,* New York 1953.

Arturo Lancellotti, *Le voci d'oro,* Rom 1942.

Giacomo Lauri-Volpi, *Voci parallele,* Mailand 1955.

Lotte Lehmann, *Midway in My Song,* New York 1938.

René Leibowitz, *Histoire de l'opéra,* Paris 1957.

Félia Litvinne, *Ma vie et mon art,* Paris 1933.

Nellie Melba, *Melodies and Memories,* London 1925.

Adolfo Narciso, *Lo char à bancs de' comici,* Neapel 1929.

Charles E. Pearce, *Sims Reeves,* London 1924.

Orazio Pedrazzi, *I nostri fratelli lontani,* Rom 1928.

Henry Pleasants, *The Great Singers,* New York 1961.

Rosa Ponselle, James A. Drake, *Ponselle. A Singer's Life,* New York 1982.

Titta Ruffo, *La mia parabola,* Mailand 1937, neue, erweiterte Ausgabe Rom 1977.

Michael Scott, *The Record of Singing to 1914,* London 1977.

Franco Scozio, *Napoli e napoletani di ieri,* Neapel 1971.

William Seltsam, *Metropolitan Opera Annals,* New York 1947.

Ulderigo Tegani, *Cantanti di una volta,* Mailand 1945.

Camillo Antona Traversi, *Ricordi parigini,* Ancona 1929.

Riccardo Trebbi, *Cantanti di oggi e di domani ascoltatemi,* Brescia 1944.

T. J. Walsh, *Monte Carlo Opera,* Dublin 1975.

Bruno Walter, *Theme and Variations,* New York 1944.

Diskographie

zusammengestellt von Michael Aspinall
und Gianni Cesarini

Wichtigste Pionierarbeit im Hinblick auf eine umfassende Caruso-Diskographie haben Jack L. Caidin und John Secrist geleistet. Die vorliegende Auflistung basiert im wesentlichen auf der Arbeit John R. Boligs, der aufgrund minuziöser Recherchen in den Archiven der RCA Victor sämtliche Aufnahmen Carusos eruiert und in chronologischer Abfolge zusammengestellt hat. Boligs Auflistung wurde als Anhang zu Michael Scotts Caruso-Biographie veröffentlicht – leider nicht komplett: Sämtliche Katalognummern fehlen. In unserer Zusammenstellung halten wir uns an die chronologische Numerierung Boligs; zudem haben wir versucht, die jeweiligen Katalognummern der einzelnen Veröffentlichungen nachzutragen (soweit es sich um 78er Singles handelt, die von Originalmatrizen stammen). Bei den Angaben zur jeweiligen Tourenzahl (UpM = Umdrehungen pro Minute) folgen wir – mit einer Ausnahme – den Angaben von Aida Favia-Artsay.

Ab 1932 veröffentlichte RCA Victor verschiedene Caruso-Aufnahmen in sogenannt »verbesserter« Form – nämlich mit einer neuen (d. h. klangtechnisch zeitgemäßeren) Orchesterbegleitung, überspielt in der Hoffnung, daß diese alten Trichteraufnahmen nun einigermaßen wie die neuen elektronischen Aufnahmen tönen würden. Diese »verbesserten« Caruso-Veröffentlichungen haben wir in unserer Diskographie nicht mit berücksichtigt.

Im Hinblick auf möglichst perfekte Aufnahmen machte RCA Victor von einem einzigen Stück üblicherweise gleich mehrere Matrizen. Zur Veröffentlichung gelangte die jeweils perfekteste, die anderen Matrizen wurden angeblich im Archiv als Reserven verwahrt. Jedenfalls erwähnt Bolig in seiner Diskographie, daß diese Matrizen aufbewahrt worden seien, obwohl davon nie Tonträger veröffentlicht wurden. In unserer Diskographie haben wir diese »Ersatzmatrizen« aber nicht aufgelistet, weil sie längst und fast ausnahmslos zerstört worden sind.

Einige Aufnahmen sind zu Lebzeiten Carusos gar nicht veröffentlicht worden. Kurz nach seinem Tod erschienen immerhin jene Aufnahmen aus den Jahren 1919 und 1920, die der Tenor noch zur Veröffentlichung freigegeben hatte. Weitere Editionen folgten sukzessive, meistens in limitierten Auflagen.

In den dreißiger Jahren wurden in den USA zwei Schallplattenklubs gegründet, die in eigenen Auflagen Platten für Sammler herstellten: der International Record Collector's Club (IRCC) von William H. Seltsam sowie die Historic Record Society (HRS) von William Speckin. Hier konnten die Schallplattensammler Wiederveröffentlichungen von historischen Aufnahmen bestellen. Vor allem der IRCC hat einige wertvolle Caruso-Kostbarkeiten veröffentlicht: beispielsweise das *Bohème*-Duett mit Geraldine Farrar oder das *Rigoletto*-Quartett mit Tetrazzini, Aufnahmen, die vordem nur in Deutschland und Österreich vertrieben worden sind.

Ab 1948 begann RCA Victor mit der Veröffentlichung der *Heritage Series*, einer Reihe mit historischen Aufnahmen. Auch einige Caruso-Aufnahmen waren darunter; in unserer Auflistung haben wir sie als Wiederveröffentlichungen mit dem Präfix 15– gekennzeichnet. Es handelt sich um Platten aus rotem, transparentem Kunststoff, die jeweils ungefähr ein Jahr im Handel waren.

His Master's Voice veröffentlichte ab 1951 ihre *Archive Series* (schwarze Siegellackplatten mit einem weißen Etikett samt dem Präfix VA und VB); darunter befanden sich insgesamt 63 Caruso-Veröffentlichungen. Zur selben Zeit brachte die American Gramophone Society unter Addison Forster einige Caruso-Titel mit dem Präfix AGSA resp. AGSB auf den Markt.

Während des Ersten Weltkriegs brach die deutsche Filiale der Gramophone Company jeden Kontakt zum englischen Stammhaus ab und vertrieb ihr Repertoire fortan in eigener Regie (und auf eigene Rechnung). Nach dem Krieg versuchte His Master's Voice, die deutsche Tochter wiederum ans Stammhaus zurückzubinden – vergeblich, wie sich herausstellen sollte, so daß eine neue Filiale, die Electrola, in Deutschland eröffnet wurde, die nun für den Vertrieb des Gramophone-Repertoires zuständig war und auch Caruso-Aufnahmen veröffentlichte, und zwar unter dem Electrola-Etikett oder demjenigen der Deutschen Grammophon Gesellschaft. Wobei die Deutsche Grammophon Gesellschaft selbstverständlich über keine eigenen Caruso-Aufnahmen aus der Zeit nach 1914 verfügt. Die Verbreitung der DGG-Caruso-Aufnahmen war insgesamt jedoch so groß, daß wir sie in unserer Auflistung berücksichtigt haben.

*

Anhand eines Beispiels seien noch ein paar Hinweise zum Aufbau unserer Diskographie gegeben:

41 **Manon:** *Chiudo gli occhi*
B 1001–2 81031 523 2–52479 DA 125 74516 80005 VA 32

B 1001 steht für die Matrizennummer; handelt es sich um eine Aufnahme der Victor, so weist der Buchstabe B auf eine Platte mit 25 cm Durchmesser hin (c steht für einen Durchmesser von 30 cm). Das Suffix –2 gibt an, daß es sich um den zweiten Take, um die zweite Aufnahme unter derselben Matrizennummer, handelt. Diese Take-Nummern wurden fast ausnahmslos auch in die Platten eingraviert, und zwar im Leerraum zwischen den Endrillen und dem Etikett, meistens auf der Position »neun Uhr«. Auf den europäischen Platten ist die Matrizennummer dagegen auf Position »sechs Uhr« eingraviert und die Katalognummer auf Position »12 Uhr«. Ab 1907 verzichtete Victor generell auf die Angabe der Matrizennummern.

81031 ist die Victor-Katalognummer, und zwar für die nur einseitig abspielbare Platte. 523 ist die Victor-Katalognummer für die doppelseitig abspielbare Platte. 2–52479 ist die Katalognummer der Gramophone Company, gültig für ganz Europa, und zwar für die einseitig abspielbare Platte. DA 125 ist die entsprechende Katalognummer für die doppelseitig abspielbare Platte. 74516 ist die Nummer der Deutschen Grammophon Gesellschaft (für Deutschland nach 1914), und zwar für die einseitig abspielbare Platte. Die letzte Kolonne ganz rechts ist reserviert für Wiederveröffentlichungen anhand der originalen Matrizen, aber auf 78tourigen Platten; die Nummer VA 32 weist auf eine Wiederveröffentlichung im Rahmen der *Archive Series* von His Master's Voice aus dem Jahr 1951 hin. Steht eine Nummer in Klammern, so bedeutet das, daß die jeweilige Platte zumindest angekündigt oder schon in der Herstellung begriffen war, aber letztlich doch unveröffentlicht blieb.

Diese einzelnen Kolonnen bleiben sich über die ganze Diskographie hinweg gleich (ausgenommen die Veröffentlichungen der AICC). Manchmal fehlt die eine oder andere Nummer: beispielsweise bei der Aufnahme 359, wo keine Nummer auf eine Veröffentlichung in den europäischen Ländern hinweist. In der Tat ist diese Aufnahme der Arie *M'appari tutt'amor* (aus Flotows *Martha*) in Europa nie anhand der originalen Matrize veröffentlicht worden. Umgekehrt ist ersichtlich, daß die Aufnahme 269, *La Partida* mit Klavierbegleitung, in den USA nie veröffentlicht worden ist.

Sind von den als »unveröffentlicht« bezeichneten Aufnahmen entweder eine Matrize oder Musterpressungen vorhanden (und sei es auch nur eine einzige), so haben wir das in unserer Auflistung besonders vermerkt. Überhaupt diese »unveröffentlichten« Aufnahmen: Natürlich kann man einwenden, daß zum Beispiel *Vecchia zimarra*, obwohl Caruso diese Aufnahme nie zur Veröffentlichung freigegeben hat, keine im eigentlichen Sinne unveröffentlichte Aufnahme ist. Denn eine einzige Musterpressung existiert davon (Eigentum von Frances Alda), und von dieser ausgehend stellte Victor-EMI im Jahr 1947 die entsprechenden Schallplatten her. Also werden in unserer Auflistung auch jene Aufnahmen als »unveröffentlicht« bezeichnet, die erst Jahre nach Carusos Tod (oder aber ohne seine Einwilligung) erstmals veröffentlicht worden sind.

11. April 1902 (Mailand, mit Klavierbegleitung von Salvatore Cottone.
71,29 UpM = Umdrehungen pro Minute)

1	**Germania:** *Studenti, udite*					
	1782		52378	DA 544		VA 37
2	**Rigoletto:** *Questa o quella*					
	1783		52344			
3	**Aida:** *Celeste Aida*					
	1784		52369			
4	**Manon:** *Chiudo gli occhi*					
	1785		52345			VA 58
5	**Elisir d'amore:** *Una furtiva lagrima*					
	1786		52346			
6	**Mefistofele:** *Giunto sul passo estremo*					
	1787		52347	DA 550		VA 7
7	**Germania:** *No, non chiuder gli occhi vaghi*					
	1788		52370	DA 544		VA 37
8	**Mefistofele:** *Dai campi dai prati*					
	1789		52348			
9	**Tosca:** *E lucevan le stelle*					
	1790	5010	52349	DA 547		VA 29
		91009				
10	**Iris:** *Apri la tua finestra*					
	1791		52368			

30. November 1902 (Mailand, mit Klavierbegleitung von Cottone. 67,92 UpM)

11	**Mefistofele:** *Dai campi dai prati*						
	2871		52348x	DA 550			VA 7
12	**Fedora:** *Amor ti vieta*						
	(laut dem Etikett begleitet Giordano)						
	2872		52439	DA 549			VA 53
							VA 58
13	**Aida:** *Celeste Aida*						
	2873	5008	52369x	DA 549	74514		VA 12
		91007					
14	**La Gioconda:** *Cielo e mar*						
	2874	5009	52417	DA 547			VA 29
		91008					
15	**I pagliacci:** *Vesti la giubba*						
	2875	5016	52440	DA 546			VA 30
		91014					

16 **Cavalleria rusticana:** *O Lola*

| 2876 | 5012 | 52418 | DA 548 | | VA 30 |
| | 91011 | | | | |

17 *Non t'amo più* (Denza)

| 2877 | 5014 | 52441 | DA 548 | | VA 31 |
| | 91013 | | | | |

1. oder 2. Dezember 1902 (Mailand, mit Klavierbegleitung von Cottone. 67,92 UpM)

18 *La mia canzone* (Tosti)

| 2879 | 5011 | 52443 | DA 548 | | VA 31 |
| | 91010 | | | | |

19 **Adriana Lecouvreur:** *No, più nobile*
(Klavierbegleitung von Cilea)

| 2880 | | 52419 | | |

20 *Luna fedel* (Zardo)

| 2882 | | 52442 | | | VA 9 |

DISCHI ZONOFONO
(Aufnahme für die Anglo-Italian Commerce Co.)

(?) 19. April 1903 (Datum nach Bolig) (Mailand, mit der Ansage möglicherweise von Caruso; Begleiter am Klavier unbekannt. 75,00 UpM)

21 *Un bacio ancor* (Trimarchi)
X-1550

22 *Luna fedel* (Zardo)
X-1551

23 **Elisir d'amore:** *Una furtiva lagrima*
X-1552

24 **Tosca:** *E lucevan le stelle*
X-1553

25 **Germania:** *No, non chiuder gli occhi vaghi*
X-1554

26 **Rigoletto:** *La donna è mobile*
X-1555

27 **Cavalleria rusticana:** *O Lola*
X-1556

WALZEN FÜR DIE ANGLO-ITALIAN COMMERCE CO.
(Zusammen mit Pathé Frères)

Möglicherweise am selben Tag produziert wie die Aufnahme für Dischi Zonofono. Datum nach Bolig: zwischen 7. Oktober und 20. Dezember 1903.
(Mailand, mit der Ansage möglicherweise von Caruso selbst. Begleiter am Klavier unbekannt. In Tiefenschrift geschnitten, Tourenzahl ja nach Format.)

28 *Tu non mi vuoi più ben* (Antonio Pini-Corsi)
    Walze 84003   Schallplatte Pathé 84003
29 **Tosca:** *E lucevan le stelle*
    Walze 84004   Schallplatte Pathé 84004
30 **Gli Ugonotti:** *Qui sotto il ciel*
    Walze 84006   Schallplatte Pathé 84006

DISCHI VICTOR

1. Februar 1904 (New York, mit Klavierbegleitung möglicherweise von C. H. H. Booth, 78,26 UpM)

31	**Rigoletto:** *Questa o quella*					
	B 994	81025	522	(2-52480 in.)		
32	**Rigoletto:** *La donna è mobile*					
	B 995	81026	522	52062		
33	**Elisir d'amore:** *Una furtiva lagrima* (erster Teil)					
	B 996	81027	930	52065		VA 12
34	**Elisir d'amore:** *Un solo istante i palpiti* (zweiter Teil)					
	c 996-1	85021		052073		VB 16
						VB 44
35	**Aida:** *Celeste Aida*					
	c 997	85022		052074		
36	**Tosca:** *E lucevan le stelle*					
	B 998	81028	523	52063	DA 125	VA 34
37	**Tosca:** *Recondita armonia*					
	B 999	81029		52191		VA 34
38	**Cavalleria rusticana:** *O Lola*					
	B 1000	81030	521	52064	80081	
39	**Manon:** *Chiudo gli occhi*					
	B 1001-1 (unveröffentlicht)					
40	**I pagliacci:** *Vesti la giubba*					
	B 1002	81032	930	52066		

9. Februar 1904 (New York, mit Klavierbegleitung möglicherweise von C. H. H. Booth, 78,26 UpM)

41 **Manon:** *Chiudo gli occhi*
    B 1001-2   81031   523   2-52479 DA 125 74516   80005   VA 32

GRAMOPHONE & TYPEWRITER COMPANY
(Mailand. 73,47 UpM)

8. April 1904

42 *Mattinata* (Leoncavallo) (speziell komponiert für die Schallplattenaufnahme). Am Klavier begleitet der Komponist.
    2181h   52034   DA 546 74511   VA 53
                                                                                   VA 32

43 **Les Pêcheurs de perles:** *Mi par d'udir ancora*
    Am Klavier begleitet Salvatore Cottone
    268i   052066   76062   85006   IRCC 61
                                    VB 44

VICTOR TALKING MACHINE COMPANY
27. Februar 1905 (New York, Klavierbegleitung möglicherweise von Frank La Forge. 76,60 UpM)

44 **Don Pasquale:** *Com'è gentil*
    C 2340   85048   6036   C52086 DB 159   VB 55
45 **Carmen:** *Il fior che avevi a me tu dato*
    C 2341   85049   052087   VB 57
46 **Les Huguenots:** *Bianca al par*
    C 2342   85056   052088   VB 57
47 **La Gioconda:** *Cielo e mar!*
    C 2343   85055   6036   052089   DB 113
48 **Cavalleria rusticana:** *Viva il vino spumeggiante*
    B 2344   81062   521   52193   DA 545 74513   80005   VA 33

11. Februar 1906 (New York, mit Orchesterbegleitung. 76,60 UpM)

49 **Martha:** *M'apparì tutt'amor*
    C 3100-1 88001   025121   DB 159 76065   85001   15-1036
50 **Bohème:** *Che gelida manina*
    C 3101   88002   6003   052122   DB 113 76066   85012
51 **Faust:** *Salut, demeure chaste et pure*
    C 3102   88003   6004   032030   DK 116 76013   85004
52 **Il trovatore:** *Di quella pira*
    B 3103   87001   512   2-52489 DA 113 74518   80007
                  3031

53 **La favorita:** *Spirto gentil*

C 3104   88004   6005   052120   DB 129   76064   85010   15-1036

13. März 1906 (New York, mit Orchesterbegleitung. 76,60 UpM)

54 **La forza del destino:** *Solenne in quest'ora*
Mit Antonio Scotti

C 3179   89001   8000   054070   DM 105   78510   78510

55 **Aida:** *Celeste Aida*

C 3180-1   (88025) (nur auf Langspielplatte veröffentlicht)

30. Dezember 1906 (New York, mit Orchesterbegleitung. 76,60 UpM)

56 *Triste ritorno* (Barthélemy)

C 4159   88048   6030   052153   DB 140   76070   85005

57 **L'Africaine:** *O paradiso!*
C 4160-1 (unveröffentlicht)

58 **Andrea Chénier:** *Un dì all'azzurro spazio*
C 4161 (unveröffentlicht)

59 *Ideale* (Tosti)

C 4162   88049   6019   052154   DB 129   76071   85003

20. Februar 1907 (New York, mit Orchesterbegleitung)

60 **L'Africaine:** *O paradiso!*

C 4160-2   88054   6007   052157   DB 117   76072   85015
(76,60 UpM)

61 **Rigoletto:** *Bella figlia dell'amore*
Mit Bessie Abbott, Louise Homer und Scotti

C 4259   96000   10011   054117   DO 100   79000   79000
(80,00 UpM)

17. März 1907 (New York, mit Orchesterbegleitung. 76,60 UpM)

62 Bohème: *O Mimì tu più non torni*
Mit Antonio Scotti

C 4315   89006   8000   054127   DM 105   78511   78510

63 **Andrea Chénier:** *Un dì all'azzurro spazio*

C 4316   88060   6008   052158   DB 700   76073   85016

64 **I pagliacci:** *Vesti la giubba*

C 4317-1   88061   6001   052159   DB 111   76074   85017

24. März 1907 (New York, mit Orchesterbegleitung. 76,60 UpM)

65 **I pagliacci:** *Vesti la giubba*
c 4317-2 (unveröffentlicht)
66 **Bohème:** *O soave fanciulla*
Mit Nellie Melba
c 4326-1   95200   054129   78512   78512
67 **Bohème:** *O soave fanciulla*
Mit Nellie Melba
c 4326-2 (unveröffentlicht)
68 **Les Pêcheurs de perles:** *Del tempio al limitar*
Mit Mario Ancona
c 4327   89007   8036   054134   DK 116   78513   78513

1. April 1907 (New York, mit Orchesterbegleitung)

69 **Bohème:** *O soave fanciulla*
Mit Nellie Melba
c 4326-3 (unveröffentlicht)
70 **Bohème:** *O soave fanciulla*
Mit Nellie Melba
c 4326-4 (unveröffentlicht)

10. Januar 1908 (New York, mit Orchesterbegleitung. 80,00 UpM)

71 **Don Sebastiano:** *Deserto in terra*
c 5008-1   88106   6014   052209   DB 700   76078   85010
72 **Don Sebastiano:** *Deserto in terra*
c 5008-2   15-1037
73 *Adorables tourments* (Gaël/Barthélemy/Caruso)
c 5009   88115   6006   032070   DB 116   76014   85005
74 **Les Pêcheurs de perles:** *Mi par d'udir ancora*
c 5010-1 (unveröffentlicht)

3. Februar 1908 (New York, mit Orchesterbegleitung)

75 **Lucia di Lammermoor:** *Chi mi frena* (Sextett)
Mit Marcella Sembrich, Gina Severina, Scotti, Francesco Daddi,
Marcel Journet
c 5052-1 (unveröffentlicht)

76 **Lucia di Lammermoor:** *Chi mi frena* (Sextett)
Mit Marcella Sembrich, Gina Severina, Scotti, Francesco Daddi,
Marcel Journet
c 5052-2 (unveröffentlicht)

77 **Lucia di Lammermoor:** *Chi mi frena* (Sextett)
Mit Marcella Sembrich, Gina Severina, Scotti, Francesco Daddi,
Marcel Journet
c 5052-3 (unveröffentlicht)

78 **Rigoletto:** *Bella figlia dell'amore*
Mit Sembrich, Josephine Jacoby, Scotti
c 5053-1 (unveröffentlicht)

79 **Rigoletto:** *Bella figlia dell'amore*
Mit Sembrich, Josephine Jacoby, Scotti
c 5053-2 (unveröffentlicht)

7. Februar 1908 (New York, mit Orchesterbegleitung. Dirigent: Rogers.
78,26 UpM)

80	**Lucia di Lammermoor:** *Chi mi frena . . .* Mit Sembrich, Scotti, Journet, Severina und Daddi							
	c5052-4	96200	10001	054205	DQ 101	79003	79003	

81 **Lucia di Lammermoor:** *Chi mi frena . . .*
Mit Sembrich, Scotti, Journet, Severina und Daddi
c 5052-5 (unveröffentlicht)

82	**Rigoletto:** *Bella figlia dell'amore* Mit Sembrich, Severina, Scotti							
	c 5053-3	96001	10001	054199	DQ 101	79001	79001	16-5001

83 **Rigoletto:** *Bella figlia dell'amore*
Mit Sembrich, Severina, Scotti
c 5053-4 (unveröffentlicht)

10. März 1908 (New York, mit Orchesterbegleitung. Dirigent: Rogers.
76,60 UpM)

84	**Bohème:** *Addio dolce svegliare alla mattina* Mit Geraldine Farrar, Gina Viafora und Scotti							
	c 6025	96002	1007	054204	DO 101	79002	79001	16-5001
85	**Madama Butterfly:** *O quanti occhi fisi* Mit Farrar							
	c 6026	89017	8011	054201	DM 110	78515	78515	

16. März 1908 (Camden, mit Orchesterbegleitung. 76,60 UpM)

86 **Les Pêcheurs de perles:** *Mi par d'udir ancora*
    c 5010-2 (unveröffentlicht)
87 **Les Pêcheurs de perles:** *Mi par d'udir ancora*
    c 5010-3 (unveröffentlicht)
88 *Lolita* (Buzzi-Peccia)

| B 6032 | 88120 | 6003 | 062005 | DB 696 | 76153 | 85042 | VB 60 |

89 **Rigoletto:** *La donna è mobile*

| B 6033 | 87017 | 500 | 2-52641 | DA 561 | 74522 | 80007 |

90 **Il trovatore:** *Ah sì ben mio*

| c 6034 | 88121 | 6002 | 052210 | DB 112 | 76079 | 85019 |

91 **Rigoletto:** *Questa o quella*

| B 6035 | 87018 | 500 | 2-52642 | DA 102 | 74523 | 80009 |

17. März 1908 (Camden, mit Orchesterbegleitung. 75,00 UpM)

92 **Il trovatore:** *Ai nostri monti*
    Mit Louise Homer

| c 6036-1 | 89018 | | 054198 | | 78514 |

29. März 1908 (Camden, mit Orchesterbegleitung. 76,60 UpM)

93 **Aida:** *Celeste Aida*
    c 3180-2 (unveröffentlicht)
94 **Aida:** *Celeste Aida*

| c 3180-3 | 88127 | | 052224 | DB 144 | 76080 | 78512 |
| | | | | | | 85020 |

95 **Die Königin von Saba:** *Magiche note*
    c 6062 (unveröffentlicht)

GRAMOPHONE COMPANY LTD.

Ca. 10. August 1908 (Hayes, mit Orchesterbegleitung. Dirigent: Percy Pitt)

96 *Auld Lang Syne* (schottische Volksweise)
    Matrizennummer unbekannt, unveröffentlicht
97 **Rigoletto:** *La donna è mobile*
    Matrize 8972e (unveröffentlicht)

19. Dezember 1908 (New York, mit Orchesterbegleitung)

98   **Faust:** *Alerte! Alerte! Ou vous êtes perdus!* (Schlußterzett)
Mit Farrar und Félix Vieuille
c 6679-1 (unveröffentlicht)

99   **Faust:** *Alerte! Alerte! Ou vous êtes perdus!* (Schlußterzett)
Mit Farrar und Félix Vieuille
c 6679-2 (unveröffentlicht)

100 **Il trovatore:** *Perigliarti ancor languente*
Mit Louise Homer
c 6680 (unveröffentlicht)

101 **Faust:** *Que voulez-vous, messieurs?* (Terzett aus der Duellszene)
Mit Vieuille und Emilio De Gogorza
c 6681-1 (unveröffentlicht)

102 **Faust:** *Que voulez-vous, messieurs?* (Terzett aus der Duellszene)
Mit Vieuille und Emilio De Gogorza
c 6681-2 (unveröffentlicht)

103 **Il trovatore:** *Mal reggendo all'aspro assalto*
Mit Homer
c 6682-1 (unveröffentlicht)

6. November 1909 (Camden, mit Orchesterbegleitung. 75,00 UpM)

104 *Pour un baiser* (Doncieux-Tosti)

B 8343	87042	517	7-32000	DA 118	74502	80002	VA 35

105 *Mamma mia che vo' sapè* (F. Russo/Nutile)
c 8344-1 (unveröffentlicht)

106 *Mamma mia che vo' sapè* (F. Russo/Nutile)

c 8344-2	88206	6009	2-052005	DB 119	76090	85021

107 **La forza del destino:** *O tu che in seno agli angeli*

c 8345	88207	6000	2-052006	DB 112	76091	85022

108 **Tosca:** *E lucevan le stelle*

B 8346	87044	511	7-52002	DA 112	745526	80010

109 **Tosca:** *Recondita armonia*

B 8347	87043	511	7-52004	DA 112	74528	80010

110 **Aida:** *O terra addio*
Mit Johanna Gadski
c 8348-1 (unveröffentlicht)

111 **Aida:** *O terra addio*
Mit Johanna Gadski

c 8348-2	89029	8015	2-054006	DM 114	78517	78516

7. November 1909 (Camden, mit Orchesterbegleitung. 75,00 UpM)

112 **Die Königin von Saba:** *Magiche note*
    B 6062   87041   520   7-52003   DA 122   74527   80011   VA 36

113 **Carmen:** *Il fior che avevi a me tu dato*
    C 8349   88209   6007   2-052007   DB 117   76092   85015

114 **Carmen:** *La fleur que tu m'avais jetée*
    C 8350   88208   6004   2-032000   DB 130   76015   85006

115 **Les Huguenots:** *Bianca al par di neve alpina*
    C 8351   88210   6005   2-052008   DB 115   76093   85011   15-1037

116 **Il trovatore:** *Ah! che la morte ognora* (»Miserere«)
    Mit Gadski
    C 8552-1 (unveröffentlicht)

117 **Il trovatore:** *Ah! che la morte ognora* (»Miserere«)
    Mit Gadski
    C 8552-2 (unveröffentlicht)

118 **Aida:** *La fatal pietra*
    Mit Gadski
    C 8353   89028   8015   2-054005   DM 114 78516   78516

27. Dezember 1909 (Camden, mit Orchesterbegleitung. 75,00 UpM)

119 **Il trovatore:** *Ah! che la morte ognora* (»Miserere«)
    Mit Frances Alda (ohne Chor)
    C 8506-1 (unveröffentlicht)

6. Januar 1910 (New York, mit Orchesterbegleitung. Dirigent: Walter B. Rogers. 76,60 UpM)

120 **Il trovatore:** *Ah! che la morte ognora* (»Miserere«)
    Mit Alda und Chor
    C 8506-2 (unveröffentlicht)

121 **Il trovatore:** *Ah! che la morte ognora* (»Miserere«)
    Mit Alda und Chor
    C 8506-3   89030   8042   2-054007   DK 119 78518   78518

122 **Faust:** *Il se fait tard*
    Mit Farrar
    C 8533   89031   8009   2-034011   DM 108 78502   78502

123 **Faust:** *Eternelle! O nuit d'amour*
    Mit Farrar
    C 8534-1 (unveröffentlicht)

124 **Faust:** *Eternelle! O nuit d'amour*
    Mit Farrar
    C 8534-2   89032   8009   2-034012   DM 108 78503   78502

12. Januar 1910 (New York, mit Orchesterbegleitung. Dirigent: Rogers.
76,60 UpM)

125 **Faust:** *Mon cœur est pénétré d'épouvante*
Mit Farrar
c 8542-1 (unveröffentlicht)
126 **Faust:** *Mon cœur est pénétré d'épouvante*
Mit Farrar
c 8542-2   89033   8010   2-034005 DM 109 78535   78535
127 **Faust:** *Attends! voici la rue*
Mit Farrar
c 8543-1 (unveröffentlicht)
128 **Faust:** *Attends! voici la rue*
Mit Farrar
c 8543-2   89034   8010   2-034006 DM 109 78536   78535
129 **Faust:** *Seigneur Dieu, que vois-je!* (erster Teil des Quartetts)
Mit Farrar, Gabrielle Lejeune Gilibert und Journet
c 8544   95204   10004   2-034003 DM 102 78500   78500
130 **Faust:** *Alerte! Ou vous êtes perdus!* (Schlußterzett)
Mit Farrar und Journet
c 8545-1 (unveröffentlicht)
131 **Faust:** *Alerte! Ou vous êtes perdus!* (Schlußterzett)
Mit Farrar und Journet
c 8545-2 (unveröffentlicht)
132 **Martha:** *Solo, profugo, reietto!*
Mit Journet
c 8546   89036   8016   2-054010 DM 115 78519   78519
133 **Faust:** *Eh! quoi! toujours seule?* (zweiter Teil des Quartetts)
Mit Farrar, Gilibert und Journet
c 8547   95205   10004   2-034004 DM 102 78500   78500

16. Januar 1910 (New York, mit Orchesterbegleitung. Dirigent: Rogers.
76,60 UpM)

134 **Faust:** *Alerte! Ou vous êtes perdus!* (Schlußterzett)
Mit Farrar und Journet
c 8545-3 (unveröffentlicht)
135 **Faust:** *Alerte! Ou vous êtes perdus!* (Schlußterzett)
Mit Farrar und Journet
c 8545-4 95203   10008   2-034002 DK 106 78538   77515   16-5003
136 **Faust:** *O merveille*
Mit Journet
c 8555-1 (unveröffentlicht)

137 **Faust:** *O merveille*
Mit Journet
C 8555-2   89039   8016   2-034000 DM 115   78537   78519
138 **Faust:** *Que voulez-vous, messieurs?* (Terzett aus der Duellszene)
Mit Journet und Scotti
C 8556   95206   10011   2-034001 DO 100   78539   78539

17. *Januar 1910* (New York, mit Orchesterbegleitung. Dirigent: Rogers.
76,60 UpM)

   Faust: *Elle ouvre sa fenêtre*
   (Ein Solo von Geraldine Farrar. Eine nicht genannte Tenorstimme singt nur
   ein einziges Wort: »Marguerite«, wobei es sich mit größter Wahrschein-
   lichkeit nicht um Carusos Stimme handelt.)
   Mit Journet
   C 8558

14. *März 1910* (New York, mit Orchesterbegleitung. 76,60 UpM)

139 **Germania:** *Studenti! udite*
   B 8710   87053   508   7-52013   DA 543   74558   80022   VA 38
140 **Madama Butterfly:** *Amore o grillo*
   Mit Scotti
   C 8711   89043   8014   2-054014 DM 113   78520
141 **Madama Butterfly:** *Non ve l'avevo detto*
   Mit Scotti
   C 8712   89047   8014   2-054013 DM 113   78520   78520
142 **Germania:** *No, non chiuder gli occhi vaghi*
   B 8713   87054   508   7-52014   DA 543   74559   80022   VA 38
143 **La Gioconda:** *Cielo e mar*
   C 8718   88246   6020   2-052032 DB 696   76094   85016

17. *März 1910* (New York, mit Orchesterbegleitung)

144 **Luisa Miller:** *Quando le sere al placido*
   C 8725 (unveröffentlicht)

28. *Dezember 1910* (Camden, mit Orchesterbegleitung. 75,00 UpM)

145 **I pagliacci:** *No, pagliaccio non son*
   C 9742-1 (unveröffentlicht)
146 **I pagliacci:** *No, pagliaccio non son*
   C 9742-2   88279   6001   2-052034 DB 111   76095   85017

147 **Otello:** *Ora e per sempre addio . . .*
  B 9743-1 (unveröffentlicht)
148 **Otello:** *Ora e per sempre addio . . .*
  B 9743-2 87071 505 7-52017 DA 561 74529 80013
149 *For You Alone* (O' Reilly-Geehl)
  B 9744-1 87070 507 4-2122 DA 108 74500 80000
150 *For You Alone* (O' Reilly-Geehl)
  B 9744-2 (unveröffentlicht)
151 **Cavalleria rusticana:** *O Lola*
  Harfe: Francis Lapitino
  B 9745 87072 516 7-52018 DA 117 74530 80010

29. Dezember 1910 (Camden, mit Orchesterbegleitung. 75,00 UpM)

152 **Il trovatore:** *Se m'ami ancor; Ai nostri monti*
  Mit Homer
  C 6036-2 89018 8013 054198 DM 112 78514 78514
153 **Il trovatore:** *Mal reggendo all'aspro assalto*
  Mit Homer
  C 6682-2 89049 8013 2-054017 DM 112 78524 78514
154 *Canta pe' me* (Bovio-E. De Curtis)
  B 9746 (unveröffentlicht)
155 *Addio (Goodbye)* (Rizzelli-Tosti)
  C 9747 88280 6021 2-052035 DB 131 76096 85027
          7156   DB 1386
156 **Aida:** *Già i sacerdoti adunansi*
  Mit Homer
  C 9748 89050 8012 2-054015 DK 115 78522 78522 15-1025
157 **Aida:** *Misero appien mi festi*
  Mit Homer
  C 9749 89051 8012 2-054016 DM 111 78523 78522 15-1025
                       2-054094

19. November 1911 (Camden, mit Orchesterbegleitung. 75,00 UpM)

158 **Un ballo in maschera:** *Di' tu se fedele*
  Mit Chor
  B 11270-1 (unveröffentlicht)
159 **Un ballo in maschera:** *Di' tu se fedele*
  Mit Chor
  B 11270-2 87091 512 7-52025 DA 102 74532 80009
160 *Eternamente* (Massoni-Mascheroni)
  C 11271 88333 6034 2-052058 DB 121 76161 85042 VB 60

161 **Bohème:** (Leoncavallo): *Musetta! O gioia della mia dimora; Testa adorata*
C 11272   88331   6012   2-052059   DB 122   76102   85028

162 **Lo Schiavo** (Gomes): *L'importuna insistenza; Quando nascesti tu*
C 11273-1 (unveröffentlicht)

163 **Lo Schiavo** (Gomes): *L'importuna insistenza; Quando nascesti tu*
C 11273-2 88345   6027   2-052062   DB 137   76105   85031

164 *Core 'ngrato* (Cordiferro-Cardillo)
C 11274   88334   6032   2-052060   DB 142   76103   85029

26. November 1911 (Camden, mit Orchesterbegleitung. 75,00 UpM)

165 **Elisir d'amore:** *Una furtiva lagrima*
C 996-2   88339   6016   2-052064   DB 126   76106   85012

166 **Bohème:** (Leoncavallo): *Io non ho che una povera stanzetta*
C 11276   88335   6012   2-052061   DB 122   76104   85028   15-1038

167 **Otello:** *Oh! mostruosa colpa; Si vel ciel marmoreo giuro*
Mit Pasquale Amato
C 11285 (unveröffentlicht)

168 **La forza del destino:** *Invano Alvaro*
Mit Amato
C 11286-1 (unveröffentlicht)

169 **La forza del destino:** *Invano Alvaro*
Mit Amato
C 11286-2 89052   8005   2-054027   DM 106   78526   78526

170 **La forza del destino:** *Le minaccie, i fieri accenti*
Mit Amato
(dieselbe Matrizennummer wurde zweimal verwendet; vgl. 168)
C 11286-1 89053   8005   2-054028   DM 106   78527   78526

171 *Canta pe' me* (Bovio-E. De Curtis)
B 11306-1 (unveröffentlicht)

172 *Canta pe' me* (Bovio-E. De Curtis)
B 11306-2 87092   502   7-52026   DA 104   74533   80016

27. Dezember 1911 (Camden, mit Orchesterbegleitung. 76,60 UpM)

173 *Love Is Mine* (Teschemacher-Gartner)
B 11419-1 (unveröffentlicht)

174 *Love Is Mine* (Teschemacher-Gartner)
B 11419-2 87095   510   4-2205   DA 111   74501   80000

175 **Un ballo in maschera:** *Forse la soglia...; Ma se m'è forza perderti*
C 11420   88346   6027   2-052065   DB 137   76107   85031

176 **Rigoletto:** *Ella mi fu rapita!; Parmi veder le lagrime*
C 11142-1 (unveröffentlicht)

177 **Manon:** *Je suis seul; Ah! fuyez, douce image*
  C 11422   88348   6020   2-032005 DB 130   76017   85004   15-1004
178 **Aida:** *Se quel guerrier io fossi!, Celeste Aida*
  C 11423   88127   6000   2-052066 DK 115   76108   85022

7. Januar 1912 (New York, mit Orchesterbegleitung. Dirigent: Rogers. 76,60 UpM)

179 **Martha:** *Siam giunte o giovinette*
  Mit Alda, Jacoby und Journet
  C 11437-1 (unveröffentlicht)
180 **Martha:** *Siam giunte o giovinette*
  Mit Alda, Jacoby und Journet
  C 11437-2 95207   10002   2-054030 DM 100   78528   78528
181 **Martha:** *Questa camera è per voi!; Che vuol dir cio?*
  Mit Alda, Jacoby und Journet
  C 11438   95208   10002   2-054031 DM 100   78529   78529
182 **Martha:** *Presto, presto andiam*
  Mit Alda, Jacoby und Journet
  C 11439-1 95209   10003   2-054032 DM 101   78530   78529
183 **Martha:** *Presto, presto andiam*
  Mit Alda, Jacoby und Journet
  C 11439-2 (unveröffentlicht)
184 **Martha:** *T'ho raggiunta, sciagurata!; Dormi pur*
  Mit Alda, Jacoby und Journet
  C 11440-1 95210   10003   2-054037 DM 101   78531   78528   16-5002
185 **I Lombardi alla prima crociata:** *Qual voluttà trascorrere*
  Mit Alda und Journet
  C 11441   95211   10010   2-054029 DM 126   78542   78539   16-5002
186 *Crucifix* (Fauré)
  Mit Journet
  C 11442   89054   6347   2-034013 DB 591   78504   78504   11-0035

10. Januar 1912 (New York, mit Orchesterbegleitung)

187 **Lucia di Lammermoor:** *Chi mi frena* (Sextett)
  Mit Luisa Tetrazzini, Jacoby, Angelo Bada, Amato und Journet
  C 11446-1 (unveröffentlicht)
188 **Lucia di Lammermoor:** *Chi mi frena* (Sextett)
  Mit Luisa Tetrazzini, Jacoby, Angelo Bada, Amato und Journet
  C 11446-2 (unveröffentlicht)

189 **Rigoletto:** *Bella figlia dell'amore*
Mit Tetrazzini, Jacoby und Amato
c 11447-1 (unveröffentlicht)

19. Januar 1912 (New York, mit Orchesterbegleitung. Dirigent: Rogers. 76,60 UpM)

190 **Lucia di Lammermoor:** *Chi mi frena* (Sextett)
Mit Tetrazzini, Jacoby, Bada, Amato und Journet
c 11446-3 96201   2-054034   16-500
191 **Lucia di Lammermoor:** *Chi mi frena* (Sextett)
Mit Tetrazzini, Jacoby, Bada, Amato und Journet
c 11446-4 (unveröffentlicht)
192 **Rigoletto:** *Bella figlia dell'amore*
Mit Tetrazzini, Jacoby und Amato
c 11447-2 (unveröffentlicht)
193 *Tarantella sincera* (Migliaccio-De Crescenzo)
C11472   88347   6031   2-052067 DB 141   76109   85035

13. Februar 1912 (New York, mit Orchesterbegleitung. 76,60 UpM)

194 **Rigoletto:** *Bella figlia dell'amore*
Mit Tetrazzini, Jacoby und Amato
c 11447-3 (unveröffentlicht)
195 **Rigoletto:** *Bella figlia dell'amore*
Mit Tetrazzini, Jacoby und Amato
c 11447-4   2-054038   79003   IRCC 36
                                                                       15-1019
196 *La danza* (Pepoli-Rossini)
c 11590   88355   6031   2-052068 DB 141   76110   85035   15-1040

27. Februar 1912 (New York, mit Orchesterbegleitung)

197 *Dreams of Long Ago* (Carroll-Caruso)
c 11616-1 (unveröffentlicht)
198 **Bohème:** *O soave fanciulla*
Mit Farrar
c 11617-1 (unveröffentlicht)
199 **Bohème:** *O soave fanciulla*
Mit Farrar
c 11617-2 (unveröffentlicht)

200 **Tosca:** *Perché chiuso?*
Mit Farrar
c 11618-1 (unveröffentlicht)
201 **Tosca:** *Perché chiuso?*
Mit Farrar
c 11618-2 (unveröffentlicht)
202 **Tosca:** *Or lasciami al lavoro*
Mit Farrar
c 11619 (unveröffentlicht)
203 **Tosca:** *Ah, franchigia a Floria*
Mit Farrar
c 11620 (unveröffentlicht)
204 **Tosca:** *O dolci mani*
Mit Farrar
c 11621 (unveröffentlicht)
205 **Tosca:** *Amaro sol per te m'era il morire*
Mit Farrar
c 11622 (unveröffentlicht)

18. April 1912 (Camden, mit Orchesterbegleitung. 76,60 UpM)

206 *Dreams of Long Ago* (Carroll-Caruso)
c 11616-2 (unveröffentlicht)
207 *Dreams of Long Ago* (Carroll-Caruso)
c 11616-3 88376 6015 02396 DB 125 76000 85001

29. April 1912 (Camden, mit Orchesterbegleitung. 76,60 UpM)

208 *The Lost Chord* (Sullivan)
c 11942-1 88378 6023 02397 DB 133 76001 85001
209 *The Lost Chord* (Sullivan)
c 11942-2 (unveröffentlicht)

7. Dezember 1912 (New York, mit Orchesterbegleitung. 76,60 UpM)

210 *Because* (d'Hardelot)
B 12680-1 (unveröffentlicht)
211 *Because* (d'Hardelot)
B 12680-2 87122 506 7-32004 DA 107 74503 80002
80020
212 *Hosanna* (Didiée-Granier)
c 12681-1 (unveröffentlicht)

213 *Hosanna* (Didiée-Granier)
    C 12681-2 88403 6022 2-032008 DB 132 76018 85008

30. Dezember 1912 (New York, mit Orchesterbegleitung. 76,60 UpM)

214 **Manon:** *On l'appelle Manon*
    Mit Farrar
    C 12750-1 (unveröffentlicht)
215 **Manon:** *On l'appelle Manon*
    Mit Farrar
    C 12750-2 89059 8011 2-034018 DM 110 78505 78515
216 **Bohème:** *O soave fanciulla*
    Mit Farrar
    C 12751-1   IRCC 61
                                                                                  AGSB 50

217 **Bohème:** *O soave fanciulla*
    Mit Farrar
    C 12751-2 (unveröffentlicht)
218 **Don Carlo:** *Domanda al ciel; Dio, che nell'alma infondere*
    Mit Scotti
    C 12752 89064 8036 2-054043 DM 111 78533 78533
                                  2-054095

17. Januar 1913 (New York, mit Orchesterbegleitung. 76,60 UpM)

219 **Il trovatore:** *Ai nostri monti*
    Mit Ernestine Schumann-Heink
    C 12804-1 (unveröffentlicht)
220 **Il trovatore:** *Ai nostri monti*
    Mit Ernestine Schumann-Heink
    C 12804-2 89060 8042 2-054042 DK 119 78532 78518
221 *Pimpinella* (Tschaikowsky)
    Am Klavier begleitet von Scognamiglio
    B 12805-1 (unveröffentlicht)
222 *Pimpinella* (Tschaikowsky)
    Am Klavier begleitet von Scognamiglio
    B 12805-2 87128 518 7-52038 DA 119 74538 80016   VA 44

24. Februar 1913 (New York, mit Orchesterbegleitung. 76,60 UpM)

223 **Rigoletto:** *Ella mi fu rapita!; Parmi veder le lagrime*
    C 11421-2 88429 6016 2-052076 DB 216 76111 85019

224 *Agnus Dei* (Bizet)
Am Klavier begleitet von Scognamiglio

C 12942	88425	6010	82470	DB 120	76002	85003	11-0035

225 **Manon Lescaut:** *Donna non vidi mai*
Harfe: A. Regis-Rossini

B 12945	87138	505	7-52039	DA 106	74539	80013	VA 33

20. März 1913 (New York. 76,60 UpM)

226 *Ave Maria* (Kahn)
Mit Mischa Elman (Violine) und Percy Kahn (Klavier)

C 13004-1	89065	8007	02472	DK 103	77500	85045

227 *Ave Maria* (Kahn)
Mit Mischa Elman (Violine) und Percy Kahn (Klavier)
C 13004-2 (unveröffentlicht)

228 *Ave Maria* (Kahn)
Mit Mischa Elman (Violine) und Percy Kahn (Klavier)
C 13004-3 (unveröffentlicht)

229 *Elégie* (Gallet/Massenet)
Mit Elman (Violine) und Kahn (Klavier)

C 13005-1	89066	8007	2-032010	DK 103	77502	85045

230 *Elégie* (Gallet/Massenet)
Mit Elman (Violine) und Kahn (Klavier)
C 13005-2 (unveröffentlicht)

231 *Elégie* (Gallet/Massenet)
Mit Elman (Violine) und Kahn (Klavier)
C 13005-3 (unveröffentlicht)

10. April 1913 (New York, mit Orchesterbegleitung. 76,60 UpM)

232 *Lasciati amar* (Leoncavallo)
B 13104-1 (unveröffentlicht)

233 *Lasciati amar* (Leoncavallo)

B 13104-2	87161	509	7-52042	DA 113	74541	80019

234 *Guardann' 'a luna* (Carmelingo/De Crescenzo)
Mit Francis Lapitino (Harfe)
B 13105-1 (unveröffentlicht)

235 *Guardann' 'a luna* (Carmelingo/De Crescenzo)
Mit Francis Lapitino (Harfe)

B 13105-2	87162	509	7-52043	DA 106	74542	80020	VA 44

236 *Your Eyes Have Told Me What I Did Not Know* (Bowless/O'Hara)
B 13106-1 (unveröffentlicht)

237 *Your Eyes Have Told Me What I Did Not Know* (Bowless/O'Hara)
   B 13106-2 87159   514   4-2375   DA 115   74599   80004
238 *Fenesta ca lucive* (anonym)
   B 13107-1 (unveröffentlicht)
239 *Fenesta ca lucive* (anonym)
   B 13107-2 88439   6019   2-052077 DB 140   76112   85029   15-1040

15. Dezember 1913 (New York, mit Orchesterbegleitung. 76,60 UpM)

240 **Stabat mater** (Rossini): *Cujus animam*
   C 14200-1 88460   6028   2-052086 DB 138   76114   85027   11-0036
241 **Stabat mater** (Rossini): *Cujus animam*
   C 14200-2 (unveröffentlicht)
242 *Les Rameaux* (Fauré)
   C 14201-1 (unveröffentlicht)
243 *Les Rameaux* (Fauré)
   C 14201-2   2-032012 DB 132   76156   85008
244 **Cavalleria rusticana:** *Addio alla madre*
   C 14202-1 (unveröffentlicht)
245 **Cavalleria rusticana:** *Addio alla madre*
   C 14202-2 88458   6008   2-052083 DB 118   76113   85020
246 *Trusting Eyes* (Teschemacher/Gartner)
   B 14203-1 (unveröffentlicht)

8. Januar 1914 (New York, mit Orchesterbegleitung. 76,60 UpM)

247 **Otello:** *Oh! mostruosa colpa! Si, pel ciel*
   Mit Titta Ruffo
   C 14272-1 89075   8045   2-054049 DK 114   78534   78533
248 **Otello:** *Oh! mostruosa colpa! Si pel ciel*
   Mit Titta Ruffo
   C 14272-2 (unveröffentlicht)
249 **La Gioconda:** *Enzo Grimaldo*
   Mit Ruffo
   C 14273 (unveröffentlicht)

21. Januar 1914 (New York, mit Orchesterbegleitung. 76,60 UpM)

250 *Trusting Eyes* (Teschemacher/Gartner)
   C 14203 *[sic]* (unveröffentlicht)
251 *Trusting Eyes* (Teschemacher/Gartner)
   B 14203-3 (unveröffentlicht)

252 *Sérénade de Don Juan* (Tolstoi/Tschaikowsky)

     B 14355   87175   513   7-32006   DA 114   74504   80004   VA 42

253 *Amor mio* (Gaeta/Ricciardi)

     B 14356   87176   504   7-52055   DA 105   74545   80019   VA 45

254 *Hantise d'amour* (Rey/Roize/Szulc)

     C 14357-1 (unveröffentlicht)

255 *Manella mia* (F. Russo/V. Valente)

     C 14358   88465   6025   2-052091 DB 121   76116   85021   VB 61

256 *Sérénade espagnole* (Ferrari/Ronald)

     B 14359-1 (unveröffentlicht)

9. März 1914 (New York, mit Orchesterbegleitung. Dirigent: Scognamiglio. 76,60 UpM)

257 *Les Rameaux* (Fauré)

     C 14201-3   88459   6022

258 *Trusting Eyes* (Teschemacher/Gartner)

     B 14203-4   87187   514   4-2480   DA 115

259 *Hantise d'amour* (Rey/Roize/Szulc)

     C 14357-2 (unveröffentlicht)

260 *Hantise d'amour* (Rey/Roize/Szulc)

     B 14357-1 (unveröffentlicht)

261 *Sérénade espagnole* (Ferrari/Ronald)

     B 14359-2 (unveröffentlicht)

262 *Sérénade espagnole* (Ferrari/Ronald)

     B 14359-3   87169   520   7-32008   DA 122   VA 42

263 *Parted* (Weatherly/Tosti)

     B 14550   87186   510   4-2479   DA 118   VA 39

3. April 1914 (New York, mit dem Chor der Metropolitan Opera [Einstudierung: G. Setti] und Orchesterbegleitung. Dirigent: Scognamiglio. 76,60 UpM)

264 **Un ballo in maschera:** *La rivedrà nell'estasi*
     Mit Hempel, Rothier und De Segurola
     C 14659-1 (unveröffentlicht)

265 **Un ballo in maschera:** *La rivedrà nell'estasi*
     Mit Hempel, Rothier und De Segurola
     C 14659-2   89077   10005   2-054052 DM 103

266 **Un ballo in maschera:** *È scherzo od è follia*
     Mit Hempel, Duchêne, Rothier und De Segurola
     C 14660-1   89076   10005   2-054050 DM 103   16-5000

267 **Un ballo in maschera:** *È scherzo od è follia*
Mit Hempel, Duchêne, Rothier und De Segurola
C 14660-2 (unveröffentlicht)

(Mit Klavierbegleitung von Gaetano Scognamiglio:)

268 *La Partida* (Blasco/Alvarez)
C 14661-1 (unveröffentlicht)

269 *La Partida* (Blasco/Alvarez)
C 14661-2   2-062003 DB 639   VB 55

270 *El Milagro de la Virgen* (Zarzuela Di Dominguez/Chapì):
Flores purisimas
B 14662 (unveröffentlicht)

271 *El Milagro de la Virgen* (Zarzuela Di Dominguez/Chapì):
Flores purisimas
C 14662   6458   2-062002 DB 639   VB 56

272 *Tu*-Habañera (Fuentes)
B 14664-1 (unveröffentlicht)

273 *Tu*-Habañera (Fuentes)
B 14664-2 (unveröffentlicht)

274 *Ave Maria* (Bach/Gounod)
Mit Fritz Kreisler (Violine obbligato) und Scognamiglio (Klavier)
C 14664 (unveröffentlicht)

20. April 1914 (New York, mit Orchesterbegleitung. 76,60 UpM)

275 **La traviata:** *Libiamo, libiamo* (»Brindisi«)
Mit Alma Gluck und dem Chor der Metropolitan Opera (Einstudierung:
G. Setti)
B 14729-1 (unveröffentlicht)

276 **La traviata:** *Libiamo, libiamo* (»Brindisi«)
Mit Alma Gluck und Chor
B 14729-2 87511   3031   7-54006   DJ 100

277 **La traviata:** *Libiamo, libiamo* (»Brindisi«)
Mit Alma Gluck und Chor
B 14729-3 (unveröffentlicht)

278 **Il Guarany** (Gomes): *Sento una forza indomita*
Mit Emmy Destinn
C 14730-1 89078   6355   2-054053 DB 616

279 **Il Guarany** (Gomes): *Sento una forza indomita*
Mit Emmy Destinn
C 14730-2 (unveröffentlicht)

280 **Lucrezia Borgia** (Donizetti): *Della Duchessa ai prieghi*
Mit Destinn und Scotti
c 14731 (unveröffentlicht)

10. Dezember 1914 (New York, mit Orchesterbegleitung. Dirigent: Rogers.
75,00 UpM)

281 *Hantise d'amour* (Rey/Roize/Szulc)
 B 14357-2   87211   506   7-32009   DA 107   VA 9
282 *Hantise d'amour* (Rey/Roize/Szulc)
 B 14357-3 (unveröffentlicht)
283 *Musica proibita* (Gastaldon)
 c 15480-1 (unveröffentlicht)
284 *Musica proibita* (Gastaldon)
 c 15480-2 (unveröffentlicht)
285 *La mia canzone* (Cimmino/Tosti)
 B 15481-1 (unveröffentlicht)
286 *La mia canzone* (Cimmino/Tosti)
 B 15481-2 (unveröffentlicht)
287 **Carmen:** *Parle-moi de ma mère*
 Mit Frances Alda
 c 15483-1 (unveröffentlicht)
288 **Carmen:** *Parle-moi de ma mère*
 Mit Frances Alda
 c 15483-2 (unveröffentlicht)
289 **Carmen:** *Parle-moi de ma mère*
 Mit Frances Alda
 c 15483-3 (unveröffentlicht)

7. Januar 1915 (New York, mit Orchesterbegleitung. Dirigent: Rogers.
75,00 UpM)

290 *Musica proibita* (Gastaldon)
 B 15480-3 (unveröffentlicht)
291 *Musica proibita* (Gastaldon)
 B 15480-4 (unveröffentlicht)
292 *La mia canzone* (Cimmino/Tosti)
 B 15481-3   87213   503   7-52068   DA 116
293 *Pecché* (De Flaviis/Pennino)
 Mit Bianculli (Mandoline)
 c 15568   88517   6025   2-052098 DB 119
294 *Cielo turchino* (Capaldo/Ciociano)
 B 15569   87218   504   7-52073   DA 105   VA 45

304

295 **Messa da requiem** (Verdi): *Ingemisco*
c 15570-1 (unveröffentlicht)
296 **Messa da requiem** (Verdi): *Ingemisco*
c 15570-2 (unveröffentlicht)
297 **Messa da requiem** (Verdi): *Ingemisco*
c 15570-3 88514   6028   02585   DB 138   11-0037
298 *'A luna* (Varelli)
Mit Bianculli (Mandoline)
B 15571-1 (unveröffentlicht)
299 *'A Luna* (Varelli)
(ohne Mandoline)
c 15571-2 (unveröffentlicht)
300 **Il Duca d'Alba:** *Angelo casto e bel* (Arie des Matteo Salvi)
c 15572-1 (unveröffentlicht)
301 **Il Duca d'Alba:** *Angelo casto e bel* (Arie des Matteo Salvi)
c 15572-2 88516   6355   2-052101 DB 340   VB 56

6. *Februar 1915* (New York, mit Klavierbegleitung von Gaetano Scognamiglio.
75,00 UpM)

302 *Si vous l'aviez compris* (Bordèse/Denza)
Mit Elman (Violine)
c 15682-1 (unveröffentlicht)
303 *Si vous l'aviez compris* (Bordèse/Denza)
Mit Elman (Violine)
c 15682-2 (unveröffentlicht)
304 *Si vous l'aviez compris* (Bordèse/Denza)
Mit Elman (Violine)
c 15682-3 89084   8008   2-032018 DK 104
305 *Les deux sérénades: Sérénade française* (Collett/Leoncavallo)
Mit Elman (Violine)
c 15683-1 (unveröffentlicht)
306 *Les deux sérénades: Sérénade française* (Collett/Leoncavallo)
Mit Elman (Violine)
c 15683-2 89085   8008   2-032017 DK 104

5. *Februar 1916* (Camden, mit Orchesterbegleitung. Dirigent: Rogers.
75,00 UpM)

307 *La Procession* (Brizeux/Franck)
c 17121-1 (unveröffentlicht)
308 *La Procession* (Brizeux/Franck)
c 17121-2 (unveröffentlicht)

309 *La Procession* (Brizeux/Franck)
C 17121-3 88556   6035   2-032024 DB 145

310 **Le Cid:** *Ah, tout est bien fini; O Souverain! ô Juge! ô Père!*
C 17122-1 (unveröffentlicht)

311 **Le Cid:** *Ah, tout est bien fini; O Souverain! ô Juge! ô Père!*
C 17122-2 88554   6013   2-032025 DB 123

312 *Luna d'estate* (Mazzola/Tosti)
B 17123-1 (unveröffentlicht)

313 *Luna d'estate* (Mazzola/Tosti)
B 17123-2 (unveröffentlicht)

314 *Luna d'estate* (Mazzola/Tosti)
B 17123-3 87242   519   7-52080   DA 120

315 *'O sole mio* (Capurro/Di Capua)
B 17124   87243   501   7-52092   DA 103

316 **La Reine de Saba** (Gounod): *Faiblesse de la race humaine; Inspirez-moi*
C 17125-1 (unveröffentlicht)

317 **La Reine de Saba** (Gounod): *Faiblesse de la race humaine; Inspirez-moi*
C 17125-2 88552   6035   2-032021 DB 145

23. Februar 1916 (Camden, mit Orchesterbegleitung. Dirigent: Rogers. 75,00 UpM)

318 *Mia sposa sarà la mia bandiera* (Rotoli)
C 17195-1 (unveröffentlicht)

319 *Mia sposa sarà la mia bandiera* (Rotoli)
C 17195-2 88555   6018   2-052106 SB 128

320 *The Rosary* (Nevin)
B 17196-1 (unveröffentlicht)

321 *The Rosary* (Nevin)
B 17196-2 (unveröffentlicht)

322 *The Rosary* (Nevin)
B 17196-3 (unveröffentlicht)

323 *The Rosary* (Nevin)
B 17196-4 (unveröffentlicht)

324 **Macbeth:** *Ah! la paterna mano*
C 17197   88558   6014   2-052112 DB 118   15-1038

325 **Bohème:** *Vecchia zimarra, senti*
C 17198 (unveröffentlicht)

326 *Cantique de Noël* (Adam)
C 17218-1 (unveröffentlicht)

327 *Cantique de Noël* (Adam)
C 17218-2 (unveröffentlicht)

328 *Cantique de Noël* (Adam)
    C 17218-3 88560 6029 2-032022 DB 139

20. März 1916 (New York, mit Orchesterbegleitung. Dirigent: Rogers. 76,60 UpM)

329 *The Rosary* (Nevin)
    B 17196-5 (unveröffentlicht)
330 *The Rosary* (Nevin)
    B 17196-6 (unveröffentlicht)
331 **La Gioconda:** *O sommo Iddio*
    Mit Destinn und Homer
    C 17341-1 (unveröffentlicht)
332 **La Gioconda:** *O sommo Iddio*
    Mit Destinn und Homer
    C 17341-2 (unveröffentlicht)
333 *Sancta Maria* (Bertrand/Fauré)
    Mit Rosario Bourdon (Violoncello)
    C 17342-1 (unveröffentlicht)
334 *Sancta Maria* (Bertrand/Fauré)
    Mit Rosario Bourdon (Violoncello)
    C 17342-2 88559 6029 2-032037 DB 139
335 *Tiempo antico* (Caruso)
    C 17343-1 (unveröffentlicht)
336 *Tiempo antico* (Caruso)
    C 17343-2 88472 6033 2-052108 DB 143 VB 71
337 *Santa Lucia* (Cottrau)
    Mit Bianculli (Mandoline)
    C 17343 88560 6032 2-052107 DB 142

3. November 1916 (New York, mit Orchesterbegleitung. Dirigent: Josef Pasternack. 78,26 UpM)

338 *Pourquoi?* (Mey/Tschaikowsky)
    B 18656-1 (unveröffentlicht)
339 *Pourquoi?* (Mey/Tschaikowsky)
    B 18656-2 (unveröffentlicht)
340 *Pourquoi?* (Mey/Tschaikowsky)
    B 18656-3 87271 517 7-32012 DA 111 VA 35
341 **Eugen Onegin:** (Tschaikowsky): *Pour moi ce jour est tout mystère*
    C 18657-1 88582 6017 2-032028 DB 127 AGSB 18
342 **Eugen Onegin:** *Arie des Lenski* (ital.)
    C 18657-2 (unveröffentlicht)

343 *Chanson de juin* (Barrucand/Godard)

    C 18658   88579   6006   2-032027 DB 116   VB 59

344 **Andrea Chénier:** *Come un bel dì di maggio*

    B 18659   87266   516   7-52094 DA 117

7. Dezember 1916 (Camden, mit Orchesterbegleitung. Dirigent: Pasternack. 76,60 UpM)

345 **Samson et Dalila:** *Vois ma misère, hélas*
    Mit dem Chor der Metropolitan Opera

    C 18821-1 88581   6026   2-032029 DB 136   15-1039

346 **Samson et Dalila:** *Vois ma misère, hélas*
    Mit dem Chor der Metropolitan Opera

    C 18821-2 (unveröffentlicht)

347 **Les Pêcheurs de perles:** *Je crois entendre encore*

    C 18822-1 (unveröffentlicht)

348 **Les Pêcheurs de perles:** *Je crois entendre encore*

    C 18822-2 (unveröffentlicht)

349 **Les Pêcheurs de perles:** *Je crois entendre encore*

    C 18822-3 88580   6026   2-032026 DB 136

350 **Les Pêcheurs de perles:** *De mon amie, fleur endormie*
    Mit Francis Lapitino (Harfe) und Adams (Oboe)

    B 18823-1 (unveröffentlicht)

351 **Les Pêcheurs de perles:** *De mon amie, fleur endormie*
    Mit Francis Lapitino (Harfe) und Adams (Oboe)

    B 18823-2 87269   513   7-32014 DA 114   VA 36

25. Januar 1917 (New York, mit Orchesterbegleitung. Dirigent: Pasternack. 75,00 UpM)

352 **Rigoletto:** *Bella figlia dell'amore* (nur Enrico Caruso allein)
    (Probeaufnahme)
    ohne Matrizennummer

353 **Rigoletto:** *Bella figlia dell'amore* (Quartett)
    Mit Amelita Galli-Curci, Flora Perini und Giuseppe De Luca

    C 19132-1 (unveröffentlicht)

354 **Rigoletto:** *Bella figlia dell'amore* (Quartett)
    Mit Amelita Galli-Curci, Flora Perini und Giuseppe De Luca

    C 19132-2 95100   10000 2-054066 DQ 100

355 **Rigoletto:** *Bella figlia dell'amore* (Quartett)
    Mit Amelita Galli-Curci, Flora Perini und Giuseppe De Luca

    C 19132-3 (unveröffentlicht)

356 **Lucia di Lammermoor:** *Chi mi frena...* (Sextett)
   Mit Galli-Curci, Minnie Egener, Bada, De Luca und Journet
   c 19133-1 (unveröffentlicht)
357 **Lucia di Lammermoor:** *Chi mi frena...* (Sextett)
   Mit Galli-Curci, Minnie Egener, Bada, De Luca und Journet
   c 19133-2   95212   10000   2-054067   DQ 100
358 **Lucia di Lammermoor:** *Chi mi frena...* (Sextett)
   Mit Galli-Curci, Minnie Egener, Bada, De Luca und Journet
   c 19133-3 (unveröffentlicht)

15. April 1917 (New York, mit Orchesterbegleitung. Dirigent: Pasternack.
75,00 UpM)

359 **Martha:** *M'appari tutt'amor*
   c 3100-2   88001   6002
360 **Martha:** *M'appari tutt'amor*
   c 3100-3 (unveröffentlicht)
361 *Musica proibita* (Gastaldon)
   c 15480-5   88586   6021   2-052129   DB 131
362 *Uocchie celeste* (Gill/De Crescenzo)
   Mit Lapitino (Harfe)
   c 19483-1 (unveröffentlicht)
363 *Uocchie celeste* (Gill/De Crescenzo)
   Mit Lapitino (Harfe)
   c 19483-2   88587   6030   2-052149   DB 115   VB 59
364 *L'alba separa dalla luce l'ombra* (D'Annunzio/Tosti)
   B 19484-1 (unveröffentlicht)
365 *L'alba separa dalla luce l'ombra* (D'Annunzio/Tosti)
   B 19484-2   87272   503   7-52104   DA 121   VA 40
366 **Nerone** (Rubinstein): *Oh! lumière du jour*
   Mit Lapitino (Harfe)
   c 19485-1 (unveröffentlicht)
367 **Nerone** (Rubinstein): *Oh! lumière du jour*
   Mit Lapitino (Harfe)
   c 19485-2   88589   6017   2-032031   DB 127   15-1035

16. April 1918 (Camden, mit Orchesterbegleitung. Dirigent: Pasternack.
76,60 UpM)

368 *A la luz de la luna* (Anton/Michelena)
   Mit De Gogorza
   c 21773-1 (unveröffentlicht)

369 *A la luz de la luna* (Anton/Michelena)
Mit De Gogorza
C 21773-2 89083   8038   2-064001 DB 592   VB 58

370 *Sei morta nella vita mia* (Capitelli/Costa)
Mit Klavierbegleitung von Vincenzo Bellezza
B 21774-1 (unveröffentlicht)

371 *Sei morta nella vita mia* (Capitelli/Costa)
Mit Klavierbegleitung von Vincenzo Bellezza
B 21774-2 87293 (unveröffentlicht)   AGSA 2

10. Juli 1918 (Camden, mit Orchesterbegleitung. Dirigent: Pasternack.
75,00 UpM)

372 *Pietà Signore* (Niedermeyer, attr. Stradella)
C 22121-1 (unveröffentlicht)

373 *Pietà Signore* (Niedermeyer, attr. Stradella)
C 22121-2 (unveröffentlicht)

374 *Pietà Signore* (Niedermeyer, attr. Stradella)
C 22121-3 (unveröffentlicht)

375 *Pietà Signore* (Niedermeyer, attr. Stradella)
C 22121-4 (unveröffentlicht)

376 *La Partida* (Blasco/Alvarez)
C 22122-1   6458   VB 58

377 *La Partida* (Blasco/Alvarez)
C 22122-2 (unveröffentlicht)

378 *La Partida* (Blasco/Alvarez)
C 22122-3 (unveröffentlicht)

379 **La forza del destino:** *Né gustare m'è dato; Sleale! Il segreto fu dunque*
Mit De Luca
C 22123-1 (unveröffentlicht)

380 **La forza del destino:** *Né gustare m'è dato; Sleale! Il segreto fu dunque*
Mit De Luca
C 22123-2 89087   8006   2-054093 DM 107

381 *A Granada* (Alvarez)
C 22124-1 (unveröffentlicht)

382 *Over There* (Cohan)
B 22125-1 (unveröffentlicht)

11. Juli 1918 (Camden, mit Orchesterbegleitung. Dirigent: Pasternack.
75,00 UpM)

383 *Over There* (Cohan)
B 22125-2 (unveröffentlicht)

384 *Over There* (Cohan)
     B 22125-3 (unveröffentlicht)
385 *Over There* (Cohan)
     B 22125-4 87294   515   5-2593   DA 121   VA 39
386 *Dopo* (Tosti)
     C 22126-1 (unveröffentlicht)
387 *Dopo* (Tosti)
     C 22126-2 (unveröffentlicht)
388 *Dopo* (Tosti)
     C 22126-3 (unveröffentlicht)
389 *Maria Marì* (V. Russo/Di Capua)
     Mit Bianculli (Mandoline)
     C 22127-1 (unveröffentlicht)
390 *Maria Marì* (V. Russo/Di Capua)
     Mit Bianculli (Mandoline)
     C 22127-2 (unveröffentlicht)
391 *Maria Marì* (V. Russo/Di Capua)
     Mit Bianculli (Mandoline)
     C 22127-3 (unveröffentlicht)

26. September 1918 (Camden, mit Orchesterbegleitung. Dirigent: Pasternack.
75,00 UpM)

392 *Pietà Signore* (Niedermeyer, attr. Stradella)
     C 22121-5 (unveröffentlicht)
393 *Pietà Signore* (Niedermeyer, attr. Stradella)
     C 22121-6 88599   6024   2-052154 DB 134   11-0036
394 *Pietà Signore* (Niedermeyer, attr. Stradella)
     C 22121-7 (unveröffentlicht)
395 *A Granada* (Alvarez)
     C 22124-2 (unveröffentlicht)
396 *A Granada* (Alvarez)
     C 22124-3 88623   6011   2-062007 DB 592
                         8038
397 *Campane a sera* (Billi/Caruso/Malfetti)
     C 22259-1 (unveröffentlicht)
398 *Campane a sera* (Billi/Caruso/Malfetti)
     C 22259-2 (unveröffentlicht)
399 *Campane a sera* (Billi/Caruso/Malfetti)
     C 22259-3 88615   6024   2-052177 DB 134
400 *Inno di Garibaldi* (Mercantini/Olivieri)
     B 22260-1 (unveröffentlicht)

401 *Inno di Garibaldi* (Mercantini/Olivieri)
    B 22260-2 87297   515   7-52118   DA 116
402 *Inno di Garibaldi* (Mercantini/Olivieri)
    B 22260-3 (unveröffentlicht)

6. Januar 1919 (Camden, mit Orchesterbegleitung. Dirigent: Pasternack. 75,00 UpM)

403 *La campana di San Giusto* (Drovetti/Arona)
    C 22514-1 88612   6011   2-052153 DB 616
404 *La campana di San Giusto* (Drovetti/Arona)
    C 22514-2 (unveröffentlicht)
405 *Sultanto a te* (Cordiferro/Fucito)
    B 22515-1 (unveröffentlicht)
406 *Sultanto a te* (Cordiferro/Fucito)
    B 22515-2 (unveröffentlicht)
407 *Sultanto a te* (Cordiferro/Fucito)
    B 22515-3 (unveröffentlicht)
408 *Sultanto a te* (Cordiferro/Fucito)
    B 22515-4 (unveröffentlicht)
409 *Le Régiment de Sambre et Meuse* (Cézano/Planquette)
    C 22516-1 (unveröffentlicht)
410 *Le Régiment de Sambre et Meuse* (Cézano/Planquette)
    C 22516-2 (unveröffentlicht)
411 *Le Régiment de Sambre et Meuse* (Cézano/Planquette)
    C 22516-3 88600   6018   2-032042 DB 218
412 *A Rose, A Kiss And You* (Souci)
    B 22517-1 (unveröffentlicht)
413 *A Rose, A Kiss And You* (Souci)
    B 22517-2 (unveröffentlicht)
414 *Povero Pulcinella* (Buzzi/Peccia)
    B 22518-1 (unveröffentlicht)
415 *Povero Pulcinella* (Buzzi/Peccia)
    B 22518-2 (unveröffentlicht)
416 *Povero Pulcinella* (Buzzi/Peccia)
    B 22518-3 (unveröffentlicht)

10. Februar 1919 (Camden, mit Orchesterbegleitung. Dirigent: Pasternack. 76,60 UpM)

417 *Sultanto a te* (Cordiferro/Fucito)
    B 22515-5   1117   (7-52310) DA 754

418 *A Rose, A Kiss And You* (Souci)
  B 22517-3 (unveröffentlicht)
419 *A Rose, A Kiss And You* (Souci)
  B 22517-4 (unveröffentlicht)
420 **Samson et Dalila:** *Je viens célébrer la victoire*
  Mit Homer und Journet
  C 22575-1 (unveröffentlicht)
421 **Samson et Dalila:** *Je viens célébrer la victoire*
  Mit Homer und Journet
  C 22575-2 89088   10010   2-034026 DM 126   16-5003
422 **Samson et Dalila:** *Je viens célébrer la victoire*
  Mit Homer und Journet
  C 22575-3 (unveröffentlicht)
423 **Elisir d'amore:** *Venti scudi?*
  Mit De Luca
  C 22576-1 (unveröffentlicht)
424 **Elisir d'amore:** *Venti scudi?*
  Mit De Luca
  C 22576-2 89089   8006   2-054092 DM 107

8. *September 1919* (Camden, mit Orchesterbegleitung. Dirigent: Pasternack.
75,00 UpM)

425 *'A vucchella* (D'Annunzio/Tosti)
  B 23138-1 (unveröffentlicht)
426 *'A vucchella* (D'Annunzio/Tosti)
  B 23138-2 (unveröffentlicht)
427 *'A vucchella* (D'Annunzio/Tosti)
  B 23138-3 87304   501   7-52162   DA 103
428 *'A vucchella* (D'Annunzio/Tosti)
  B 23138-4 (unveröffentlicht)
429 *Vieni sul mar* (Volksweise, anonym)
  B 23139-1 (unveröffentlicht)
430 *Vieni sul mar* (Volksweise, anonym)
  B 23139-2 87305   518   7-52152   DA 119   VA 41
431 *Addio a Napoli* (T. Cottrau)
  B 23149-1 (unveröffentlicht)
432 *Addio a Napoli* (T. Cottrau)
  B 23149-2 (unveröffentlicht)
433 *Addio a Napoli* (T. Cottrau)
  B 23149-3 (unveröffentlicht)
434 *Tu ca nun chiagne* (Bovio/E. De Curtis)
  B 23141   958   (7-52250) DA 574   VA 41

9. September 1919 (Camden, mit Orchesterbegleitung. Dirigent: Pasternack. 75,00 UpM)

435 *Addio a Napoli* (T. Cottrau)
   B 23149-4 (unveröffentlicht)
436 *Addio a Napoli* (T. Cottrau)
   B 23149-5 (unveröffentlicht)
437 *Addio a Napoli* (T. Cottrau)
   B 23149-6 87312   502   7-52159   DA 104
438 **I Lombardi:** *La mia letizia infondere*
   C 23142-1 (unveröffentlicht)
439 **I Lombardi:** *La mia letizia infondere*
   C 23142-2 (unveröffentlicht)
440 *Tre giorni son che Nina* (Ciampi, attr. Pergolesi)
   B 23143-1 (unveröffentlicht)
441 *Tre giorni son che Nina* (Ciampi, attr. Pergolesi)
   B 23143-2 (unveröffentlicht)
442 *Tre giorni son che Nina* (Ciampi, attr. Pergolesi)
   B 23143-3 (unveröffentlicht)
443 *Tre giorni son che Nina* (Ciampi, attr. Pergolesi)
   B 23143-4 87358   519   7-52234   DA 120   VA 40
444 *Première caresse* (De Crescenzo)
   B 23144-1 (unveröffentlicht)
445 *Première caresse* (De Crescenzo)
   B 23144-2 (unveröffentlicht)
446 *Première caresse* (De Crescenzo)
   B 23144-3 (unveröffentlicht)
447 *Première caresse* (De Crescenzo)
   B 23144-4   1437   (40-152)   DA 1097   AGSA 27

11. September 1919 (Camden, mit Orchesterbegleitung. Dirigent: Pasternack. 75,00 UpM)

448 *Senza nisciuno* (Barbieri/E. De Curtis)
   B 23149-1 (unveröffentlicht)
449 *Senza nisciuno* (Barbieri/E. De Curtis)
   B 23149-2 (unveröffentlicht)
450 *Senza nisciuno* (Barbieri/E. De Curtis)
   B 23149-3 (unveröffentlicht)
451 *Senza nisciuno* (Barbieri/E. De Curtis)
   B 23149-4   1007   (7-52269) DA 608   VA 43

452 **Salvator Rosa** (Gomes): *Mia piccirelia*
    B 23150-1 (unveröffentlicht)

453 **Salvator Rosa** (Gomes): *Mia piccirelia*
    C 23150-1 88638   6034   2-052224 DB 144

454 *Serenata* (Caruso-Bracco)
    B 23151-1 (unveröffentlicht)

455 *Serenata* (Caruso-Bracco)
    C 23151-1 88628   6033   2-052191 DB 143   VB 62

456 *Serenata* (Caruso-Bracco)
    C 23151-2 (unveröffentlicht)

457 *Scordame* (Fucito)
    B 23152   1007   (7-52268) DA 608   VA 43

29. Januar 1920 (Camden, mit Orchesterbegleitung. Dirigent: Pasternack. 75,00 UpM)

458 *Love Me Or Not* (Secchi)
    C 23713-1 (unveröffentlicht)

459 *Love Me Or Not* (Secchi)
    C 23713-2 (unveröffentlicht)

460 *Love Me Or Not* (Secchi)
    C 23713-3 (unveröffentlicht)

461 *Love Me Or Not* (Secchi)
    C 23713-4 88616   6015   02891   DB 125

462 **Serse** (Händel): *Ombra mai fu* (Largo)
    Mit Lapitino (Harfe)
    C 23714-1 (unveröffentlicht)

463 **Serse** (Händel): *Ombra mai fu* (Largo)
    Mit Lapitino (Harfe)
    C 23714-2 (unveröffentlicht)

464 **Serse** (Händel): *Ombra mai fu* (Largo)
    Mit Lapitino (Harfe)
    C 23714-3 (unveröffentlicht)

465 **Serse** (Händel): *Ombra mai fu* (Largo)
    Mit Lapitino (Harfe)
    C 23714-4 (unveröffentlicht)

466 **Serse** (Händel): *Ombra mai fu* (Largo)
    Mit Lapitino (Harfe)
    C 23714-5 88617   6023   2-052180 DB 133

14. September 1920 (Camden, mit Orchesterbegleitung. Dirigent: Pasternack. 75,00 UpM)

467 *Noche feliz* (Pasadas)
    B 24460-1 (unveröffentlicht)
468 *Noche feliz* (Pasadas)
    B 24460-2 (unveröffentlicht)
469 *Noche feliz* (Pasadas)
    B 24460-3 (unveröffentlicht)
470 *Noche feliz* (Pasadas)
    B 24460-4   958   (7-52251) DA 574   17-5001
                                                                    26571
                                                                    AGSA 2

471 **La Juive:** *Rachel, quand du Seigneur*
    C 24461-1 (unveröffentlicht)
472 **La Juive:** *Rachel, quand du Seigneur*
    C 24461-2 88625   6013   2-032062 DB 123   15-1004
473 *I' m'arricordo 'e Napule* (Gioé)
    C 24462-1 (unveröffentlicht)
474 *I' m'arricordo 'e Napule* (Gioé)
    C 24462-2 88635   6009   2-052198 DB 640   VB 62

15. September 1920 (Camden, mit Orchesterbegleitung. Dirigent: Pasternack. 75,00 UpM)

475 *Noche feliz* (Pasadas)
    B 24460-5 (unveröffentlicht)
476 *Noche feliz* (Pasadas)
    B 24460-6 (unveröffentlicht)
477 *Vaghissima sembianza* (Donaudy)
    B 24463-1 (unveröffentlicht)
478 *Vaghissima sembianza* (Donaudy)
    B 24463-2 (unveröffentlicht)
479 *Vaghissima sembianza* (Donaudy)
    B 24463-3 (unveröffentlicht)
480 *Vaghissima sembianza* (Donaudy)
    B 24463-4   1117   (7-52307) DA 754
481 **L'Africaine:** *Deh! ch'io ritorni..*
    C 24464-1 (unveröffentlicht)
482 **L'Africaine:** *Deh! ch'io ritorni...*
    C 24464-2 (unveröffentlicht)
483 **L'Africaine:** *Deh! ch'io ritorni...*
    C 24464-3 (unveröffentlicht)

316

484 **Amadis de Gaule** (Lully): *Bois épais*
  B 24465-1 (unveröffentlicht)
485 **Amadis de Gaule** (Lully): *Bois épais*
  B 24465-2 (unveröffentlicht)
486 **Amadis de Gaule** (Lully): *Bois épais*
  B 24465-3 (unveröffentlicht)
487 **Amadis de Gaule** (Lully): *Bois épais*
  B 24465-4 (unveröffentlicht)
488 *A Dream* (Bartlett)
  B 24466-1 (unveröffentlicht)

16. September 1920 (Camden, mit Orchesterbegleitung. Dirigent: Pasternack. 75,00 UpM)

489 **L'Africaine**: *Deh! ch'io ritorni…*
  c 24464-4 (unveröffentlicht)
490 **L'Africaine**: *Deh! ch'io ritorni…*
  c 24464-5   7156   (42-746)   DB 1386   AGSB 18
491 **Amadis de Gaule** (Lully): *Bois épais*
  B 24465-5 (unveröffentlicht)
492 **Amadis de Gaule** (Lully): *Bois épais*
  B 24465-6   1437   (40-1265) DA 1097
493 *A Dream* (Bartlett)
  B 24466-2 (unveröffentlicht)
494 *A Dream* (Bartlett)
  B 24466-3 87321 507   (5-2332) DA 108
495 **Petite Messe Solennelle** (Rossini): *Domine Deus*
  c 24473-1 (unveröffentlicht)
496 **Petite Messe Solennelle** (Rossini): *Domine Deus*
  c 24473-2 88629 6010   2-052195 DB 120   11-0037
497 **Petite Messe Solennelle** (Rossini): *Crucifixus*
  B 24474-1 87335   7-52207 DJ 100
498 **Petite Messe Solennelle** (Rossini): *Crucifixus*
  B 24474-2 (unveröffentlicht)

Anmerkungen

1 Das Archiv der Gramophone Company (Hayes) ist unvollständig. Die Daten der Mailänder Aufnahmesitzungen aber sind in Fred Gaisbergs Agenda verzeichnet.
8 Caruso hat den Einsatz verfehlt und beginnt die erste Phrase mit dem Wort »Dai« ein zweites Mal.

317

9 Caruso setzt drei Schläge zu früh ein und mit einem falschen Ton (h statt fis): Sänger und Pianist finden sich erst wieder bei der Phrase »stridea l'uscio« zusammen.

12 EMI kann nicht mit letzter Sicherheit klären, ob in *Amor ti vieta* wirklich der Komponist Umberto Giordano am Klavier begleitet; immerhin wird er auf dem Originaletikett der Erstveröffentlichung als Begleiter ausgewiesen. Fest steht hingegen, daß der Komponist in der Aufnahme von Amado Bassi (für Fonotipia, 39727) am Klavier begleitet; ein Vergleich mag also aufschlußreich sein.

13 Die letzte Phrase mit dem Aufstieg ins hohe B fehlt.

28 Die hypothetische Angabe Boligs, daß diese Zylinderaufnahmen »zwischen dem 7. Oktober und 20. Dezember 1903« zu datieren sind, ist nicht vertretbar, weil Caruso am 23. November in den USA debütierte. Möglicherweise sind die drei Walzen sowie die sieben Platten für Zonofono am selben Tag – irgendwann im Frühjahr 1903 – eingespielt worden.

42 *Mattinata* ist eine jener »Romanze da sala« (Salonmelodien), die Leoncavallo speziell für die Gramophone & Typewriter Company komponiert hat (und die dort verlegt worden ist). Verschiedentlich wurden damals berühmte Künstler engagiert, um Werke aufzunehmen, die der jeweilige Komponist gleich eigenhändig am Klavier begleitete. Doch der erhoffte große Erfolg blieb meistens aus: Nur gerade zwei solcher Aufnahmen fanden weltweite Verbreitung: *Mattinata* und *Crepuscolo triste* von Umberto Giordano, gesungen von Nini Frascani. Eigens für eine Grammophonaufnahme komponierte Leoncavallo *Ninna nanna per il Principe Ereditario* (aufgenommen mit der Sopranistin Celestina Boninsegna). Mascagni begleitete Marconi bei der Aufnahme seiner *Ballata,* Cilea begleitete De Lucia in seiner *Lontananza.*

51 Nur die ersten Pressungen stammen von der Originalmatrize, weil diese bald zerbrach. Also mußte eine neue Matrize hergestellt werden, und zwar ausgehend von einer der bereits gepreßten Platten. Zur Übertragung wurde die Grammophonnadel mechanisch mit dem Aufnahmetrichter verbunden.

52 Vgl. 51.

55 Die Matrize ist erhalten geblieben.

72 Zum ersten Mal 1948 veröffentlicht.

79 Laut Bolig soll diese Aufnahme des Quartetts *Bella figlia dell'amore* erstmals im Album ARM 4-0302 veröffentlicht worden sein, welches RCA im Gedenken an den 100. Geburtstag Carusos auf den Markt brachte. Ein genauer Hörvergleich zeigt aber, daß es sich hier um die längst bekannte (und bereits veröffentlichte) Aufnahme Nr. 82 handelt: Die Partie der Maddalena singt nämlich eindeutig Gina Severina und nicht Josephine Jacoby.

92 In dieser Aufnahme hält sich Caruso in den letzten beiden Takten genau an die Partitur, singt also ein H, wogegen er in der Aufnahme Nr. 152 ins G hinaufsteigt.

107 Aida Favia-Artsay gibt die Tourenzahl mit 78 UpM an; wir hingegen plädie-

318

ren für 75 UpM (konstant für die ganze Aufnahmesitzung!), was heißen würde, daß die Arie bei der Aufnahme um einen halben Ton tiefer gesungen wurde.

108 Vgl. 51.

119 Eine einzige Musterpressung ist erhalten; im Besitz von Frances Alda.

195 Zu Lebzeiten Carusos nur in Deutschland und Österreich veröffentlicht.

216 Erstmals von IRCC veröffentlicht, später auch von AGS.

243 Nur in Europa veröffentlicht.

257 Nur in den USA veröffentlicht.

269 Nur in Europa veröffentlicht.

289 Vgl. 119.

325 Eine einzige Musterpressung ist erhalten: im Besitz von Frances Alda. Erstmals in den vierziger Jahren veröffentlicht; auf der Rückseite der Platte erzählt Alda der Radiojournalistin Wally Butterworth, weshalb Caruso *Vecchia zimarra* überhaupt aufgenommen hat.

352 Die einzige Musterpressung, die sich erhalten hat, wird im Tonarchiv der Universität von Stanford aufbewahrt. Das Etikett ist von Caruso signiert: »To Enrico from Enrico.« Diese Musterpressung wurde vom Tonarchiv der Universität von Stanford auf Langspielplatte überspielt.

356 Siehe Nr. 79: Die Überspielung erfolgte von der Matrize Nr. 357.

364 Eine Musterpressung ist erhalten.

366 Die Matrize ist erhalten.

371 Zum ersten Mal im Jahr 1947 veröffentlicht, und zwar in einer limitierten Auflage als Weihnachtsgeschenk für die Inhaber von Schallplattengeschäften, die RCA-Produkte verkauften. Später wurde die Aufnahme auch von AGS veröffentlicht.

376 Nur in den USA veröffentlicht. In Europa wurde die Aufnahme erst 1951 im Rahmen der *Archive Series* zugänglich gemacht.

Literatur zur Caruso-Diskographie

Caruso and Tetrazzini on the Art of Singing, New York 1909, Dover Reprint 1975.

P. Mario Marafioti, *Caruso's Method of Voice Production. The Scientific Culture of the Voice,* New York 1922, Dover Reprint 1981.

F. W. Gaisberg, *The Music Goes Round,* New York 1942.

P. G. Hurst, *The Golden Age Recorded. A Collector's Survey,* Henfield, Sussex 1946, neue, revidierte Ausgabe, The Oakwood Press 1963.

Robert Bauer, *The New Catalogue of Historical records. 1898/1908/09,* London 1947.

Julian Morton Moses, *Collectors' Guide to American Recordings 1895–1925,* New York 1949, Dover Reprint 1977.

John R. Bennett, *Voices of the Past, Vocal Recordings 1898–1925,* Bd. 2, The Oakwood Press 1957.

John Secrist, Diskographie in: Francis Robinson, *Caruso, His Life in Pictures,* New York 1957.

Victor Girard und Harold M. Barnes, *Vertical-cut Cylinders and Discs,* London 1971.

Jerrold Northrop Moore, *A Voice in Time. The Gramophone of Fred Gaisberg,* London 1976.

Ted Fagan und William R. Moran, *The Encyclopedic Discography of Victor Recordings,* New York, Bd. 1: 1983, Bd. 2: 1986.

John R. Bolig, Diskographie in: Michael Scott, *The Great Caruso,* New York 1988.

Caruso-Diskographie in alphabetischer Reihenfolge:

Opern und geistliche Chorwerke

Adriana Lecouvreur (Cilea)
No, più nobile (erster Akt)
19   1 oder 2-12-1912

Aida (Verdi)
Celeste Aida (erster Akt)
3	11-4-1902
13	30-11-1902
35	1-2-1904
55 (nur auf Langspielplatte veröffentlicht)	13-3-1906
93 (unveröffentlicht)	29-3-1908
94	29-3-1908
178	27-12-1911

Già i sacerdoti adunansi (vierter Akt)
156   29-12-1910
Misero appien mi festi; Aida, a me togliesti (vierter Akt)
157   29-12-1910
La fatal pietra (vierter Akt)
118   7-11-1909
O terra, addio (vierter Akt)
110 (unveröffentlicht)   6-11-1909
111   6-11-1909

L'Africaine (Meyerbeer)
Mi batte il cor; O paradiso (vierter Akt)
57 (unveröffentlicht)   30-12-1906
60   20-2-1907
Deh, ch'io ritorni (vierter Akt)
481, 482, 483 (unveröffentlicht)   15-9-1920
489 (unveröffentlicht)   16-9-1920
490   16-9-1920

Amadis de Gaule (Lully)

Bois épais (zweiter Akt)

484, 485, 486, 487 (unveröffentlicht)	15-9-1920
491 (unveröffentlicht)	16-9-1920
492	16-9-1920

Andrea Chénier (Giordano)

Un dì all'azzurro spazio (erster Akt)

58 (unveröffentlicht)	30-12-1906
63	17-3-1907

Come un bel dì di maggio (dritter Akt)

344	3-11-1916

Ballo in maschera, Un (Verdi)

La rivedrà nell'estasi (erster Akt)

264 (unveröffentlicht)	3-4-1914
265	3-4-1914

Di' tu se fedele (erster Akt)

158 (unveröffentlicht)	19-11-1911
159	19-11-1911

È scherzo od è follia (erster Akt)

266	3-4-1914
267 (unveröffentlicht)	3-4-1914

Forse la soglia... Ma se m'è forza (dritter Akt)

175	27-12-1911

Bohème (Leoncavallo)

Io non ho che una povera stanzetta (zweiter Akt)

166	26-11-1911

Musetta! O gioia della mia dimora...; Testa adorata (dritter Akt)

161	19-11-1911

Bohème (Puccini)

Che gelida manina (erster Akt)

50	11-2-1906

O soave fanciulla (erster Akt)

66	24-3-1907
67 (unveröffentlicht)	24-3-1907
69, 70 (unveröffentlicht)	1-4-1907
198, 199 (unveröffentlicht)	27-2-1912
216 (von IRCC und AGS veröffentlicht)	30-12-1912
217 (unveröffentlicht)	30-12-1912

O Mimì, tu più non torni (dritter Akt)
62   17-3-1907
Addio, dolce svegliare alla mattina (dritter Akt)
84   10-4-1908
Vecchia zimarra (vierter Akt)
325 (unveröffentlicht, erstmals anhand einer Musterpressung
ediert)   23-2-1916

Carmen (Bizet)
Parle-moi de ma mère (erster Akt)
287, 288 (unveröffentlicht)   10-12-1914
289 (nur auf Langspielplatte veröffentlicht)   10-12-1914
Il fior che avevi a me tu dato (zweiter Akt)
45   27-2-1905
113   7-11-1909
La fleur que tu m'avais jetée (zweiter Akt)
114   7-11-1909

Cavalleria rusticana (Mascagni)
O Lola (»Siciliana«)
16   30-11-1901
27   19-4-1903
38   1-2-1904
151   28-12-1910
Viva il vino spumeggiante
48   27-2-1905
Addio alla madre
244 (unveröffentlicht)   15-12-1913
245   15-12-1913

Cid, Le (Massenet)
Ah!, tout est bien fini!... O Souverain, ô Juge, ô Père (dritter Akt)
310 (unveröffentlicht)   5-2-1916
311   5-2-1916

Don Carlo (Verdi)
Domanda al ciel... Dio, che nell'alma infondere (zweiter Akt)
218   30-12-1912

Don Pasquale (Donizetti)
Com'è gentil (Serenata) (dritter Akt)
44   27-2-1905

Don Sebastiano (Donizetti)
Deserto in terra (zweiter Akt)
   71, 72   10-1-1908

Duca d'Alba, Il (Donizetti)
Angelo casto e bel (vierter Akt)
   300 (unveröffentlicht)   7-1-1915
   301   7-1-1915

Elisir d'amore (Donizetti)
Venti scudi (zweiter Akt)
   423 (unveröffentlicht)   10-2-1919
   424   10-2-1919
Una furtiva lagrima (zweiter Akt)
   5   11-4-1902
   23   19-4-1903
   33 und 34   1-2-1904
   165   26-11-1911

Eugen Onegin (Tschaikowsky)
Pour moi ce jour est tout mystère (zweiter Akt)
   341   3-11-1916
Arie des Lenski (zweiter Akt)
   342 (unveröffentlicht)   3-11-1916

Faust (Gounod)
O merveille! (erster Akt)
   136 (unveröffentlicht)   16-1-1910
   137   16-1-1910
Salut, demeure chaste et pure (dritter Akt)
   51   11-2-1906
Seigneur dieu, que vois-je! (dritter Akt)
   129   12-1-1910
Eh! quoi! toujours seule? (dritter Akt)
   133   12-1-1910
Il se fait tard (dritter Akt)
   122   6-1-1910
Eternelle! O nuit d'amour (dritter Akt)
   123 (unveröffentlicht)   6-1-1910
   124   6-1-1910
Que voulez-vous, messieurs? (vierter Akt)
   101 (unveröffentlicht)   19-12-1908
   102 (unveröffentlicht)   19-12-1908
   138   16-1-1910

Mon cœur est pénétré d'épouvante (fünfter Akt)

  125 (unveröffentlicht)   12-1-1910

  126   12-1-1910

Attends! voici la rue! (fünfter Akt)

  127 (unveröffentlicht)   12-1-1910

  128   12-1-1910

Alerte! Alerte! Ou vous êtes perdus! (fünfter Akt)

  98, 99 (unveröffentlicht)   19-12-1908

  130, 131 (unveröffentlicht)   12-1-1910

  134 (unveröffentlicht)   16-1-1910

  135   16-1-1910

Favorita, La (Donizetti)

Spirto gentil (vierter Akt)

  53   11-2-1906

Fedora (Giordano)

Amor ti vieta (zweiter Akt)

  12   30-11-1902

Forza del destino, La (Verdi)

O tu che in seno agli angeli (dritter Akt)

  107   6-11-1909

Solenne quest'ora (dritter Akt)

  54   13-3-1906

Né gustare m'è dato... Sleale! il segreto (dritter Akt)

  379 (unveröffentlicht)   10-7-1918

  380   10-7-1918

Invano, Alvaro (vierter Akt)

  168 (unveröffentlicht)   26-11-1911

  169   26-11-1911

La minaccie (vierter Akt)

  170   26-11-1911

Germania (Franchetti)

Studenti! Udite (erster Akt)

  1   11-4-1902

  139   14-3-1910

No, non chiuder gli occhi vaghi (erster Akt)

  7   11-4-1902

  25   19-4-1903

  142   14-3-1910

Gioconda, La (Ponchielli)
  O Sommo Iddio (erster Akt)
    331, 332 (unveröffentlicht)   20-3-1916
  Enzo Grimaldo (erster Akt)
    249 (unveröffentlicht)   8-1-1914
  Cielo e mar (zweiter Akt)
    14   30-11-1902
    47   27-2-1905
    143   14-3-1910

Guarany, Il (Gomes)
  Sento una forza indomita (erster Akt)
    278   20-4-1914
    279 (unveröffentlicht)   20-4-1914

Huguenots, les (Meyerbeer)
  Qui sotto il ciel (erster Akt)
    30   ? 19-4-1903
  Bianca al par di neve alpina (erster Akt)
    46   27-2-1905
    115   7-11-1909

Iris (Mascagni)
  Apri la tua finestra (erster Akt)
    10   11-4-1902

Juive, La (Halévy)
  Rachel, quand du Seigneur (vierter Akt)
    471 (unveröffentlicht)   14-9-1920
    472   14-9-1920

Königin von Saba, die (Goldmark)
  Magiche note (zweiter Akt)
    95 (unveröffentlicht)   29-3-1908
    112   7-11-1909

Lombardi, I (Verdi)
  La mia letizia infondere (zweiter Akt)
    438, 439 (unveröffentlicht)   9-9-1919
  Qual voluttà trascorrere (dritter Akt)
    185   7-1-1912

326

Lucia di Lammermoor (Donizetti)

Chi mi frena in tal momento? (zweiter Akt)

75, 76, 77 (unveröffentlicht)	3-2-1908
80	7-2-1908
81 (unveröffentlicht)	7-2-1908
187 (unveröffentlicht)	10-1-1912
188 (unveröffentlicht)	10-1-1912
190	19-1-1912
191 (unveröffentlicht)	19-1-1912
356 (unveröffentlicht)	25-1-1917
357	25-1-1917
358 (unveröffentlicht)	25-1-1917

Lucrezia Borgia (Donizetti)

Della duchessa ai prieghi (erster Akt)

280 (unveröffentlicht)	20-4-1914

Luisa Miller (Verdi)

Quando le sere al placido (zweiter Akt)

144 (unveröffentlicht)	17-3-1910

Macbeth (Verdi)

Ah, la paterna mano (vierter Akt)

324	23-2-1916

Madama Butterfly (Puccini)

Amore o grillo (erster Akt)

140	14-3-1910

Un po' di vero c'è... O quanti occhi fisi (erster Akt)

85	10-3-1908

Non ve l'avevo detto? (dritter Akt)

141	14-3-1910

Manon (Massenet)

On l'appelle Manon (zweiter Akt)

214 (unveröffentlicht)	30-12-1912
215	30-12-1912

Chiudo gli occhi (»Il sogno«) (zweiter Akt)

4	11-4-1902
39 (unveröffentlicht)	1-2-1904
41	9-2-1904

Je suis seul... Ah! fuyez, douce image (dritter Akt)

177	27-12-1911

Manon Lescaut (Puccini)
Donna non vidi mai (erster Akt)

225	24-2-1913

Martha (Flotow)
Solo, profugo, reietto! (erster Akt)

132	12-1-1910

Siam giunti, o giovinette (zweiter Akt)

179 (unveröffentlicht)	7-1-1912
180	7-1-1912

Questa camera è per voi... Che vuol dir ciò? (zweiter Akt)

181	7-1-1912

Presto, presto andiam (zweiter Akt)

182	7-1-1912
183 (unveröffentlicht)	7-1-1912

T'ho raggiunta, sciagurata! Dormi pur (zweiter Akt)

184	7-1-1912

M'apparì tutt'amor (dritter Akt)

49	11-2-1906
359	15-4-1917
360 (unveröffentlicht)	15-4-1917

Mefistofele (Boito)
Dai campi, dai prati (erster Akt)

8	11-4-1902
11	30-11-1902

Giunto sul passo estremo (Epilog)

6	11-4-1902

Messa da requiem (Verdi)
Ingemisco

295, 296 (unveröffentlicht)	7-1-1915
297	7-1-1915

Milagro de la Virgen, El (Chapi)
Flores purisimas

270 (unveröffentlicht)	3-4-1914
271	3-4-1914

Néron (Rubinstein)
Oh! lumière du jour (zweiter Akt)

366 (nur auf Langspielplatte veröffentlicht)	15-4-1917
367	15-4-1917

Otello (Verdi)

Ora e per sempre addio sante memorie (zweiter Akt)

147 (unveröffentlicht)	28-12-1910
148	28-12-1910

Oh! mostruosa colpa!... Sì, pel ciel (zweiter Akt)

167 (unveröffentlicht)	26-11-1911
247	8-1-1914
248 (unveröffentlicht)	8-1-1914

Pagliacci, I (Leoncavallo)

Recitar, mentre preso... Vesti la giubba (erster Akt)

15	30-11-1902
40	1-2-1904
64	17-3-1907
65 (unveröffentlicht)	24-3-1907

No, pagliaccio non son (zweiter Akt)

145 (unveröffentlicht)	28-12-1910
146	28-12-1910

Pêcheurs de perles, les (Bizet)

Del tempio al limitar (erster Akt)

68	24-3-1907

Je crois entendre encore (erster Akt)

43	8-4-1904
74	10-1-1908
86, 87 (unveröffentlicht)	16-3-1908
347, 348 (unveröffentlicht)	7-12-1916
349	7-12-1916

De mon amie, fleur endormie (zweiter Akt)

350 (unveröffentlicht)	7-12-1916
351	7-12-1916

Petite Messe Solennelle (Rossini)

Crucifixus

497	16-9-1920
498 (unveröffentlicht)	16-9-1920

Domine Deus

495 (unveröffentlicht)	16-9-1920
496	16-9-1920

Reine de Saba, La (Gounod)

Faiblesse de la race humaine... Inspirez-moi (zweiter Akt)

316 (unveröffentlicht)	5-2-1916
317	5-2-1916

Rigoletto (Verdi)

Questa o quella (erster Akt)

2	11-4-1902
31	1-2-1904
91	16-3-1908

Ella mi fu rapita... Parmi veder le lagrime (dritter Akt)

176 (unveröffentlicht)	27-12-1911
223	24-2-1913

La donna è mobile (vierter Akt)

26	19-4-1903
32	1-2-1904
89	16-3-1908
97 (unveröffentlicht)	ungefähr 10-8-1908

Bella figlia dell'amore (vierter Akt)

61	20-2-1907
78, 79 (unveröffentlicht)	3-2-1908
82	7-2-1908
83 (unveröffentlicht)	7-2-1908
189 (unveröffentlicht)	10-1-1912
192 (unveröffentlicht)	19-1-1912
194 (unveröffentlicht)	13-2-1912
195	13-2-1912
352 (nur Enrico Caruso; erstmals auf Langspielplatte veröffentlicht)	25-1-1917
353 (unveröffentlicht)	25-1-1917
354	25-1-1917
355 (unveröffentlicht)	25-1-1917

Salvator Rosa (Gomes)

Mia piccirella (erster Akt)

452 (unveröffentlicht)	11-9-1919
453	11-9-1919

Samson et Dalila (Saint-Saëns)

Je viens célébrer la victoire (erster Akt)

420, 422 (unveröffentlicht)	10-2-1919
421	10-2-1919

Vois ma misère, hélas (dritter Akt)

345	7-12-1916
346 (unveröffentlicht)	7-12-1916

Schiavo, Lo (Gomes)
L'importuna insistenza... Quando nascesti tu (zweiter Akt)

162 (unveröffentlicht)	19-11-1911
163	19-11-1911

Serse (Händel)
Ombra mai fu (»Largo«) (erster Akt)

462, 463, 464, 465 (unveröffentlicht)	29-1-1920
466	29-1-1920

Stabat Mater (Rossini)
Cujus animam

240	15-12-1913
241 (unveröffentlicht)	15-12-1913

Tosca (Puccini)
Recondita armonia (erster Akt)

37	1-2-1904
109	6-11-1919

Perché chiuso? (erster Akt)

200, 201 (unveröffentlicht)	27-2-1912

Or lasciami al lavoro (erster Akt)

202 (unveröffentlicht)	27-2-1912

E lucevan le stelle (dritter Akt)

9	11-4-1902
24	19-4-1903
29	? 19-4-1903
36	1-2-1904
108	6-11-1909

Ah, franchigia a Floria Tosca (dritter Akt)

203 (unveröffentlicht)	27-2-1912

O dolci mani mansuete e pure (dritter Akt)

204 (unveröffentlicht)	27-2-1912

Amaro sol per te m'era il morire (dritter Akt)

205 (unveröffentlicht)	27-2-1912

Traviata, La (Verdi)
Libiamo, libiamo ne' lieti calici (erster Akt)

275, 277 (unveröffentlicht)	20-4-1914
276	20-4-1914

Trovatore, Il (Verdi)

Mal reggendo all'aspro assalto (zweiter Akt)

103 (unveröffentlicht)	19-12-1908
153	29-12-1910

Perigliarti ancor languente (zweiter Akt)

100 (unveröffentlicht)	19-12-1908

Ah! sì, ben mio (dritter Akt)

90	16-3-1908

Di quella pira (dritter Akt)

52	11-2-1906

Ah! che la morte ognora (»Miserere«) (vierter Akt)

116, 117 (unveröffentlicht)	7-11-1909
119 (nur auf Langspielplatte veröffentlicht)	27-12-1909
120 (unveröffentlicht)	6-1-1910
121	6-1-1910

Se m'ami ancor... Ai nostri monti (vierter Akt)

92	17-3-1908
152	29-12-1910
219 (unveröffentlicht)	17-1-1913
220	17-1-1913

Caruso-Diskographie in alphabetischer Reihenfolge:

Romanzen, Songs, Volkslieder, kleine geistliche Stücke und Hymnen

A Granada (Alvarez)
381 (unveröffentlicht)   10-7-1918
395 (unveröffentlicht)   26-9-1918
396   26-9-1918

A la luz de la luna (Anton/Michelena)
368 (unveröffentlicht)   16-4-1918
369   16-4-1918

Addio (Tosti)
155   29-12-1910

Addio a Napoli (Cottrau)
431, 432, 433 (unveröffentlicht)   8-9-1919
435, 436 (unveröffentlicht)   9-9-1919
437   9-9-1919

Adorables tourments (Caruso/Barthélemy)
73   10-1-1908

Agnus Dei (Bizet)
224   24-2-1913

Alba separa dalla luce l'ombra, L' (D'Annunzio/Tosti)
364 (nur auf Langspielplatte veröffentlicht)   15-4-1917
365   15-4-1917

Amor mio (Ricciardi)
253   21-1-1914

Auld Lang Syne (Traditional)
96 (unveröffentlicht)   ungefähr 18-8-1908

333

Ave Maria (Bach/Gounod)
274 (unveröffentlicht)   3-4-1914

Ave Maria (Kahn)
226   20-3-1913
227, 228 (unveröffentlicht)   20-3-1913
Bacio ancor, Un (Trimarchi)
21   19-4-1903

Because (d'Hardelot)
210 (unveröffentlicht)   7-12-1912
211   7-12-1912

Campana di San Giusto, La (Arona)
403   6-1-1919
404 (unveröffentlicht)   6-1-1919

Campane a sera (Billi)
397, 398 (unveröffentlicht)   26-9-1918
399   26-9-1918

Canta pe' me (Bovio/De Curtis)
154 (unveröffentlicht)   29-12-1910
171 (unveröffentlicht)   26-11-1911
172   26-11-1911

Cantique de Noël (Adam)
326, 327 (unveröffentlicht)   23-2-1916
328   23-2-1916

Chanson de Juin (Godard)
343   3-11-1916

Cielo turchino (Ciociano)
294   7-1-1915

Core 'ngrato (Cordiferro/Cardillo)
164   19-11-1911

Crucifix (Faure)
186   7-1-1912

Danza, La (Rossini)
196   13-2-1912

Deux sérénades, Les (Sérénade française) (Leoncavallo)
305 (unveröffentlicht)   6-2-1915
306   6-2-1915

Dopo (Tosti)
386, 387, 388 (unveröffentlicht)   11-7-1918

Dream, A (Bartlett)
488 (unveröffentlicht)   15-9-1920
493 (unveröffentlicht)   16-9-1920
494   16-9-1920

Dreams of Long Ago (Caruso)
197 (unveröffentlicht)   27-2-1912
206 (unveröffentlicht)   18-4-1912
207   18-4-1912

Elégie (Massenet)
229   20-3-1913
230, 231 (unveröffentlicht)   20-3-1913

Eternamente (Mascheroni)
160   19-11-1911

Fenesta ca lucive (anonym)
238 (unveröffentlicht)   10-4-1913
239   10-4-1913

For You Alone (Geehl)
149   28-12-1910
150 (unveröffentlicht)   28-12-1910

Guardann' 'a luna (Camerlingo/De Crescenzo)
234 (unveröffentlicht)   10-4-1913
235   10-4-1913

Hantise d'amour (Szulc)
254 (unveröffentlicht)   21-1-1914
259, 260 (unveröffentlicht)   9-3-1914
281   10-12-1914
282 (unveröffentlicht)   10-12-1914

Hosanna (Granier)
   212 (unveröffentlicht)   7-12-1912
   213   7-12-1912

I' m'arricordo 'e Napule (Gioé)
   473 (unveröffentlicht)   14-9-1920
   474   14-9-1920

Ideale (Tosti)
   59   30-12-1906

Inno di Garibaldi (Mercantini/Olivieri)
   400, 402 (unveröffentlicht)   26-9-1918
   401   26-9-1918

Lasciati amar (Leoncavallo)
   232 (unveröffentlicht)   10-4-1913
   233   10-4-1913

Lolita (Buzzi/Peccia)
   88   16-3-1908

Lost Chord, The (Sullivan)
   208   29-4-1912
   209 (unveröffentlicht)   29-4-1912

Love is Mine (Gartner)
   173 (unveröffentlicht)   27-12-1911
   174   27-12-1911

Love Me Or Not (Secchi)
   458, 459, 460 (unveröffentlicht)   29-1-1920
   461   29-1-1920

Luna, 'A (Varelli)
   298, 299 (unveröffentlicht)   7-1-1915

Luna d'estate (Tosti)
   312, 313 (unveröffentlicht)   5-2-1916
   314   5-2-1916

Luna fedel (Zardo)
   20   1 oder 2-12-1902
   22   19-4-1903

Mamma mia che vo' sapé (F. Russo/Nutile)
105 (unveröffentlicht)   6-11-1909
106   6-11-1909

Manella mia (F. Russo/V. Valente)
255   21-1-1914

Maria Marì (V. Russo/Di Capua)
389, 390, 391 (unveröffentlicht)   11-7-1918

Mattinata (Leoncavallo)
42   8-4-1904

Mia canzone, La (Tosti)
18   1 oder 2-12-1902
285, 286 (unveröffentlicht)   10-12-1914
292   7-1-1915

Mia sposa sarà la mia bandiera (Rotoli)
318 (unveröffentlicht)   23-2-1916
319   23-2-1916

Musica proibita (Gastaldon)
283, 284 (unveröffentlicht)   10-12-1914
290, 291 (unveröffentlicht)   7-1-1915
361   15-4-1917

Noche feliz (Pasadas)
467, 468, 469 (unveröffentlicht)   14-9-1920
470   14-9-1920
475, 476 (unveröffentlicht)   15-9-1920

Non t'amo più (Denza)
17   1 oder 2-12-1902

Over There (Cohan)
382 (unveröffentlicht)   10-7-1918
383, 384 (unveröffentlicht)   11-7-1918
385   11-7-1918

Parted (Tosti)
263   9-3-1914

Partida, La (Alvarez)
    268 (unveröffentlicht)   3-4-1914
    269   3-4-1914
    376   10-7-1918
    377, 378 (unveröffentlicht)   10-7-1918

Pecché (De Flaviis/Pennino)
    293   7-1-1915

Pietà Signore (Niedermeyer, attr. Stradella)
    372, 373, 374, 375 (unveröffentlicht)   10-7-1918
    392, 394 (unveröffentlicht)   26-9-1918
    393   26-9-1918

Pimpinella (Tschaikowsky)
    221 (unveröffentlicht)   17-1-1913
    222   17-1-1913

Pour un baiser (Tosti)
    104   6-11-1909

Pourquoi? (Tschaikowsky)
    338, 339 (unveröffentlicht)   3-11-1916
    340   3-11-1916

Povero Pulcinella (Buzzi/Peccia)
    414, 415, 416 (unveröffentlicht)   6-1-1919

Première caresse (De Crescenzo)
    444, 445, 446 (unveröffentlicht)   9-9-1919
    447   9-9-1919

Procession, La (Brizeux/Franck)
    307, 308 (unveröffentlicht)   5-2-1916
    309   5-2-1916

Rameaux, Les (Fauré)
    242 (unveröffentlicht)   15-12-1913
    243   15-12-1913
    257   9-3-1914

Régiment de Sambre et Meuse, Le (Planquette)
    409, 410 (unveröffentlicht)   6-1-1919
    411   6-1-1919

Rosary, The (Nevin)
    320, 321, 322, 323 (unveröffentlicht)   23-2-1916
    329, 330 (unveröffentlicht)   20-3-1916

Rose, A Kiss and You (Souci)
    412, 413 (unveröffentlicht)   6-1-1919
    418, 419 (unveröffentlicht)   10-2-1919

Sancta Maria (Fauré)
    333 (unveröffentlicht)   20-3-1916
    334   20-3-1916

Santa Lucia (Cottrau)
    337   20-3-1916

Scordame (Fucito)
    457   11-9-1919

Sei morta nella vita mia (Costa)
    370 (unveröffentlicht)   16-4-1918
    371   16-4-1918

Senza nisciuno (Barbieri/De Curtis)
    448, 449, 450 (unveröffentlicht)   11-9-1919
    451   11-9-1919

Sérénade espagnole (Ronald)
    256 (unveröffentlicht)   21-1-1914
    261 (unveröffentlicht)   9-3-1914
    262   9-3-1914

Si vous l'aviez compris (Denza)
    302, 303 (unveröffentlicht)   6-2-1915
    304   6-2-1915

Sole mio, 'O (Capurro/Di Capua)
    315   5-2-1916

Sultanto a te (Fucito)
405, 406, 407, 408 (unveröffentlicht)   6-1-1919
417   10-2-1919

Tiempo antico (Caruso)
335 (unveröffentlicht)   20-3-1916
336   20-3-1916

Tre giorni son che Nina (attr. Ciampi)
440, 441, 442 (unveröffentlicht)   9-9-1919
443   9-9-1919

Triste ritorne (Barthélemy)
56   30-12-1906

Trusting Eyes (Gartner)
246 (unveröffentlicht)   15-12-1913
250, 251 (unveröffentlicht)   21-1-1914
258   9-3-1914

Tu-Habañera (Fuentes)
272, 273 (unveröffentlicht)   3-4-1914

Tu ca nun chiagne (Bovio/De Curtis)
434   8-9-1919

Tu non mi vuoi più ben (Pini/Corsi)
28   ? 19-4-1903

Uocchie celeste (De Crescenzo)
362 (unveröffentlicht)   15-4-1917
363   15-4-1917

Vaghissima sembianza (Donaudy)
477, 478, 479 (unveröffentlicht)   15-9-1920
480   15-9-1920

Vieni sul mar (Volksweise)
429 (unveröffentlicht)   8-9-1919
430   8-9-1919

Vucchella, 'A (D'Annunzio/Tosti)
425, 426, 428 (unveröffentlicht)   8-9-1919
427   8-9-1919

Your Eyes Have Told Me What I Did Not Know (O'Hara)
236 (unveröffentlicht)   10-4-1913
327   10-4-1913

Register

343

Elman, Mischa 99, 136, 248
Erdmann, John F. 181
Erté (Romaine de Tirtoff) 136
Escobar, Maria 167
Esposito, Antonino 185
Evans, Evan 181

Fabbri, Guerrina 240
Falconi-Fieni, Alfredo 29
Fancelli, Giuseppe 58
Fanti, Carlo 29
Fantini, Mario 74, 181, 192
Farkas, Andrew 199
Farrar, Geraldine 67, 88, 99, 120, 129f.,
    145f., 216f., 222f., 264
Fasanaro, Alessandro 28
Fauré, Jean-Baptiste 38
Favia-Artsay, Aida 239f.
Ferraguti, Vittorio 35
Ferrara, Carlo 34
Ferrara-Moscati 34
Ferrari 45
Figner, Nikolai 231
Finck, Henry T. 66
Fleta, Miguel 223
Flotow, Friedrich von
  – *Martha* 80, 167, 185
Fornari, Vincenzo 39
Fortugno, Pier 72
Francell, Fernand 141
Franchetti, Alberto 55
  – *Germania* 56, 113, 116, 231
Franklin, Benjamin 115
Fremstad, Olive 64, 115, 199
Friedrich II. von Hohenstaufen 72
Frontini, Francesco Paolo 37
  – *Malia* 37
Fratini, Gaio 148
Fucito, Salvatore 153, 182, 184

Gabbi, Adalgisa 237
Gadski, Johanna 64, 212, 235, 251
Gael 158
Gaisberg, Fred 56, 197, 230ff.
Gaisberg, Will 56, 231f.
Galli-Curci, Amelita 208, 259
Gannelli, Elsa 95
Gannelli, Pasquale 95
Gara, Eugenio 7, 100, 137, 153, 168,
    199
Garbin, Edoardo 243f., 252
Garcia, Manuel 243, 245, 262, 265, 268
Garden, Mary 88, 146

Garulli, Alfonso 214, 237
Gatti, Giovanni 26
Gatti-Casazza, Giulio 16, 51, 81, 86, 89, 92,
    98, 122, 126, 129, 139, 154f., 180, 185f.,
    199
Gayarre, Julián 20, 68, 203, 257
Gentilomo, Giacomo 148
Geremicca, Alberto 191
Ghibaudo, Edwige 52, 60
Giachetti, Ada 40ff., 49, 62, 67, 69, 71f., 76,
    79, 85f., 89ff., 93ff., 101, 127, 137, 140,
    150, 160, 197, 199
Giachetti, Rina 22, 69, 101
Giacosa, Giuseppe 52
Giannini, Dusolina 230
Giannini, Ferruccio 230
Gigli, Beniamino 182, 220, 225ff., 257
Gigliotto, Nicola 155
Gillette, King C. 87
Gioé 110
Giordani 45
Giordano, Umberto 45ff., 240, 243
  – *Fedora* 46ff., 70, 79, 218
  – *Il voto* 45
Giraldoni, Eugenio 52, 60, 132
Gish, Dorothy 146
Gish, Lillian 146
Giuglini, Antonio 58
Gluck, Alma 209
Gluck, Christoph Willibald
  – *Armide* 114, 199
Goddard, Torrance 151
Goldmark, Karoly
  – *Die Königin von Saba* 224
Gomes, Carlos 224
Gounod, Charles 34
  – *Faust* 33ff., 78ff., 215, 221, 266
Gouraud, Colonel 229
Graham, Hanna K., *siehe* Hope, Hannah
Grassi, Giuseppina 38, 40
Grassi, Peppino 38, 40
Grau, Maurice 62
Gravina, Cesare 55
Greenfeld, Howard 126, 195, 197
Greffulhe, Gräfin 68
Grenville, Lillian 96
Grieg, Edvard 233, 242
Griffith, David Wark 145
Guard, Billy 87
Guental, Laurence 92
Gui, Vittorio 198
Guidalotti, Gigi 85
Gunsbourg, Raoul 54, 63, 68, 125f.